O Herói e o Fora-da-Lei

A Editora Cultrix e o grupo Meio & Mensagem se uniram para publicar o que há de melhor e mais destacado na área de *business*. Trata-se de livros dirigidos a profissionais de comunicação e marketing, assim como a executivos e estudantes de visão, que sabem da importância de se conhecer novos caminhos no mundo dos negócios e conquistar a excelência pessoal e profissional.

Extremamente criativas e inovadoras, essas obras apresentam ao leitor os desafios e oportunidades do campo empresarial, na ótica de seus maiores líderes. Alguns dos nossos autores dirigem seu próprio negócio e outros chegaram ao ponto mais alto de suas carreiras em grandes multinacionais. Mas todos, sem exceção, contam o que aprenderam em sua jornada profissional, levados pelo simples desejo de dividir com o leitor a sabedoria e experiência que adquiriram.

Esperamos que você, leitor, ciente de que vive num mundo cada vez mais exigente, ache essas obras tão inspiradoras e úteis quanto nós, da Editora Cultrix e do grupo Meio & Mensagem.

 meio&mensagem

Margaret Mark
Carol S. Pearson

O Herói e o Fora-da-Lei

Como construir marcas extraordinárias usando o poder dos arquétipos

Tradução
MERLE SCOSS

Consultoria Editorial
PAULO STANDERSKI
Professor da FGV-EAESP

Editora Cultrix
SÃO PAULO

Editor: Adilson Silva Ramachandra
Editora de texto: Denise de Carvalho Rocha
Gerente editorial: Roseli de S. Ferraz
Gerente de produção editorial: Indiara Faria Kayo

Direitos de tradução para a língua portuguesa
adquiridos com exclusividade pela
EDITORA PENSAMENTO-CULTRIX LTDA.
Rua Dr. Mário Vicente, 368 – 04270-000 – São Paulo, SP – Fone: (11) 2066-9000
E-mail: atendimento@editoracultrix.com.br
http://www.editoracultrix.com.br
que se reserva a propriedade literária desta tradução.
Foi feito o depósito legal.

Impresso por : Graphium gráfica e editora

Sumário

Prefácio

Em outubro de 1987, precisei fazer uma viagem urgente de negócios a Toronto, no Canadá. Depois de aterrissar no Aeroporto Pearson, corri para o primeiro táxi da fila. Do banco traseiro, notei que o motorista usava um velho e pesado casaco xadrez e um gorro de lã com orelheiras sobre os cabelos emaranhados. Pelo espelho, vi sua barba malcuidada, de vários dias.

Ao se afastar da calçada, ele deu uma freada repentina, virou-se para mim e perguntou, num tom de urgência: "O senhor ouviu as notícias?"

Inspirei o ar gelado. "Não, o que aconteceu?"

"Um horror. O índice Hang Seng caiu nove por cento esta manhã."

Naquele instante, eu soube que a tão esperada era das comunicações globais tinha realmente nascido.

O mundo todo, ricos e pobres, estava ligado em tempo real no colapso dos mercados financeiros. E havia uma preocupação genuína nos olhos do taxista, refletindo os temores que corriam o mundo.

Qual era a história? Parece que ninguém compreendia por que os mercados estavam em queda livre. O que significava aquele "colapso de outubro"? Nem o presidente Reagan, nem Margaret Thatcher, nem os secretários de Tesouro ou Finanças, nem qualquer outro líder prestigiado se levantou para nos dizer qual era a história. Desse modo, na ausência de alguma história nova, milhões de pessoas se voltaram para a última história disponível: o colapso do mercado de ações em outubro de 1929. E os preços despencavam uns atrás dos outros.

Por fim, depois de sugarem a melhor parte de milhões de portfólios, os mercados chegaram ao fundo do poço, mas bem acima dos níveis da Depressão porque, na verdade, não se tratava de uma repetição de 1929.

Hoje, enquanto escrevo em outro mês de outubro, os mercados se agitam como nunca antes. Marcas nascem com maior rapidez do que nunca. A mídia tem um suprimento de dados, notícias, entretenimento e publicidade muito maior do que há 13 anos.

Sem termos uma boa "história" para dar sentido à mensagem, a maior parte dela apenas desliza, vagamente vista ou ouvida, mas certamente não absorvida.

Todos nós amamos histórias e precisamos delas. De fábulas a novelas, de musicais a comerciais, instintivamente ansiamos por histórias que nos proporcionem o contexto humano para forças que geralmente são vastas, antigas e abstratas. As histórias são os melhores mestres.

Este é um livro sobre o encontro da história certa. Ele oferece uma nova moldura para você compreender como as marcas e as empresas ganham e perdem significado, atenção, valor e fatia de mercado nestes nossos tempos frenéticos.

Em meus trinta e poucos anos no ramo de propaganda e marketing, nunca encontrei pensador mais original ou pesquisador mais articulado do que Margaret Mark. Tive a sorte de trabalhar com ela por quase duas décadas, durante as quais observei-a constantemente quebrando o solo duro dos conhecimentos aceitos e criando novo chão para maior benefício da clientela. Ela agora se uniu à Dra. Carol Pearson, uma estudiosa com dotes inigualáveis que não só passou anos estudando profundamente os arquétipos, mas também vem aplicando suas descobertas na prática, como consultora de importantes organizações. Juntas, elas fundiram uma tese admirável que, no fim, lida com o fortalecimento do valor — até mesmo o valor de mercado — de marcas e empresas.

Não pude deixar de pensar em Margaret e Carol no último jogo da Super Bowl, quando toda uma nova legião de empresas ponto-com exibiu orgulhosamente seus comerciais "de um milhão de dólares por 30 segundos" diante da mais rica audiência de tevê do país. A maioria desses comerciais era inteligente, inovadora, com efeitos espetaculares. E a maioria ficava bem longe de ter um "significado". Milhões de dólares jogados fora.

Este livro ilumina as ranhuras mais antigas da nossa arquitetura mental, descrita por Carl Jung como "arquétipos", e mostra como estes poderão ser utilizados para dar significado e lucro a uma marca. Há aqui uma força nascente que, se compreendida corretamente, trará uma vitalidade rara a uma marca ou a uma corporação.

Mas deixe-me antes colar o "selo de alerta". Na minha opinião, o significado não é algo que se possa enxertar em um produto, particularmente em um produto de qualidade inferior. Para atrair e conservar a clientela, o significado precisa ser fiel ao valor intrínseco de uma marca — ou seja, aquilo que o produto realmente é e faz. Por isso, a administração dos arquétipos deve começar muito antes do nascimento de um comercial. Ela começa com o desenvolvimento de um produto ou serviço que oferece um benefício real.

Essa idéia não é nova. Durante séculos, indivíduos criativos descobriram os arquétipos corretos para uma marca por intuição e lampejos de gênio. Desde os primórdios da propaganda, eles contaram histórias em seus anúncios. Mas nunca antes a busca do arquétipo correto e da história certa foi feita de modo sistemático ou científico. Com este livro, ambas as buscas têm início.

Na verdade, este livro é, em si, uma nova história que dá sentido às marcas do marketing em um confuso mundo novo.

Alex Kroll
Ex-diretor de criação,
CEO e diretor-executivo da Young & Rubicam

Agradecimentos

Nosso agradecimento muito especial a Peter Georgescu, admirável amigo e colega, cujo apoio à premissa básica deste livro ajudou a trazê-lo à vida. Pelo valioso encorajamento, também agradecemos a Jane Brite, Jayne Evans, Dick Upson, Dirk Metzler, Susan Royer, Linda Srere e Ed LeBar, bem como aos alunos e professores do C.G. Jung Institute (Suíça) e do Saybrook Graduate Institute. Também temos um débito de gratidão com Rosemarie Murray, por ter percebido que havia uma conexão entre as idéias de Margaret e o trabalho de Carol.

As autoras ainda gostariam de agradecer a Mary Glenn, nossa editora na McGraw-Hill, e a nossa agente, Stephanie Tade, por advogar a causa do nosso livro; Michael Brennecke, por seu tempo, profissionalismo e elegantes ilustrações; Letty Phillips e Carol Spranger, por nos ajudarem incansavelmente a montar o manuscrito; Dawn Barhyte, por suas ágeis pesquisas sobre as histórias das empresas; Maura Gallagher, pelo socorro no meio da noite, quando nosso computador pifava; David Merkowitz, por sua gentil disponibilidade em ajudar na edição de texto, Paul Sobel, da McGraw-Hill, por supervisionar a edição de texto do manuscrito, e Brian & Abigail Baker, da Write With Inc., pelo copidesque; Paul Fox e Ed LeBar, do Young & Rubicam's BrandAsset Valuator Group, por nos cederem suas inovadoras análises apoiando o poder das marcas arquetípicas; Peter Murray, por sua valiosa ajuda na conceitualização da arte gráfica; Gail David, Susan Royer e Rosemarie Truglio, do Sesame Workshop, por sua oportuna ajuda que nos guiou até as origens criativas do programa *Sesame Street*; Joe Plummer, brilhante estrategista e pesquisador da McCann Erickson, por seus dados sobre a teoria da recompensa do telespectador; Carla Gambescia, presidente da Artful Enterprises, por generosamente compartilhar suas percepções sobre os gêneros das categorias de produtos; Mary Giammarino, Doug Staples e a dra. Virginia Howse, da March of Dimes, por suas idéias sobre a evolução de sua organização; Grant McCracken, professor visitante da McGill University, pela elo-qüência com que expressou suas percepções e por seus comentários sobre segmentos do livro; Stewart Owen e a Young & Rubicam, por nos permiti-rem usar o inimitável "Riggins" de McCracken; Denise Larson, do The Lord Group, por dedicar seu tempo revisando o caso Entenmann; Paul Wolansky, professor de cinema na University of Southern California, por revisar o ma-terial e compartilhar sua maravilhosa perspectiva sobre os padrões das his-tórias; Ami Ronnberg, do C.G. Jung Center de Nova York, e a Profa. Josephi-ne Withers, do Departamento de História da Arte da Universidade de Maryland, por nos ajudarem com a pesquisa de ilustrações.

Estendemos nossos agradecimentos ao pessoal, tão ocupado e tão imen-samente talentoso, que achou tempo para ler e fazer comentários sobre este livro: Bob Wehling, diretor de marketing global da Proctor & Gamble; Peter Georgescu, presidente emérito da Young & Rubicam; Ruth Wooden, presi-dente da National Parenting Association; Linda Kaplan-Thaler, presidente e CEO do The Kaplan-Thaler Group; Murray Stein, analista junguiano e pio-neiro nas aplicações do pensamento de Jung ao mundo empresarial; Margaret Wheatley, consultora e autora de *Leadership and the New Sciences*; Arlene Brickner, vice-presidente do Creative Services for Coach; e Anna Maria Cugliari, vice-presidente sênior de marketing estratégico e administração de marca do Sesame Workshop.

Encerrando, estamos profundamente gratas a Alex Kroll por ter acha-do tempo para ler e criticar o manuscrito e emprestado seu incomparável poder intelectual ao nosso trabalho.

Tudo o que acontece é símbolo e, como representa a si mesmo perfeitamente, aponta para todo o resto.

— Goethe, 1818

Os ativos fundamentais

Um sistema para administrar o significado

AS MARCAS FAZEM PARTE DA NOSSA VIDA cotidiana tanto quanto o nosso local de trabalho e os aspectos do nosso bairro.

Marcas grandes e duradouras tornam-se ícones — não só das empresas, mas das culturas como um todo. Coca-Cola não é só o logotipo mais reconhecido do mundo, como também se tornou um símbolo do modo de vida ocidental.

Hoje em dia, a marca não é só um repositório de características funcionais, mas também de significado e valor. No entanto, se queremos identificar e alavancar eficazmente os elementos essenciais, ou "imutáveis", das nossas marcas, precisamos nos tornar fluentes na linguagem visual e verbal dos arquétipos.

Os criadores das grandes marcas intuíram essa verdade simples. Por exemplo, as superestrelas da indústria cinematográfica e do entretenimento, e os agentes que administram suas carreiras, compreendem que sua popularidade contínua não depende simplesmente da qualidade ou do sucesso dos filmes que estrelam ou da sua visibilidade. Em vez disso, depende de criarem, alimentarem e continuamente reinterpretarem uma identidade ou "significado" único e irresistível. Madonna vive mudando seu estilo de vida e seu corte de cabelo, mas continua sempre a Rebelde extravagante. Dentro e fora das telas, Jack Nicholson é o Fora-da-lei intratável. Meg Ryan e Tom Hanks passam a cada papel que representam o espírito do Inocente ingênuo.

Essas identidades não são apenas consistentes — elas também são irresistíveis. Ame-os ou os odeie, você não consegue deixar de notá-los. Na verdade, não conseguimos escapar de sentir fascínio por quem eles são e pelo que eles implicitamente representam. Nesta era de audiência declinante das redes e de 300 canais a cabo, o julgamento de O.J. Simpson teve continuamente uma audiência recorde. Foi por causa do sensacionalismo do crime? Pelo glamour de Beverly Hills? Pelas entrelinhas raciais?

Embora cada um desses fatores tenha desempenhado seu papel na hora de atrair a atenção do público, foi o significado arquetípico mais profundo que fez as pessoas acompanharem o julgamento pela tevê, dia após dia. Independentemente da realidade de sua personalidade ou de sua vida, Simpson, enquanto "marca", foi visto como o guerreiro feroz, capaz de derrotar qualquer adversário. As revelações de abuso e violência que vieram à tona durante seu julgamento levaram muitas pessoas a concluir que ele, apesar de ter sido inocentado, realmente assassinou a esposa. Em vez de uma figura popular, ele se tornou objeto de desprezo e ignomínia. Assim, a história de O.J. Simpson se encaixa no molde clássico do Otelo shakespeariano — o guerreiro derrubado pelo poder destrutivo do próprio ciúme doentio.

Em sua vida e em sua morte, Diana Spencer dominou o mundo. O poder de sua história talvez faça lembrar o apelo magnético da fábula de Cinderela — a moça bela, porém vulnerável, que se casa com o príncipe mas é obrigada a viver sob o olhar sempre vigilante da sogra repressora. Mesmo depois do divórcio, a história de Diana evoluiu no padrão Romeu-e-Julieta: ela desafia as convenções sociais por seu amor e encontra a morte prematura.

O caso da princesa Diana também mostra como as pessoas acham irresistível a evolução de uma história arquetípica. O que acontece quando a moça se casa com o Príncipe Encantado, mas não vive feliz para todo o sempre? Ela se divorcia, faz ajustes e se transforma em uma mulher que ama a humanidade, motivando as pessoas a mostrarem seu amor por ela.

Embora tenha muitos capítulos, estilos e reificações, a história de Diana gira sempre em torno do tema da princesa-amante. Caso essa unidade arquetípica essencial estivesse ausente, Diana não teria capturado nossa atenção tão profundamente.

A história de Elián González, o menino cubano que se tornou objeto de uma luta internacional pelo poder, foi manchete durante semanas. Em um mundo cheio de órfãos, por que o dilema desse garoto nos afetou tanto? Foi por causa do drama de ter ficado sozinho em alto-mar, depois de sua mãe e outros companheiros de fuga terem se afogado? Foi porque a controvérsia gerada pela decisão de devolvê-lo à guarda do pai, e portanto à Cuba castrista, refletia o conflito básico entre os valores que damos à liberdade de oportunidades, por um lado, e à família e relacionamentos, por outro? Acaso essa controvérsia enfatizava a necessidade de abandonarmos o ideário da Guerra Fria e entrarmos em uma nova era? Sem dúvida, foi isso tudo — e cada um desses fatores possui seu tema arquetípico.

Comentando a natureza simbólica das notícias, Paul Richard, repórter do *Washington Post*, liga a história de Elián ao padrão mítico do Herói arquetípico: "O pequeno Moisés na cestinha de juncos e o pequeno Elián na sua jangada estão relacionados em certo grau. A expectativa era de que eles se afogassem. Esses nascimentos aquáticos parecem uma bênção; esses partos, milagrosos. A criança se tornará homem."[1] Assim, Elián carrega a promessa de redenção cultural. Richard observa que "Moisés (...) viveu muitos anos prósperos no Egito antes de partir para a Terra Prometida", implicitamente levantando uma questão: Elián estava ali para resgatar os norte-americanos do materialismo ou para resgatar os cubanos de Castro e da pobreza?

Novas histórias que realmente prendem a atenção do público sempre têm uma qualidade arquetípica, observa Richard. "Quando surgir a próxima grande história, todos nós seremos novamente apanhados", diz ele, porque cada história que tão misteriosamente nos prende é alguma versão do "Era uma vez..." — uma fábula mítica representada na vida real.

Um exemplo da tese de Richard é a maneira pela qual a mídia cobriu a trágica morte de John-John Kennedy. Inserindo esse acontecimento no contexto das mortes de outros belos e carismáticos homens da família Kennedy (Joseph, John e Robert), os noticiários evocavam crenças humanas arcaicas e profundamente enraizadas: a crença na maldição da família Kennedy e a crença no poder redentor do sacrifício do homem mais perfeito de seu tempo. Pouco importa que nos tempos antigos o belo jovem fosse sacrificado em um ritual religioso, não que morresse em um trágico acidente ou fosse assassinado; algum ponto da psique humana ainda é tocado por essa história de martírio.

Do mesmo modo, os filmes campeões de bilheteria quase sempre têm estruturas arquetípicas. Os seis últimos ganhadores do Oscar de "melhor filme" exemplificam as histórias arquetípicas clássicas: *Forrest Gump, o contador de histórias* (1994), o poder do Tolo Sábio; *Coração Valente* (1995), o Herói triunfante; *O paciente inglês* (1996) e *Titanic* (1997), o Amante transformador; *Shakespeare apaixonado* (1998), o Criador (escritor) que

---

1. Paul Richard, "Big News: The Sagas with Staying Power" (*The Washington Post*, 26 de abril de 2000), p. C1.

O que é um arquétipo?

Formas ou imagens de natureza coletiva, que ocorrem em praticamente toda a Terra como componentes de mitos e, ao mesmo tempo, como produtos individuais de origem inconsciente.

— C.G. Jung, *Psychology and Religion*

Jung tomou emprestado o conceito de arquétipos das fontes clássicas, incluindo Cícero, Plínio e Santo Agostinho. Adolf Bastian lhes deu o nome de "idéias elementares". Em sânscrito, eram chamados de "formas conhecidas subjetivamente". Na Austrália, eram denominados "os Eternos do Sonho".

— Joseph Campbell, *The Hero with a Thousand Faces*
(*O herói de mil faces*, publicado pela Ed. Pensamento, São Paulo)

Jung adotou, até certo ponto, a abordagem oposta à dos behavioristas, ou seja, ele não observava de fora as pessoas, não perguntava como nos comportamos, como nos cumprimentamos, como nos acasalamos, como cuidamos das nossas proles. Em vez disso, ele estudou o que nós sentimos e o que fantasiamos quando estamos fazendo tais coisas. Para Jung, os arquétipos não são apenas idéias elementares, mas também e igualmente sentimentos elementares, fantasias elementares, visões elementares.

— Marie-Louise Von Franz, *Psyche and Matter*

transforma o sofrimento do amor perdido em arte enobrecedora; e, por fim, *Beleza Americana* (1999), o Cara Comum como ser místico (uma crise de meia-idade em que a noite escura da alma leva à experiência da iluminação mística — e infelizmente, no caso, à morte).

Às vezes o roteirista, o diretor e o produtor simplesmente intuem o arquétipo. Outras vezes, eles são guiados por um sistema consciente. A série *Guerra nas estrelas* (*Star Wars*) — bem como os bonecos de ação e outros produtos derivados — tem um apelo eterno. Ao fazer esses filmes, George Lucas foi guiado pelo livro de Joseph Campbell, *O herói de mil faces* (*The Hero with a Thousand Faces*), que esboça todos os ricos e evocativos estágios da jornada do Herói. A popularidade de cada episódio deriva em grande parte do talento de Lucas para elaborar conscientemente toda a série a fim de transmitir figuras arquetípicas e enredos míticos.

Os produtos atraem — e prendem — a nossa atenção pelo mesmo motivo: eles corporificam um arquétipo. Por exemplo, através dos tempos os rituais de purificação significaram mais do que simples limpeza física: também

Niké, a deusa grega alada, estava associada à vitória, tal como a marca que traz seu nome.

simbolizaram a remoção do pecado ou da vergonha, concedendo pureza e valor à pessoa que seguiu o ritual. O sabonete Ivory inspirou-se nessa fonte. Ivory não é um produto que apenas limpa; ele trabalha a idéia de renovação, pureza e inocência. Ao longo dos anos, o Ivory mudou os detalhes de suas campanhas publicitárias, atualizou as referências culturais utilizadas e diversificou as faixas etárias e étnicas das pessoas mostradas tomando banho. No entanto, a mensagem central de seus anúncios — seu significado — permaneceu profundamente simbólica e constante. A marca Ivory teve sucesso porque seu significado é coerente com a essência profunda da purificação.

As marcas que capturam o significado essencial de sua categoria — e comunicam essa mensagem de maneira sutil e refinada — dominam o mercado, assim como a princesa Diana, O.J. Simpson, Clinton/Lewinsky e Elián dominaram as ondas eletromagnéticas.

Ativos primordiais — um sistema para administrar o significado

A PUBLICIDADE SEMPRE USOU IMAGENS arquetípicas para vender produtos. O boneco Jolly Green Giant é, afinal de contas, o arquétipo do Homem Verde, figura associada com a fertilidade e a abundância. O uso judicioso desse simbolismo alimenta uma marca-líder. Os ícones da marca vão ainda mais longe. Não se trata apenas de usar imagens e símbolos arquetípicos para posicionar a marca; mas sim que, ao longo do tempo, a própria marca assume significação simbólica. O sabonete Ivory não está meramente associado à inocência; ele a personifica. As mães banham os filhos com Ivory não só para mantê-los livres de germes e produtos químicos irritantes, mas também porque Ivory "parece perfeito" para os preciosos bebês e criancinhas. Para entender o poder desse fenômeno, precisamos compreender a natureza dos símbolos. Alguns símbolos têm profundos significados religiosos ou espirituais. No cristianismo, por exemplo, o batismo é o ritual de purificação, enquanto a comunhão oferece um ritual para a aceitação da graça divina. Claro que seria sacrílego explorar o simbolismo específico de qualquer crença a fim de vender produtos. Porém, os símbolos de renovação, tanto sagrados quanto seculares, existem em um *continuum* unificado por um arquétipo. Embora o poder consciente de um símbolo religioso seja extremamente maior, o poder inconsciente de um arquétipo, mesmo num contexto totalmente secular, é imenso.

O significado como ativo de uma marca

Compreender e alavancar o significado arquetípico (que antes era apenas um interessante "algo mais" para o marketing eficaz) é hoje um pré-requisito. Por quê?

Houve um tempo em que criar, construir e comercializar marcas com sucesso não exigia inspiração infinita nem capital ilimitado. A demanda excedia a oferta e os mercados eram bem distintos. De modo geral, os produtos eram fisicamente diferentes uns dos outros e as marcas se construíam sobre aquelas diferenças.

Durante séculos, assim foram as coisas no mundo do marketing ou das vendas. Mas quando a concorrência alcançou certo patamar, cada empresa — seja uma multinacional dos refrigerantes de cola ou a lavanderia do bairro — enfrentou um novo desafio. Não importava a eficácia dos sistemas de produção e distribuição de refrigerantes nem a tecnologia dos processos de lavar a seco, seus concorrentes podiam imitá-los ou os reproduzir. Nessas circunstâncias, as empresas descobriram que só tinham dois grandes caminhos estratégicos a seguir: reduzir seus preços ou dar significado aos seus produtos.

Claro que a criação e administração de significado era a opção mais desejável.

É irônico, porém, com o significado tornando-se fator crítico, que até hoje nenhum sistema tenha sido desenvolvido para a compreensão ou administração do significado das marcas — sejam produtos, serviços, empresas ou causas. Tivemos sistemas de fabricação para produzir produtos, sistemas de desenvolvimento da mensagem para criar plataformas eleitorais e sistemas empresariais para comercializar produtos, mas nenhum sistema para administrar aquilo que tinha se tornado o ativo mais alavancável de uma marca.

Por que não? Em parte porque a necessidade de administrar o significado era um fenômeno relativamente novo. Se fosse o único produtor de refrigerantes da cidade (como ocorreria, digamos, em Hangzhou, China), você poderia comercializar o produto com base em suas características e benefícios. E se tivesse a única lavanderia a seco do bairro, você anunciaria o estabelecimento com base nos méritos de sua conveniência, embalagem ecológica e limpeza eficaz.

Porém, nas categorias cada vez mais superlotadas e altamente competitivas, os casos em que a diferenciação da marca estaria baseada nas diferenças perceptíveis do produto tornaram-se raros ou inexistentes. E mesmo quando uma empresa consegue criar um produto legitimamente diferenciado, este é logo imitado e copiado pelos concorrentes.

Já em 1983, Paul Hawken identificou uma mudança profunda na importância relativa do "corpo" do produto diante do "significado" do produto, que exigia uma mudança correspondente no nosso modelo empresarial. Logo depois, a Wall Street fez uma descoberta de igual valor: empresas inteiras estavam sendo adquiridas simplesmente para o comprador obter suas marcas poderosas — embora outras marcas oferecessem produtos quase idênticos. Algo novo estava acontecendo. Centenas de milhões de dólares eram gastos na compra de certas marcas, porque elas possuíam um atributo ou propriedade que não era plenamente compreendido e que pegava os compradores totalmente desprevenidos.

A verdade é que aquelas marcas tinham se tornado fenomenalmente valiosas não apenas devido às suas características ou benefícios inovadores, mas também porque essas propriedades tinham se traduzido em significados poderosos. Elas valiam milhões de dólares porque tinham ganhado um tipo de significado que era universal, maior do que a vida, icônico.

Quer os novos gerentes o percebessem conscientemente ou não, eles se tornaram os administradores de marcas arquetípicas. Os significados que essas marcas carregam são como ativos primordiais que precisam ser administrados com tanto cuidado como os investimentos financeiros. E a maioria das empresas não estava preparada para isso, porque, pura e simplesmente, não havia sistema disponível para guiá-las.

A Levi's, antes uma forte e nítida marca do Explorador, pulou do Fora-da-lei para o Herói, voltou ao Explorador, depois passou para o Cara Comum, mudou para o Bobo da Corte — e ocasionalmente apresentou uma colcha de retalhos de identidades arquetípicas, tudo ao mesmo tempo, refletindo o gerenciamento confuso da marca-mãe e das submarcas (501, Five Pocket, Wide Leg). A participação de mercado da empresa caiu na mesma proporção.

A Nike, uma das maiores marcas do Herói de todos os tempos, tornou-se estereotipada e insegura naquele papel. Demonstrou publicamente sua perda de autoconfiança, trocando de agências de publicidade e gerentes de produto — quando a verdadeira solução estava em aproveitar com mais profundidade e segurança a Jornada do Herói, inesgotável fonte de inspiração para o arquétipo do Herói.

Essas empresas tinham nas mãos alguns dos mais sofisticados e talentosos profissionais de marketing; no entanto, perderam o rumo. O resultado foi o caos, tal como teria acontecido se um diretor financeiro tentasse administrar o dinheiro na base da tentativa e erro, sem qualquer sistema de administração financeira e contábil.

A administração do significado é relevante não apenas para o mundo comercial: de maneira um pouco mais sutil, as organizações sem fins lucrativos e os candidatos políticos enfrentam o mesmo dilema que acabamos de descrever. Enquanto uma causa específica parece única para seus defensores, os potenciais patrocinadores são bombardeados com pedidos de dinheiro. Para decidir qual boa causa apoiar, eles se baseiam principalmente na sensação de que o significado de uma organização específica é o mais adequado aos seus valores. Do mesmo modo, a maioria dos candidatos de um mesmo partido tem, pelo menos, posições semelhantes diante dos problemas. Para serem indicados, eles precisam se ligar aos eleitores de uma maneira que ofereça a promessa de significado apropriada àquele momento específico. John F. Kennedy fez isso com eficácia, invocando Camelot.

O significado de uma marca é seu ativo mais precioso e insubstituível. Quer você esteja vendendo um refrigerante ou um candidato a presidente, aquilo que sua marca significa para as pessoas será tão absolutamente importante quanto sua função — talvez até mais — porque é seu significado que nos diz que "este me parece perfeito" ou "é este que eu quero". O significado fala ao sentimento, ou lado intuitivo, do público; cria uma afinidade emocional, permitindo que os argumentos mais racionais sejam ouvidos.

A Estrela Polar do marketing

Fazer marketing sem um sistema de administração do significado é como os antigos navegadores, em mares traiçoeiros, tentando encontrar porto seguro numa noite sem estrelas. O que eles precisavam era de uma bússola permanente e confiável — um ponto fixo que iluminasse tanto o lugar onde estavam quanto o lugar aonde tinham de ir. Para os profissionais de marketing, a teoria dos arquétipos poderá agir como essa bússola.

Escrevemos este livro, *O herói e o fora-da-lei*, para comunicar o primeiro sistema — do mundo — para administração do significado. E como muitas ótimas idéias, ele vai beber em fontes antiqüíssimas e eternas.

As impressões, diretamente encadeadas na nossa psique, influenciam os atributos que amamos na arte, na literatura, nas grandes religiões do mundo e no cinema. Platão chamava essas impressões, ou matrizes psíquicas, de "formas elementares" e as via como as estruturas ideativas que formavam um gabarito para a realidade material. O psiquiatra C.G. Jung as chamou de "arquétipos".

No mundo do marketing, nunca tivemos conceito ou vocabulário comparável. Mas as marcas estão, na verdade, entre as mais vibrantes expressões contemporâneas desses padrões profundos e permanentes. Seja por meio da intenção consciente ou por um acaso feliz, as marcas — sejam candidatos políticos, superestrelas, produtos ou empresas — alcançam diferenciação e relevância profundas e duradouras quando incorporam um significado arquetípico atemporal. Com efeito, as marcas mais bem-sucedidas sempre fizeram isso.

Esse fenômeno não significa "adotar" um significado para uma campanha publicitária efêmera, mas sim *tornar-se* uma expressão coerente e duradoura do significado — tornar-se essencialmente um ícone da marca. Produtos poderosos já fizeram isso: Nike, Coca-Cola, Ralph Lauren, Marlboro, Disney e Ivory, para mencionar alguns poucos. E também alguns filmes — *Guerra nas estrelas*, *E.T.*, *E o vento levou* — e algumas personalidades — Lady Diana, Jackie Onassis, Joe DiMaggio, John Wayne. As marcas que alcançaram esse status, por feliz acaso ou devido a um instinto fabulosamente talentoso, capturaram e prenderam a imaginação do público. E, se foram sábios, seus profissionais de marketing mantiveram o curso simplesmente porque aquilo que suas marcas vieram a representar está tão bem e tão coerentemente sintonizado com o público.

Mas depender do gênio só vai até certo ponto e só dura certo tempo. Mais cedo ou mais tarde, as marcas sofrem os efeitos de não haver uma ciência voltada ao desenvolvimento e administração do significado. Quando os negócios se normalizam, não existe bússola para guiar as escolhas inevitáveis ou os pontos decisivos que determinam o futuro de uma marca: Como acompanhar o ritmo dos tempos sem perder a essência da marca? Como sobreviver aos ferozes ataques da concorrência? Como atrair múltiplos segmentos — talvez inúmeras culturas — sem violar o "coração" do significado da marca? Como vender responsavelmente e sem exercer uma influência negativa sobre o cliente ou os tempos?

Na ausência dessa ciência ou bússola, desperdiçam-se valiosíssimos e insubstituíveis repositórios de *goodwill*[2] — os significados das marcas.

---

2. Expressão contábil: um ativo intangível da empresa, que leva em conta o valor agregado a um negócio como resultado da clientela, reputação, etc. [N.T.]

Este livro trata da necessidade crítica, e da imensa oportunidade, de criar, preservar, proteger e alimentar o significado das marcas por meio da alavancagem de suas profundas raízes arquetípicas.

O primeiro passo é dignificar o processo de administração do significado. Hoje em dia, mesmo nas empresas mais sofisticadas, esse processo (o mais crítico de todos) é deixado ao deus-dará, ao capricho de um diretor de arte ou redator publicitário, ou aos resultados fortuitos de uma sessão qualquer de *brainstorm*: "Devemos ser amistosos e acessíveis ou distanciados e glamourosos?"

Vemos, com muita freqüência, que o desenvolvimento do elemento mais crítico daquilo que nossa marca representa é um processo descuidado ou frívolo. Assim, não é de surpreender que as equipes de marketing vivam reinventando a marca e, ao fazê-lo, diluam ou destruam seu significado.

Escrevemos este livro para compartilhar nossa experiência no desenvolvimento e utilização da primeira abordagem sistemática à administração do significado. Nossa colaboração começou com a percepção de que a psicologia arquetípica poderia oferecer uma fonte mais substantiva para a ciência da criação de publicidade eficaz. O que encontramos foi uma verdade muito mais profunda: a psicologia arquetípica ajuda-nos a compreender o significado intrínseco das categorias de produto e, conseqüentemente, ajuda os profissionais de marketing a criar identidades de marca duradouras que estabelecem o domínio do mercado, evocam nos consumidores o significado e o fixam, e inspiram a lealdade do consumidor — tudo isso, potencialmente, de maneira socialmente responsável.

Estas não são simplesmente idéias utópicas. Carol Pearson passou 30 anos desenvolvendo um referencial psicológico, sólido e confiável, que integra conceitos do sistema psicológico junguiano e de outros sistemas, aplicando-os à liderança e ao desenvolvimento organizacional, bem como ao marketing. Margaret Mark tem uma experiência equivalente, aplicando profundas percepções e constructos humanos ao marketing com clientes, primeiro na Young & Rubicam e agora em sua própria empresa de consultoria. Como resultado, temos certeza de que as abordagens descritas nestas páginas produziram resultados coerentes, sem efeitos colaterais negativos. Nosso sistema já exerceu influência sobre as abordagens mercadológicas de marcas-líderes nos ramos de serviços financeiros, refrigerantes, vestuário, salgadinhos, programação de tevê, marketing institucional e muitos outros, e já definiu ou redefiniu a identidade das marcas de empresas comerciais e de organizações sem fins lucrativos.

O sistema que desenvolvemos, e que compartilhamos com você neste livro, oferece uma estrutura para descrever os arquétipos, a qual já proporcionou poderosas identidades para inúmeras marcas vitoriosas. Usando este sistema, você não precisará se colocar numa situação vulnerável para implementar estratégias de marcas arquetípicas em sua empresa. Em vez disso, você seguirá um método comprovado e teoricamente válido para estabelecer uma identidade de marca para seu produto, seu serviço, sua empresa — ou até você mesmo. Ao estudar a base arquetípica das marcas de sucesso, descobrimos que os 12 arquétipos principais se expressavam freqüentemente na atividade comercial dos dias de hoje.

A Figura 1.1 dá o nome de cada um dos arquétipos, descreve sua função básica na vida das pessoas e oferece um exemplo de marca-líder ou ícone de marca com aquela identidade.

Os arquétipos e suas funções básicas na vida das pessoas		
Arquétipo	**Ajuda as pessoas a**	**Exemplo de marcas**
Criador	Criar algo novo	Williams-Sonoma
Prestativo	Ajudar os outros	AT&T (Ma Bell)
Governante	Exercer o controle	American Express
Bobo da Corte	Se divertirem	Miller Lite
Cara Comum	Estarem bem assim como são	Wendy's
Amante	Encontrar e dar amor	Hallmark
Herói	Agir corajosamente	Nike
Fora-da-lei	Quebrar as regras	Harley-Davidson
Mago	Influir na transformação	Calgon
Inocente	Manter ou renovar a fé	Ivory
Explorador	Manter a independência	Levi's
Sábio	Compreender o mundo em que vivem	Oprah's Book Club

Figura 1.1

O elo perdido: Arquétipos e motivação do cliente

Os arquétipos proporcionam o elo perdido entre a motivação do cliente e as vendas do produto. Quase todos os profissionais de marketing sabem que precisam compreender as motivações humanas. Até hoje, porém, não estava disponível qualquer método científico que lhes permitisse ligar as mais profundas motivações dos consumidores com o significado do produto. O elo perdido é a compreensão dos arquétipos. Um produto com identidade arquetípica fala diretamente à matriz psíquica profunda dentro do consumidor, ativando um senso de reconhecimento e significado.

As imagens arquetípicas sugerem a realização dos mais básicos desejos e motivações humanos, liberando emoções e anseios profundos. Por que você acha que nosso coração dá pulos, nossa garganta se aperta ou começamos a chorar em certos momentos? Um atleta olímpico ganhando a medalha de ouro (Herói); um senhor negro já idoso, na platéia, que se levanta instintivamente quando seu neto é chamado ao palco para receber o diploma universitário (comercial do United Negro College Fund — o triunfo do Cara Comum); a mãe recebendo o recém-nascido nos braços pela primeira vez (comercial da Johnson & Johnson): cada uma dessas peças publicitárias foi beber na mesma fonte.

Uma explicação psicológica para essas respostas é: ou estamos inconscientemente revivendo momentos críticos da nossa própria vida (por exemplo, a cena da separação no final de *E.T* evoca nossas experiências de perda) ou estamos prevendo tais momentos. Essas imagens e cenas arquetípicas convidam as pessoas a realizarem suas necessidades e motivações humanas básicas (nos exemplos anteriores, respectivamente, liberdade e identidade, realização e intimidade). Em um mundo ideal, o produto desempenha uma função mediadora entre uma necessidade e sua satisfação.

Um sistema que integra a teoria motivacional e a teoria arquetípica

A teoria motivacional pode ser condensada em um foco sobre os quatro principais impulsos humanos, posicionados ao longo de dois eixos: Pertença/Grupo versus Independência/Auto-realização e Estabilidade/Controle versus Risco/Mestria. (Ver Figuras 1.2 e 1.3.)

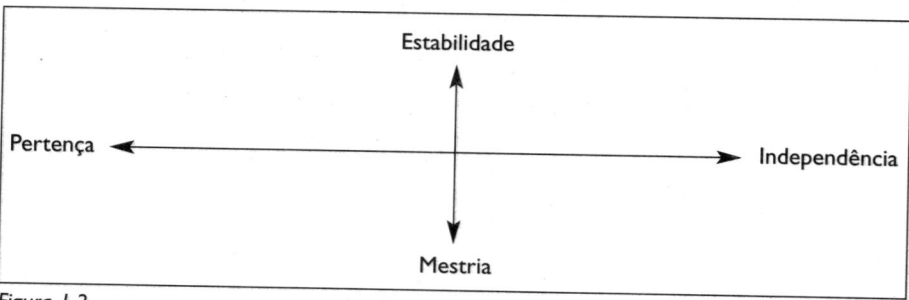

Figura 1.2

Em termos do dia-a-dia humano, isso significa que a maioria de nós quer muito ser apreciada e pertencer a um grupo. Ao mesmo tempo, também queremos ser individualizados e seguir nosso próprio caminho. Embora ambos esses desejos sejam pulsões humanas profundas e enraizadas, eles nos impelem em direções opostas. O desejo de pertencer nos faz querer agradar os outros e nos amoldar, pelo menos até certo grau. O desejo de individuação nos faz passar algum tempo sozinhos e tomar decisões ou agir de uma maneira que as pessoas mais próximas a nós talvez não compreendam.

Do mesmo modo, a maioria das pessoas tem uma necessidade profunda de segurança e estabilidade. Esses desejos são satisfeitos pela rotina, conforto e adesão ao que é testado e garantido. Estamos respondendo a esses desejos quando compramos seguros, permanecemos num emprego por causa do plano de aposentadoria ou tomamos nossas vitaminas religiosamente. No entanto, por mais que muitas pessoas queiram segurança, a maioria delas também é estimulada pela ambição e pelo desejo de exercer a mestria. Se quisermos o êxtase da realização, precisamos correr riscos. Por isso, motivados pelo desejo de deixar nossas pegadas no mundo, adotamos uma posição controversa, abrimos uma empresa ou tentamos outros empreendimentos novos e arriscados.

A vida exige uma negociação constante ao longo desses pólos. Quando sacrificamos uma ponta de um desses eixos contínuos, em favor da outra ponta, existe na nossa psique a tendência de procurar o equilíbrio. Essa é uma das razões das crises da meia-idade; as pessoas saíram da posição de equilíbrio e agora alguma parte delas, que foi reprimida por tempo demasiadamente longo, busca expressão.

Nós duas utilizamos em nossos trabalhos anteriores uma grade como a da Figura 1.2, com dois eixos e quatro desejos básicos surgindo independentemente no pensamento de uma pessoa. Ambas descobrimos que nossos clientes compreendiam instintivamente o significado e a importância da grade, porque eles haviam experimentado aquela tensão na própria vida. A grade também proporcionou um rápido teste de diagnóstico para reconhecer a motivação subjacente da missão organizacional dos nossos clientes e a identidade de sua marca. Quando nós duas iniciamos nosso trabalho conjunto, alteramos um pouco os termos a fim de usarmos a mesma linguagem, mas as categorias fundamentais que utilizávamos eram e continuam a ser as mesmas.[3]

Embora ambas víssemos cada um dos desejos já descritos como um forte fator motivacional para a maioria das pessoas dos dias de hoje, inúmeros teorizadores associam alguns dos desejos a diferentes estágios de desenvolvimento. Em seus modos de pensar, algumas motivações são mais fundamentais que outras.

Nossas categorias de motivação estão mais próximas dos estágios definidos por Abraham Maslow (*Motivation and Personality*, 1954), que nos influenciou a ambas profundamente. Maslow é mais conhecido por sua definição da "hierarquia de necessidades", que descreve como os desejos humanos evoluem à medida que as necessidades mais primárias são satisfeitas. A tabela da Figura 1.3 resume as constatações de Maslow, bem como as dos três outros grandes psicólogos motivacionais do século XX. Eric

---

3. Carol Pearson também está trabalhando com John Corlett num pequeno trabalho sobre os arquétipos nas organizações e passou por essa mesma experiência. O Dr. Corlett havia mapeado as motivações básicas dentro das culturas organizacionais. Também ele identificou, independentemente, esses quatro quadrantes como sendo os mais fundamentais, embora sua linguagem fosse um pouco diferente da nossa.

Teorias dos estágios do desenvolvimento humano e categorias motivacionais

Teorizador	Estabilidade/Controle	Pertença/Prazer	Mestria/Risco	Independência/Realização
Kegan: estrutura sujeito/objeto	Imperial (2)	Interpessoal (3)	Institucional (4)	Interindividual (5)
Maslow: hierarquia da orientação das necessidades	Segurança (2)	Pertença (3)	Estima/Auto-estima (4)	Auto-realização (5)
Wilber: correlação	Intercâmbio material (1)	Intercâmbio emocional (2)	Intercâmbio mental (3)	Intercâmbio anímico/ espiritual (4, 5)
Erickson: desafios/ virtudes do desenvolvimento	Confiança vs. Desconfiança = Esperança (primeira infância)	Autonomia vs. Vergonha = Vontade (idade: 2-3)	Iniciativa vs. Culpa = Propósito (idade: 3-5)	Identidade vs. Confusão = Fidelidade (idade: 12-18)
	Produtividade vs. Estagnação = Zelo (idade: 35-65)	Intimidade vs. Isolamento = Amor (idade: 19-35)	Engenho vs. Inferioridade = Competência (idade: 6-12)	Integridade vs. Desespero = Sabedoria (idade: 65 ou mais)

Figura 1.3

Erickson, que também influenciou nossas idéias sobre o desejo humano, identificou temas de desenvolvimento no ciclo da vida, cuja resolução ajuda as pessoas a formar as principais virtudes do caráter.[4] Robert Kegan, notável psicólogo educacional e professor de Harvard, desenvolveu uma teoria do desenvolvimento da personalidade que equilibra a formação do significado e o desenvolvimento social. (Ver *The Evolving Self*, 1982.) Ken Wilber, o principal teórico no campo da psicologia transpessoal, identificou os estágios do desenvolvimento da consciência à medida que a pessoa evolui da orientação para o ego até as abordagens mais espirituais (transpessoais) ao mundo. A Figura 1.3 esboça essas teorias para benefício dos leitores interessados em ligar nossas categorias motivacionais aos modelos de desenvolvimento. (Quando o Estágio 1 está ausente da tabela em algum modelo, é porque esse estágio focaliza demasiadamente as questões fundamentais da sobrevivência e, portanto, torna-se irrelevante para os comportamentos do consumidor contemporâneo.)

Os arquétipos fazem a intermediação entre os produtos e a motivação do consumidor porque oferecem uma experiência intangível do significado. A Figura 1.4 identifica os arquétipos mais importantes para a satisfação das quatro necessidades humanas básicas.

Este livro, *O herói e o fora-da-lei*, mostra que a teoria arquetípica proporciona uma metodologia sólida e comprovada para estabelecer uma identidade de marca memorável e irresistível, capaz de suportar o teste do tempo, cruzar fronteiras de culturas e estilos de vida, além de se traduzir em sucesso duradouro.

Arquétipos e motivação				
Motivação:	**Estabilidade & controle**	**Pertença & prazer**	**Risco & mestria**	**Independência & satisfação**
	Criador	Bobo da Corte	Herói	Inocente
	Prestativo	Cara Comum	Fora-da-lei	Explorador
	Governante	Amante	Mago	Sábio
Medo do consumidor	Ruína financeira, doença, caos incontrolável	Exílio, orfandade, abandono, ser esmagado	Ineficácia, impotência, desamparo	Cair na armadilha, ser traído, vazio
Ajuda o consumidor a:	Sentir-se seguro	Ter amor/ comunidade	Realizar-se	Encontrar a felicidade

Figura 1.4

4. Eric Erickson, *Childhood and Society* (Nova York: Oxford University Press, 1963) e *Identity: Youth and Crisis* (Nova York: Norton, 1968).

Arquétipos

A pulsação das marcas duradouras

N A GRÉCIA E ROMA ANTIGAS, os arquétipos formavam a base dos mitos, nos quais eram mostrados como deuses e deusas. Essas deidades, juntamente com as de outras culturas antigas, proporcionaram algumas das imagens específicas associadas aos 12 arquétipos descritos neste livro. Embora os atores das histórias míticas de hoje sejam simples mortais, não deuses, os mesmos enredos nos fascinam. Por que o presidente Clinton foi capaz de sobreviver ao escândalo Lewinsky? Pense no fascínio dos antigos gregos pelas histórias sobre as escapadas sexuais de Zeus (o Governante) e o sofrimento de sua fiel esposa Hera. Do mesmo modo, as escapadas de Clinton, assim como as de Zeus, abalaram o país sem provocar sua queda. Já que ele era percebido como um presidente eficaz, sua fidelidade ao eleitorado era vista como algo mais importante do que sua fidelidade conjugal. O que causa mais surpresa é que a popularidade de Hillary Clinton subiu, pelo menos durante algum tempo, enquanto ela personificava Hera, a esposa fiel e traída.

Qualquer que seja seu partido, os presidentes têm sucesso quando sua identidade de marca é clara e coerente. O "vovô" Ronald Reagan era conhecido como o "presidente Teflon", por causa de sua capacidade de manter a popularidade apesar dos escândalos e controvérsias. Por ser um ator, Reagan conhecia a importância da marca. O mais provável é que ele tenha conscientemente mantido sua identidade arquetípica do Prestativo, dando ao país a constante reafirmação de que tudo ficaria bem.

Por outro lado, muitos políticos não conseguem ser eleitos ou reeleitos porque nunca estabeleceram uma identidade arquetípica coerente. Por exemplo, o presidente George Bush, homem de ampla experiência no governo, de início se posicionou como o Governante Sábio. Mas quando se candidatou à reeleição, ele vacilou entre o Guerreiro e o Órfão e perdeu a corrida pelo segundo mandato.

Esses mesmos padrões se aplicam às corporações. A Apple cometeu muitos graves erros empresariais, mas sempre acabou se salvando por causa da grande lealdade de seus clientes, que tendem a amar a empresa em qualquer circunstância. O lema da Apple, "Pense diferente", seu logotipo da maçã com uma dentada (sugerindo a desobediência de Adão e Eva, que comeram o fruto da Árvore do Conhecimento), sua reputação de empresa inovadora — cada um desses fatores evoca o arquétipo do Fora-da-lei construtivo e independente. Por outro lado, a identidade da Microsoft tornou-se sinônimo da *persona* de Bill Gates, o Governante Histérico que vagueia no lado sombrio do ditador e se arrisca a perder o apoio do público.

O produto como acessório no drama arquetípico

Quando os arquétipos são ativos, eles evocam sentimentos profundos. Às vezes, esses sentimentos têm uma ressonância espiritual. Nas nossas tradições religiosas, os alimentos freqüentemente ganham significação numinosa — por exemplo, o "pão" e o "vinho" da comunhão cristã ou o carneiro do Seder judaico. De uma maneira laica, mais cotidiana, os alimentos acumulam significados culturais simbólicos. Nos Estados Unidos, por exemplo, é uma tradição servir peru no feriado do Dia de Ação de Graças. Essa prática é tão influente que a presença ou ausência do peru determina a sensação do feriado. Em um nível mais profundo, o peru enquanto símbolo cultural é uma das muitas expressões do arquétipo da cornucópia, ou chifre da abundância, que aparece nas celebrações de colheitas no mundo todo.

Do mesmo modo, linhas de produtos inteiras podem ganhar um significado que lhes dá poder simbólico sobre todos os aspectos da nossa vida. Um convite indicando *black tie* significa que a ocasião é importante. Champanhe diz que estamos celebrando. A aliança de ouro costumava significar casamento, mas uma bem-sucedida campanha publicitária ajudou a reforçar as convenções sociais, de modo que agora "um diamante é para sempre".

Algumas linhas de produtos também são ótimas como presentes em certas circunstâncias, porque servem como acessórios na história em que alguém está entrando: uma caneta para o garoto em seu bar mitzvah, uma pasta 007 na formatura em administração, um carro para o jovem que atinge a maioridade, um eletrodoméstico para os recém-casados. Comprar uma caixa de tacos semiprontos para uma criança indica que ela já tem competência para preparar a própria comida, mesmo quando papai e mamãe estão ocupados.

O efeito Pinóquio

Quando você entende o poder arquetípico potencial de seu produto, o marketing se torna bem mais simples, mais gratificante e mais digno de respeito. A administração do significado trata da venda de produtos, mas também da venda de significado com integridade. Se as empresas cumprem suas promessas de significado no mesmo grau em que oferecem produtos de qualidade, elas ajudam os clientes de duas maneiras: (1) oferecendo um produto ou serviço funcional; e (2) ajudando as pessoas a experimentar o significado na vida cotidiana. Se as empresas não fazem isso, é improvável que atraiam lealdade à marca.

Os arquétipos enobrecem a vida ao enfatizar seu significado. Por exemplo, uma pessoa se sente atraída por outra sem vivenciar o significado, mas no momento em que ambas se conectam à história de amor, o arquétipo do Amante é evocado e o mundo se enche de vida. Do mesmo modo, você pode se divertir numa viagem cruzando o país; mas se você faz essa viagem para encontrar seu pai desaparecido há muitos anos (ou para descobrir a alma de seu país, para se autoconhecer ou em busca de fortuna), o arquétipo do Peregrino ou Explorador é ativado e a experiência se torna plena de significado.

De certo modo, o significado arquetípico é aquilo que torna as marcas vivas para as pessoas. Pense em histórias como *Pinóquio* ou *The Velveteen Rabbit*, nas quais um objeto inanimado ganha vida. Os arquétipos são o pulso de uma marca, porque transmitem um significado que faz os clientes se relacionarem com um produto como se este fosse realmente vivo. Os clientes têm uma relação com ele. Os clientes se interessam por ele.

Os apelidos expressam a sensação de propriedade do público sobre as marcas arquetípicas	
Budweiser	Bud
McDonald's	Mickey D's
Coca-Cola	Coke
Federal Express	FedEx
AT&T	Ma Bell
Volkswagen Beetle	Bug e, mais recentemente, Buggie [no Brasil, Fusca]
Kentucky Fried Chicken	KFC*

* (O nome da marca acabou sendo mudado para KFC, em parte reconhecendo, no nome "oficial" da marca, o apelido dado pelo consumidor.)

Uma expressão da intimidade que se desenvolve entre os clientes e as marcas arquetípicas é a maneira pela qual os usuários tendem a dar apelidos a essas marcas, indicando uma relação especial, mais íntima, tal como a que mantêm com amigos e familiares. A Coca-Cola vem sendo chamada de "Coke" há muito tempo; a Budweiser, de "Bud"; o McDonald's, "Mickey D's"; o sedã Volkswagen é "o Fusca"; e assim por diante. A verdadeira "propriedade" emocional da marca se torna ambígua. Os clientes afirmam seus "direitos" ao significado das marcas com a fúria que expressaram diante da Nova Coca-Cola ou insistindo para que novas encenações de clássicos bem-amados, como *O mágico de Oz* ou *Uma história de Natal*, permaneçam absolutamente fiéis às versões originais. Não mexam nisso, dizem eles com todas as palavras. Isso faz parte da minha vida, das minhas lembranças, da minha história — e vocês não têm o direito de mudar uma vírgula.

Alguns produtos tiveram sucesso fácil nesse aspecto porque um significado claro, verificável e viável está intrínseco em sua função. Harvard, Yale, o MIT e outras universidades de elite geralmente vendem o Sábio, prometendo implicitamente que você, se for estudar lá, aprenderá mais, pensará com mais clareza e será mais inteligente do que antes. Usando a linguagem arquetípica, eis o que dizem essas escolas: você terá despertado o Sábio interior no momento em que se formar aqui. "Significado" intangível e resultados tangíveis estão tão interligados que você, para fracassar, precisará destruir a capacidade de ensino da instituição — recusando-se a estudar, colando nas provas, etc.

Talvez seja menos óbvio que produtos mais cotidianos (como detergente de cozinha ou queijo) possam cumprir a promessa arquetípica de sua mensagem. Porém, em todas as categorias, as marcas que ganharam vida para os consumidores *podem* fazer coisas que você não esperaria de algum objeto inanimado, "sem coração".

Por que os pesquisadores da área médica sempre montam grupos de controle para se proteger do "efeito placebo"? Porque o estado do paciente pode melhorar simplesmente devido à sua crença no comprimido ou no médico. Os pesquisadores precisam se assegurar de que é a droga em teste que realmente produz a cura. Do mesmo modo, todos nós precisamos desenvolver produtos que realmente cumpram aquilo que prometem. Mas na arena do significado, o efeito placebo é importante porque o *próprio* significado pode ter um efeito positivo sobre o consumidor. Por exemplo, a mulher compra um vestido novo e se sente linda, uma deusa. O homem (ou mulher) que quer impressionar os outros puxa seu cartão American Express, paga a conta e se sente um rei (ou rainha).

Depois de uma experiência que contamina a psique ou viola as emoções, muitas pessoas tomam um banho de chuveiro — como se a água pudesse literalmente limpar os sentimentos assim como limpa a sujeira. Outras pessoas tomam uma ducha apenas para limpar as preocupações do dia. Embora sabendo, racionalmente, que a água limpa apenas a pele, o fato é que o significado emocional que elas dão a essa prática transforma uma experiência comum em um ritual que purifica o corpo e a alma. Se elas tiverem incorporado na alma o significado de renovação e pureza do sabonete Ivory, a marca assumirá uma função mediadora no processo, ajudando-as a se sentirem limpas em termos espirituais e emocionais (bem como físicos).

Esse é o efeito placebo em seu disfarce positivo. Em vez de eliminar o efeito placebo, os profissionais de marketing deveriam compreendê-lo para ser capazes de usar o poder da crença não só para vender produtos, mas também para ajudar as pessoas e assim forçar a lealdade à marca. O ponto importante aqui é que o significado arquetípico, quer seja experimentado consciente ou inconscientemente, aciona esse efeito placebo.

O significado arquetípico como condutor do desenvolvimento do produto

Alavancar o significado arquetípico não é apenas "anexar" indiscriminadamente um significado a um produto. Embora seja verdade que o significado arquetípico desempenha um papel na diferenciação das marcas comerciais, esse não é seu melhor uso nem seu uso mais elevado. As marcas que se tornam realmente icônicas são arquetípicas dos pés à cabeça.

Talvez um dos melhores exemplos contemporâneos seja o sedã Volkswagen, o Fusca, tanto no começo de sua vida quanto em sua reencarnação recente. A contracultura dos anos 60 gerou para si mesma um interessante dilema. Os carros, especialmente os salões-sobre-rodas da geração anterior, representavam tudo aquilo que os jovens dos anos 60 rejeitavam: excesso de conforto, exibição ostensiva de status e tremendo desperdício de combustí-

Com muita freqüência, os melhores logotipos comerciais remetem a antigos símbolos. O logotipo da Apple, por exemplo, evoca o primeiro ato de rebelião no Jardim do Éden, uma poderosa destilação da identidade iconoclasta da marca.

vel. Mas os jovens davam valor à mobilidade; pegar carona não resolvia totalmente o problema.

A resposta veio na forma de um carrinho chamado "Bug" (besouro), o sedã duas-portas da Volkswagen que atendia plenamente aos princípios do Inocente. O carro era inacreditavelmente pequeno pelos padrões vigentes de Detroit e suas linhas bem arredondadas o tornavam "fofinho". Não tinha acessórios ou qualquer tipo de ornamentos excessivos. Uma maravilha no quesito economia de combustível. Barato na compra, fácil de consertar e parecia capaz de andar para sempre. Seu estilo nunca mudava. A brilhante campanha de propaganda de Bill Bernbach posicionou o novo "anticarro" de uma maneira que capturava seu espírito singular. Seus comerciais inteligentes e bem-humorados, vencedores de diversos prêmios, mostravam o Inocente "besouro" batendo os grandes bebedores-de-gasolina: o pequeno Davi levando a melhor sobre o gigante Golias.

Hoje, vemos a muito bem-sucedida versão reencarnada do "Bug" e sorrimos. Não sabemos exatamente por quê, mas sentimos que seria realmente ótimo ter e dirigir um Fusca. Por alguma razão inexplicável, sentimo-nos atraídos por suas cores luminosas e arrojadas, semelhantes às dos brinquedos que conhecemos no jardim-de-infância. Enquanto consumidores, aquilo que intuímos, mas não conseguimos expressar, é o prazer de ver que o Inocente ressuscitou de maneira tão inteligente.

Como poderemos comparar essa expressão sincera de um arquétipo relevante, e em seu tempo altamente diferenciado, com a expressão de um produto inadequado sobre o qual simplesmente se "fraudou" uma identidade arquetípica? As respostas estão nos anais da história do marketing. As melhores marcas arquetípicas são — em primeiro lugar e acima de tudo — *produtos* arquetípicos, criados para atender e incorporar necessidades humanas fundamentais.

A análise quantitativa apóia a base arquetípica das marcas vitoriosas

Nossos primeiros exames das marcas mais bem-sucedidas do mundo nos convenceram de que o significado delas era qualitativamente diferente do das marcas comuns; seu significado expressava arquétipos universais e atemporais. Mas, embora nossas observações parecessem indiscutíveis, também sabíamos quanto estava em jogo para nossos clientes. Queríamos um teste objetivo, quantitativo, da nossa teoria, embasado em dados reais. Felizmente, a Young & Rubicam compartilhava o mesmo interesse e tinha um potente banco de dados que poderia ser usado para estudar a teoria.

Primeiro como vice-presidente executiva e depois como consultora da Young & Rubicam, Margaret Mark tinha acesso ao BrandAsset Valuator (BAV) da empresa, o mais profundo e abrangente estudo de marcas do mundo. Composto de 75 pesquisas realizadas em 33 países, o BAV permite que a Young & Rubicam estude continuamente as atitudes do consumidor diante de mais de 13.000 marcas. Para analisar plenamente a posição de cada marca, o modelo BrandAsset a avalia dentro do contexto de um abrangente "cenário de marca" cultural que cobre pelo menos cem categorias de produtos e utiliza mais de 55 medidas por marca. Mais de 120.000 consumidores foram entrevistados até hoje para esse estudo.

Trabalhando com Ed LeBar e Paul Fox, do Grupo BrandAsset da Young & Rubicam, Margaret desenvolveu um sistema algorítmico para determinar até que ponto as percepções da marca, por parte dos consumidores, se alinham com a identidade arquetípica. Determinaram-se pesos para cerca de

48 atributos descritivos incluídos no BAV: cumpridor, desigual, fácil, autêntico, ousado, etc. As pontuações dos consumidores são normalizadas dentro das marcas e entre elas, e cada marca recebe uma pontuação de distribuição cumulativa em cada arquétipo. Desse modo, pode-se determinar se uma marca está fortemente associada a algum arquétipo e, em caso positivo, qual sua identidade arquetípica primária, secundária, e assim por diante.

Pontuação dos arquétipos

No gráfico abaixo, os arquétipos são graduados como segue:
- As pontuações são normalizadas dentro das marcas e entre elas.
- Cada marca recebe uma pontuação de distribuição cumulativa para cada arquétipo (o percentil que a liga ao arquétipo do "cenário da marca" total).
- Em uma análise real, as pontuações seriam preenchidas no seguinte gráfico de amostra (da categoria aluguel de carros):

Marcas da amostra:	Herói	Bobo da Corte/Curinga	Inocente	Explorador	Fora-da-lei	Prestativo	Cara Comum
Hertz							
Avis							
Budget							
Alamo							
National							
Dollar							
Enterprise							

Depois que as marcas são classificadas por arquétipo, a amplitude e extensão do BAV permitem explorações por uma ampla base de consumidores e "cenário da marca", possibilitando o exame de múltiplas indústrias, segmentos de consumidor e tipos de marcas.

Margaret, LeBar e Fox começaram a elaborar hipóteses sobre a identidade arquetípica das marcas e depois testaram essas hipóteses contra o banco de dados. Os resultados foram sempre esclarecedores e o algoritmo parecia classificar as marcas adequadamente, sugerindo que as hipóteses tinham bastante validade. Por exemplo, os dados mostraram que os consumidores viam a Coca-Cola como uma marca Inocente, o que ajudava a explicar muitas coisas, tais como até que ponto o comércio dos simpáticos e brincalhões

"Ursos polares" tinha agradado quando tantos outros fracassaram, durante uma exploração explosiva de alternativas criativas. Também ajudou a esclarecer por que os sucessos anteriores incluíram expressões otimistas de solidariedade e amor, como "Mean Joe Green" e "Quero ensinar o mundo a cantar". Cada comercial, à sua maneira e em seu tempo, havia expressado o desejo do Inocente — fazer do mundo um lugar melhor e mais feliz. Os dados ajudaram a explicar por que a garrafa original é tão importante para a identidade da marca, como ocorre com a Coca-Cola original! A fracassada campanha da "Nova Coca-Cola" demonstrou que substituir o Inocente é uma violação ou traição da confiança, muito maior do que outros tipos de substituição. Por outro lado, os dados mostraram que os consumidores viam a Pepsi como Bobo da Corte — uma identidade que esclareceu por que essa marca pôde ser mutável ao longo do tempo e por que ela sempre se sai bem quando usa o bom humor para zombar da santarrona Coca-Cola.

Como o BAV é um estudo longitudinal conduzido ao longo de um período extenso de tempo, também fomos capazes de estudar a evolução das identidades arquetípicas das marcas, para melhor ou para pior. Por exemplo, realizamos no BAV uma análise dos arquétipos para tentar diagnosticar por que uma marca líder no setor de vestuário estava perdendo tanto as vendas quanto sua proeminência cultural. Os dados revelaram que, ainda em 1997, a marca era vista, de modo forte e consistente, como um "Herói" por todos os grupos etários de 15 a 50+, conforme mostra a tabela abaixo:

Índice de uma marca de vestuário com o arquétipo do Herói, em 1997	
Idade:	
15-17	100,12
18-29	101,12
30-49	102,55
50+	95,41

Apenas dois anos mais tarde, a identidade Herói da marca caíra em um único grupo — infelizmente, o grupo mais importante em termos de "aprovação cultural" atual e vitalidade futura: os adolescentes. Os números de 1999 são mostrados na tabela abaixo:

Índice de uma marca de vestuário com o arquétipo do Herói, em 1999	
Idade:	
15-17	33,62
18-29	104,00
30-49	101,06
50+	104,72

A equipe da Young & Rubicam concluiu que a marca precisava resgatar sua forte e competente imagem Heróica e interpretá-la para uma nova geração.

Embora os estudos de caso sejam sempre dramáticos e esclarecedores, o teste mais poderoso da teoria arquetípica precisaria ir além da simples "classificação" de qualquer marca individual; em vez disso, teria de explorar os padrões mais amplos do funcionamento das marcas arquetípicas e seu efeito sobre os múltiplos critérios do sucesso. Foi com esse propósito que os analistas da Young & Rubicam descobriram que a força da associação de uma marca a um arquétipo tem diferença significativa em pelo menos um indicador fundamental do verdadeiro valor econômico: a avaliação do ativo.

Os pesquisadores do BAV estavam trabalhando com alguns conceitos pioneiros de desempenho econômico desenvolvidos pela Stern Stewart, um escritório de consultoria financeira altamente respeitado. Suas análises mostraram que as marcas associadas a identidades arquetípicas influenciavam, positiva e profundamente, a avaliação do ativo real de suas empresas.

As medidas envolvidas são o Valor de Mercado Agregado (Market Value Added = MVA) e o Valor Econômico Agregado (Economic Value Added = EVA). O MVA mede quanto valor uma empresa adicionou ao investimento de seus acionistas, ou dele subtraiu. Em outras palavras, o MVA mede a expectativa dos investidores: se eles esperam que os lucros futuros da empresa sejam maiores ou menores que o custo do capital. Um MVA crescente indica que a empresa está produzindo (ou provavelmente produzirá) taxas de retorno mais elevadas do que o custo do capital. Um MVA decrescente mostra que a empresa ficou aquém das expectativas ou comprometeu capital em novos investimentos que, na visão do mercado, não são justificados.

O EVA é a medida de desempenho financeiro que mais se aproxima de capturar o verdadeiro lucro econômico de um empreendimento e é a medida mais diretamente ligada à criação da riqueza dos acionistas ao longo do tempo. O EVA é uma estimativa do lucro líquido operacional, menos um encargo apropriado pelos custos de oportunidade de todo o capital investido no empreendimento. Nesse sentido, o EVA reflete o lucro econômico real ou a quantia pela qual os rendimentos excedem ou ficam abaixo da taxa mínima de retorno exigido que os acionistas e os investidores poderiam obter investindo em outros papéis negociáveis de risco comparável. Uma mudança positiva no EVA reflete o progresso interno da empresa na criação de valor real.

Essas medidas têm importância crítica porque, embora a maioria das empresas pareça lucrativa nos padrões contábeis convencionais, muitas delas na verdade não o são. Como disse Peter Drucker em um artigo da *Harvard Business Review*, "Até que um negócio apresente um lucro maior que seu custo de capital, ela opera no vermelho. Não importa o fato de que ela paga impostos como se tivesse um lucro genuíno. O empreendimento ainda retorna menos para a economia do que devora em recursos. Até então, ela não cria riqueza, ela a destrói".

A análise da Young & Rubicam estudou mudanças no EVA e no MVA, de 1993 a 1999, de um conjunto de 50 marcas bem conhecidas e altamente respeitadas, como American Express, American Greetings, Fruit of the Loom, Disney, Kodak, Sears, Heinz, Harley-Davidson e The Gap. A relação de mudanças nesses indicadores financeiros fundamentais foi traçada entre dois conjuntos de marcas: aquelas com identidades arquetípicas "fortemente definidas" (cujo arquétipo secundário mais próximo estava 10% ou mais abaixo do principal) e um conjunto "confuso" de marcas (cujo arquétipo secundário estava dentro desse limite de 10%). Cada conjunto continha igual número de marcas.

A análise mostrou que o MVA das marcas fortemente alinhadas com um único arquétipo cresceu 97% a mais do que o MVA das marcas confusas. Mostrou também, no período de seis anos coberto pelos estudos, que o EVA das marcas fortemente alinhadas cresceu a uma taxa 66% maior que o EVA das marcas fracamente alinhadas.

Claro que os pesquisadores, acreditando no projeto, sentiram-se imensamente gratificados (mas não surpresos) pelos resultados. Mas a implicação desses achados era impressionante: as identidades que conseguem atingir um sentimento humano essencial afetam as medidas de sucesso econômico mais fundamentais. E talvez ainda mais impressionante é aquilo que os dados revelam sobre a importância de um único arquétipo coerente para determinar com sucesso a identidade e influenciar o desempenho. Os arquétipos desafiam a prática de criar a identidade da marca "pegando algumas características da coluna A e algumas da coluna B"; em vez disso, as antigas matrizes psíquicas são conceitos integrais e completos, que exigem plena percepção e colocação.

Sabemos agora que as marcas que expressam coerentemente um arquétipo apropriado impelem a lucratividade e o sucesso de modo real e sustentável. E, numa cadeia muito positiva de causalidade, elas podem fazer isso sem qualquer custo para o consumidor ou a cultura. Na verdade, tais marcas se dirigem a profundas e arraigadas necessidades humanas. O estudo da Young & Rubicam demonstra, sem sombra de dúvida, a importância mercadológica de compreender e manter uma identidade arquetípica como ativo empresarial básico.

Como os arquétipos afetam a consciência

Não só produtos e serviços convencionais, como também superestrelas, filmes e figuras públicas alcançaram sucesso excepcional quando mergulharam em território arquetípico. Na verdade, qualquer um que associe significado a um produto já terá entrado em solo arquetípico. O problema é que a maioria dos profissionais de marketing não foi treinada para compreender a dimensão arquetípica. O resultado é que eles brincam com um material poderoso sem compreendê-lo plenamente. Porém, criar uma identidade, nutri-la e a administrar são tarefas que *precisam* se tornar um processo deliberado e baseado na visão intuitiva. Para usar esta teoria, é essencial compreender o que é e o que faz um arquétipo.

Uma maneira de começar é examinando os grandes padrões históricos que vemos repetidos na literatura e no cinema. Um desses cenários envolveria um encontro sexual. Outro seria sobre a subida da escada empresarial. Outro ainda começaria com o personagem faltando ao trabalho para ir à praia. Tenham ou não mérito literário essas histórias e as fantasias sobre as quais elas se baseiam, você pode reconhecer facilmente a estrutura de seus enredos como variações respectivas de: a história de amor romântica, a fábula de-mendigo-a-milionário ou o escapismo do quero-fugir-disso-tudo. Enquanto Freud acreditava que nossas fantasias resultavam somente de nossas experiências e condicionamentos, Jung observou que as fantasias são bastante previsíveis, seguindo padrões narrativos bem conhecidos. Na percepção de Jung, todos os seres humanos compartilham uma herança psíquica que subverte as diferenças aparentes de tempo, espaço e cultura.

Uma medida da profundidade com que esses mitos expressam preocupações humanas elementares é o quanto eles são atemporais e universais. Os mitólogos e os antropólogos vêem os mesmos temas, situações e histórias sendo representados sempre e sempre, ao longo dos tempos e em todo o globo.

Talvez a razão subjacente da durabilidade dos arquétipos seja que eles, em essência, refletem nossas realidades e lutas interiores. Variam os detalhes externos, mas a jornada essencial é sempre a mesma.

Joseph Campbell e outros estudiosos da mitologia defendem a idéia de que os vários mitos e arquétipos encontrados no mundo todo são basicamente expressões do drama íntimo do ser humano: podemos entendê-los como diferentes expressões do impulso eterno para encontrar um significado humano no mistério da criação. Nós os "reconhecemos" porque fomos programados para fazê-lo. Se você dispõe de poucos segundos para transmitir sua mensagem — como no comercial de tevê, no prospecto publicitário ou na página da internet —, você atingirá seu objetivo mais eficazmente se sua mensagem utilizar as histórias que todos nós já conhecemos. Na visão de Jung, Campbell e outros, nascemos com uma ressonância instintiva a essas histórias arquetípicas, por causa das muitas configurações da nossa mente. Portanto, o significado de um produto pode ser rapidamente comunicado pela simples evocação de uma história ou de um conceito que produz, em quem o vê, o reconhecimento instintivo de alguma verdade fundamental e identificável.

Os arquétipos são o "software" da psique. Um ou outro programa arquetípico está ativado e envolvido o tempo todo. Por exemplo, algumas pessoas vivem constantemente sob a perspectiva do Explorador ("não levante cercas à minha volta") ou do Governante ("siga minhas regras... ou rua"). Tais arquétipos podem ser vistos como o "modo *default*" desses indivíduos, assim como um programa de correio eletrônico ou um processador de texto é o "modo *default*" do nosso computador. As marcas que estão associadas a cada um desses arquétipos parecerão perfeitas e confortáveis às pessoas que os expressam; de um modo muito interessante, essas marcas emprestam significado às suas vidas.

Imagine um computador que vem com um pacote de aplicativos. Você não consegue abrir e aprender todos eles de imediato. Assim como o software, os arquétipos permanecem adormecidos no inconsciente até serem abertos ou despertados. Assim como o software nos ajuda a fazer coisas como escrever um livro, criar uma planilha analítica ou produzir transparências, os arquétipos nos ajudam a encontrar realização pessoal e desenvolver nosso potencial. Por exemplo, se o Herói em nós é despertado, aprendemos a buscar a coragem de lutar pelo bem dos outros e de nós mesmos.

Às vezes, os arquétipos vêm à tona porque estamos em certa fase da vida que os evoca: a criança se torna um adolescente e subitamente experimenta a necessidade do Explorador de ser diferente — afastar-se dos pais e conhecer o mundo lá fora. Mas as potencialidades adormecidas talvez não sejam experimentadas até que um acontecimento ou imagem do mundo externo as desperte. Por exemplo, o apelo do "levar vantagem" existente na consciência narcisista do Explorador dos anos 1980 e parte dos 90 enfraqueceu quando as pessoas responderam com forte emoção aos exemplos de altruísmo da princesa Diana e de Madre Teresa — ambas morreram exatamente quando o arquétipo do Prestativo ganhava vida nova na cultura em geral.

Mesmo que um jovem esteja pronto para a aventura, esse desejo talvez permaneça latente até ser acionado pela propaganda de um carro, um avião ou uma motocicleta. Logo ele compra um veículo que lhe servirá como "alazão" de confiança nas suas aventuras. Encontrar as imagens arquetípicas no ambiente externo — na literatura, artes, cinema, tevê ou propaganda — tende, com o tempo, a passar um arquétipo da dormência para a ação. As imagens arquetípicas na propaganda despertam histórias arquetípicas — do mesmo modo que clicar um ícone na tela do computador abre um programa.

Claro que são imensas e aterradoras as implicações sociais da comunicação comercial que desperta arquétipos adormecidos. Contudo, não temos um caminho responsável para evitar as armadilhas potenciais desse processo, exceto sabendo o que estamos fazendo e por quê. Toda pessoa envolvida na administração do significado já está operando no nível arquetípico e afetando a consciência dos indivíduos e da nossa época. É melhor fazer isso com cautela, com integridade e — acima de tudo — com *conhecimento* do terreno arquetípico. Nossa previsão é de que, daqui a alguns anos, parecerá tão irresponsável praticar a administração do significado sem conhecimento arquetípico, como parece hoje praticar a medicina sem compreender anatomia. Embora certamente seja menos monstruoso matar uma marca do que uma pessoa, não é desejável fazê-lo — e a incompetência pode calar as pulsações até mesmo da melhor marca. Além disso, o significado de um produto não pode ser vendido sem que nossas ações afetem a consciência coletiva da nossa época. Se queremos reforçar certos padrões de significado numa audiência maciça, devemos pelo menos saber qual impacto estamos causando.

A etiqueta de alerta

Antes de continuarmos, é importante alertar o leitor. Os arquétipos são forças poderosas na psique coletiva e na psique individual. Conforme mostraram O.J. Simpson e o presidente Clinton, quando os arquétipos estão ativos em uma pessoa, podem empurrá-la para uma história desagradável ou mesmo trágica com tanta facilidade quanto levam à história feliz. Quando você utiliza a dimensão arquetípica — deliberadamente ou por acaso —, essas energias se ativam em você e à sua volta. Se serão ou não expressadas de maneira moral e saudável, dependerá da consciência da pessoa (ou empresa) que as evoca. Quanto mais você souber sobre os arquétipos, mais eles servirão, falando em termos metafóricos, como seus aliados. Ao ser capaz de dar nome a um arquétipo, você escolhe se e como vai expressá-lo em sua vida, em seu trabalho e em suas estratégias de marketing. Então, é menos provável que o arquétipo varra você para fora e assuma o controle.

Muitos profissionais de marketing caíram — sem perceber e mal-equipados — em território arquetípico. Já que a propaganda é um meio tão importante e penetrante na nossa cultura, só se pode mesmo esperar que esteja carregada de conteúdos arquetípicos. Esta é a razão básica de termos escrito este livro — para que a administração do significativo não tenha efeitos colaterais negativos. Admitimos que algumas pessoas usarão estas informações para manipular os outros. Preocupamo-nos com essa possibilidade, não só porque não queremos que abusem deste sistema, mas também porque acreditamos que todo abuso é perigoso tanto para quem o pratica quanto para o consumidor. Você recorda aquela grande cena de *Fantasia*, o filme da Disney, quando Mickey, no papel do Aprendiz de Feiticeiro, cria a maior catástrofe? Esse é o resultado mais provável do uso ingênuo ou inescrupuloso do significado arquetípico.

3

O marketing pós-moderno

QUASE NINGUÉM QUE HOJE escreve sobre os consumidores admite que este-ja ocorrendo algo radicalmente novo. A era moderna acabou e estamos nu-ma era pós-moderna, em que as velhas regras não necessariamente são vá-lidas. A nova raça de consumidores não é tão crédula, tão leal ou tão maleável como as do passado. Os compradores de hoje são atentos, profun-damente céticos quanto aos exageros da propaganda e mais preocupados em encontrar e expressar sua individualidade do que em se adaptar às normas sociais. Eles buscam significado, mas não esperam encontrá-lo em qualquer tipo de consenso cultural. Embora sofram as pressões da falta de tempo, eles conseguem se informar sobre suas compras e, quando possível, gostam de controlar o que acontece. Também dão alto valor à independência e autenticidade e são difíceis de enganar. O acesso à internet lhes dá informações sobre as marcas e as empresas; assim, é melhor que seja verdade o que você lhes diz. Se não for, eles certamente descobrirão.

Embora essa nova raça chute para fora muitos profissionais do marketing, isso não precisa acontecer com você. Pense nisso. Vivemos numa época de grande afluência, em que muita gente tem acesso não só a quase todos os produtos que deseja, mas também à instrução, às viagens e à informação. No entanto, em alto grau, o consenso cultural sobre os valores se rompeu. Temos poucas (ou nenhuma) histórias sagradas compartilhadas para dar significado à nossa vida. Joseph Campbell assim apresenta a questão: "O problema da humanidade nos dias de hoje, portanto, é exatamente o oposto ao dos homens que viveram nos períodos comparativamente estáveis daquelas grandes mitologias coordenadoras, que agora são conhecidas como mentiras. Naquela época, todo o significado estava no grupo, nas grandes formas anônimas, e não na auto-expressão individual; hoje em dia, não há significado no grupo — não há no mundo; tudo está no indivíduo."[1] O resultado é que as pessoas são deixadas por sua própria conta. Elas precisam se encontrar a si mesmas e saber o que pensam, sentem, querem e representam. Para as marcas, isso significa que os arquétipos do Explorador (para o encontro da identidade) e do Sábio (para a exploração do próprio mundo interior) provavelmente são motivadores importantes. Além disso, quando as pessoas aspiram a ser indivíduos únicos, capazes de escolha independente, elas são atraídas para níveis mais elevados de outros arquétipos do que seriam antes.

Por exemplo, a história de Cinderela é um padrão narrativo arquetípico associado ao arquétipo do Amante. A narrativa ainda tem vigor arquetípico; isso fica evidente pelo sucesso de bilheteria dos muitos filmes que utilizam variações desse tema — *Uma linda mulher* é apenas um exemplo. Mas o nível de sofisticação da cultura afeta a interpretação da história. No nível mais baixo deste arquétipo, as pessoas podem ler a história de maneira bem superficial e pensar que Cinderela só precisa de um belo vestido e um carro esporte (isto é, a carruagem) para atrair o príncipe da atualidade — e este não precisa ter muito mais além de beleza física e riqueza. Na verdade, os altos índices de audiência alcançados por um programa de televisão como o norte-americano "Who Wants to Marry a Multimillionaire?" (Quem quer se casar com um milionário?) demonstra que esse nível do arquétipo ainda funciona — pelo menos entre as participantes. Mesmo nesse caso, contudo,

---

1. Joseph Campbell, *The Hero with a Thousand Faces* (Nova York: The World Publishing Company, 1949), p. 388. (*O herói de mil faces*; Editora Pensamento, São Paulo.)

uma parte do fascínio dos telespectadores estava certamente em ver mulheres capazes de se casar com um desconhecido apenas pelo dinheiro e aquele homem aparentemente bem-sucedido capaz de se casar com uma mulher com base na beleza física. Esse comportamento, no contexto contemporâneo, é suficientemente bizarro para atrair o interesse.

É importante reconhecer que uma massa crítica de pessoas já deixou de ser tão superficial a ponto de acreditar que o amor resulta apenas do uso dos produtos certos. Essas pessoas não acham que a combinação de belo vestido, belo rosto e belo corpo (no lado da mulher) e uma gorda conta bancária (no lado do homem) seja a fórmula do verdadeiro amor. Em vez disso, esperam que Cinderela e o Príncipe sejam indivíduos auto-realizados, com personalidade, valores, pontos fortes e pontos fracos — no mínimo, se essas pessoas pelo menos assistem ao programa de Oprah.

Talvez, tendo absorvido a lição ensinada pelas altas taxas de divórcio da nossa sociedade, a maioria das pessoas pensantes saiba que, se o Príncipe casar com o vestido e Cinderela casar com o castelo, logo ambos despertarão desiludidos para a realidade de um ser humano de carne e osso.

Isso não quer dizer que os bons comerciais não possam utilizar a narrativa de Cinderela. As histórias arquetípicas toleram as repetições. Você pode contá-las vezes sem conta, que as pessoas nunca se cansam. É isso que significa utilizar um padrão narrativo arquetípico. Mas como a consciência humana evolui, as pessoas interpretam as histórias de maneiras diferentes. Embutida no conto de fadas está uma ênfase no caráter que é reconhecida facilmente pela pessoa complexa e que alguém mais superficial e menos desenvolvido não perceberia. Ao lado de sua natureza amorosa, Cinderela é capaz de virtude e trabalho duro. O príncipe não é apenas "encantado"; ele também tem alma e perseverança suficientes para procurar em todo o reino a moça que viu uma única vez. Se a sua base de clientes tem sofisticação psicológica, mesmo que relativa, seus comerciais serão mais irresistíveis se utilizarem os aspectos mais profundos dos arquétipos, e não apenas seus adornos superficiais.

Conforme mostramos no exemplo de Cinderela, se você escolhe o significado da marca do Amante, mas enfatiza um tipo de relacionamento que compromete sua identidade, os consumidores modernos se sentirão desestimulados, de um modo que não teria acontecido com seus pais e avós. Do mesmo modo, quando escolhe a identidade da marca do Governante, você precisa perceber que os consumidores modernos querem ser eleitores e não súditos. O progresso da monarquia para a democracia (como o progresso do casamento arranjado para o amor romântico) está ligado à evolução da capacidade das pessoas comuns de se individuarem e, portanto, de quererem o direito de autodefinição.

Dentro de cada arquétipo há uma ampla gama de comportamentos, alguns muito simples e outros mais evoluídos. Por exemplo, dentro do arquétipo do Amante você encontrará: (1) o simples despertar da sexualidade; (2) o desejo desesperado de atrair um amante; (3) a obtenção de profundo e duradouro amor romântico; (4) a capacidade de contato íntimo com a família, amigos e colegas; e (5) o amor espiritual por toda a humanidade ou mesmo por todos os seres sencientes.

Ao pesquisar arquétipos nos anúncios e marcas de hoje, descobrimos que a maior porcentagem dos anúncios é projetada como se essa mudança nunca tivesse acontecido. Na verdade, eles se comunicam com o destinatário nos níveis mais baixos de cada arquétipo — as formas em que o arquétipo é expresso quando uma pessoa *não* é auto-realizada. Por exemplo, em todo canto que olhamos, encontramos anúncios do Explorador. Os profissionais de marketing compreendem claramente que hoje em dia esse arquétipo fala com as pessoas. Mas ficamos desapontados ao ver que poucos deles utilizavam o nível mais profundo e mais interessante do arquétipo. A esmagadora maioria dos comerciais Explorador que pesquisamos focalizava o simples estar na natureza ou sentimentos de alienação. Poucos deles tinham sido projetados para ajudar as pessoas na tarefa de aprendizado mais profundo do arquétipo — a de realmente encontrar a si mesmas.

Ironicamente, quando as pessoas não desenvolvem a capacidade de fazer escolhas significativas numa sociedade que oferece um número quase infinito de opções, elas tendem a culpar a sociedade por seus próprios defeitos. A conseqüência é que elas se queixam violentamente do materialismo da sociedade e das empresas que produzem bens de consumo, em vez de assumir a responsabilidade por suas próprias decisões na hora de comprar. Paradoxalmente, as empresas que não ajudam o consumidor a adquirir essa capacidade de autodefinição e escolha responsável serão as vítimas do ressentimento do consumidor.

Além da segmentação de mercado, além dos estereótipos

Um ponto de grande importância: a maioria dos profissionais de marketing não compreende os arquétipos e só pensa em termos de segmentação de mercado; por causa disso, eles têm a infeliz tendência de reduzir os arquétipos a estereótipos. Imagine, por exemplo, uma executiva de sucesso. Normalmente ela se sentiria atraída pelos anúncios dos produtos do Governante, que reforçam seu senso de status ou poder e a ajudam a causar impressão no mundo. Lendo a revista de bordo, ela lança os olhos para um anúncio que lhe oferece um calendário de planejamento mais eficaz, um inovador programa de computador ou um *tailleur* elegante. Embora vários produtos a ajudassem a alcançar e manter o poder (ou apenas a se sentir poderosa), o que vai assinalar o apelo dos produtos para essa mulher é o simbolismo subjacente de poder majestático, status e controle. Se os profissionais de marketing só pensam em termos de segmentos de mercado, é tentador estereotipar esse tipo de mulher, confinando-a mentalmente a uma categoria motivacional muito estreita.

Mas se percebemos que essa mulher é um ser humano completo, então não é difícil reconhecer que ela, de vez em quando, se sentirá presa nas armadilhas de sua vida orientada para o poder. Como muitos de nós, ela trabalha duro e começa a se sentir pressionada. Todo ser humano tem um desejo básico de conquista, e talvez esse desejo tenha tomado conta da vida dela. Além disso, todos nós temos necessidade de prazer e aventura. A executiva do nosso exemplo não está consciente desse anseio nem da necessidade de equilíbrio. Mas, embora sem essa percepção consciente, ela sente uma súbita atração pelas imagens promocionais que têm uma conotação de liberdade.

O Bobo da Corte lhe apareceria por intermédio de anúncios que mostram uma turma se divertindo e bebendo certa marca de cerveja, uma empresa aérea levando um casal a lugares exóticos ou pessoas felizes dirigindo um conversível na praia. Quer ela analise ou não suas respostas e conclua que precisa de mais equilíbrio em sua vida, essa mulher bem poderia responder ao apelo arquetípico comprando aquela cerveja e dando uma festa, reservando sua próxima viagem naquela empresa aérea ou adquirindo aquele conversível (mesmo que nunca chegue a dirigi-lo na praia).

A mulher que desempenha múltiplos papéis é potencializada[2] pelos atributos de dois arquétipos: o do Herói, de vencer grandes desafios, ou do Governante, de manter a ordem quando há ameaça de caos. Mas ela também se sente atraída por arquétipos que lhe dão aquilo pelo qual ela anseia, não só os que simplesmente refletem aquilo que ela está vivenciando. Assim, ela poderá responder à paz e simplicidade do Inocente ou à intensidade erótica do Amante.

Em vez de se ligar a imagens potencializadoras, a representação da "supermulher" moderna na propaganda atual tornou-se estereotipada, um chavão. A maioria das mulheres se irrita quando vê mais um retrato da esposa-mãe-profissional frenética e ocupadíssima. Elas não se sentem compreendidas. Pelo contrário, sentem-se trivializadas, do mesmo modo como antes se sentiam humilhadas pelas imagens estereotipadas da dona de casa.

---

2. Ainda não existe em português uma tradução consensual para o inglês *empower* (dar poder ou autoridade a alguém) e seus derivados. Adotamos aqui os termos "potencialização", "potencializar", "potencializado" e o negativo "despotencializar". (N.T.)

O olhar das pessoas se embaça quando elas deparam com mensagens que não as satisfazem no que se refere às suas questões fundamentais. Essa talvez seja *a* principal razão pela qual os profissionais de marketing têm problemas em capturar a atenção do consumidor que está enfrentando desafios que exigem dele ser uma pessoa complexa e real, e que não está vivendo os cansativos estereótipos tão freqüentemente implícitos nas categorias de segmentação do mercado e nas premissas simplistas sobre as motivações humanas. Para a boa construção de marcas arquetípicas, é recomendável mergulhar na qualidade mais profunda e mais irresistivelmente humana de um arquétipo, em vez de tratá-la com leviandade, como se fosse um estereótipo sem vida.

Cruzando as fronteiras

Embora os arquétipos sejam universais, o "cortinado" que os cerca muda conforme as culturas. Nos Estados Unidos, por exemplo, um valor compartilhado de individualismo reforça o arquétipo do Explorador com ênfase na descoberta e expressão da singularidade de cada um. Outras culturas são mais relacionais. Na América Latina, os filhos vivem com os pais até se casarem. A cultura reforça a fidelidade à família e à comunidade, não ao individualismo. Essa predileção também é forte nas antigas repúblicas soviéticas, bem como na China e no Japão. As culturas relacionais vivem uma história diferente daquela das culturas individualistas.

Mesmo dentro dos Estados Unidos, diferentes locais de trabalho refletem diferentes costumes e enredos arquetípicos. Por exemplo, muitas empresas comerciais (como a Microsoft) vivem o valor de se tornar a empresa nº 1 de toda a indústria (o Governante). Por outro lado, é provável que a maioria das organizações sem fins lucrativos enfatize a ação transformadora no mundo (o Prestativo). Colégios e universidades enfatizam o aprendizado e a descoberta da verdade (o Sábio), enquanto muitas empresas nos ramos de entretenimento, sobremesas (Ben & Jerry's) e recreação (Patagonia) acentuam o prazer e a alegria (o Bobo da Corte). Os valores são diferentes. As diferenças se tornam claras quando as empresas articulam sua visão, seus valores e sua declaração de missão. Pelo menos nas melhores empresas, a "bottom line" nunca é apenas lucros e receitas.

No passado, a imagem evocada por uma empresa resultava parcialmente de suas decisões mercadológicas conscientes, mas muito mais das premissas inconscientes do pessoal do ramo. Você conhece pessoas que se dedicaram à enfermagem porque são prestativas. Também as corporações cujos produtos apóiam a saúde e o tratamento (pense na Johnson & Johnson) poderão ter os valores do Prestativo. Um *hacker* jovem e engenhoso poderá ter uma linha de trabalho que envolve aprendizado contínuo e inovação permanente. Uma firma de computadores tecnologicamente inovadora poderá ser potencializada pelas mesmas motivações do arquétipo do Sábio.

Muito inconscientemente, a gerência dessas empresas tende a ser atraída por identidades de marca que sejam coerentes com os arquétipos que, ao mesmo tempo, moldam o comportamento gerencial e a cultura da empresa. É assim que muitas empresas líderes conseguem encontrar identidades arquetípicas e trabalham para conservá-las ao longo do tempo — especialmente se tiverem líderes que confiam no próprio íntimo e em suas idéias intuitivas. Gostam das identidades de marca que são como eles. Mas se não gostarem delas — e se os profissionais de marketing os convenceram a seguir cada modismo ou capricho do público — inevitavelmente pularão de uma identidade para outra, sem nunca criar uma impressão clara e duradoura.

As firmas de marketing e propaganda também têm suas inclinações inconscientes. Nesse ramo, indivíduos e firmas têm motivos bem diferentes para saírem da cama de manhã. Todos nós conhecemos alguém no ramo da propaganda que tem o manuscrito de um romance na gaveta ou idéias para fazer vídeos ou filmes. Trabalham com propaganda porque o ramo oferece um caminho bem pago para expressarem sua criatividade e talento artístico. Também conhecemos pessoas que adoram os aspectos competitivos do marketing — e que são impulsionadas para a frente pelo prazer da disputa. Outras gostam do estímulo mental das estratégias de marketing. Em termos arquetípicos, esses exemplos refletem os arquétipos do Criador, do Herói (enquanto concorrente) e do Sábio. Se as pessoas desse ramo não conhecerem os arquétipos, suas abordagens de venda refletirão apenas suas próprias predileções inconscientes e não serão as ideais para o cliente.

Para determinar a identidade de marca que uma empresa aprovará, é melhor descobrir quem a empresa pensa que é — em termos dos arquétipos que ela está vivendo. As biografias de líderes empresariais bem-sucedidos demonstram que eles, em geral, foram atraídos para um ramo ou um produto por alguma razão. Mesmo no contexto social, onde dinheiro e sucesso são básicos, os valores mais profundos de um indivíduo se refletem nos detalhes de suas ambições — os sonhos que o impelem para a frente. Esses valores e sonhos criam uma cultura organizacional identificável, que então se reflete na sua identidade de marca (por exemplo, IBM versus Apple). Podemos rastrear os valores até os arquétipos subjacentes (nesse caso, respectivamente, Governante e Fora-da-lei/Rebelde), tornando possível incluir o arquétipo da organização como fator em discussões sobre identidades de marca.

Os indivíduos, as sociedades e as organizações freqüentemente têm vários arquétipos que são dominantes, mas sempre dispõem de algum acesso, pelo menos, a todos os arquétipos. Digamos que o arquétipo dominante do presidente de uma empresa é o Governante; mas esse homem compra para o filho pequeno um brinquedo que fala ao seu próprio Bobo da Corte brincalhão ou ao seu desejo de ajudar as crianças (o Prestativo). Ele é motivado a comprar um colar para sua mulher, a fim de expressar seu Amante; ou a dedicar mais tempo ao desenvolvimento do lado tecnológico de sua empresa, servindo ao seu Sábio. Do mesmo modo, as empresas bem-sucedidas geralmente o são porque todos os arquétipos se expressam em algum lugar dentro delas. As organizações florescentes têm pelo menos um arquétipo ativo em cada quadrante, que as ajuda a encontrar sua missão singular (individualidade), a criar o senso de comunidade (pertença), a fazer o trabalho (mestria) e a criar estruturas estabilizadoras (estabilidade).

No entanto, para uma identidade de marca ser irresistível, ela precisa ser simples e fácil de reconhecer. Isso quer dizer que a melhor maneira de construir identidades de marca é identificando-se solidamente com um — e somente um — arquétipo. O arquétipo dentro da marca serve como um farol para a motivação correspondente em todos nós. Na prática, com a alta taxa de inovação dos produtos, costuma-se "marcar" a empresa, não só o produto ou serviço. As empresas se saem melhor quando são explícitas a respeito do arquétipo que é mais fiel a seus valores, sua missão e sua visão — e quando permitem que esse arquétipo brilhe como o farol à beira-mar, atraindo as pessoas para suas praias.

Até hoje, na maioria das empresas a conexão entre a cultura organizacional, os valores empresariais e a identidade de marca tem sido informal e em grande parte inconsciente. O sistema aqui descrito oferecerá um meio para descobrir, articular e fortalecer essa conexão. A identidade de marca é, para uma organização, como a *persona* para um indivíduo. Persona é a imagem que apresentamos ao mundo. Quando a persona de um indivíduo é demasiadamente diferente da realidade do seu ser, o indivíduo se torna neurótico. O mesmo ocorre com uma empresa: se há discordância entre sua identidade de marca e a realidade da cultura, das políticas e dos procedimentos organizacionais, então a empresa se torna doentia. A conseqüência disso é que tanto o moral dos empregados como a credibilidade junto aos clientes começam a cair.

Tal como ocorre com o indivíduo, uma organização não precisa mostrar tudo ao mundo e certamente não precisa lavar sua roupa suja em público. Mas neste nosso mundo em que pessoas de toda parte conversam *on-line* com os empregados das empresas, quanto mais coerente você for, em melhor situação você estará. Compreender e alinhar o âmago arquetípico dos seus valores, a sua cultura organizacional e a sua identidade — além de ter uma lógica e uma linguagem que ajudem a fazer tudo isso — permite que você administre o significado de uma maneira que impede escândalos e embaraços, ao mesmo tempo em que inspira a lealdade do empregado e do cliente.

A lealdade do cliente e a experiência do significado

A mudança mais profunda que afeta o marketing do novo milênio é o papel quase sacerdotal que ele desempenha numa sociedade sem histórias sagradas que pudessem dar a toda a nossa cultura um significado compartilhado. Em parte, a ausência dessas histórias nos oferece um tipo de liberdade pessoal nunca antes experimentado. Dizem os antropólogos que no mundo desenvolvido, pela primeira vez na história da raça humana, a vida de uma pessoa qualquer não pode ser prevista em função de gênero ou posição social ao nascer. Somos livres para nos definir por nós mesmos e para escolher nosso próprio caminho na vida.

Claro que essa liberdade traz consigo imenso poder e entusiasmo. Mas ela também cria um grau de stress sem precedentes. Precisamos estruturar tudo por nossa própria conta. Muitas mães que trabalham fora não têm um modelo para servir de guia. Muitos homens que querem exercer um papel ativo na paternidade não conseguem encontrar referências na relação que tiveram com os próprios pais; por um lado, os pais trabalhavam e quase não eram vistos em casa; por outro lado, os pais viviam por uma ética machista que, como a ética feminina tradicional, tornou-se um anacronismo.

É um fato: a vida mudou radicalmente na década de 1960. A afluente geração do pós-guerra e vários outros grupos estão hoje levando uma vida bem diferente da que seus pais levavam. Muitos filhos de médicos e advogados fizeram a opção de se tornar assistentes sociais ou comerciantes; muitos filhos de operários batalharam para se tornar médicos e advogados. Essa oportunidade de autodefinição e autodeterminação é maravilhosa, mas é também um fardo opressivo porque nos obriga a ser pioneiros na jornada da vida. Os ícones e heróis pessoais que antes ofereciam modelos para a vida foram substituídos por amigos e familiares que, mesmo valorizados ou amados, nem sempre proporcionam um exemplo útil ou relevante.

Para aumentar nossas dificuldades, envolvemo-nos nessa busca numa época em que a civilização praticamente não nos oferece referências culturais. Os anciãos da aldeia, a Bíblia, as grandes tradições orais, as narrativas clássicas — tudo isso caiu na sarjeta, exatamente no momento em que mais precisamos.

Mas a necessidade humana de arquétipos que nos guiem não se evaporou; pelo contrário, ela cresce. E como acontece com todas as necessidades humanas, algo preenche o vazio quando a fonte original de satisfação está ausente. Para os nossos jovens, são os grupos etários e as gangues. E para todos nós, é Hollywood e a Madison Avenue: as grandes Máquinas do Mito dos nossos tempos, cuspindo uma torrente contínua de "significado" na cultura sem ter a menor idéia do que estão fazendo. Criamos significado sem administrar o significado.

Não causa surpresa, portanto, que o apetite do público por significado, particularmente significado arquetípico, seja tão intenso que as marcas arquetípicas (na forma de personalidades, figuras públicas e oferta comercial) são abraçadas com fervor e defendidas ferozmente.

Todos os produtos têm o potencial de ser mediadores de significado, mais ou menos como objetos rituais. A criança abraça o ursinho de pelúcia e se sente amada. Só que o ursinho é apenas um objeto inanimado. Ele não ama a criança. Mas representa o amor da mãe pela criança; e a criança libera seu próprio amor nesse abraço. Do mesmo modo, a jovem executiva meio estressada entra no seu conversível e experimenta uma sensação de liberdade. A verdade é que ela pode apenas estar indo para casa. Mas a sensação das mãos no volante e do vento nos cabelos é libertadora.

A liberdade que essa mulher sente não é o substitutivo de alguma outra experiência ou o resultado das promessas de alguma propaganda enganosa; é a coisa real — pelo menos naquele momento. O significado transmitido pela marca se dirige a uma profunda necessidade (ou anseio) psicológica.

Como é que isso difere do vício, que mantém as pessoas sempre voltando em busca de mais, de uma maneira destrutiva? Ficamos viciados em substâncias que prometem o que não podem cumprir e, desse modo, manipulam a psique. O marketing arquetípico, por outro lado, está enraizado na verdade do produto e realmente cumpre os mais profundos anseios das pessoas. As pessoas precisam de significado autêntico. Deepak Chopra cita uma pesquisa que sugere que a ausência de significado está fortemente ligada a ataques cardíacos. Victor Frankel afirma que um senso de significado permitiu a muitos judeus sobreviverem nos campos de concentração.

É claro que o significado da vida para as pessoas é derivado basicamente da sua fé, da sua família ou do seu senso de propósito. Se não o fizerem, suas vidas terão um vazio que o comércio jamais poderá preencher. Mas, com as mensagens, produtos e serviços comerciais se infiltrando em cada aspecto da nossa vida, é importante que também carreguem significância e valores — especialmente se os profissionais de marketing entendem que o significado que a maioria dos produtos passa às pessoas é de ordem bem inferior à das experiências que as pessoas têm na vida.

O uso consciente das marcas, e dos produtos que levam seus nomes, para fornecer significado cria não só a lealdade do cliente, como também ajuda as pessoas a experimentar maior senso de realização na vida e no trabalho, pelo menos naqueles pequenos detalhes que melhoram incrementadamente a qualidade da vida cotidiana. É assim que se constrói uma forte e resiliente lealdade do consumidor.

Imagine — apenas imagine — que poderíamos fazer isso conscientemente, responsavelmente e bem. Poderíamos ser a primeira geração de profissionais de marketing a tratar de necessidades humanas atemporais e universais, de um modo que constrói marcas atemporais, universais, comercialmente eficazes e *psicologicamente construtivas*.

O telescópio e a alcachofra

Os povos antigos utilizaram suas aptidões humanas nativas de reconhecer padrões para agrupar as estrelas em constelações, as quais foram então usadas para navegar em águas difíceis. Do mesmo modo, este primeiro sistema para administração do significado oferece uma espécie de telescópio que vai ajudar você a ver os padrões que unificam as "estrelas" no mundo das marcas. Sem um sistema, você talvez não veja esses padrões — ou talvez "ligue os pontinhos" de um modo todo seu, mas que não encontra ressonância nos outros.

As Partes 2, 3, 4 e 5 ajudarão você a reconhecer os padrões subjacentes que explicam por que as marcas arquetípicas e a comunicação arquetípica detêm tanto poder. Esses capítulos focalizam os doze arquétipos dentro das quatro categorias motivacionais, explorando a maneira como cada arquétipo se expressa nas propagandas típicas (muitas das quais não refletem um conceito coerente de marca), nas identidades de marca, na motivação do consumidor, nas culturas organizacionais e nas estratégias de marketing. (Para mais informações sobre esses arquétipos e seu jogo na psique individual, ver *O despertar do herói interior*, de Carol Pearson; para mais informações sobre o papel dos arquétipos na formação das culturas organizacionais, ver o livro *Invisible Forces*, da mesma autora.)[3]

A maioria dos exemplos que utilizamos representam a comunicação efêmera da marca, não uma identidade plenamente sustentada. Além disso, esses capítulos são escritos com neutralidade em relação ao valor e não devem, de modo algum, ser entendidos como endosso a quaisquer marcas, propagandas ou organizações por nós mencionadas.

As Partes 6 e 7 são mais como uma alcachofra. Quando come uma alcachofra, você vai tirando as folhas externas até chegar ao coração. Do mesmo modo, para determinar o melhor significado arquetípico para sua marca, você precisará tirar as informações de superfície para descobrir o significado mais profundo, o coração, que poderá fazer de seu produto, ser-

---

3. Ver Carol S. Pearson: *The Hero Within: Six Archetypes We Live By* (San Francisco: HarperSanFrancisco, edição revisada, 1998); *Awakening the Heroes Within: 12 Archetypes That Help Us Find Ourselves and Transform Our Worlds* (San Francisco: HarperSanFrancisco, 1991; tradução para o português publicada pela Editora Pensamento, São Paulo, 1993); e *Invisible Forces: Harnessing the Power of Archetypes to Improve Your Career and Your Organization* (Gladwyne, PA: Type and Archetype Press, 1997).

viço ou organização uma marca vitoriosa, conforme descrito no Capítulo 16, Parte 6. O Capítulo 17 mostra a você como contar a história de sua marca de uma maneira irresistível — não apenas na propaganda, mas em tudo que você faz. O Capítulo 18 reúne todas as informações descritas até aquele ponto no formato de um estudo de caso que mostra como os arquétipos ajudaram a dar um senso renovado de missão à March of Dimes.

A Parte 7 mostra a você como reconhecer o arquétipo mais essencial para a categoria de produto da sua marca (Capítulo 19); como alinhar a sua identidade de marca com a sua cultura organizacional (Capítulo 20); e como considerar as profundas questões éticas relevantes para o marketing do significado (Capítulo 21).

De modo geral, o livro *O herói e o fora-da-lei* oferece uma profunda compreensão do impacto do significado da marca sobre a psicologia do consumidor e sobre a consciência coletiva da nossa época. Foi escrito basicamente para os profissionais da área de marketing e para os executivos que tomam decisões mercadológicas. Também é útil para as pessoas que trabalham na área de desenvolvimento organizacional, bem como para as gerências, que podem ajudar a alinhar as políticas, os procedimentos e a cultura de uma organização com sua identidade de marca. Além disso, *O herói e o fora-da-lei* poderá ser útil para desenvolver a educação do consumidor.

O anseio pelo paraíso

Inocente, Explorador, Sábio

LEMBRA-SE DO FILME *A LENDA DOS BEIJOS PERDIDOS*? Um vislumbre do paraíso e depois as pessoas estavam condenadas a suportar a vida do dia-a-dia. Todos os consumidores de hoje têm alguma lembrança, alguma experiência de um momento maravilhoso em que a vida boa e perfeita parecia possível. Durante grande parte do resto da vida, as pessoas procuram realizar o anseio por algum lugar ideal onde se sintam em casa e plenamente elas mesmas.

Alguns psicólogos explicam esse anseio como um desejo de reexperimentar a segurança e harmonia do útero. Num contexto mais espiritualizado, seria visto como resultado da nostalgia que sentimos por termos deixado um local espiritual e vindo para um mundo material. Em "Sugestões de imortalidade nas lembranças da primeira infância", o poeta romântico inglês William Wordsworth sugere que nós, enquanto somos criancinhas, recordamos a glória que antes conhecemos; mas depois, gradualmente, nós a esquecemos e nos dedicamos à vida comum: "O Paraíso está em nós quando pequeninos! / As sombras da prisão começam a se aproximar / Do garoto que vai crescendo... E por fim o homem vê o Paraíso morrer / E diluir-se na luz do dia comum." No final do poema, entretanto, Wordsworth recaptura o êxtase espiritual do topo da montanha e se sente como se tivesse novamente entrado no paraíso.

Na verdade, muitos consumidores de hoje vivem realmente numa espécie de paraíso. Em termos materiais, hoje desfrutamos a maior afluência que a humanidade já conheceu. Contudo, a felicidade escapa de muitos de nós porque o desenvolvimento da consciência não acompanhou o ritmo das nossas vantagens materiais. Temos muitas escolhas, em termos de como perseguir nosso destino individual, mas bem poucas placas indicativas que nos ajudem a encontrar o caminho. É por isso que os arquétipos e as histórias arquetípicas que oferecem um guia para a auto-realização são hoje mais relevantes do que nunca.

Os três arquétipos básicos deste capítulo oferecem diferentes estratégias para a busca da realização. O Inocente é um pouco como a criancinha adorável ou o sábio místico, cheio de assombro reverente pela beleza de todas as coisas, ainda acreditando que é possível viver no paraíso aqui e agora. Nos níveis mais baixos do arquétipo, as pessoas sentem que esse é seu direito de nascença e, portanto, ficam furiosas quando a vida parece deixá-las na mão. Em um nível mais elevado, o Inocente escolhe uma vida mais simples, mais orientada por valores, e entra no paraíso agindo com base nessa decisão.

Na sociedade atual, vemos a consciência do Inocente no forte desejo dos pais de tornar perfeita a vida de seus filhos — não lhes negam coisa alguma, exigem pouco deles e permitem que eles se expressem como espíritos livres. Nós a vemos também no interesse renovado, da década de 1990 e anos seguintes, pelo espírito ou pelos valores como bases para uma vida sã e feliz.

O Explorador é impelido por uma sensação de não pertencer, como o Patinho Feio procurando os seus. Os Exploradores sofrem certa insatisfação e inquietude subjacentes, como se estivessem sempre buscando algo melhor, mas volta e meia dizem "não é isto" e põem o pé na estrada. Como os hebreus deixando o Egito, o Explorador poderá vagar no deserto durante 40 anos (uma metáfora de "todo o tempo que for preciso") antes de chegar à Terra Prometida.

Em termos de desenvolvimento, este arquétipo ajuda a pessoa na tarefa de encontrar a si mesma. Toda essa busca externa é, na verdade, uma estratégia para explorar experiências, ambientes, relacionamentos e produtos que têm ressonância com a verdade interior do Explorador. Ao longo do caminho, os Exploradores vivem aventuras maravilhosas.

Enquanto o Inocente busca a realização no aqui e agora e o Explorador põe o pé na estrada à procura dela, o Sábio nos diz que felicidade é o resultado da instrução. Viver com o nível de liberdade e abundância que temos hoje é tarefa que exige alto nível de consciência acompanhado da capacidade de fazer escolhas. O arquétipo do Sábio nos ajuda a ganhar consciência para usarmos nossa liberdade e prosperidade no sentido de melhorar a nossa vida.

No nível mais cotidiano, o Explorador busca produtos e serviços que promovem a jornada da autodescoberta; o Inocente busca aqueles que oferecem a experiência da paz e da bondade no aqui e agora; e o Sábio busca aqueles que colaboram para o aprendizado ou a sabedoria.

Como consumidores, os Exploradores têm idéias independentes e são curiosos. Gostam de testar coisas novas e, por isso, para ganhar a lealdade deles, é importante oferecer inovações e aperfeiçoamentos contínuos nos produtos (as empresas de software levam isso a sério). Os Inocentes, por outro lado, gostam de encontrar uma marca na qual possam confiar e se mantêm fiéis a ela, acreditando que "não se mexe em time que está ganhando". Eles também gostam das marcas que simplificam a vida (computadores amigos-do-usuário, por exemplo). Os Sábios gostam de ter todas as informações

O Jolly Green Giant reproduz a pureza natural do Homem Verde, imagem mítica da abundância da natureza, transferindo o ideal do Inocente para os vegetais congelados, "fresquinhos da fazenda", produzidos pela Green Giant.

relevantes de que precisam para tomar decisões embasadas sobre as marcas. Eles também gostam de aprender e, por isso, sentem atração pelos produtos que exigem uma curva de aprendizado (como os computadores).

Esses três arquétipos enfatizam o Self, acima dos outros, e a autonomia acima da pertença. (Ver a grade motivacional da Figura 2.1.) Eles freqüentemente jogam em oposição aos arquétipos da Parte 4, que dão mais valor à pertença do que à autenticidade. Claro que, para entrar na Terra Prometida, é necessário encontrar meios de equilibrar o desejo de individuação com o desejo de conexão.

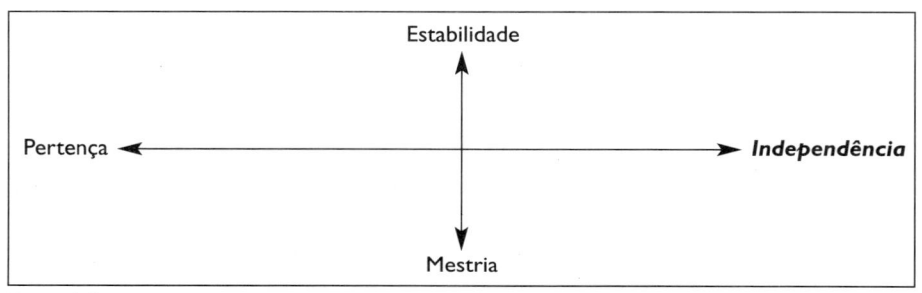

Figura 2.1

CAPÍTULO

4

O Inocente

Lèma: "Somos livres para ser você e eu"

Toda cultura tem mitos de uma Idade do Ouro, quando a vida era perfeita, e visões utópicas de como ela se tornaria novamente aquela maravilha. Símbolos como a Estrela de Belém anunciando o nascimento do Menino Jesus, o Santo Graal aparecendo para os cavaleiros da Távola Redonda e a casa coberta de hera com uma cerquinha branca sugerem que é possível encontrar a felicidade por meio do triunfo de certo tipo simples de pureza ou bondade. O Inocente que existe em cada um de nós quer viver naquela terra perfeita, onde "somos livres para ser você e eu".

> ### O Inocente
>
> **Desejo básico:** vivenciar o paraíso
> **Meta:** ser feliz
> **Medo:** fazer algo errado ou ruim que provocará punição
> **Estratégia:** fazer as coisas direito
> **Dons:** fé e otimismo

A promessa do Inocente é que a vida não precisa ser dura. Você é livre para ser você mesmo e viver de acordo com seus melhores valores, aqui e agora, apenas seguindo normas simples. Livros de sucesso como *Chicken Soup for the Soul* (em todas as suas variações) e *All I Really Need to Know I Learned in Kindergarten* falam àquela parte de nós que confia em um tipo absoluto de simplicidade. O Inocente é extraordinariamente atrativo nesta nossa época frenética e estressante, porque ele promete que você poderá sair da pista de alta velocidade, relaxar e desfrutar realmente a vida.

As marcas do Inocente incluem as estrelas de cinema Doris Day, Meg Ryan e Tom Hanks, os filmes *Presente de grego* e *Momento inesquecível*, a rede de tevê educativa PBS, Keds, Disney, Breyers, Ronald McDonald, Baskin-Robbins, Pillsbury Doughboy, Ivory, algodão ("o tecido da nossa vida") e a maioria dos alimentos integrais ou orgânicos. Essas marcas prometem a experiência da volta da inocência — a vida pode ser simples, boa e descomplicada.

O filme *O turista acidental* joga com essa esperança do Inocente de que é possível até mesmo viajar sem sofrer a menor inconveniência; já em *Forrest Gump* está a fé de que é possível experimentar todos os desafios dos anos 1960, 70 e 80 e permanecer incólume, desde que se conserve a simples doçura e amor do verdadeiro Inocente. Embora nenhum de nós queira ter o QI limitado de Forrest, o incrível sucesso do filme nos diz que realmente apreciamos sua pureza de espírito e seu simples poder de resistência.

Em termos históricos, muitas marcas fazem um apelo implícito ao Inocente prometendo o resgate previsível de um mundo imperfeito. Os anúncios mostram um homem com caspa, uma camisa com o colarinho engordurado ou uma proposta que o correio talvez não entregue até a data fatal; tudo isso tem apelo para o desejo pessoal de resgate. "Este mundo é injusto e inseguro. Você será rejeitado, abandonado, demitido ou exilado se não fizer as coisas direito. Mas o Éden será reconstruído se você comprar o nosso produto — seu couro cabeludo ficará saudável e atrativo, suas roupas terão aspecto imaculado, a proposta será aprovada e a vida voltará a ser segura." Contudo, os consumidores de hoje respondem cada vez menos a essas gritantes promessas de respostas simples. Nas suas formas mais sutis, porém, o arquétipo do Inocente ainda tem forte apelo. Na verdade, à medida que a vida se torna mais complexa, mais cresce esse apelo.

Os filmes do Inocente incluem muitos da Disney (bem como a Disneylândia e Disney World) e a maioria dos infantis da Warner Brothers. Canções clássicas que revelam o anseio pela Inocência incluem "Someone to Watch

Over Me", "Summertime", "The Age of Aquarius" ("We've got to get ourselves back to the garden") e "Don't Worry, Be Happy".

> O Inocente também é conhecido como Poliana, *puer* ou *puella*, utópico, tradicionalista, ingênuo, místico, santo, romântico, sonhador.

As pessoas que têm ressonância com o arquétipo do Inocente anseiam pelo emprego perfeito, pelo par perfeito, pelo lar perfeito, por filhos perfeitos e pela vida ideal. A promessa básica do Inocente é que a vida pode ser o Éden. Pense no Natal e na maioria dos especiais natalinos, acompanhados da sensação de maravilhamento e da esperança numa vida bela, especialmente se acreditarmos em suas possibilidades e optarmos por fazer as coisas direito. A promessa secundária é que, se ocorrer a queda do Éden, a redenção é possível: acontecimentos desagradáveis ou desafiadores acabam levando a um final feliz e a estagnação leva à renovação.

De todos os arquétipos, o que tem mais níveis é o do Inocente, porque as pessoas o experimentam tanto no começo quanto no fim da jornada. (Ver o quadro "Os níveis do Inocente", abaixo.) No início, o Inocente tem uma qualidade infantil de ingenuidade e uma dependência simples, quase inconsciente. As crianças deveriam ser capazes de aceitar como ponto pacífico que seus pais e outros familiares cuidarão delas. Mas muitas pessoas carregam essa expectativa para as situações da vida adulta, onde tal confiança não é necessariamente garantida. Hoje em dia, por exemplo, um número de empregados maior do que se poderia esperar ainda tem a expectativa anacrônica de que os empregadores cuidarão deles — sejam ou não eficazes no trabalho. Essa expectativa leva a uma desilusão extrema quando o empregador não pensa assim.

No nível mais alto, o Inocente é o místico. Um exemplo famoso é Thomas Merton, o monge trapista moderno que passou a maior parte da vida num mosteiro, afastado do mundo; seus livros, no entanto, afetaram profundamente a sua época. Em um sentido mais comum, as pessoas que escolhem seguir um caminho místico em retiro estão respondendo à verdade de que a inocência atrai os muito jovens e os muito velhos. Em ambos os casos, o dom é a confiança na vida e a fé em um poder espiritual maior do que nós, que nos sustém e nos mantém a salvo, mesmo além da morte.

Os níveis do Inocente

O apelo: desejo de pureza, bondade e simplicidade

Nível 1: simplicidade infantil, ingênuo, dependente, obediente, confiante, idílico

Nível 2: renovação, positivo, reinventar, reestruturar, purificar, reentrar na Terra Prometida

Nível 3: um senso quase místico de unidade, pelo qual a Inocência vem dos valores e da integridade, não da experiência externa; "ser", não o "fazer"

A sombra: negação, repressão

A promessa do paraíso

A idéia de um paraíso terrestre exerce tremenda atração sobre a imaginação do mundo moderno, tanto que Ernest Hemingway disse certa vez que toda a literatura norte-americana era uma busca do paraíso — "aquele lugar maravilhoso". Em vários mitos, o lugar ideal é simbolizado por uma paisagem domesticada: um jardim, um bosque sagrado, um pasto verdejante. A vida é sempre mais fácil nesses lugares: ali não existe morte, dor e sofrimento; ali, você não precisa trabalhar duro para sobreviver.

No paraíso, você não sente desejo por coisa alguma. Os balineses, por exemplo, tendem a imaginar Bali como um paraíso terrestre. Na certeza de que terão tudo o que precisarem, eles vivem felizes e com simplicidade, exigindo poucas posses. Ao mesmo tempo, não são competitivos e cooperam uns com os outros mesmo na produção artística. A espiritualidade inspira a vida cotidiana, de modo que uma vida muito simples é plena de significado. Claro que o ambiente natural também é idílico em sua beleza. Mas também é verdade que a crença balinesa de viver no paraíso é uma profecia que se auto-realiza.

Mesmo em uma sociedade mais materialista e competitiva, o arquétipo do Inocente está associado aos prazeres simples, aos valores básicos e a um atributo saudável que faz dele o significado a ser escolhido para produtos naturais (pense no algodão, por exemplo), sabonetes, alimentos para o desjejum (especialmente flocos de aveia e cereais integrais) e outros produtos de uso doméstico. O café Folgers, por exemplo, veio para incorporar o Éden domesticado pelo qual anseia o Inocente — um lar alegre e confortável, o aroma do café no coador, a promessa de um novo dia.

São infinitas as possibilidades dos anúncios que evocam a experiência perfeita. A Doubletree Hotels faz um apelo explícito a esse desejo, mostrando imagens idílicas e as palavras "o repouso perfeito". A Nortel Networks mostra um anúncio que cita Carlos Santana, "A estrada para um mundo sem limites, sem fronteiras, sem bandeiras, sem países — onde o coração é o único passaporte que você carrega". A promessa é que a internet oferece o caminho metafórico para o mundo perfeito.

Algumas marcas admitem os limites de sua capacidade de criar o Éden, apelando para aqueles consumidores que reconhecem esta realidade: já é uma grande realização tornar maravilhosa uma parte *qualquer* da vida. A Rockport Shoes mostra um confortável par de sapatos, com a legenda "A vida é perfeita, pelo menos dos tornozelos para baixo". O anúncio da firma de corretagem de investimentos Morgan Stanley Dean Witter mostra uma mulher encantadora, madura, de aspecto natural — vestido de algodão, cabelos ao vento —, evocando um anseio do Inocente, mas com uma guinada surpreendente: "Como você mede o sucesso? Eu tenho alguém para cuidar de mim. Eu." O anúncio reconhece o desejo do Inocente de ter quem cuide dele e deixa implícito que a firma faz parte dessa tarefa, mas também apela para o desejo de independência das mulheres: aquela mulher não está esperando que o cavaleiro de armadura branca a venha salvar; ela ajuda a criar a vida perfeita, assumindo a responsabilidade por sua própria vida.

No mundo complexo de hoje, mesmo os pais mais vividos e sofisticados sentem o forte ímpeto de manter seus filhos tão inocentes quanto possível, pelo maior tempo possível. Para muitos pais, isso toma a forma de tentar dar aos filhos tudo que eles possam querer, de modo que nunca passem pela experiência da escassez. Há muitas piadas bem-humoradas, na linha bebê, sobre o apelo dessa inocência aos pais. Sob o retrato de um bebê absolutamente encantador está a legenda: "Ele vai fazer você rir. Ele vai fazer você chorar. Ele vai fazer você comprar um montão de coisas."

É freqüente haver algo abertamente infantilizado mesmo nos anúncios dirigidos aos adultos, quando o arquétipo do Inocente é evocado. Antes da falência, a e-varejista Value America tinha anúncios mostrando não só chinelas confortáveis, como também chinelas cor-de-rosa com orelhas de coelho. A promessa explícita da empresa era: faça suas compras sem enfrentar problemas ("Esqueça onde estacionou o carro. Ignore aqueles balconistas agressivos. Deixe de ser tolerante com as ofertas limitadas. Mas use seus sapatos de fazer compras" — as tais chinelas). A promessa implícita das chinelas cor-de-rosa com orelhas de coelho ia muito além da facilidade na hora das compras; era uma fuga das roupas formais e da chatice dos horários fixos (pegar filho na escola, levar filho para o treino de futebol, fazer compras, etc.), para voltar a ser criança. Também os anúncios e catálogos da J.C. Penney mostram mulheres e crianças com roupas delicadas, elegantes, em tons pastel. Um anúncio da Land's End mostra uma sala branca com portas envidraçadas que levam a um jardim natural onde uma mulher, toda de branco, dança com a maior naturalidade. A legenda diz: "Você não quer apenas roupas. Você quer roupas que a façam se sentir completamente à vontade consigo mesma. Como quando você tinha seis anos."

O Inocente geralmente quer voltar à natureza e à vida natural. A Clairol Herbal Essence mostra flores e folhas primaveris, prometendo "uma experiência totalmente orgânica, com estilo". Você até pensa em Thoreau defendendo a vida simples e natural, nos Estados Unidos; ou em Gandhi, na Índia, propondo uma maneira de retornar à simplicidade que libertaria o país da dominação britânica; ou ainda, no movimento hippie de volta à natureza na década de 1960. Na sociedade afluente de hoje, embora compulsiva e frenética, o impulso de voltar a uma vida mais simples ganha uma ênfase bem diferente. Uma revista como a requintada *Real Simple* promete "vida com pouco stress, jantares de um só prato, cuidados mais simples com a pele, roupas que funcionam, amizades gratificantes e espaços serenos", mas expressa tais promessas por meio de anúncios de caríssimas roupas nostálgicas.

A revista *Real Simple* (slogan: "Faça menos, tenha mais") foi criada com o efeito visual do Inocente. As cores são em suaves tons pastel. As imagens são simples, limpas e clássicas. A paginação oferece uma refrescante quantidade de espaço em branco, impedindo que o texto e a mensagens sejam esmagadores.

Às vezes, as novas tecnologias sabiamente aproveitam a promessa do Inocente para ajudar a traduzir algumas características repulsivas de um produto em algo que dá a impressão de natural e sadio. Durante anos, a Jolly Green Giant, criada por Leo Burnett, apresentou as qualidades frescas e sadias dos legumes congelados que levam esse nome. Não importa que o congelado pareça ser menos que perfeito; a evocação do Green Man (Homem Verde) e de seu vale fértil e luxuriante ajudou a transmitir a idéia de que os vegetais congelados a vácuo trariam cada vez mais da fazenda para a sua mesa. Do mesmo modo, a Pillsbury Doughboy, também criação de Leo Burnett, incorpora toda a saúde natural da "panificação", mesmo que a palavra tenha sido redefinida: agora quer dizer remover o produto de um tubo e colocá-lo no forno. Mesmo nesta época apressada e movida a tecnologia, o ato de tirar uma coisa quente do forno (não importa como entrou lá!) transmite a sensação da "vida como ela deveria ser", como ela era antes de todos nós ficarmos tão ocupados e confusos.

Mesmo nas chamadas categorias do "vício", o arquétipo do Inocente tem sido usado eficazmente. Por exemplo, nos primórdios de sua difusão nacional, a cerveja Coors confiou na antiga imagem das Montanhas Rochosas; foi isso que a manteve longe das categorias feijão-com-arroz e levou os bebedores a imaginar John Denver e velozes correntes de água pura. Mais recentemente, as cervejas regionais conseguiram transmitir esse espírito. Em vez de imaginar um imenso parque industrial quando pensam na produção dessas cervejas, os consumidores visualizam uma fábrica pequena, cheia de cor local, e acreditam que as características desse ambiente são transmitidas, de algum modo, na experiência de beber a cerveja.

O marketing do ambientalismo é terreno natural para enfatizar o arquétipo do Inocente. As empresas de energia elétrica dos Estados Unidos divulgaram um anúncio com a foto de uma garotinha encantadora numa idílica floresta ensolarada e estas palavras superpostas à imagem: "Estamos fazendo a nossa parte para garantir que nossas crianças herdem um mundo onde o sabiá ainda tenha por que cantar."

De volta ao básico

O poeta W.H. Auden escreveu que há dois tipos de gente: os Utópicos, que imaginam o mundo perfeito no futuro, e os Edenistas, que, se a vida não é perfeita agora, acreditam que ela foi perfeita no passado. Os anúncios do Inocente, portanto, geralmente apelam para a nostalgia. Um anúncio da vodca Belvedere mostra a foto de um velho maravilhosamente cheio de vida, com as palavras "Do mesmo jeito que meu pai a fazia. Do mesmo jeito que meu avô a fazia. Do mesmo jeito que meu bisavô a fazia... " O anúncio ainda explica que aquela vodca é "destilada segundo uma tradição de mais de 500 anos". O renascimento da cerveja Rheingold, cujas raízes remontam ao Brooklyn de 1835, foi movido pelas energias da nostalgia, tal como a reintrodução do Fusca. Os primeiros anúncios da Rheingold também jogavam com o otimismo do Inocente, dizendo "De repente, o copo do mundo está meio cheio novamente".

Como uma boa criança, o Inocente está sempre tentando consertar a vida. Um anúncio da Maxwell House — com os tons pastel exigidos pelo Inocente e a moça de expressão doce, blusa branca e xícara de café azul-celeste — decide: "Vou perdoar meu marido por roncar. Vou parar de completar as frases dos outros. Vou comprar girassóis e anêmonas. Vou dar um cruzeiro ao Alasca para meus pais. Vou ler todos os livros do mundo." No pé da página está a promessa do paraíso: "Faça cada dia bom até a última gota."

O Inocente não é só um aliado do passado; ele também está associado com a volta aos valores fundamentais e prazeres simples. Um anúncio da limonada Crystal Light (de baixa caloria) mostra uma mulher vestida de branco, com um xale amarelo-pálido, de pé numa praia, parecendo em êxtase. A legenda, que foi escrita à mão para parecer uma cartinha de um amigo, diz, "já que um vestido de tamanho pequeno não é garantia de felicidade, uma tarde de passeio compensa um dia de rotina, um momento de riso é a melhor terapia, faça o que funciona para você. Essa é a beleza de Crystal Light". As lojas Papyrus mostram uma mulher — novamente toda vestida de branco, sobre um tapete amarelo-claro, lendo um cartão ilustrado com delicadas flores de lavanda. O cartão diz, novamente imitando manuscrito, "um oásis na era da informação". Continuando em letras de imprensa, observa: "O simples prazer do ato de escrever permanece. É por isso que as mensagens mais memoráveis são aquelas escritas à mão."

À medida que o ritmo da vida se acelera e a tecnologia define mais e mais aspectos da nossa vida, o Inocente quer paz, sossego, naturalidade e, acima de tudo, quer que algumas coisas permaneçam. O Inocente explica o apelo das excursões à região da seita Amish, do mobiliário quacre e de Ikea, que, diz o anúncio, quer dizer "bom senso".

Coca-Cola: Uma obra-prima Inocente

A Coca-Cola tem sido brilhante na sua compreensão coerente de que é uma marca do Inocente, embora a estruturação de sua identidade de marca tenha acontecido basicamente como um efeito colateral da decisão de ligar a marca aos Estados Unidos.

Um personagem do romance *The Blessing*, de Nancy Mitford, assim resume o significado da Coke: "Quando digo uma garrafa de Coca-Cola, estou falando metaforicamente. Estou indicando o signo externo e visível de uma coisa interna e espiritual. Estou falando como se cada garrafa de Coca-Cola contivesse um djim [espírito] e como se esse djim fosse a nossa grande civilização americana, pronta para saltar de dentro de cada garrafa e cobrir todo o universo global com suas grandes asas abertas."

Durante a Segunda Guerra Mundial, tivemos o caso fascinante da Coca-Cola e da importância de uma bebida gelada, refrescante e não-alcoólica para os soldados. Dwight D. Eisenhower acreditava piamente no poder motivacional da Coca-Cola. Tanto que, depois de uma invasão-chave, Ike pediu que a empresa providenciasse instalações de produção suficientes para suprir as tropas com três milhões de garrafas.

A Coca-Cola do pós-guerra ficou associada a um tipo particularmente global de americanismo, distinguível do tipo Harley-Davidson por seu idealismo. No começo da década de 1970, a Coca marcou pontos com estas palavras do seu jingle: "Quero fazer do mundo um lar e mobiliá-lo com amor/ Criar macieiras, abelhas e pombas brancas como a neve." O jingle tornou-se tão popular que foi veiculado durante seis anos.[1]

Mesmo o slogan "Coke, it's the real thing" sugere a ênfase, dentro do arquétipo, na honestidade e na autenticidade. O único verdadeiro erro da empresa — o lançamento da Nova Coca-Cola — acabou revertendo em seu próprio benefício, pois os consumidores exigiram a volta da Coca-Cola clássica, demonstrando uma invejável lealdade ao produto.

A promessa de renovação

Os Estados Unidos não estão associados apenas a valores duradouros, sadios; o país também está integralmente associado a novos começos. Desde os imigrantes vindo para o Novo Mundo até os trens abrindo o caminho para o Oeste, os Estados Unidos sempre prometeram que as pessoas poderiam começar nova vida e, quando necessário, reinventar-se a si mesmas.

---

1. Bernice Kanner, *The 100 Best TV Commercials... and Why They Worked* (Nova York: Times Business, 1999), pp. 18-19.

"Vá para o Oeste, jovem", incitava o jornalista Horace Greeley durante a segunda metade do século XIX. As histórias de Horatio Alger, escritas no começo do século XX, estimulavam aquela energia progressiva e ascendente a entrar em um sistema econômico que recompensava o mérito.

Os cartuns do Mickey Mouse, de Walt Disney, são um exemplo típico de como a persistência transforma a derrota em sucesso. O próprio Disney sofreu muitos fracassos até finalmente ganhar enorme sucesso, tal como ocorrera antes com seus pais. Ao inventar o famoso rato, sua intenção era fortalecer o que havia de melhor na tradição "dos trapos à riqueza" e ensinar os valores do otimismo e da persistência. Antes de morrer, Disney sintetizou o impulso por trás de seus filmes com estas palavras: "Odeio ver filmes 'baixo astral'... Eu sei que a vida não é assim e não quero que ninguém venha me dizer que ela é assim."[2]

Nossa pesquisa entre os norte-americanos de mais idade mostrou que eles, mais até do que a população em geral, adoram ver bebês e crianças na propaganda. Para eles, a inocência das crianças tem uma carga emocional especial; a criança é o melhor dos novos começos, validando nossa própria existência e a continuidade da vida.

Um relatório da Procter & Gamble, intitulado "Celebrando 100 anos do sabonete Ivory como o favorito da América", começa reconhecendo que Ivory continua uma "tradição da qual seis gerações de americanos desfrutaram. Essa tradição renasce cada vez que uma nova geração estende as mãos para uma barra de Ivory; renasce cada vez que Ivory mantém sua promessa de qualidade, feita pela primeira vez há um século". Mas o Ivory não só incorpora a renovação dentro da continuidade; ele também promete algo como redenção.

Sabemos que as religiões oferecem renovação espiritual. O estudioso Mircea Eliade explica que um dos principais rituais nas culturas primitivas é um rito anual em que o mundo é simbolicamente recriado. O cristianismo fala da renovação da Páscoa e da graça que purifica o pecado. Na prática católica, a confissão e a penitência permitem que os pecados sejam perdoados. No judaísmo, o período entre o Ano Novo e o Dia do Perdão permite aos judeus refletirem sobre como violaram as Leis e também se emendarem, da melhor maneira possível, para poderem passar uma esponja no passado e entrar no Ano Novo com a alma limpa.

Não chega a causar surpresa que as religiões nos ensinem como os rituais do perdão restauram nossa simples fé, otimismo e bondade. O surpreendente é que um produto como o sabonete Ivory tenha conseguido es-

---

2. Thaddeus Wawro, *Radicals & Visionaries: Entrepreneurs Who Revolutionized the 20th Century* (Irvine, CA: Entrepreneur Press, 2000), pp. 109-114.

tabelecer um significado laico não muito diferente do religioso. Dizem as lendas da empresa que Harley Procter, um dos fundadores da Procter & Gamble, estava sentado na igreja pensando como colocar no mercado um novo sabonete que acidentalmente flutuava. Quando o pastor começou a ler o Salmo 45, Procter sentiu que as palavras edênicas eram exatamente para si mesmo e seu dilema: "Mirra, aloés e cássia exalam tuas vestes, as harpas dos palácios de marfim [ivory] te festejam." Daí veio o nome "Ivory" e a idéia de que o sabonete poderia ser associado à pureza, bondade e renovação, "tão puro, que flutua". As primeiras embalagens eram brancas com escrito em preto, mais tarde atualizadas para branco e azul a fim de transmitir uma imagem de limpeza refrescante. O slogan, claro, era "99,44% puro".

A Procter & Gamble teve a sabedoria de alinhar este significado de marca com suas primeiras atividades empresariais. Uma das fábricas da Ivory, no século XIX, foi batizada Ivorydale [vale do marfim] e dedicada ao ideal de que uma fábrica deveria ser um local agradável para se trabalhar. Tinha janelas imensas que deixavam entrar a luz e o ar, além de gramados bem cuidados, canteiros de flores e áreas de recreação. Durante cem anos, os anúncios sempre mostraram bebês encantadores e imagens saudáveis de crianças e mamães com aquela pele fresca e bonita que a empresa promovia como "o visual Ivory". A coerência dessa abordagem, ao longo do tempo, permitiu que Ivory adotasse um significado que traduzia sua pureza física (com relativamente poucos defeitos) em uma espécie de metáfora da pureza espiritual. E de algum modo especial, essa pureza se associou aos Estados Unidos, aos valores da família e a tudo que é certo no mundo.

A organização Inocente: O caso da McDonald's

As organizações do Inocente incluem as lojinhas varejistas de família, os pequenos negócios de bairro e qualquer organização que se dedique com desenvoltura à prática dos valores simples. Pequenas no quesito inovação e grandes no quesito lealdade, elas enfatizam mais a previsibilidade do que a mudança.

O arquétipo do Inocente também está ligado à preocupação que as pessoas sentem ao ver aqueles imensos conglomerados anônimos comprando ou fechando pequenos negócios baseados em valores e na vida da comunidade, conforme dramatizado em filmes como *Mens@gem para você*. A transição para os negócios globais geralmente é vista pelo Inocente como o fim de um modo de vida. O lado irônico disso é que o consumidor Inocente raramente vê a conexão entre essa tendência e seu próprio desejo por produtos baratos. É exatamente esse desejo que força as empresas a crescerem, para alcançar a massa crítica necessária para competirem. Um modo de resolver esse dilema é a franquia.

Uma obra-prima do marketing Inocente pode ser vista no crescimento do McDonald's, não só como um negócio de amplo sucesso, mas também como o protótipo de todo um tipo de negócios. Desenhado para crianças e famílias, o McDonald's promete um lugar de diversão — uma variação do "aquele lugar maravilhoso". Os arcos são símbolos extraordinariamente coerentes para a entrada da Terra Prometida; os arcos dourados do McDonald's anunciam a disponibilidade de "alimento, afeição e alegria". Para algumas pessoas, os arcos dourados do McDonald's lembram uma famosa ilustração dos tempos da aula de catecismo: as Tábuas da Lei, com os Dez Mandamentos. Embora seja improvável que a McDonald's Corporation tivesse tal intenção, o fato de as pessoas fazerem essa associação liga os arcos à fé do arquétipo do Inocente de que, se todos nós seguíssemos as regras, o Éden poderia ser restaurado.

O personagem Ronald McDonald, o McLanche Feliz e as cores primárias têm apelo para as crianças, assim como o equipamento. Os esforços filantrópicos do McDonald's também são coerentes com o desejo de tornar o mundo um pouco melhor para as crianças: as Casas Ronald McDonald ajudam as crianças e suas famílias a lidar com doenças críticas.

O clássico conto de Ernest Hemingway, "A Clean, Well-Lighted Place" (um lugar limpo e bem iluminado), exemplifica o desejo que muitas pessoas sentem de escapar, pelo menos temporariamente, da ambigüidade e incerteza da vida moderna. O McDonald's tem o mesmo apelo. Os restaurantes McDonald's não são apenas sempre limpos e bem iluminados; eles também servem exatamente a mesma comida — pelo menos no território norte-americano. Eles não confundem o cliente com muitas escolhas. E seu prato básico é a comida norte-americana mais identificável (além da galinha frita): o hambúrguer.

O Inocente gosta da previsibilidade e da certeza. Viajando por qualquer lugar dos Estados Unidos, você sabe exatamente o que vai encontrar no McDonald's: o mesmo menu, a mesma decoração e até os mesmos pratos especiais. No final dos anos 1940, dois irmãos, Dick e Maurice (Mac) McDonald, reconheceram a aceleração da vida norte-americana que tornou importante a *fast-food* e a janela do *drive-thru*. Eles também compreenderam que os clientes queriam uma refeição rápida, mas previsível. Ray Kroc ajudou os irmãos McDonald a franquear seu restaurante fantasticamente bem-sucedido.

Kroc percebeu que a franquia tinha de ser uma versão da lojinha de família. Os melhores franqueados não eram gente rica, mas pessoas dispostas a apostar a vida e a poupança naquela única oportunidade, geralmente marido e mulher. O controle de qualidade tornou-se uma religião interna da empresa. Os franqueados recebiam treinamento para fazer as coisas exatamente da mesma maneira. O resultado foi uma situação aparentemente paradoxal, mas intrínseca ao arquétipo do Inocente. O McDonald's procurava pessoas que fossem empreendedoras o suficiente para querer tentar administrar o próprio negócio pequeno, mas que não fossem especialmente inovadoras. Elas tinham de estar dispostas a fazer as coisas da mesma maneira, a maneira certa. Em suma, tratava-se de pessoas cativadas pelo ambicioso sonho americano, mas que não queriam mudar coisa alguma. Tinham de acreditar que o mundo perfeito do McDonald's já tinha sido inventado e não precisava ser aperfeiçoado — pelo menos não por elas.[3]

Embora o McDonald's não pague lá muito bem aos seus empregados, oferece a adolescentes e imigrantes uma oportunidade de ter emprego e começar a aprender bons hábitos de trabalho — incluindo pontualidade, bom atendimento ao cliente e, sobretudo, serviço previsível. Os empregados do tipo Inocente gostam de saber exatamente o que se espera deles e, pelo menos até certo ponto, gostam que a gerência cuide deles. Geralmente se comportam como bons meninos e estão dispostos a ser obedientes e seguir as regras, em troca da certeza razoável de ter um emprego.

A organização Inocente não existe só em franquias, mas também em estruturas mercadológicas de múltiplos níveis, como Amway e Mary Kay, que encorajam vendedores ambiciosos a fazer fortuna alistando amigos e parentes para comprar o produto e também para vendê-lo. Em geral, a empresa não está vendendo um simples produto, mas valores explícitos. Como diz a Mary Kay, "Deus, depois a família, depois Mary Kay". Nesses casos, os empregados estão dispostos a correr riscos enormes porque acreditam nos valores da empresa e na promessa de sucesso por meio da persistência e do trabalho duro.

O Inocente como místico

A propaganda de produtos está assumindo um tom mais espiritual, às vezes de um modo zombeteiro. Hoje em dia, a maioria das pessoas está ciente de práticas espirituais que são seguidas durante toda uma vida até que se alcance a desejada iluminação. O Inocente do nível mais baixo quer o resultado sem a disciplina e o trabalho duro. Um anúncio da Taster's Choice mostra uma xícara de café sentada na praia, com os dizeres: "Alguns meditam durante horas em busca da paz interior. Outros a encontram instantaneamente. Serenidade. Tranqüilidade. Equilíbrio. Tudo isso está bem aqui — fresquinho na sua xícara. O rico e suave Taster's Choice." Claro que a Taster's Choice não espera que os clientes acreditem realmente que uma xícara de café equivale a anos de meditação, mas ela lhes oferece o momento de paz

---

3. Wawro, pp. 250-253.

que está disponível agora. Ao ler o anúncio, alguém até dá uma risadinha: "Talvez um dia eu faça o que é preciso para me iluminar. Por enquanto, vou cheirar e provar este café."

As pessoas de hoje estão cansadas. O ritmo frenético da vida moderna, as lutas do Herói e a inquietude do Explorador deixam pouca paz às pessoas. Isso quer dizer que a simples desaceleração pode dar uma sensação de espiritualidade. O monge budista Thich Nhat Hanh, por exemplo, ensina norte-americanos exaustos a reduzir o ritmo e estar no momento presente. Os comerciais que apelam ao Inocente precisam ser mais lentos, e menos incisivos, do que aqueles dirigidos ao Explorador. Você pode pensar em pinturas impressionistas, sons naturais e suavidade na abordagem e nas imagens.

O cliente Inocente

Quando o arquétipo do Inocente está ativo em uma pessoa, ela é atraída para a certeza, para idéias positivas e esperançosas, para imagens simples e nostálgicas, para a promessa de resgate e redenção. O Inocente também luta pelo bem, que quer dizer encontrar o produto "certo", mas também quer dizer a escolha da bondade e dos comportamentos morais, contra a ganância e os comportamentos imorais. Em geral, as pessoas com alto grau de Inocência são muito confiantes e, em alguns casos, inconscientemente dependentes e infantilizadas. Elas têm fé nas autoridades e nas instituições e esperam que estas cumpram suas promessas.

Ao mesmo tempo, as pessoas com alto grau de Inocência têm a capacidade de ser muito independentes da sociedade dominante. Se os consumidores acreditam que um produto (ou organização) cumpre suas promessas de paraíso ou se baseia em valores eternos, eles estão dispostos a abandonar a sociedade dominante e seus valores para experimentar algo que concebem como tendo valor maior. O paradoxo é que os consumidores do tipo Inocente são tradicionalistas — em seu desejo de conexão com os valores do passado — e também estão prontos a sacrificar sua pertença à sociedade mais ampla para se ligarem a valores mais duradouros do que aqueles que vêem como os alicerces dessa sociedade. Como exemplos de Inocentes temos, na forma mais extrema, os Amish dos Estados Unidos, os fundamentalistas em qualquer religião e em qualquer sociedade, e as pessoas que "pulam fora" de uma cultura de alta pressão, impelida pelo sucesso, para vivenciarem a alegria da vida simples.

Por outro lado, toda essa correria de um lado para o outro e o resultante esvaziamento de energia fazem o Inocente regredir; desse modo, alguns deles evidenciam os níveis mais baixos do arquétipo. Em um grande número de consumidores, a inocência está associada a certo narcisismo e infantilidade.

Hoje em dia, muitos consumidores são impacientes e não gostam de esperar. Querem as coisas quando as querem e do jeito que as querem. A velocidade, portanto, está na essência, tal como o soberbo serviço ao consumidor.

A tendência do Inocente imaturo é não gostar das pessoas que se queixam de seus problemas ou os enfatizam. Na verdade, ele não gosta de qualquer outro que o faça ver o potencial negativo da vida (sem propor soluções); isso inclui as corporações que inventam pretextos para a falta de receptividade. Hoje em dia, a maioria dos consumidores Inocentes espera ser o centro de valor para a corporação: os desejos do consumidor comandam a corporação.

Também pode haver no Inocente a sombra da raiva contra quaisquer forças no mundo que ele identifique como responsáveis pelo colapso dos valores e da civilidade na vida moderna. Os conservadores culpam os liberais. Os liberais culpam os conservadores. Os Inocentes da maioria culpam as minorias, enquanto as minorias culpam o racismo.

O Inocente também tem a tendência de negar os problemas e de só os enfrentar quando eles sobem em espiral, simplesmente porque ele quer que a vida seja perfeita — agora. O exemplo mais extremo é a Alemanha nazista, onde a maioria dos cidadãos honrados negava o Holocausto. Nos Estados Unidos, tivemos situações análogas com o extermínio dos búfalos e a destruição sistemática da civilização indígena. Como essa atitude influencia o comércio? Ela quer dizer o seguinte: o Inocente está envolvido consigo mesmo e talvez não sinta empatia pelo dilema que você enfrenta. Por exemplo, muitos consumidores hoje esperam a perfeição em suas transações com o mundo empresarial. Se você não atender a essa fantasia, eles correrão felizes para outro canto. Mas, ao mesmo tempo, os consumidores que respondem ao apelo do arquétipo do Inocente provavelmente serão leais a uma marca se sua experiência for positiva, simplesmente porque, ao contrário do Explorador, o Inocente gosta mais da previsibilidade que da novidade. Por exemplo, o Inocente permanecerá cliente leal da L.L. Bean por causa de seu quase impecável serviço de atendimento ao consumidor e da imagem por ela veiculada: uma loja pura, num recanto do Maine, que não foi "corrompida" pela ganância empresarial.

Comparando os novos Inocentes com aqueles dos anos 1940 e 50, você vê uma grande mudança. Nas décadas de 40 e 50, os Inocentes eram realmente inocentes — confiantes, leais e até dispostos a calar a boca para ouvir os especialistas nos comerciais. Nos anos 60, a inocência ficou mais complicada. O movimento hippie de volta à natureza foi parcialmente acionado pela crença do Explorador de que a sociedade dominante era superficial e materialista. O Inocente, dentro desse contexto, enfatiza a importância da qualidade — ele querem menos produtos — e das coisas feitas à mão, não produzidas em massa. Por volta dos anos 1980, a energia do Inocente foi canalizada para a Nova Era — que foi um movimento espiritual utópico. Parte do pensamento Nova Era refletiu o desejo imaturo do Inocente por libertação — como a crença de que alienígenas virão nos resgatar ou de que há forças operando no planeta que criarão automaticamente uma época mais espiritual, sem esforço humano. Mas, de acordo com idéias Nova Era mais embasadas, o mundo perfeito será criado por uma mudança de consciência. Nesse contexto, o Inocente apenas se torna mais sofisticado, pelo uso de aptidões e capacidades disponíveis a partir de várias tradições espirituais — de ioga e meditação a rituais nativos.

Na década de 1990, as esperanças e sonhos do Inocente se focalizaram em duas possibilidades: primeira, o "bug do milênio", previsto para causar o colapso da sociedade tecnológica e materialista, que seria seguida por uma sociedade mais cooperativa, amorosa e baseada na comunidade; e, em segundo lugar, uma transformação cultural com base em avanços tecnológicos, especialmente a internet.

Podemos ouvir as vozes de muitos arquétipos nas reflexões de diferentes pessoas sobre a internet e seu impacto na nossa vida. Contudo, é típico de quem tem disposição Inocente adotar imagens religiosas e um tom utópico. Margaret Wertheim, em *The Pearly Gates of Cyberspace*, cita Mark Pesce:

> *Comecemos com o objeto de desejo. Ele existe, ele existiu desde sempre e continuará a existir eternamente. Ele prendeu a atenção de todos os místicos, bruxas e hackers de todos os tempos. Ele é o Graal. A mitologia do sangraall — o Santo Graal — como arquétipo da iluminação interior revelada. A revelação do Graal é sempre uma experiência pessoal e única... Eu sei — porque ouvi incontáveis vezes, de muitas pessoas no mundo todo — que esse momento de revelação é o elemento comum da nossa experiência enquanto comunidade. O Graal é nosso firme alicerce.*[4]

Pesce descreve sua primeira experiência no aprendizado do ciberespaço como um "momento de revelação", como uma epifania religiosa. Embora essa caracterização seja extrema, muitas pessoas escrevem sobre a internet como algo que oferece o potencial de criar um mundo harmonioso e igualitário. A internet é vista como algo que torna tangível a unidade, permitindo que todas as pessoas passem a se conhecer umas às outras passando por cima das distâncias e das fronteiras nacionais.

Até onde sabemos, ninguém desenvolveu abertamente algum esquema para dar à internet uma identidade de marca espiritualmente utópica. Isso aconteceu porque muitas pessoas a viram como uma ferramenta para a rea-

---

4. Margaret Wertheim, *The Pearly Gates of Cyberspace* (Nova York: W.W. Norton & Co., 1999), p. 254.

lização de seus mais nobres sonhos de potencial humano. Contudo, os negócios ligados à internet se beneficiam, por associação, do efeito-halo. A internet nos dá a capacidade infinita de nos conectar uns com os outros, tornando realizável o sonho da unidade. Como sugere Wertheim, durante séculos a humanidade acreditou que a vida no corpo nos puxa para baixo. A interação na internet é puramente uma comunicação entre mentes. O corpo lhe é completamente irrelevante. A internet pode ser vivenciada como o lugar onde as mentes ou espíritos se tocam, livres dos estorvos da realidade física. Também é inerente a essa visão a exigência de maior sofisticação, pois mesmo o Inocente precisa aprender a usar essas tecnologias e se conectar com outras pessoas, diferentes dele próprio, antes que quaisquer de suas fantasias utópicas possam se realizar, mesmo em parte.

O ponto em questão aqui *não* é se estamos ou não perto de entrar no paraíso. O que estamos dizendo é que os profissionais do marketing precisam compreender que as pessoas ainda têm aquele anseio pelo paraíso que caracteriza o Inocente, mesmo que elas já tenham deixado de ser simples ou ingênuas. Você pode observar a história da consciência do Inocente nos anos 1990 simplesmente acompanhando o Oscar de melhor filme durante aquela década. Passamos de *Forrest Gump*, em 1994, a *Titanic* (uma metáfora da ameaça ao fim da civilização, no raiar do novo milênio) e, finalmente, em 1999, *Beleza americana*. O novo Inocente é esperto e cético, além de exausto. Contudo, quanto mais vividas são as pessoas, tanto maior é o ímpeto do grande sonho. A inocência, na verdade, não tem a ver com a realidade; o que ela faz é tentar manter viva a esperança.

Em *Beleza americana*, o herói deixa o vazio de sua carreira (no marketing, ironicamente), reconhece a patologia de sua família disfuncional e escapa para os padrões regressivos de preparar hambúrguer numa lanchonete e cobiçar uma adolescente. No final, ele tem a visão mística quintessencial do Inocente e reconhece que o simples prazer de viver a vida é realmente suficiente. Sua expressão de profunda gratidão pela dádiva de estar vivo — bem como a inesperada simpatia do público pelo filme — sugere um novo nível do Inocente no mundo de hoje: ele é capaz de ver a beleza da vida e, ao mesmo tempo, reconhecer suas limitações.

O arquétipo do Inocente proporciona uma boa identidade para as marcas que:

- oferecem uma resposta relativamente simples a um problema identificável.
- estão associadas à bondade, à moralidade, à simplicidade, à nostalgia ou à infância.
- têm funções associadas à limpeza, à saúde ou à virtude — e que são duplicáveis ao infinito.
- têm preços de moderados a baixos.
- são produzidas por uma empresa com valores centrais "corretos".
- desejam se diferenciar de algum produto cuja imagem está manchada.

5

O Explorador

Lema: "Não levante cercas à minha volta"

Enquanto o Inocente espera ser capaz de viver no paraíso, como direito seu ou devido a uma mudança de consciência, o Explorador sai em busca de um mundo melhor. A jornada dos Exploradores é uma experiência ao mesmo tempo interna e externa, porque eles são motivados por um profundo desejo de encontrar, no mundo exterior, aquilo que se adapta às suas necessidades, preferências e esperanças interiores.

A história do Explorador está na raiz do sucesso de todo o gênero "relatos de viagens" (incluindo as narrativas de imigrantes); contos de fada (como *Joãozinho e Maria*) nos quais o protagonista sai de viagem, cai em algum

> ## O Explorador
>
> **Desejo básico:** liberdade para descobrir quem você é, mediante a exploração do mundo
> **Meta:** experimentar uma vida melhor, mais autêntica, mais gratificante
> **Maior medo:** cair numa armadilha, conformidade, vazio interior, inexistência
> **Estratégia:** viajar, buscar e experimentar coisas novas, escapar das armadilhas e do tédio
> **Armadilha:** vagar sem meta, tornar-se um desajustado
> **Dom:** autonomia, ambição, capacidade de ser fiel à própria alma

> O Explorador também é conhecido como buscador, aventureiro, iconoclasta, andarilho, individualista, peregrino, descobridor, anti-herói, rebelde.

tipo de armadilha e finalmente escapa; ficção científica (sobre a exploração do Universo); histórias sobre a entrada na vida adulta; narrativas sobre pessoas que largam o casamento, o emprego ou a cidade natal; literatura de expatriados; literatura sobre a busca da terra prometida; e toda a literatura do absurdo, que demonstra a alienação humana.

A boa literatura com a marca do Explorador inclui: *As aventuras de Huckleberry Finn*, de Mark Twain; *O grande Gatsby*, de F. Scott Fitzgerald; *Pé na estrada* (*On the Road*), de Jack Kerouac; *O homem invisível*, de Ralph Ellison; *A terra devastada* (*The Waste Land*), de T.S. Eliot; e, é claro, *A Odisséia* de Homero. Famosas séries de tevê com a marca do Explorador são *O Zorro* e *Jornada nas estrelas* ("Ir corajosamente até onde nenhum homem foi antes").

A velha canção clássica do caubói poderia ser o hino do Explorador: "Dê-me terra, muita terra, sob o céu estrelado / Não levante cercas à minha volta", com o clássico country "Take this job and shove it" (Pegue esse emprego e jogue fora) lutando pelo segundo lugar. A folk music é um gênero Explorador.

Produtos e serviços que incorporam com sucesso o arquétipo do Explorador devem servir, de algum modo, como acessórios úteis nas jornadas do Explorador; só assim eles criarão algum tipo de lealdade à marca. O processo começa no nível da viagem literal e se transfere para suas versões mais figurativas.

Acessórios para a jornada

Uma expressão do Explorador é o simples desejo de pôr o pé na estrada e percorrer os caminhos amplos e selvagens da natureza — para experimentar a alegria da descoberta. Portanto, em geral os produtos que servem naturalmente como acessórios na jornada do Explorador são os automóveis (o Ford Explorer, "Sem fronteiras"); qualquer tipo de veículo que não precisa de estradas (o jipe Wrangler, "Leve seu corpo aonde sua mente já passeou"); e vários tipos de barcos.

Pensando no anúncio típico desses produtos, você saberá qual é o ambiente mais natural do Explorador: os grandes céus abertos; o apelo da estrada desimpedida; a natureza em todas as suas variações, mas especialmente as montanhas, pedindo para ser escaladas; a qualidade irresistível do horizonte que se perde de vista, sempre distante, por mais que você viaje; o céu noturno, falando intensamente das possibilidades infinitas do espaço aberto.

Claro que os Exploradores costumam gostar de esportes, mas não necessariamente por razões competitivas. Em vez disso, eles tendem a preferir as atividades individualistas ou mesmo solitárias, como caiaque, esqui, bicicleta ou corrida de longa distância — atividades que os levam para junto da natureza e lhes dão tempo para clarear as idéias. A Backroads é uma agência de viagens que programa passeios de uma semana ou mais, envolvendo esse tipo de experiência em todos os cantos do mundo e claramente atraindo o Explorador que existe dentro de cada um de nós.

Os níveis do Explorador

O chamado: alienação, insatisfação, inquietude, anseio, tédio
Nível 1: pôr o pé na estrada, ir ao encontro da natureza, explorar o mundo
Nível 2: buscar a própria individualidade, individuar-se, tornar-se realizado
Nível 3: expressar a individualidade e singularidade
Sombra: ser tão alienado que não consegue achar um meio de se adaptar

---

Para criar grandes marcas do Explorador, é claro que você precisa entrar na história do Explorador — não só no ambiente, mas também nos trajes. Que tipo de roupa um Explorador gostaria de vestir? Roupas fortes, certamente, que lhe dão liberdade de movimentos. (Pense, por exemplo, em marcas como Levi's REI, Patagonia e Land's End.)

O desejo de liberdade dos Exploradores faz com que eles sejam cautelosos na hora de se amarrar com alguma coisa — incluindo prestações ou financiamentos a perder de vista. Os atuais anúncios da motocicleta Yamaha usam a chamada: "Declare sua independência, não a Cláusula 11."

Música é um grande conforto na estrada. A Sony fez rios de dinheiro com esse impulso, primeiro com o Walkman — a música do próprio Explorador, em seu próprio espaço — e agora com o Memory Stick ("Suas imagens digitais. Sua música. Seu trabalho. Suas idéias." Programado para "grudar" [*stick*] na memória). Você tem fome, pára no Burger King, que, fornecedor dos tipos Explorador, deixa você "comer do seu jeito".

O que você gostaria de beber quando está na estrada? Uma grande xícara de café! Tradicionalmente, o café é um produto que pertence à categoria Prestativo (pense na Mrs. Olsen, da Folger, em sua cozinha tão doméstica, dando conselhos maternais enquanto se serve de mais uma xícara de café.) Mas a Starbucks viu a oportunidade de criar uma irresistível marca de café Explorador, em parte enfatizando a qualidade exótica do café como produto importado de terras estrangeiras.

Starbucks, uma obra-prima de marca Explorador

A Starbucks, listada pela Interbrand como "uma das 25 maiores marcas globais do século XXI" e pela *Fortune* como uma das "100 melhores empresas para quem trabalhar", é uma história de sucesso contemporâneo e uma obra-prima do arquétipo do Explorador, não só porque a marca expressa coerentemente o arquétipo — em seu nome, logotipo, embalagem, lojas varejistas, produto, serviço e mitologia. O tema do Explorador começa com o nome Starbucks, que é uma referência literária clássica ao romance norte-americano *Moby Dick*, de Herman Melville. Starbuck era o primeiro imediato da baleeira Pequod. Apesar da natureza comercial da viagem, o capitão Ahab ficou tão obcecado com a idéia de matar Moby Dick (para se vingar da baleia, que lhe arrancou a perna) que esqueceu as responsabilidades para com seus sócios no barco. No fim, a Pequod é destruída e quase toda a tripulação morre.

Starbuck, sólido e estável, faz contraste com a loucura obsessiva de Ahab. No mundo moderno, o ataque frenético de Ahab à baleia pode ser comparado com a devastação do meio ambiente, enquanto Starbucks (a empresa), com seu amor imparcial pela natureza e sua responsabilidade diante do consumidor, oferece um ideal ecológico moderno. A Starbucks reforça sua associação com valores ambientalistas e com lugares exóticos, doando uma porcentagem dos lucros das empresas a causas ambientalistas nos países produtores de café. A Starbucks também enfatiza o uso, em suas lojas, de projetos e materiais de construção benéficos ao meio ambiente e sempre inclui um recipiente para recicláveis.

O nome masculino — Starbucks — é complementado pelo logotipo de uma deusa marinha com longos cachos encaracolados (o antropólogo Angeles Arrien liga as espirais ao desejo subconsciente de vir-a-ser). O resultado é que a Starbucks dá uma impressão especial de androginia (como os adolescentes de hoje). A cor verde reforça a imagem natural e ecológica, enquanto a decoração da Starbucks, combinando tubulações metálicas e madeira, faz lembrar um navio a vela.

A Starbucks, é claro, importa cafés finos e os oferece a toda a turma inquieta que precisa de um lugar rápido e confortável (decorado à moda das cafeterias de Milão) para descansar (e talvez conversar) um pouco ou de um cafezinho para tomar na estrada.

Com as múltiplas escolhas disponíveis de café, leite e xarope, o ato de pedir um café se torna uma afirmação de identidade pessoal (uma campanha publicitária apresentou explicitamente o ato de pedir um café como uma afirmação da singularidade do freguês) e a qualidade prestigiosa do local implica um senso de bom gosto pessoal. Você nunca fica muito tempo na fila — porque, afinal de contas, os Exploradores são inquietos. E a Starbucks está em toda parte — pelo menos no território continental dos Estados Unidos. Em quase todo canto que você vai, você pode parar para tomar um *latte* (o "pingado").

A Starbucks tornou-se internacional e, nos Estados Unidos, uniu-se a empresas de transporte aéreo e ferroviário (enfatizando o tema pé-na-estrada do Explorador), à rede de livrarias Barnes & Noble (aonde as pessoas vão procurar meios de autodesenvolvimento e explorar novas idéias) e a universidades (pois o Explorador geralmente está ativo nos adultos jovens). O Explorador que existe dentro de cada um de nós é jovem. Ao oferecer um *latte* que é 1/4 café e 3/4 leite, a Starbucks consegue promover um produto que

O logotipo da Starbucks dá apoio ao tema marítimo desta marca Explorador. O logotipo faz lembrar esta deusa marinha mostrada em uma xilogravura francesa de 1659.

está tradicionalmente ligado à primeira maneira pela qual as crianças tomam café — e ainda torna elegante pedir um *latte*!

A Starbucks é hoje uma parte tão importante da cultura norte-americana que Magic Johnson está investindo seu dinheiro para abrir lojas em locais como o Harlem e a região sul de Los Angeles, firme na crença de que basta ter um Starbucks numa área desvalorizada para trazer um maior senso de esperança e mobilidade social ascendente.

Como foi que a Starbucks convenceu as pessoas a pagar mais de dois dólares por um café? Simples: o arquétipo do Explorador, artisticamente expressado em cada detalhe — o produto, a embalagem, as lojas, o logotipo, o nome e a própria experiência de fazer o pedido no balcão. Assim é o poder deste arquétipo.

A sensação da jornada — em casa

Mesmo se você não estiver literalmente fazendo uma viagem, os produtos do Explorador lhe oferecem a sensação dos amplos espaços abertos. Por exemplo, a Trex Decks tem um maravilhoso comercial Explorador que mostra uma série de discos sobrepostos fazendo uma espiral desde uma casa até pairar sobre um imenso cânion. Você enxerga um horizonte a perder de vista, enquanto a legenda diz: "Até onde você iria se não houvesse nada lhe prendendo?" A Timberpeg, promovendo aquelas maravilhosas casas de vidro, madeira e pedra da Costa Oeste (geralmente com uma vista de tirar o fôlego) usa este slogan: "Nem sempre é preciso sair de casa para curtir os espaços abertos."

Nos dias de hoje, sentado em casa, sozinho, navegando na internet, o Explorador pode explorar, mesmo que não seja fisicamente, mas através de todo um mundo de informações. O nome Amazon.com evoca a imagem de um barco no rio Amazonas, enquanto você está confortavelmente sentado em sua casa. Alimentando o individualismo do Explorador, esse website promete 24 horas por dia de acesso a livros e discos de uma lista impressionante de fontes, mantém registro das compras de cada consumidor individual e recomenda o que mais cada um iria apreciar. Muito em breve, é provável que a empresa comece a publicar os livros que seus clientes mais querem ler. Quer a Amazon.com ache ou não uma maneira de ser lucrativa, ela é um produto cujo lançamento oferece um exemplo indiscutível de identidade de marca quase instantânea.

O arquetípico nome Amazonas também evoca as lendárias mulheres guerreiras da antiga Grécia, oferecendo uma associação com maior poder feminino. As mulheres constituem a maioria dos leitores e muitas delas (embora nem todas, claro) canalizam mais para os livros do que para a estrada o desejo de buscar novas experiências e encontrar sua identidade pessoal. O nome, portanto, também tem um apelo especial para as mulheres.

Agora, nem é preciso dizer que a imagem da Amazona é profundamente arquetípica. E por isso não é de surpreender que uma das primeiras empresas a estabelecer uma verdadeira identidade de marca na internet tenha feito isso, em parte, adotando um nome arquetípico que evocava um significado apropriado.

Qual é o país que seria o melhor lar para o Explorador? Alguém diria que é a Austrália, mas, no todo, os Estados Unidos são a quintessência da marca do Explorador, com sua herança imigrante e sua ênfase nos direitos políticos. O país foi criado sobre a Declaração de Independência, afirmando o direito de cada pessoa à "vida, liberdade e busca da felicidade". Mesmo sua Constituição foi cuidadosamente redigida para proporcionar um sistema de controle mútuo pelas diversas repartições, a fim de garantir que nenhuma parte do governo tivesse poder suficiente para restringir a liberdade. A história dos Estados Unidos começa com os *Pilgrims* ["Peregrinos", os primeiros colonos puritanos] e sua mitologia dominante é capturada na conquista do Oeste. O slogan "Vá para o Oeste, jovem" que fez homens (e mulheres) jovens partirem para conquistar o Oeste deu um sentido literal e um direcionamento à ambição inquieta do caráter norte-americano.

Parte da atração das exportações norte-americanas, então, é o espírito do arquétipo do Explorador. Seja um adolescente na China comprando uma latinha de Pepsi ou um na Romênia procurando um par de Nike no mercado negro, parte do que eles estão comprando é um pequeno e fugaz senso de liberdade e possibilidades.

O Explorador se torna global

Em um mercado cada vez mais globalizado, é importante lembrar que nem todos os países compartilham os valores do Explorador, seja por causa de limitações políticas ou devido à pura força da cultura. As culturas asiáticas e latino-americanas, por exemplo, tendem a se basear muito mais nas relações e associações, dando mais valor ao grupo do que ao indivíduo. Isso não quer dizer, porém, que as pessoas que vivem nessas culturas não tenham acesso ao arquétipo do Explorador. Na verdade, parte do apelo dos produtos norte-americanos da linha Explorador talvez esteja no fato de que eles fortalecem a validade da autodescoberta, mesmo quando a cultura primária menospreza essa importante tarefa de desenvolvimento. A simples premissa de que os direitos do indivíduo deveriam ser protegidos é uma das mais irresistíveis exportações norte-americanas: um valor que muitas vezes é inconscientemente vendido com os produtos do país. (Claro que os norte-americanos também se beneficiam com as exportações de valores dos outros países. Por exemplo, as culturas asiáticas exportaram técnicas de meditação para os Estados Unidos e, com isso, estimularam a expressão de um aspecto particularmente pacífico do arquétipo do Sábio, que ali estava subdesenvolvido.)

Já que o Explorador é tão apaixonado por viagens, quase todos os produtos importados podem ter um pouco da atração de uma marca do Explorador, especialmente os produtos vindos de países exóticos ou mais primitivos. Mesmo os próprios produtos norte-americanos têm apelo se possuem um significado global. Por exemplo, muito antes que a Starbucks entrasse em cena, a General Foods (hoje Kraft Foods) lançou uma linha de café instantâneo aromatizado chamado General Foods International Coffees.

Nos anos setenta e oitenta, quando a maioria das marcas de café se ancorava na percepção da cozinha da boa dona de casa, aqueles cafés "internacionais" ofereciam sabores como "Orange Cappuccino" e "Swiss Mocha". Seu primeiro porta-voz, uma celebridade chamada Carol Lawrence, era mostrada nos anúncios voando de volta da Europa com sua última "descoberta". A linha usada na campanha era "General Foods International Coffees — tanto a sensação quanto o sabor".

A marca não só teve sucesso, como também foi capaz de sustentar margens de lucro muito mais altas que a normal da categoria. Por quê? Em parte porque o arquétipo do Explorador conseguia diferenciar fortemente a marca das outras no resto da categoria. E também porque a marca aproveitou — e talvez até mesmo nutriu sutilmente — o arquétipo do Explorador emergente nas suas consumidoras.

O jovem Explorador

Qualquer arquétipo pode se expressar em uma pessoa de qualquer idade. Contudo, é provável que os adolescentes e os jovens, em praticamente todas as culturas, tenham em si um lado Explorador; isso porque eles têm como tarefa de desenvolvimento descobrir quem são e o que querem fazer. Qualquer que seja a moda adotada por eles (cabelos longos e jeans apertados, nos anos sessenta; piercing no corpo e jeans folgados, nos anos noventa), essa moda é escolhida porque eles estão confrontando o senso de propriedade da geração mais velha e estabelecendo o estilo pessoal da nova geração. Claro que todos os produtos que os ajudam nesse processo irão prosperar. A folk music e o rock fizeram isso nos anos 1960; o rap e a MTV fazem isso hoje.

O Explorador se identifica com o Marginalizado. Isso explica por que os estilos dos adolescentes nos anos 1960 foram influenciados pelos índios norte-americanos — faixas na testa, por exemplo — e por que os adolescentes dos bairros suburbanos afluentes rapidamente entraram na onda, nos anos 1990, quando a garotada dos centros decadentes começou a usar calças folgadonas.

As marcas que se mantêm atentas à influência do Marginalizado sobre os jovens também ajudam, de modo sutil — e em grande parte inconsciente —, a integrar os valores e condutas marginalizados à cultura dominante, e vice-versa. Enquanto a garotada anglo-saxônica dos subúrbios afluentes começava a usar tênis de cano alto e calças folgadonas caídas na cintura, os trajes ginasianos Tommy Hilfiger entravam na moda nos centros decadentes, pois cada grupo de adolescentes integrava à própria vida a sensibilidade da cultura "estranha". Embora a maioria de nós compartilhe a preocupação sobre a quantidade de jovens que estão começando a fumar, ainda é sinal do poder do arquétipo do Explorador que o cigarro Virginia Slims tenha tido tanto sucesso com o slogan "Encontre sua própria voz". Infelizmente, é a própria necessidade de se identificar com a mensagem contracultural que torna difícil a tantos jovens perceber a diferença entre os produtos prejudiciais e as marcas benignas do Marginalizado.

Para muitos jovens, o arquétipo do Explorador está associado à experiência de deixar a casa paterna e ir morar no campus da universidade. Contudo, alguns universitários são mais influenciados pelo Explorador individualista do que outros. Certas universidades se promovem vigorosamente como marcas do Explorador — os casos mais notáveis são Goddard, Hampshire e Antioch, que permitem a cada aluno estruturar a própria especialização. Os catálogos de cursos dessas escolas enfatizam a enorme liberdade dada a cada aluno para forjar o próprio caminho.

A outra fase da vida em que o Explorador é fortemente reativado é a meia-idade. Na literatura ou na vida real, o Explorador pode literalmente decolar. (Veja, por exemplo, o livro de Ann Tyler, *Ladder of Years*, onde uma inquieta esposa e mãe de meia-idade sai para um passeio na praia e, sem sequer ter tomado uma decisão formal, apenas continua caminhando e nunca mais volta para casa.)

O Explorador como individualista

O Explorador pode se expressar no desejo de auto-suficiência. Os serviços de pessoal da FreeAgent.com tornam explícito nosso desejo de fugir da exigência de mostrar "o espírito da empresa", anunciando que estão "Salvando o mundo da indignidade do piquenique da empresa. Uma pessoa de cada vez".

As políticas libertárias predominam no Vale do Silício, onde os valores do Explorador enfatizam atitudes e produtos *laissez-faire* que dão enorme poder ao indivíduo. Os computadores e a internet não só deram ao indivíduo imenso poder para acessar a informação; eles também nivelaram o campo de jogo — pelo menos entre as pessoas suficientemente afluentes para ter um computador e suficientemente instruídas para saber usá-lo.

Embora nem todos os Exploradores sejam libertários, eles tendem a uma visão crítica do *establishment* [o sistema]. Mas, enquanto o Herói luta para mudar o mundo, é mais típico do Explorador simplesmente viver de acordo com suas próprias luzes. Isso talvez queira dizer que ele vai montar um tipo diferente de negócio — ou nele trabalhar. Espera-se que as empresas de cosméticos vendam as marcas do Amante, mas não é isso o que faz The Body Shop. Anita Roddick fundou uma loja de cosméticos sem propaganda enganosa e sem promessas de transformar os clientes. Em vez disso, ela contou com clientes que compartilhassem sua percepção global, sua consciência ambiental e sua preocupação com os direitos dos animais, e também dos humanos.

Os Exploradores tendem a ver a si mesmos como pessoas à frente de seu tempo e definitivamente dispostas a assumir posições difíceis por algo em que acreditam — às vezes eles são assim. The Body Shop combina essa imagem vanguardista com o fascínio dos Exploradores por tudo que é exótico e estrangeiro. Seus produtos orgânicos são feitos com ingredientes da floresta amazônica. A filosofia de Roddick é "Negocie, não ajude": com isso, ela ajuda a criar renda para as comunidades economicamente pressionadas e, ao mesmo tempo, trabalha para deter as queimadas na floresta tropical. The Body Shop lembra aos seus empregados que "nossas metas e valores são tão importantes quanto nossos produtos e lucros" e que "The Body Shop tem alma — não a percam".

O arquétipo do Explorador tem um lado espiritual. Pense nos Cavaleiros da Távola Redonda, entrando na floresta escura e sem trilhas, em busca do Graal. Na década de 1990, essa busca atingiu proporções epidêmicas, fazendo surgir uma superabundância de livros, produtos e workshops espirituais. (Pense no Mystic Trader e outros catálogos Nova Era, por exemplo, ou no New Spirit Book Club.)

Caminhando com os mocassins do cliente Explorador

Quando o arquétipo do Explorador está ativo no cliente, seu chamado é para explorar o mundo e, nesse processo, encontrar a si mesmo para poder saber quem ele é. Alguns Exploradores demonstram grande exuberância e espírito de aventura. Outros, como a Dorothy do *Mágico de Oz*, parecem relutantes a respeito de todas essas viagens e só desejam encontrar um lugar a que chamar de lar. É óbvio que o eu interior do Explorador nem sempre é tão confiante quanto a face que ele apresenta ao mundo.

Para comercializar eficazmente uma marca do Explorador, o melhor é sentir empatia pelo lado de dentro de uma história tipo Explorador: imaginar, por exemplo, como é você se sentir preso nas armadilhas da vida, ansiar por mais excitação e aventura, sentir-se "maior" do que a vida que leva, como se ela o reprimisse. (Nos anos 1980, muitos adolescentes de Pequim usavam camisetas com os dizeres "Nova York, Paris, Roma", literalmente "propagandeando" o desejo de se libertar das circunstâncias sufocantes em que viviam.)

Você talvez também considere perigosa aquela parte de si mesmo que deseja "pertencer", sacrificando sua integridade ao desejo de se adaptar. Quando esse sentimento é forte, você talvez faça conscientemente coisas que o diferenciam dos outros — como fazem os adolescentes, com cabelos cor-de-rosa, tatuagens ou piercings pelo corpo. É como se a sua aparência estivesse gritando "Eu sou diferente", para poder resistir ao impulso da conformidade. Contudo, quanto mais você faz isso, tanto mais solitário você se sente e, assim, mais intenso será o seu desejo de "pertencer". Quanto mais forte fica esse desejo, tanto mais assustador ele parece e, por isso, você se afasta cada vez mais... e assim por diante. Mesmo que você tenha experimentado apenas um pouco desse processo, é possível extrapolar o suficiente para saber como se sente alguém preso nesse dilema.

Quase todas as pessoas passaram por algum momento na vida em que tiveram medo de que, se fossem fiéis a si mesmas, perderiam o apoio de alguém a quem davam importância. À medida que crescemos, somente descobrimos nossa individualidade quando nossas verdadeiras tendências se chocam com as dos pais, professores e colegas. Para perceber como é essa sensação, basta você recordar algum momento em que enfrentou seu pai, sua mãe, um professor ou o patrão, e como aquele enfrentamento lhe parecia essencial, mesmo que o outro tenha visto você como um oponente. Ou então recordar um momento em que você se afastou de algo para salvar sua alma, e quanta coragem precisou ter para agir assim.

Você também poderia aproveitar a lembrança de estar no alto de uma montanha ou de um arranha-céu, contemplando o horizonte infinito ou o céu noturno e sentindo uma complicada mistura de assombro reverente, alegria e solidão — um sentimento quintessencial do Explorador.

É importante lembrar que o desejo subjacente dos Exploradores é encontrar por fim a Terra Prometida, o lugar onde eles poderão ser completamente fiéis ao seu verdadeiro eu — e um lugar ao qual poderão pertencer. Histórias infantis, como O patinho feio, e textos religiosos adultos, como o relato bíblico do êxodo do Egito para a Terra Prometida, incorporam o poder deste anseio.

Você com certeza já vivenciou o Explorador mais otimista e entusiástico, que não é necessariamente alienado. Talvez você apenas esteja ansioso para experimentar o máximo possível da vida, buscando oportunidades de viajar e ficar em contato com a natureza, fazendo aquilo que ama, mesmo que isso lhe dê apenas a pura alegria da própria jornada.

Quando desenvolve a campanha publicitária das marcas do Explorador, você talvez queira lidar sutilmente com a solidão do Explorador colocando-o na companhia de outras pessoas. O Explorador, é claro, muitas vezes tem um ou mais amigos íntimos, como o Tonto do Zorro ou o Totó de Dorothy (além do Leão Covarde, do Homem de Lata e do Espantalho).

Você também será capaz de imaginar, extrapolando de sua própria experiência e de narrativas do Explorador, como o Explorador se relaciona com os outros arquétipos. Por exemplo, o simpático Bobo da Corte, o Cara Comum e o Amante convidam o Explorador a se tornar parte de um grupo ou de um casal, e acabam tristes ou magoados quando o Explorador foge deles para salvar a vida. Para o Explorador, tornar-se íntimo dá a sensação de uma ameaça ao eu. Por outro lado, os Governantes que fazem as leis vêem a si mesmos como pessoas que só fazem isso porque sabem o que é melhor para o povo. Eles ficam confusos, portanto, quando o Explorador se irrita e vai embora. Um Prestativo que cria no Explorador a sensação de culpa por só pensar em si mesmo será visto como um inimigo, enquanto o Prestativo que prepara um estojo de primeiros socorros para a viagem do Explorador é saudado como um amigo.

O Explorador busca no Herói, no Marginalizado ou no Mago um apoio potencial, mas quase sempre fica desapontado com o modelo e acaba indo embora para procurar sua própria verdade. O fato é que o Explorador, durante algum tempo, aprenderá as lições oferecidas por toda pessoa que tenha novas idéias ou experiências, mas ele logo vê o calcanhar-de-aquiles dessa pessoa e põe o pé na estrada.

A organização do Explorador

As organizações do Explorador valorizam a individualidade, minimizam as regras e a tomada hierárquica de decisões e tendem a nivelar as oportunidades na medida do possível. Vemos a influência do arquétipo do Explorador nas organizações mais inovadoras, des-hierarquizadas e mais democráticas; em políticas individualistas como o horário móvel; e em empregados "potencializados" tomando todas as decisões possíveis no nível local envolvido. Nessas organizações, é típico que os empregados sejam contratados por sua perícia e, uma vez a bordo, espera-se que tenham permissão de fazer as coisas ao seu modo na maior parte do tempo. Mesmo que os resultados sejam estabelecidos pela gerência, os empregados têm permissão de usar o próprio julgamento quanto aos meios de atingi-los.

Quando o Explorador desperta num indivíduo, este freqüentemente abre seu próprio negócio de pequeno porte, torna-se consultor ou procura um papel pioneiro e inovador na empresa. As empresas ou unidades dirigidas por um Explorador geralmente são mais desinibidas e descentralizadas do que a organização hierárquica tradicional. Tipicamente pequenas, as organizações do Explorador têm o mínimo possível de regras e contratam profissionais competentes que controlam o próprio horário e tempo de trabalho. Claro que o "escritório virtual" está tornando esse estilo de trabalho mais possível do que antes.

Mesmo que a empresa seja grande, o traje é informal e simples ou apropriado para viagens, mas certamente casual. Os valores organizacionais enfatizam a independência e a capacidade de responder rapidamente a novas oportunidades, fazendo produtos ou serviços sob medida para atender necessidades singulares. Independência e autodireção geralmente são valores empresariais compartilhados. Em muitos casos, o trabalho realizado é pioneiro e inovador.

As organizações do Explorador saudáveis oferecem estrutura suficiente para manter unido o empreendimento. Nas organizações do Explorador doentias, quando as coisas vão mal o empreendimento cai na área perigosa da anarquia. Mas as melhores organizações do Explorador conseguem tolerar um alto grau de fluidez.

A Rockport Shoes, que poderia ter como lema "Sapatos confortáveis para a jornada", é famosa por ser uma das primeiras organizações a se reorganizar em dois dias, usando a estrutura da inovadora Open Space Technology [tecnologia do espaço aberto] de Harrison Owen. Seguindo essa abordagem, todos os empregados se reúnem num salão durante alguns dias e se organizam em grupos que discutem qualquer idéia pela qual algum deles seja apaixonado. Qualquer que seja seu papel, toda pessoa tem ali o mesmo poder que todas as outras; e a todos os presentes é concedido o direito de votar no projeto do qual quer participar.

Consta que durante a experiência da Open Space na Rockport, um administrador formou um grupo (do qual fazia parte o presidente da empresa) que surgiu com a idéia de uma linha de produtos inovadora, e por fim altamente bem-sucedida, que fez enorme diferença para o futuro da empresa.

Na nova economia, muitas pessoas se ligam às organizações virtuais. Isso quer dizer que não precisam mais ir para o trabalho, no sentido convencional. Trabalham no escritório em casa, usando fax, e-mail, telefone, etc., para fazer contato com colegas que talvez raramente vejam. Tais pessoas podem criar uma organização formal ou simplesmente formar parcerias conforme as necessidades de projetos específicos ou para atingir determinadas metas. Esses pactos descentralizados, não-hierárquicos e temporários maximizam a liberdade pessoal, a flexibilidade e a eficácia, ao mesmo tempo em que minimizam a estrutura e as fofocas.

O marketing do Explorador e o novo consumidor

No livro *The Soul of the New Consumer*, David Lewis e Darren Bridger descrevem o "novo consumidor" de um modo que sugere que ele (ou ela) está invocando o arquétipo do Explorador em suas decisões de compra. Enquanto o velho consumidor, argumentam Lewis e Bridger, toma sua decisão de compra com base na conveniência e na conformidade, o novo consumidor busca a autenticidade do produto como meio de expressar sua individualidade. Ao mesmo tempo, o novo consumidor é mais bem informado, envolve-se profundamente nas suas decisões de compra, é cético diante de todo tipo de propaganda enganosa, é altamente inquieto, se distrai facilmente e seu tempo é cronicamente curto.

Hoje em dia, a orientação das pessoas para a identidade e a liberdade as faz querer ser livres como o vento — elas querem tentar tudo e não ser limitadas por nada. O resultado é uma aceleração coletiva. Lewis e Bridger citam o lema de Daniel Goldin, administrador da NASA, para o programa espacial: "Mais rápido, menor, mais barato, melhor." As pessoas de hoje não apenas se movem mais depressa; elas também conseguem processar rapidamente as informações (especialmente os menores de 30 anos). A maioria delas se sente à vontade com o ritmo hipercinético do cinema e da televisão, "fazendo o corte entre as cenas com tanta rapidez, que muitas imagens permanecem na tela por menos de dois segundos". Se o ritmo não é acelerado, elas se chateiam.

Claro que os meios de comunicação que mais facilitam esse desejo inquieto de experimentar e conhecer tudo, instantaneamente, são o e-mail, a internet, as salas de bate-papo e todos os outros modos instantâneos e interativos que se tornaram possíveis pelas comunicações modernas. A visão é expansiva: as pessoas que atingiram esse nível de desenvolvimento geralmente adotam uma visão global.

Além disso, esses mesmos consumidores habitualmente criticam aquilo que vêem e ouvem, encarando com suspeita tudo o que já foi testado e comprovado: idéias, instituições e produtos, incluindo a propaganda. Por essa razão, o "boca-a-boca" pode ser mais eficaz no marketing do que a propaganda enganosa. Mesmo assim, esses novos consumidores valorizam mais a mudança do que a coerência; por isso, a lealdade à marca não é um valor natural para eles. Mas isso não quer dizer que eles não se tornem leais quando os arquétipos corretos são evocados, como podemos ver nos ávidos fãs de *Jornada nas estrelas* (os "trekkies") ou nas pessoas que só usam cosméticos da The Body Shop ou só bebem café Starbucks.

As pessoas que estão vivendo as histórias do Explorador provavelmente serão leais aos produtos que carregam o significado arquetípico de autenticidade e liberdade — isso se chegarem a ser leais. Esses produtos reforçam os anseios mais profundos dos consumidores que têm uma forte orientação para a liberdade (como tem a maioria de nós na adolescência e na meia-idade, ou mesmo em qualquer outro momento da vida).

Nos consumidores que mais habitualmente expressam o desejo de estabilidade, pertença e mestria, esses arquétipos também se conectam com aquela parte "adormecida" que ama a liberdade. Por exemplo, um indivíduo relativamente tradicional e conformista poderia expressar esse potencial mais livre comprando uma motocicleta ou uma *mountain bike*.

No Oscar de 2000, ficou claro que o arquétipo do Explorador estava ativo no país e na Academia. Alguns dos grandes vencedores vinham de pequenas produtoras independentes (embora algumas dessas empresas fossem de propriedade de grandes empresas).

Lembremos também que os Exploradores mais jovens gostam de vasculhar a internet e preferem encontrar as coisas, não que você as encontre para eles. Facilite essa atividade deles. E perceba que eles serão mais influenciados pelos ícones da contracultura que pelas celebridades da corrente dominante. Melhor que tudo: crie um boca-a-boca. Os Exploradores são profundamente céticos diante da propaganda enganosa. Gostam de produtos que parecem ser tão autênticos quanto eles próprios e são influenciados por pessoas que parecem reais. No início dos anos 1990, os clássicos sapatos de camurça da Hush Puppies estavam para ser tirados da linha de produtos da Wolverine World Wide quando correu a notícia de que os jovens do Greenwich Village nova-iorquino estavam comprando Hush Puppies nas lojas de revendedores. O executivo da empresa, Owen Baxter, examinou o modismo e descobriu que aqueles jovens buscavam a autenticidade de poder afirmar que "estou usando um par original". De súbito, os Hush Puppies estavam na moda em toda parte porque os jovens tranqüilos e individualistas do Village gostavam deles. Num instante, os estilistas de moda estavam usando aqueles sapatos que, é claro, continuaram a ser uma parte valorizada da linha.[1]

Em uma das novas e mais "descoladas" lojas carro-chefe de Ralph Lauren, localizada no Soho nova-iorquino, peças de colecionador estão misturadas aos itens recém-lançados. Ao lado das novíssimas calças *cargo*, você encontra uma velha e gasta camisa de flanela e a clássica jaqueta de veludo Levis, com 50 anos de idade, toda desbotada. As peças de colecionador emprestam um inconfundível ar de autenticidade à loja e a tudo o que está den-

---

1. David Lewis e Darren Bridger, *The Soul of the New Consumer: Authenticity — What We Buy and Why in the New Economy* (Londres: Nicholas Brealey Publishing, 2000), p. 93.

> **O arquétipo do Explorador poderá dar uma identidade à sua marca se:**
>
> • seu produto ajuda as pessoas a se sentirem livres; é, de algum modo, não-conformista ou pioneiro.
> • seu produto é forte e vigoroso; ou é apropriado para uso na natureza, na estrada ou em ambientes e ocupações perigosos.
> • seu produto pode ser comprado via catálogo, internet ou outra fonte alternativa.
> • seu produto ajuda as pessoas a expressarem sua individualidade (por exemplo, moda, mobiliários).
> • seu produto pode ser comprado e consumido "em movimento".
> • você procura diferenciar sua marca de outras bem-sucedidas, seja do Cara Comum ou alguma mais conformista.
> • sua organização tem uma cultura do Explorador.

tro dela — Ralph Lauren não está apenas vendendo suas próprias criações; ele está "homenageando" as grandes criações de outras empresas clássicas, como a Levi-Strauss. A "mistura" na loja se torna ainda mais incomum pelas surpreendentes combinações montadas pelo estilista nos manequins e cabides — por exemplo, uma luxuosa saia de tafetá com um corpete de couro xadrez e uma jaqueta de aviador casualmente jogada sobre os ombros.

Como resultado tanto dos itens clássicos quanto da mistura incomum, fazer compras nessa loja é uma experiência de busca, exploração e descoberta. E, amarrando esse conceito varejista bem integrado, temos as seguintes palavras impressas na vitrine ao lado da entrada da loja: "Polo Sport: Exploradores, Viajantes e Aventureiros, desde 1970."

Se a análise de Lewis e Bridger em *Soul of the New Consumer* é acurada, então o arquétipo do Explorador está influenciando as decisões do consumidor neste início do século XXI. Talvez isso ocorra porque todos nós estamos vivendo em um novo milênio. Basta dizer que este parece ser um momento particularmente propício para as marcas do Explorador.

O Sábio

Lema: "A verdade libertará você"

OS SÁBIOS TÊM SUA PRÓPRIA MANEIRA de encontrar o paraíso. Eles depositam sua fé na capacidade humana para aprender e crescer, o que nos permite criar um mundo melhor. No processo, eles querem ser livres para pensar por si mesmos e sustentar suas próprias opiniões. O exemplo mais óbvio é o erudito, o pesquisador e o professor. Mas também temos o detetive, o âncora do telenoticiário noturno e qualquer especialista que compartilhe seus conhecimentos, incluindo a clássica voz masculina desencarnada que explica à dona de casa qual é a ciência por trás de algum detergente de sucesso. Sábios famosos incluem Sócrates, Confúcio, Buda, Galileu e Albert Einstein... e

O Sábio

Desejo básico:
a descoberta da verdade
Meta: usar a inteligência e
a análise para
compreender o mundo
Maior medo: ser
enganado e iludido; a ignorância
Estratégia: buscar
informação e conhecimento;
auto-reflexão e compreensão
dos processos de pensamento
Armadilha: pode estudar os
assuntos durante toda a vida
e nunca agir
Dom: sabedoria, inteligência

também George Carlin, Phyllis Diller e Oprah Winfrey. Vemos o Sábio em todas as histórias de mistério — Sherlock Holmes deduzindo a solução de um caso; na ficção científica, em todas as obras de Isaac Asimov; e nos livros, revistas e anúncios informativos.

A popularidade da série *Arquivo X* (que abre com a afirmação "A verdade está lá fora") ilustra a perseverança do Sábio que tenta separar a verdade da ilusão, bem como a paranóia que pode resultar quando a resposta não é clara ou fácil de encontrar. Na política, o Sábio está associado às idéias claras, mas talvez lhe faltem carisma e encanto social. Al Gore, ridicularizado impiedosamente pela falta de jogo de cintura, é um exemplo. Einstein é outro (ficou conhecido por se desligar de uma festa em sua homenagem porque se interessara pelo padrão das folhas de chá que flutuavam em sua xícara).

As marcas do Sábio incluem a Universidade de Harvard, o MIT, firmas de consultoria topo de linha, como McKinsey e Arthur Andersen, e a Clínica Mayo (conhecida por sua perícia em diagnósticos), bem como o Educational Testing Service e inúmeras empresas, laboratórios de pesquisas e publicações dedicados à descoberta e difusão da verdade.

Em certo ponto de sua história, a Universidade de Stanford decidiu se tornar "a Harvard do Oeste" e conscientemente desenvolveu uma campanha de relações públicas, baseada no investimento em aspectos pesquisadores da instituição, para estabelecer uma imagem intelectual prestigiosa. Funcionou.

Sábios populares incluem Oprah Winfrey e Walter Cronkite, que instruem e orientam seus públicos respectivos, e Erma Bombeck, que oferece sabedoria por intermédio do humor. Nas décadas passadas, muitas marcas incorporaram identidades do Sábio e proporcionaram um forte papel educacional — por exemplo, Betty Crocker sobre economia doméstica e Oil of Olay sobre cuidados com a pele — mas muitas delas, desde então, adotaram o estilo "morder em 15 segundos". Na verdade, as campanhas impressas dos

Os níveis do Sábio

Motivação: confusão, dúvida, desejo profundo de encontrar a verdade
Nível 1: busca da verdade absoluta, desejo de objetividade, dependência dos especialistas
Nível 2: ceticismo, pensamento crítico inovador, torna-se um especialista
Nível 3: sabedoria, confiança, mestria
Sombra: dogmatismo, torre de marfim, desligamento da realidade

anos 1950 costumavam incluir alguma dose de informações ou conselhos. A propaganda geralmente tentava ser útil — oferecendo uma parcela de conhecimento ou sabedoria como uma espécie de "compensação" pela atenção do leitor.

Hoje em dia, existe uma oportunidade de renovar o papel do Sábio no marketing, especialmente porque a internet oferece um veículo tão eficaz para as marcas do Sábio contemporâneas.

O Sábio como especialista

As marcas do Sábio podem oferecer informação, como fazem *The New York Times*, *Consumer Reports*, National Public Radio e a CNN. Tipicamente, elas ajudam o consumidor a tomar decisões mais inteligentes. Um anúncio da firma de investimentos Charles Schwab (lema: "Criar um mundo de investidores mais espertos") mostra duas mulheres tensas e preocupadas lendo os livros (fictícios) *Vença os tubarões* e *Como enriquecer*, enquanto outra mulher, tranqüila e sossegada, lê *Uau, eu estou feliz*. A legenda explica: "Você sempre sabe qual investidor consultou os Portfólios Schwab. Ele se sente mais esperto, mais bem informado, mais no controle."

A imagem do Sábio como intérprete das notícias mudou significativamente nos tempos recentes. Antes era a comunicação oral, e mais tarde a palavra escrita, que transmitiam as notícias além dos confins de uma aldeia ou cidade. A informação visual, descrevendo como as coisas "pareciam" fora das rotinas normais, era escassa. Muito mais tarde, nos Estados Unidos, as pessoas esperavam nas esquinas pela chegada da revista *Life*, na época o veículo básico para uma pessoa "ver" como eram as coisas lá fora.

> O Sábio também é conhecido como especialista, erudito, detetive, oráculo, analista, conselheiro, filósofo, pesquisador, pensador, planejador, profissional, mentor, professor, contemplativo

Com o advento dos noticiários televisivos, e especialmente os relatos intensivos e quotidianos sobre a Guerra do Vietnã, tudo isso começou a mudar. Pela primeira vez na história, a televisão era a fonte mais confiável de notícias. Os norte-americanos começaram a acreditar que "ver é crer" e o papel do âncora, jornalista ou comentarista se transformou.

Num período de tempo muito curto, a fonte básica das informações que descreviam a vida humana passou de oral para verbal e depois para visual. Mas a questão permanecia: éramos "visualmente alfabetizados"? Estávamos, enquanto país, acreditando ingenuamente que "ver é crer" ou compreendíamos que a alfabetização visual era tão importante quanto a alfabetização verbal, se não mais? Por exemplo, independentemente das tendências interpretativas do fotógrafo, a cada dia as possibilidades da fotografia digital tornam mais e mais possível sobrepor imagens e modificá-las. Quem seriam nossos Sábios, ou guias, neste mundo novo baseado no visual? As marcas do Sábio prometem ajudar você a ter mais discernimento e pensar com mais eficácia. Um *press release* da Arthur Andersen cita as palavras de Jim Wadia, ex-sócio-gerente: "Os modelos tradicionais de criação de riqueza e administração não são suficientes em um mundo que valoriza a velocidade, o trabalho em rede e a informação. Com nosso alcance global e prestação unificada de serviços, nós da Arthur Andersen ajudamos nossos clientes a produzir valor tanto dos ativos tangíveis quanto dos intangíveis."

É típico de tais empresas enfatizar seu próprio trabalho de pesquisa e desenvolvimento. A Procter & Gamble dá ênfase aos avanços súbitos inovadores que resultam da pesquisa contínua, promovendo o fato de que a empresa detém mais de 25.000 patentes no mundo todo. Um anúncio típico (neste caso, das esponjas de limpeza Swiffer) mostra "um cientista da P&G, muito interessado", "um inocente (o bebê) num mundo sujo", uma esponja que é denominada "um ímã sujo" e uma embalagem de Swiffer com a legenda "Uma esponja com uma missão". O material descritivo dá o nome do cientista da P&G e descreve o avanço súbito que criou "o tecido único de fibras hidroentrelaçadas que gera uma carga eletrostática que age como um ímã para atrair poeira, pêlos e alérgenos comuns". Esse tipo de anúncio apela ao desejo de mamães e papais de serem informados sobre os meios mais modernos de manter a casa tecnologicamente limpa.

As marcas do Sábio podem até cumprimentar os consumidores por serem bem-informados e inteligentes. A Oldsmobile veiculou este anúncio, "Procura-se: motoristas com firmeza de torque, tração e tempos verbais", implicando que as pessoas que sabem das coisas escolherão essa marca. Do mesmo modo, a Infinity afirma, "Este não é apenas um novo carro. É a melhor idéia". A Toyota diz que o Prius é "um carro que às vezes roda com gasolina e às vezes com eletricidade, de uma empresa que sempre roda com cérebro".

Em uma campanha impressa da Sesame Street, historietas do programa que parecem simples brincadeiras à primeira vista são enfatizadas em termos da oportunidade de aprendizado que oferecem para a solução de problemas, reconhecimento de padrões e assim por diante. Como resultado, torna-se evidente para o adulto o currículo "invisível", baseado em pesquisas, que conduz o desenvolvimento de cada programa. A idéia é que, se os pais ou responsáveis compreendem a qualidade do Sábio que conduz as deliciosas travessuras de cada episódio, então eles têm melhores condições de avaliar o que torna Sesame Street realmente único no mundo da programação infantil "de qualidade".

O Sábio é uma excelente identidade de marca para hardware e software de computadores. A Adobe Systems Incorporated, por exemplo, se posiciona como uma ferramenta para Sábios, ajudando "a dar vida às idéias na internet, na página impressa e no vídeo". Qualquer marca que ajuda as pessoas a ser ou agir de modo mais inteligente também é uma ferramenta legítima na história do Sábio. Os exemplos incluem a Lean Cuisine ("Coma com inteligência. Cozinhe com simplicidade") e a CNN ("Você é aquilo que você sabe").

Onde podemos buscar conselhos?

Como foi que Oprah Winfrey se tornou a mulher mais influente dos Estados Unidos? Sabendo o que quer dizer ser pobre e ser rico, ela consegue empatia com todo mundo. Nascida num sítio do Mississippi, Oprah aprendeu a ler aos dois anos de idade, com uma avó que também estimulou sua capacidade de verbalização. Aos seis anos, ela se mudou para Milwaukee, onde a mãe trabalhava como empregada doméstica. Depois de sofrer abuso sexual por parte de vários homens, ela começou a agir como vítima. Seu pai, que até então não tinha sido um fator importante em sua vida, interveio e mudou as coisas. O pai, nas palavras de Oprah, "transformou a minha vida, insistindo que eu fosse mais o que eu era e acreditasse que podia ser mais". Diz ela: "O amor dele pelo aprendizado me mostrou o caminho."[1]

Depois da faculdade, ela se tornou co-apresentadora do noticiário da CBS em Nashville, mas era tão empática que muitas vezes tinha de engolir as lágrimas ao relatar histórias tocantes. Um novo gerente viu o mérito dessa aparente fraqueza e lhe deu a oportunidade de tentar um *talk show*. O resto já é história. Oprah entrevistou todo o costumeiro batalhão de indivíduos interessantes, perturbados e extravagantes que eram o modismo em todos os outros *talk shows*. Mas o que ela fazia com seus convidados era diferente. Oprah sentia empatia por eles, analisava a situação de cada um e mergulhava em seus problemas, como se fosse uma amiga de confiança ou um membro da família.

Desde 1986, seu programa tem sido o *talk show* nº 1 dos Estados Unidos — e uma fonte de orientação para pessoas de todas as raças e grupos econômicos. Em anos recentes, Oprah começou a moldar a cultura. Os livros que ela indica se tornam instantaneamente best-sellers. Músicos que aparecem em seu programa vendem seus discos. Pessoas que a ouvem enfatizar a saúde, a espiritualidade e a responsabilidade pessoal praticam o que ela prega.

Oprah tornou-se a mãe, a tia, a irmã mais velha de todo um país. Ao mesmo tempo, ela carrega o arquétipo da Madona Negra: diz o estudioso Robert Graves que a santa é negra porque a cor preta está arquetipicamente associada a grande sabedoria. Todas essas figuras carregam a mesma energia

---

1. Wawro, p. 437.

da figura bíblica de Sofia (nome que significa "sabedoria") e da deusa grega
Perséfone, que compreendia os segredos tanto do mundo subterrâneo (a
morte) quanto da realidade ordinária.

As analistas junguianas Marion Woodman e Elinor Dickson, em *Dancing in the Flames*, citam o chamado dessa deusa (tirado dos "Provérbios" bíblicos) em palavras tão relevantes ao homem e à mulher de hoje quanto foram para os antigos hebreus:

> É a vós, homens, que eu clamo [...]
> Escutai, pois tenho coisas sérias a vos dizer,
> e de meus lábios sairão palavras honestas.
> Minha boca proclama a verdade [...]
> Todas as palavras que digo são justas,
> nelas não há nada de tortuoso ou falso;
> Todas são diretas para aquele que entende,
> e honestas para quem sabe o significado do conhecimento.
> Aceitai minha disciplina, e não a prata,
> aceitai o conhecimento, de preferência ao ouro.
> Pois a sabedoria é mais preciosa que as pérolas,
> e nada é tão digno de ser desejado.[2]

Como é típico dos Estados Unidos do século XX que a Deusa Negra/Sofia-Sabedoria fale a nós por intermédio de uma apresentadora de *talk show* tão maravilhosamente inteligente, um ícone da marca do Sábio!

E Oprah, ela está consciente de sua identidade de marca do Sábio? Claro que sim. O Sábio claramente governa suas decisões sobre os meios de alavancar seu sucesso. Em vez de desenvolver uma linha de cosméticos ou roupas, Oprah continua a orientar o público norte-americano por intermédio do seu clube do livro e agora uma revista. A coerência arquetípica entre seus novos empreendimentos e seu papel no *talk show* torna sua identidade de marca ainda mais clara e convincente. Mesmo sendo a mulher mais rica da mídia, ela nunca é vista como alguém que só atende seus próprios interesses. Em vez disso, ela é vista como uma mulher com uma missão.

Não é surpreendente que a espiritualidade tenha se tornado uma prioridade importante para Oprah. Os Sábios espirituais entraram na economia de mercado no século XXI. Enquanto as igrejas ainda passam a bandeja da coleta, hoje as pessoas pagam a gurus de várias religiões para falar e dar workshops. As pessoas têm fome de sabedoria espiritual e estão dispostas a pagar para aprender ioga, meditação e perspectivas espirituais das diferen-

---

2. Marion Woodman e Elinor Dickson, *Dancing in the Flames: The Dark Goddess in the Transformation of Consciousness* (Boston: Shambala, 1997), p. 11, citado de Provérbios 8:4-11.

tes tradições. A meta aqui não é apenas a sabedoria, mas também a paz. Deepak Chopra, por exemplo, é uma marca do Sábio tanto quanto o MIT. Falando com seu sotaque indiano, Chopra incorpora facilmente a imagem do sábio guru hindu na mente do público, o que dá mais credibilidade a tudo que ele diz.

A propaganda de produtos está adotando um tom mais espiritual, às vezes de uma maneira que parece gratuita, pois as figuras religiosas nada têm a ver com o produto. Mas alguns produtos, sem a capa do humor, se arriscam a ofender os leitores quando associam símbolos religiosos a suas marcas. Por exemplo, os tapetes Antron, da Du Pont, veicularam um anúncio com a imagem de Buda e o seguinte texto: "Ousado e diferente, um cenário com geometria e padrões que sutilmente compõe, define e oferece uma nova metáfora de harmonia e força. É zensual. É zensacional." Ao clicar no website da empresa, o consumidor recebe um conselho: "Escolha um mantra. E não se esqueça de respirar."

Barnes & Noble: Marketing inteligente para livreiros

Leonard Riggio comprou a Barnes & Noble quando ela estava em séria crise e ele era um joão-ninguém. Mas ele compreendeu que a ação nas livrarias estava expandindo o mercado. Sua estratégia inicial foi chocante para as outras livrarias, porque ele usou táticas semelhantes às da Wal-Mart, cortando preços de todo modo possível. Com isso, ganhou dinheiro suficiente para continuar comprando seus concorrentes. Ao mesmo tempo, manteve vivo o nome Barnes & Noble, um nome que evoca a antiga imagem monacal da livraria pequena e dedicada, administrada por e para pessoas que simplesmente amam livros.

O templo do arquétipo do Sábio tem de ser ou a biblioteca ou a livraria. Mesmo quando a Barnes & Noble promovia sua violenta redução de preços como estratégia para derrotar a concorrência, a imagem da empresa ainda evocava a livraria arquetípica ideal.

Com o passar do tempo, a introdução da megastore modernizou essa imagem ideal: comprar livros é uma experiência que fala a todas as necessidades do amante de livros existente em todos nós. Percebendo a ausência da praça das cidades pequenas, Riggio reconheceu que as livrarias eram um ponto de encontro natural para as pessoas, especialmente aquelas que gostam de trocar idéias. Começou, portanto, a oferecer café Starbucks e cadeiras confortáveis, dilatou os horários de funcionamento, agendou grupos de discussão e palestras de escritores. Por fim, aprendeu a proporcionar uma experiência que os Sábios apreciariam. A Barnes & Noble até se tornou um ponto de encontro dos jovens que amam as idéias — um verdadeiro serviço de encontros!

Entrando no comércio eletrônico logo depois da Amazon.com, Riggio também viu rapidamente as possibilidades da internet. Ele predisse que, no devido tempo, os serviços on-line "permitirão que os compradores baixem e imprimam um livro inteiro ou parte dele", fazendo mudanças que revolucionarão a indústria.[3] Sua capacidade de manter uma identidade do Sábio, ao mesmo tempo em que modernizava o marketing livreiro, fez da Barnes & Noble a maior e mais bem-sucedida cadeia de livrarias do mundo.

Um marketing que faz as pessoas pensarem

O especialista em marketing Bernd H. Schmitt, no livro *Experiential Marketing*, identifica as "campanhas pensantes" como uma das principais maneiras de comercializar uma marca. E poderíamos acrescentar que as campanhas pensantes são a maneira ideal de comercializar as marcas do Sábio. A Genesis ElderCare, por exemplo, se diferencia das outras empresas que oferecem atendimento para idosos porque enfatiza sua capacidade de analisar aquilo que cada indivíduo necessita e de elaborar um programa sob medida para ele. Ao mesmo tempo, para fortalecer sua imagem de empresa inteligente, ela também mostra os idosos de uma maneira bastante incomum. Ver derrubados os estereótipos dos idosos como dependentes ou vítimas faz as pessoas pararem para pensar e também as leva a associar o pensamento independente à ElderCare. A loja do Discovery Channel exibe um modelo de *Tyrannosaurus rex* e muitas outras atrações educacionais interativas. A Tourneau, de Nova York, ensina aos consumidores a história dos relógios. A Eddie Bauer simplesmente pendura palavras como "inspiração", "imagine" e "intuição criadora" nas lojas varejistas, para posicionar suas roupas de modo a aumentar as probabilidades de que elas sejam associadas às pessoas imaginativas e intelectuais.[4]

Os anúncios onde algo está faltando fazem você pensar para preencher os brancos. Por exemplo, tanto a Target como a Nike veicularam anúncios que incluem seus logotipos, mas não seus nomes, fazendo o consumidor parar, pensar e perceber que conhece os nomes. Isso, é claro, captura a atenção do consumidor; o mais importante, porém, é que também faz o consumidor se sentir inteligente por conhecer aqueles nomes. Os anúncios dos sapatos Kenneth Cole inevitavelmente fazem referência a acontecimentos

3. Wawro, 355.
4. Bernd H. Schmitt, *Experimental Marketing* (Nova York: The Free Press, 1999), p. 142.

da atualidade, associando a marca ao "estar por dentro". Marcas tão diferentes entre si como *The Wall Street Journal*, Hewlett-Packard e Dewar's Scotch vendem a imagem do cliente como pessoa refinada, inteligente e bem-informada. Talvez de uma maneira ainda mais tópica, aproveitando nossa recém-descoberta necessidade de alfabetização visual (enquanto oposta à verbal), a vodca Absolut criou uma campanha magnífica que depende do interesse do leitor pelos padrões visuais e em sua capacidade de reconhecê-los e os interpretar adequadamente.

A Intel estabeleceu sua identidade de marca por meio da associação com marcas já respeitadas. A Intel ofereceu às empresas fabricantes de computadores um desconto em seus chips se elas escrevessem "Intel inside" nos produtos. Os consumidores, vendo tantas marcas com o selo "Intel inside", assumiram que os fabricantes de computadores estavam se gabando. A Intel deve ser realmente grande, inferiram eles, se grandes marcas acrescentaram o nome dela aos seus selos. A Intel não diz ao consumidor que ela tem o melhor produto do mercado. Em vez disso, ela cria uma situação que encoraja os consumidores a assumir que é dela o melhor produto.[5]

O consumidor Sábio desfruta o processo de pesquisar as marcas, descobrir tudo a respeito delas. Os Sábios navegam na internet e vêem o que está disponível, e também trocam informações sobre as ferramentas do comércio tecnológico. A Netscape e a Yahoo! estabeleceram suas identidades de marca sem gastar dinheiro em propaganda. Em vez disso, elas se ligaram aos sites apropriados na internet e pagaram pelos títulos. E então deixaram os consumidores encontrá-las.

Mais tipicamente, o marketing do Sábio é digno e controlado, com certo ar de elite. Pensemos, por exemplo, na maneira pela qual as universidades da Ivy League[6] são promovidas. Os esforços de relações públicas enfocam a divulgação externa de importantes projetos de pesquisa conduzidos na instituição, as realizações do corpo docente e dos graduados e a dificuldade de obter um emprego ali ou ser admitido como estudante. A mensagem é "Não muitas pessoas são inteligentes o bastante para estar aqui". Além disso, embora as bolsas de estudo se destinem a garantir a freqüência de alunos meritórios com poder aquisitivo mais moderado, o alto custo do ensino transmite a mensagem: A instrução fornecida aqui é cara porque é a melhor disponível. Esse tipo de abordagem mercadológica fina e elitista é

---

5. Agnieszka M. Winkler, *Warp Speed Branding* (Nova York: John Wiley & Sons, Inc., 1999), p. 67.
6. *Ivy League* é a denominação popular das oito mais prestigiosas universidades da Costa Leste dos Estados Unidos: Harvard, Columbia, Princeton, Yale, Cornell, Brown, Pennsylvannia e Dartmouth. (N.T.)

característico de museus, como o Corcoran ou o Smithsonian de Washington, e de orquestras sinfônicas, companhias de balé e outras instituições que oferecem oportunidades culturais.

Mesmo no mundo das marcas convencionais, um ar de mistério ou ascetismo contribui para a aura da marca do Sábio. Por exemplo, durante muitos anos a Bell Labs carregou a aura de "gênio das comunicações", embora a maioria das pessoas não fizesse a menor idéia do que era produzido lá dentro. Mas sua própria existência "ergueu" a empresa-mãe, AT&T, como resultado da premissa de que ela estava "acima da curva" em termos de compreensão científica.

É claro que a maneira mais convincente de você atrair os Sábios é ter sua marca recomendada por um especialista. A Palm Pilot (que, em outros aspectos, é uma marca do Criador) foi lançada por meio de demonstrações do produto em conferências industriais e sendo oferecida por metade do preço aos formadores de opinião. Previsivelmente, os especialistas na área espalharam a notícia, com o resultado de que levou pouco mais de um ano para vender um milhão de Palm Pilots.

A organização do Sábio

As organizações do Sábio geralmente são encontradas em universidades, laboratórios de pesquisas, "tanques de idéias" e empresas que vêem a si mesmas como sistemas de aprendizado ("learning systems", conforme descreve Peter Senge em *A quinta disciplina*)[7] — ou seja, organizações cuja estrutura e valores promovem o aprendizado contínuo. A ênfase é colocada na análise, no aprendizado, na pesquisa e no planejamento. A qualidade é vista como resultado da perícia dos empregados, cuja liberdade de opinião deve ser protegida. O ritmo é comedido, porque o estudo completo é considerado essencial antes que a mudança ocorra — exceto no caso de jornais e boletins, onde as informações precisam ser reunidas e publicadas rapidamente. Os trajes e o ambiente tendem a ser simples. As cores dominantes geralmente são o cinza, o bege, o branco e o azul-claro. A ênfase está na coleta e análise dos dados e o principal item do valor é a perícia.

Na qualidade de empregados, os Sábios têm imensa necessidade de autonomia. Se para você as universidades e laboratórios de pesquisa são os ambientes quintessenciais do Sábio, você pode ver que os Sábios querem ir e vir ao seu bel-prazer (sem relógio de ponto, obrigado), gostam de fazer o trabalho do seu próprio jeito e preferem o parecer de seus pares a uma ava-

---

7. Peter Senge, *The Fifth Discipline: The Art and Practice of the Learning Organization* (Nova York: Doubleday/Currency, 1990).

liação administrativa. Geralmente são céticos quanto à capacidade de qualquer gerente comum de saber o suficiente para tomar decisões embasadas sobre o trabalho deles.

A típica organização do Sábio tem uma estrutura muito descentralizada, enfatizando o desenvolvimento da perícia e não o do controle. Espera-se que os empregados saibam o que estão fazendo e, por isso, eles são livres para tomar decisões autônomas. Em geral, um pequeno corpo administrativo cuida do lado empresarial e mercadológico, mas a maioria das grandes decisões — sobre a grade curricular, as estratégias de ensino e mesmo as decisões envolvendo promoções e mandatos — são feitas basicamente pelo corpo docente, geralmente por meio de um imenso conjunto de comitês. Os membros do corpo docente são completamente livres de ir e vir a seu bel-prazer, desde que dêem suas aulas e cumpram os horários. Fora isso, eles conduzem quaisquer pesquisas por que possam se interessar, sob a proteção da liberdade acadêmica.

Mesmo no mundo empresarial norte-americano, as equipes de Pesquisa & Desenvolvimento geralmente desfrutam de mais liberdade do que as outras áreas da empresa; isso porque não se pode manter pesquisadores se eles forem ostensivamente cerceados. Hoje em dia, muitos médicos vêem a si mesmos basicamente como cientistas e se acostumaram a se autogerenciar e a tomar decisões independentes. É por isso, claro, que os planos de saúde tanto desmoralizam os médicos; esses serviços funcionam com uma propensão ao arquétipo do Governante — limitando o tempo reembolsável e exigindo aprovação das modalidades de tratamento.

Nas organizações do Sábio, também aquelas puramente comerciais têm direção descentralizada e bastante democrática. O VISA foi fundado por Dee Hock como a primeira organização bancária "caórdica" (*chaordic* foi a palavra que ele cunhou, combinando "caos" com "ordem"). O VISA é uma confederação flexível de bancos que concordam com certos princípios e sistemas básicos. Qualquer banco pode pular fora a qualquer momento, por isso ninguém lhe diz o que fazer. Os representantes se reúnem anualmente para tomar decisões, quase da mesma maneira que cidadãos tomam decisões em convenções políticas ou fóruns comunitários. Segundo Hock, a cola que mantém unida as organizações caórdicas é uma filosofia em comum. É por isso que ele defende a proposta de dedicar algum tempo para criar uma constituição que descreva as idéias comuns dos membros. A organização é mantida junta não pela hierarquia ou pela segurança, mas pela fidelidade às idéias em comum. Outras organizações baseadas nos princípios caórdicos incluem a Society for Organizational Learning e a United Religions.[8]

---

8. Michael Toms, entrevista com Dee Hock, *The Inner Edge: A Resource for Enlightened Business Practice* (fevereiro/março de 2000), pp. 5-7.

Ray Anderson, presidente da Interface, transformou sua empresa em uma organização de aprendizado quando se comprometeu a redesenhar a empresa de modo que ela fosse 100% sustentável. Para fazer isso, ele tornou a Interface um circuito fechado de recursos: a empresa não só transformava matérias-primas em produtos como também retransformava produtos em matérias-primas sem qualquer impacto negativo sobre o meio ambiente. Isso indicava que a empresa não poderia mais se envolver do modo usual nos negócios. Pelo contrário, cada um precisou reconsiderar absolutamente tudo à luz do novo consenso de que toda decisão teria de ser sustentável diante da natureza, da empresa e de seus clientes.

Anderson desbastou a hierarquia da empresa e criou "fronteiras permeáveis" — paredes transparentes conectando os administradores, os técnicos de laboratório e o estúdio de desenho. Hoje, os clientes podem ver os empregados trabalhando e os trabalhadores podem ver os clientes comprando. Também a parede traseira é feita de vidro, permitindo que empregados e clientes permaneçam conscientes da beleza da paisagem que os rodeia. Ao mesmo tempo, permitiu-se que as informações fluíssem livremente. O resultado foi não apenas a formação da primeira fábrica de tapetes ecologicamente sustentável, como também a economia de milhões de dólares por meio de maior eficiência.

O consumidor Sábio

Quando o Sábio está ativo na vida dos consumidores, eles sentem um agudo interesse em aprender por aprender. A liberdade e a independência são valorizadas como meios de uma pessoa manter a própria objetividade (como no caso das universidades, cujos corpos docentes apóiam a liberdade acadêmica). Um indivíduo pode estar mais interessado no conhecimento interior e outro no conhecimento do mundo externo, mas, qualquer que seja o caso, ambos sentem que é essencial pensar por si mesmos e ter suas próprias opiniões. A parte do Sábio que existe dentro de uma pessoa concorda com a frase: "Penso, logo existo." Quando o Sábio é dominante no caráter de alguém, aprender é uma motivação irresistível. O medo que acompanha é o de ser ludibriado por falsas informações e, portanto, interpretar mal os dados ou uma situação. No pior dos casos, o Sábio é dogmático, arrogante e inflexível. No melhor dos casos, ele ou ela se torna um pensador genuinamente original e alcança real sabedoria.

Ao apelar para os Sábios, é importante você estabelecer sua credibilidade. Caso contrário, por que eles ouviriam você? Além disso, nunca monopolize a conversa e nunca tente forçar uma venda: os Sábios querem se

O arquétipo do Sábio pode oferecer uma identidade adequada para sua marca se:

• ela oferece perícia ou informações aos seus clientes.
• ela encoraja os consumidores ou clientes a pensar.
• a marca está baseada em um novo avanço científico ou conhecimento esotérico.
• a qualidade da marca é apoiada por dados comprováveis.
• você estiver diferenciando seu produto de outros cuja qualidade ou desempenho seja questionável.

sentir competentes, inteligentes e no controle da transação. Se sentirem que você os está pressionando, eles provavelmente desconfiarão de você e irão embora. Para os Sábios, uma compra é uma transação racional. Eles querem que você lhes dê informações sobre a qualidade do bem ou serviço à venda e seu custo. Depois eles querem simplesmente tomar uma decisão lógica com base nessas informações. Se nesse processo, porém, você os ajudar a se sentirem como um perito, é mais provável que eles comprem do que se você os fizer se sentirem confusos, incompetentes ou pressionados. Fortaleça a sabedoria deles e, se tiver um produto comprovadamente de alta qualidade, eles o recompensarão com sua lealdade.

Os que deixam sua marca no mundo

Herói, Fora-da-lei, Mago

Raramente se fala do Herói, do Fora-da-lei e do Mago numa mesma frase, mas eles são poderosos arquétipos realmente cortados do mesmo tecido. No cinema e literatura clássicos, geralmente são os protagonistas destemidos que percebem seu poder especial e vão em frente, correndo grandes riscos pessoais a fim de mudar sua própria realidade. Na vida cotidiana, esses poderosos arquétipos proporcionam uma estrutura capaz de liberar, nas pessoas comuns, a capacidade de se erguer para enfrentar os desafios, correr riscos, quebrar as regras e transformar suas vidas. Eles as ajudam a desenvolver a qualidade da mestria, exigindo que abracem o risco e a mudança, o que aciona um conflito interior com a necessidade de proteção, estrutura e segurança. Estes três arquétipos são, cada um a seu modo, magnéticos, porque lidam com a *mudança* — e com toda a ansiedade e alegria que a acompanham. O resultado será socialmente positivo (considere Churchill e Franklin Delano Roosevelt como Heróis), destruidor (criminosos como Annie Oakley e John Dillinger) ou puramente mágico (Houdini, Jackie Onassis e Harry Potter); o efeito é similar. Tais figuras parecem estar além dos poderes da pessoa normal, mas levantam a questão motivadora: *Será que eu também poderia fazer isso?*

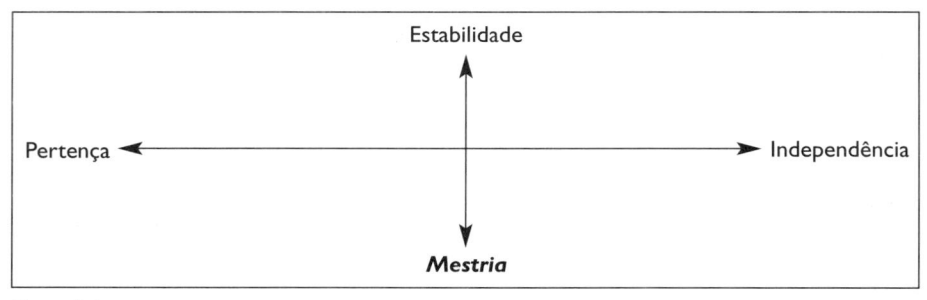

Figura 3.1

Essas figuras são abundantes nas histórias infantis; mas também os adultos, de modo mais sutil, se deixam hipnotizar por elas. No cinema, incluem-se campeões de bilheteria como os filmes de Indiana Jones, *Os bons companheiros* e *O céu pode esperar*. Esses arquétipos são magnéticos. E mais: no clima cultural de hoje, eles também são úteis.

A época de mudanças exige pessoas que sejam energizadas pelo risco e que queiram provar suas próprias aptidões enfrentando um desafio atrás do outro. A capacidade de correr riscos e perseverar até realmente conquistar alguma coisa significativa tem como resultado a auto-estima elevada e a validação social. Quando esses arquétipos estão ativos nas pessoas, elas querem agir de uma maneira que cause impacto no mundo. As emoções ligadas a essas aspirações tendem a ser apaixonadas e cheias de energia, variando da raiva e ambição até a determinação feroz. O Herói, o Fora-da-lei e o Mago usam essa energia para deixar suas "impressões digitais" sobre o mundo ou para mobilizar as pessoas a fim de destruir ou transformar as estruturas rígidas que nos desvitalizam. Quando essas figuras estão ausentes na nossa vida pessoal — como freqüentemente acontece —, suplicamos por sua presença no mercado e na mídia.

De certo modo, a distinção entre o Herói e o Fora-da-lei depende do curso da História. Benjamin Franklin recordou aos seus colegas "fundadores" dos Estados Unidos: "Todos nós precisamos nos manter juntos, caso contrário seremos todos enforcados separadamente." Se a Colônia tivesse perdido a guerra, é bem provável que os revolucionários fossem lembrados nos livros de história da Inglaterra como indivíduos Fora-da-lei e não como Heróis. No marketing, é útil perceber que o pólo negativo do Herói deságua no Fora-da-lei, pois a verdadeira meta do Herói mais primitivo é vencer a todo custo — uma meta que nem sempre é nobre e bela.

Também é importante lembrar que na cultura norte-americana, talvez porque o país nasceu de uma revolução, os Heróis muitas vezes possuem uma qualidade meio rebelde, enquanto os Fora-da-lei — pelo menos aqueles que o povo ama — carregam as qualidades mais selvagens e turbulentas da vida norte-americana sem realmente solapar a sociedade.

Todos eles, o Herói, o Fora-da-lei e o Mago, se erguem contra alguma realidade limitadora, repressiva ou prejudicial. O Herói (que muitas vezes é visto como um Guerreiro) corre grandes riscos pessoais para derrotar as forças do mal e proteger a sociedade ou valores sagrados. O Fora-da-lei age como uma força destruidora, violando as normas e regras culturais pelo bem dos outros (como Robin Hood), por aventura e ganhos pessoais (como Bonnie & Clyde) ou por alienação desesperada (como Thelma & Louise). O Mago age como um catalisador, para transformar ou curar a sociedade ou as instituições. Nos três casos, o desejo subjacente é agir e exercer o poder. O

Pégaso é um mítico cavalo alado, montaria dos heróis conquistadores, mas que também joga fora da sela aqueles que não estão preparados para cavalgar pelos céus. O logotipo da Mobil evoca a mestria e o poder do Herói, mas também alerta para o custo da possível arrogância e desejo de conquistas do Herói que não trabalha com as forças naturais.

medo subjacente é deixar que a vida simplesmente aconteça — ser uma vítima ou um fraco.

Vivemos em uma sociedade orientada para a realização, onde se espera que as pessoas assumam grandes riscos e desenvolvam competência para contribuir com o bem social (Herói), enquanto avanços tecnológicos como os computadores, a internet e a engenharia genética trazem a magia para a vida cotidiana (Mago).

Ao mesmo tempo, tantas e tantas pessoas parecem cada vez mais alienadas, a ponto de se identificarem com o Marginalizado ou mesmo com o verdadeiro Fora-da-lei. Tantas pessoas usam ou usaram drogas ilegais que hoje é rotineiro perguntar aos candidatos a presidente sobre seus hábitos pessoais com as drogas. Na verdade, hoje basta um candidato afirmar que não inalou nem tragou nos últimos anos: só isso já lhe confere um grau razoável de respeitabilidade. Basta ouvir as letras do rap ou hip-hop para perceber a forte influência do Fora-da-lei na cultura da juventude negra; e ela está sendo agora adotada também pela juventude branca. Tatuagens e piercing predominam entre os jovens de todos os grupos étnicos. Tanto os liberais quanto os conservadores (especialmente os que se opõem ao aborto) praticam a desobediência civil — que é uma estratégia do Fora-da-lei para forçar a mudança. Pense nas milícias de Montana, na Ku Klux Klan do sul dos Estados Unidos e nos skinheads do mundo todo: você compreenderá a importância do arquétipo do Fora-da-lei para a identidade dos grupos de extrema-direita.

O Herói, o Fora-da-lei e o Mago, enquanto arquétipos do poder, focalizam as atitudes e ações do consumidor que são relevantes não só para ele alcançar suas próprias metas, mas também para mudar o mundo. Esses arquétipos, portanto, oferecem identidades de marca naturais para os produtos e serviços que têm um impacto marcante sobre seu tempo e seu lugar.

CAPÍTULO

7

O Herói

Lema: "Onde há vontade, há um caminho"

TUDO PARECE PERDIDO, mas então o Herói vem cavalgando pela colina e salva o dia. Embora haja infinitas variações nessa história, em todas elas o Herói triunfa sobre o mal, a adversidade ou um grande desafio e, ao fazê-lo, serve de inspiração para todos nós.

Para fazer uma idéia do Herói, pense em John Wayne, John Glenn ou Susan B. Anthony e, num nível mais baixo, em James Bond e na equipe de *Missão Impossível*. Quase todos os super-heróis — Super-homem, Mulher Maravilha, Batman, etc. — se encaixam aqui, assim como seus adversários são os clássicos Fora-da-lei.

> ### O Herói
>
> **Desejo:** provar o próprio valor por meio da ação corajosa e difícil
> **Meta:** exercer a mestria de modo a melhorar o mundo
> **Medo:** fraqueza, vulnerabilidade, "amarelar"
> **Estratégia:** tornar-se tão forte, competente e poderoso quanto lhe for possível ser
> **Armadilha:** arrogância, desenvolver a necessidade de que exista sempre um inimigo
> **Dons:** competência e coragem

John F. Kennedy foi um presidente Herói, demonstrando sua bravura no serviço militar e nos desafiando a mandar uma expedição à Lua "porque ela está lá". Assim foram Teddy Roosevelt e Dwight Eisenhower. Generais famosos, de MacArthur a Colin Powell, também se qualificam como Heróis e o mesmo acontece com figuras que transformaram a cultura, como Martin Luther King e Nelson Mandela. Filmes como *Guerra nas estrelas* e *O resgate do soldado Ryan* nos oferecem a estrutura arquetípica básica da história do herói, assim como fazem séries clássicas da televisão, como *Zorro*, *Jornada nas estrelas*, *Super-homem* e, mais recentemente, *Xena* e *Homicídio*. Vemos o Herói em qualquer paladino de alguma causa ou nos esforços para resgatar a vítima ou defender os pobres-diabos.[1]

O ambiente natural do Herói é o campo de batalha, a competição atlética, as ruas, o local de trabalho, a selva política ou qualquer lugar onde as dificuldades ou desafios estejam à espera de uma ação corajosa e enérgica.

> O Herói é também conhecido como o guerreiro, o cruzado, o libertador, o super-herói, o soldado, o atleta vencedor, o matador de dragões, o competidor e o jogador de equipe.

O Herói quer fazer do mundo um lugar melhor. Seu medo subjacente é não ter as qualidades necessárias para perseverar e vencer. Este arquétipo nos ajuda a desenvolver a energia, a disciplina, o foco e a determinação.

As marcas características do Herói incluem os fuzileiros navais, as Olimpíadas, o programa espacial, a Organização Nacional das Mulheres, a Nike, a Federal Express, a Cruz Vermelha e a maioria dos videogames (as exceções mais notáveis são os videogames do Fora-da-lei). Já que o aspecto Guerreiro do arquétipo do Herói é tão forte na cultura, muitas iniciativas no campo da saúde e do bem-estar social são mostradas como guerras: a Guerra contra a Pobreza, a Guerra contra as Drogas.

---

1. Nos livros *The Hero Within* e *O despertar do herói interior* (*Awakening the Heroes Within*), Carol Pearson apresenta a jornada do Herói que envolve todos os doze arquétipos, desacreditando a idéia popular que confunde o Herói somente com o Guerreiro. Aqui, porém, estamos reconhecendo que na nossa sociedade de hoje o Herói e o Guerreiro são sinônimos e que o termo "Herói" ajuda as pessoas a se identificarem com os aspectos mais positivos desse arquétipo. Os Guerreiros seriam simplesmente combativos, mas o Herói luta por um princípio, uma causa, um modo de vida ou uma visão do futuro.

As imagens associadas ao Herói incluem áreas que exigem aptidão e agilidade; máquinas e escritórios onde as coisas se resolvem; cavalos, carros, aviões, pessoas ou qualquer coisa que se mova velozmente; e qualquer coisa que seja poderosa, daí as cores fortes e as linhas e formas bem definidas. Os trajes e ambientes do Herói são funcionais, sem extravagâncias. Na verdade, o excesso de conforto é considerado perigoso, porque "amolece" a pessoa. O *kibutz* israelense e os campos de treino de recrutas no Exército são ótimos exemplos de ambientes que preparam o Herói em potencial por meio da austeridade e do trabalho duro.

Os níveis do Herói

Motivação: o valentão joga areia no seu rosto ou alguém tenta intimidar você ou ser abusivo; um desafio o chama; uma pessoa precisa que você a ajude a se defender

Nível 1: o desenvolvimento de fronteiras, competência e mestria, que se expressam por meio da realização e são motivadas ou testadas por meio da competição

Nível 2: tal como um soldado, cumprir seu dever para com seu país, organização, comunidade ou família

Nível 3: usar sua força, competência e coragem em algo que faz diferença para você e para o mundo

Sombra: desumanidade e necessidade obsessiva de vencer

Quando o arquétipo do Herói está ativo nos indivíduos, eles podem ser ambiciosos e buscar desafios — pense nos astronautas, fuzileiros navais e atletas — ou ser Heróis mais relutantes, que reconhecem uma injustiça ou um problema e simplesmente fazem o que precisa ser feito, naquele momento, para consertar aquela situação. Em ambos os casos, o Herói se fortalece com o desafio, se sente ultrajado pela injustiça e responde rápida e decisivamente à crise ou à oportunidade.

Os Heróis sentem orgulho de sua disciplina, seu foco e sua capacidade de fazer escolhas árduas. São os protetores instintivos das pessoas a quem vêem como inocentes, frágeis ou legitimamente incapazes de ajudar a si mesmas (pense no Herói que salva a donzela em perigo). Quanto a todas as outras pessoas, eles preferem vê-las progredir.

Na política, pense em Martin Luther King (especialmente com o discurso "Eu tenho um sonho") inspirando norte-americanos de todas as raças a realizar o ideal cultural da igualdade de oportunidades. Os Heróis freqüentemente demonstram qualidades que elevam o nível de consciência de todos à sua volta. Na verdade, seu segredo é quem eles são, não apenas o que eles fazem. Em um recente tributo a Nelson Mandela, ele foi louvado por perdoar seus carcereiros após ter ficado preso durante 27 anos e, com essa atitude, ter ajudado as pessoas a se libertarem não só do apartheid, mas também do ódio. Bem, isso é heroísmo!

No pior dos casos, os Heróis se tornam arrogantes ou ameaçadores, ou correm para a morte prematura. No melhor dos casos, eles realizam grandes feitos. Paradoxalmente, os Heróis não se vêem como Heróis, porque isso lhes parece demasiado presunçoso. É mais típico deles se verem como pessoas que apenas cumprem seu dever. Se há alguém que eles realmente detestam, não é tanto o vilão e sim o fraco. Portanto, são vulneráveis a enfrentar um risco ou desafio mesmo quando isso é insensato.

Claro que há um potencial negativo dentro deste arquétipo, tal como ocorre com todos os arquétipos. O Herói conquistador pode ser um valentão terrível. Átila, o Huno, é celebrado como Herói por ter subjugado muitos povos, mas a experiência dos conquistados foi a da destruição — massacres, estupros, pilhagens. No nível mais baixo, o arquétipo do Herói quer simplesmente predominar. O oponente é desvalorizado como sendo "o inimigo" ou alguém que merece ser destruído. Os nazistas, por exemplo, faziam de si mesmos uma imagem heróica; mas ela resultou em conseqüências horripilantes para as pessoas aprisionadas nos campos de concentração. Dentro da gama mais normal de comportamentos, você vê essa tendência negativa na aquisição hostil de uma empresa por outra. A empresa compradora se sente vitoriosa, mas a vida da outra empresa é totalmente devastada. A armadilha dentro do Herói pode fazer você se ver como um indivíduo heróico, enquanto os outros vêem você como um vilão. Quando isso acontece, não adianta você fincar pé; o que você precisa fazer é parar, ver o que os outros estão vendo e corrigir seu próprio curso.

Nike: Criação e teste de uma marca do Herói

A Nike nasceu da parceria entre um corredor que estudava na Universidade do Oregon e seu treinador. A meta deles era desenhar tênis que melhorassem o desempenho na corrida e, ao mesmo tempo, tivessem preços razoáveis. A identificação da marca Nike com o Herói tem perdurado, com coerência e boa execução. A missão central da empresa é compreender e inspirar a alma do atleta. Seu slogan atual, "Just do it", promove a virtude heróica da coragem de agir.

Assim como ocorre com muitas marcas que forjaram uma identidade forte em época relativamente recente, o próprio nome do produto é arquetípico — Niké é a deusa alada da vitória, na mitologia grega. A empresa Nike foi construída por atletas que amavam competir e acreditavam na corrida. Seu sucesso inicial coincidiu com a moda do jogging, que promovia um ideal não só de saúde, mas também do corredor enquanto indivíduo heróico.

Nos anos 1990, a campanha da empresa dependia fortemente, mas não exclusivamente, do bem-amado herói do esporte Michael Jordan. A Nike também doava seus tênis a profissionais de primeira linha e a times universitários, convencendo os técnicos a passá-los aos jogadores. A mensagem, claro, é que os melhores atletas usam tênis Nike.

Contudo, o foco em Jordan era cuidadosamente equilibrado com anúncios mostrando pessoas mais comuns (e pesquisando os gostos e preferências da garotada "legal"). A Nike também advogava a importância da participação feminina nos esportes e convidava as mulheres a se identificarem com o ideal heróico. Alguns anúncios também mostravam times de futebol americano da Little League e de futebol colegial. Quando conecta o "zás" (aquela espécie de bumerangue do seu logotipo) às mulheres, à garotada "legal" comum e a Michael Jordan, a Nike está utilizando a celebridade de modo saudável. As pessoas comuns são encorajadas a se "sentir como Mike". Para ajudar a promover essa imagem, a Nike também apresentou Jordan em um anúncio diferente: ele tenta inutilmente jogar o beisebol das pequenas ligas; com isso, ele parece mais humano e acessível do que quando mostra aquela excepcional habilidade no basquete. Usar Nike, portanto, está ligado às aspirações: os consumidores usam Nike não necessariamente porque possuem as qualidades do heroísmo, mas porque *querem* ter essas qualidades.

Jonathan Bond e Richard Kirshenbaum, em *Under the Radar*, propõem uma conexão similar quando "a Nike patrocina uma competição nas quadras de esportes urbanas e afixa seu logotipo com o 'zás' preto e branco ao alambrado. A quadra se transforma automaticamente em um ginásio de esporte profissional — tudo isso com apenas dois emblemas de náilon. Este é o poder da marca!"[2] Bond e Kirshenbaum prosseguem, afirmando que "as pessoas passam anos imaginando mil maneiras de conseguir um emprego na Nike" e que seus empregados são tão leais que muitos "tatuam o famoso 'zás' da Nike na parte interna da coxa". Eles não apenas trabalham na Nike; a Nike é uma força motivadora na vida deles.[3]

A estratégia da Nike depende substancialmente daquilo que David A. Aaker, em *Building Strong Brands*, chama de "oportunismo estratégico", introduzindo centenas de modelos de tênis todo ano, para cerca de 30 modalidades esportivas.[4] Alicerçada sobre uma forte identidade heróica, a empresa consegue promover tênis específicos não só para diferentes esportes, mas também para diferentes segmentos do mercado, sem neutralizar sua identidade.

Por outro lado, ao longo do tempo a Nike se tornou tão conhecida que começou a veicular anúncios contendo apenas o 'zás' (e Jordan ou um tê-

---

2. Jonathan Bond e Richard Kirshenbaum, *Under the Radar: Talking to Today's Cynical Consumer* (Nova York: Adweek Books, 1998), p. 82.

3. Bond e Kirshenbaum, p. 189.

4. David A. Aaker, *Building Strong Brands* (Nova York: The Free Press, 1996), p. 256.

nis) — sem o nome Nike, sem mensagem. Seria isso um sinal de confiança ou de arrogância? O Herói clássico das antigas tragédias possuía qualidades "maiores do que a vida", mas tinha também um defeito trágico — geralmente, mas nem sempre, a *hubris* (orgulho ou arrogância) — que causava sua queda. Édipo e Antígona são exemplos da dramaturgia grega; o rei Lear, Otelo e Hamlet são exemplos das peças de Shakespeare; Nixon e O.J. Simpson são exemplos da nossa época. Na virada do novo século, o destino final da Nike ainda era incerto, mas a empresa vive decididamente tanto os triunfos quanto as deficiências do arquétipo do Herói. O escândalo público causado pela divulgação de que a Nike utilizava trabalho infantil na China aumentou quando a empresa voltou atrás em sua promessa de doações às universidades que apoiavam o grupo de alunos que batalhava para impor padrões de proteção à mão-de-obra internacional. A falta de sutileza política da Nike em lidar com esse escândalo teria sido profetizada pela afirmação da missão da empresa: "Vivenciar a emoção de competir, de vencer e esmagar os concorrentes." Não importa se a reação do público afetará muito ou pouco as vendas da Nike, o fato é que sua reputação foi manchada.

Era uma tradição da Nike veicular anúncios maravilhosamente nobres e idealistas que encorajavam os atletas a proteger o meio ambiente, desenvolver o caráter na prática do atletismo e reconhecer que o atletismo prepara as mulheres para controlarem a própria vida e participarem mais plenamente de uma economia altamente competitiva. Durante o escândalo, porém, a Nike veiculou um anúncio fora do comum. Mostrava um homem correndo por um mundo que parecia à beira da destruição. Cidades em chamas, mísseis caindo do céu, e o homem apenas continuava correndo. Estoicamente, ele ignorava tudo à sua volta — tudo, exceto um outro corredor. Esse anúncio revela uma força ambígua do arquétipo. Por um lado, a capacidade do Herói de perseverar em circunstâncias perigosas é uma coisa extraordinária. Por outro lado, a tendência de apenas seguir em frente, ignorando as críticas úteis ou se defendendo de qualquer crítica (não importa quão relevante ou útil) é um sério perigo dentro deste arquétipo. Não se pode deixar de pensar se o anúncio expressava a sensação da empresa de estar encurralada.

O mais triste nisso tudo é que, se a Nike compreendesse os arquétipos, ela teria reconhecido o potencial negativo dentro do Herói e se protegido contra sua própria arrogância e insistente agressão. Todo arquétipo contém esse tipo de armadilha. Na medida em que você compreende mais plenamente o arquétipo que alimenta os esforços de sua organização, tanto mais você consegue se proteger contra o potencial negativo do arquétipo e se livrar desse tipo de publicidade embaraçosa e prejudicial à sua marca.

As organizações com a marca do Herói: o Exército dos Estados Unidos e a FedEx

As organizações do Herói geralmente estão comprometidas com uma causa digna ou se dedicam a ajudar seus clientes e empregados a "Ser tudo o que você pode ser", como afirma o anúncio do Exército norte-americano. Claro que esse "tudo" quer dizer durão, resistente, ambicioso, eficaz, competitivo e, idealmente, com princípios. Essas organizações exigem muito do indivíduo, a fim de fazê-lo desenvolver suas plenas capacidades. No setor privado, elas são tipicamente lugares muito competitivos onde os números das vendas funcionam como placares incessantes da realização. Empreendedoras ao extremo, elas não só esperam, como de fato exigem, o crescimento contínuo. No setor público e nas empresas sem fins lucrativos, exigem-se dedicação e compromisso com a causa. Seja onde for, espera-se que as pessoas que não agüentam o calor saiam da cozinha.

O mais conhecido protótipo desse tipo de organização é o Exército dos Estados Unidos. A organização militar aperfeiçoou a hierarquia como um mecanismo para desenvolver combatentes fortes, equipes altamente coordenadas e a capacidade de ação pronta e flexível, conforme exijam as circunstâncias. Ironicamente, embora o Exército não seja nem um pouco democrático, ele se tornou um lugar onde homens (e mulheres, em número crescente) de diversas raças e muitas vezes oriundos de condições modestas conseguem participar plenamente da sociedade como um todo — por meio dos benefícios educacionais estendidos aos soldados e também por meio do treinamento e desenvolvimento oferecidos pelo próprio Exército.

Seja no Exército ou nas empresas do Herói, os padrões são elevados e espera-se que os empregados sejam durões e façam o que for preciso para ter sucesso. No mundo do lucro, as empresas que atuam em áreas altamente competitivas em geral têm uma cultura organizacional do Herói: todos são valorizados enquanto produzem; mas, no momento em que alguém fracassa, está fora. A conseqüência disso é que essas empresas costumam exaurir os empregados com suas exigências persistentes de que eles apresentem desempenho em um nível elevado (e talvez irracional) e com sua expectativa de que os bons empregados continuem a ser estóicas máquinas de desempenho. Talvez faça sentido você fazer tudo o que for preciso, durante todo o tempo que for preciso, se você está num campo de batalha; mas essas expectativas podem ser prejudiciais no mundo empresarial. Os soldados sempre recebem R&R [licença para repouso e recuperação], mas isso nem sempre acontece com os advogados que trabalham em escritórios de alta pressão. Os paladinos que se dedicam às organizações sem fins lucrativos voltadas para uma missão, além disso, também se matam de trabalhar. Com o passar do tempo, os resultados das exigências incessantes acabam produzindo ataques cardíacos e depressão, além de corroer as bases da família (e, se as crianças são negligenciadas, acabam corroendo também toda a comunidade).

As organizações do Herói saudáveis e bem desenvolvidas, porém, produzem empregados e equipes vitoriosos, assim como o bom treinador gerencia e dirige os esforços de um time esportivo. Espera-se que as metas e os padrões sejam cumpridos, mas os bons empregados são bem remunerados, bem treinados e altamente valorizados. Como resultado, eles conseguem cuidar de si mesmos e uns dos outros. As pessoas compartilham um senso de orgulho por fazerem parte de uma operação vitoriosa e suas ações são guiadas pelo compromisso com a qualidade. As organizações do Herói de nível mais elevado também têm princípios e convicções claramente articulados que, mais do que mera retórica, formam o alicerce da prática.

Quase todas as organizações do Herói são boas em motivar as pessoas (como treinadores inflamando o time para a vitória) e em liberar energia para convencer as pessoas da importância de vencer na competição econômica. Os empregados que sancionam a missão organizacional geralmente têm a forte sensação de que seus esforços são importantes e de que, aconteça o que acontecer, não devem deixar sua equipe na mão.

Na sua origem, o Correio dos Estados Unidos era uma marca heróica por excelência — "Nem a chuva, a neve, o calor ou as trevas da noite" impediriam que as cartas fossem entregues. Infelizmente, essa identidade heróica não foi mantida de maneira adequada. Fred Smith, o fundador da Federal Express, teve a idéia de montar um serviço de entregas em 24 horas quando estudava em Yale, em meados da década de 1960. Escreveu um ensaio a respeito e o professor lhe deu nota "C", alegando que a idéia era inviável.

Smith sabia da perseverança do Herói. Nascido com um defeito congênito, precisou usar muletas até que por fim conseguiu não só caminhar sem aparelhos como também jogar basquete e futebol. Acabou ficando tão saudável que serviu no Vietnã como líder de um pelotão de fuzileiros navais. A Federal Express não foi um sucesso instantâneo, mas Smith acreditava na idéia e se manteve firme, investindo em uma campanha publicitária que enfatizava a famosa frase: "FedEx — quando absolutamente, decididamente tem de estar lá amanhã."

As primeiras campanhas de marketing se dirigiam aos gerentes de segundo e terceiro escalão; mais tarde, se expandiram para atrair as secretárias e o pessoal dos malotes.[1] De início, os anúncios destacavam experiências reais de remessa de pacotes de areia pela FedEx e por seu grande concorrente — as quais, é claro, foram vencidas pela FedEx. Mais tarde, os anúncios enfatizaram a qualidade veloz e competitiva dos negócios modernos e apresentaram o Spleen — um gerente intenso, de fala rápida, que encadeava centenas de palavras por minuto para ilustrar a urgência da entrega de um pacote em tempo. A mensagem era: para acompanhar os concorrentes no mundo de hoje, você precisa da FedEx. A cultura organizacional da FedEx reforça sua identidade heróica. Embora proveniente de família afluente, Smith ficou impressionado com o heroísmo dos fuzileiros navais oriundos da classe operária. Em seu negócio, queria ser justo com eles. Espera-se que os empregados da FedEx tenham um compromisso heróico com resultados de qualidade, de modo que aqueles pacotes eram realmente entregues intactos e em tempo. Os empregados, em troca, são tratados com respeito e justiça — e têm voz ativa na empresa: um gerente é avaliado tanto por seus chefes quanto por seus subordinados.

A FedEx vem cimentando seu sucesso e sua posição icônica com aparições em filmes de grande sucesso de público. Em *Os picaretas*, de Steve Martin, o cineasta fracassado sabe que sua sorte mudou quando o furgão da FedEx bate à sua porta. Receber o pacote expresso é mostrado como uma visita do Graal. Em *Noiva em fuga*, Julia Roberts foge de um de seus casamentos pulando para dentro de um furgão da FedEx. Um personagem diz algo como: "Não sei para onde ela está indo, mas certamente estará lá às 10:30 amanhã."

As marcas "Seja um Herói"

Ao contrário das puras marcas arquetípicas do Herói citadas aqui, hoje em dia muitas marcas "avançam" nos apelos explícitos ou implícitos ao heroísmo. Por exemplo, a ITRadar.com ("O e-comércio dos Serviços IT") veicula uma foto de soldados da Primeira Guerra Mundial descansando ao lado de um avião, com estas palavras: "Quem serão os heróis dos negócios amanhã? Talvez você." O anúncio exorta os consumidores a "correrem" para "aplicar a tecnologia da informação". Para o Herói, o céu é o limite. A Fujitsu apela para essa ambição, dizendo "Seja ilimitado" (e compre um dos notebooks da empresa). A floricultura FTD.COM diz "Seja um herói", ou pelo menos seja visto como um herói por alguém — talvez sua mãe — que recebe flores de você.

A Marlboro reveste de nostalgia o apelo ao heroísmo, convidando o leitor à "Terra de Marlboro" e aos mitos do território e da vida do caubói. Um dos mais bem-sucedidos anúncios da Marlboro em todos os tempos mostrava o homem de Marlboro carregando um bezerro através do riacho, ilustrando a disposição do Herói de ajudar qualquer um que dele necessite. Os consumidores que conheceram a antiga série de televisão *Missão Impossível*, ou viram o filme moderno, não deixam de perceber o apelo ao heroísmo no anúncio da Kodak que diz: "Sua missão, se você decidir aceitá-la, começa em www.kodak.com/M12/Digital."

Muitas vezes, porém, o incentivo é o medo — de ficar para trás ou de não estar à altura da tarefa. A PricewaterhouseCoopers ("Una-se a nós. Juntos, podemos mudar o mundo.") veiculou um dos muitos anúncios desse tipo, dizendo "O maior risco é ser deixado para trás". Um anúncio do ROTC [Corpo de Treinamento dos Oficiais da Reserva, do Exército] mostrava um tubarão dizendo: "Somente os fortes sobrevivem. Por isso, pegue o melhor curso universitário que puder. Depois saia para o mundo e o destroce." Os equipamentos de camping da Research promovem o saco de dormir biimpermeabilizado com uma foto de tempestade e raios sobre um lago rodeado pela floresta: "Cinco entraram. Nenhum sobreviveu." O anúncio chama sua atenção, induzindo você a pensar que aquelas cinco pessoas morreram; mas aí você lê o resto e descobre que:

> A noite foi longa e úmida, depois que a chuva nos arrancou da encosta leste do monte Whitney há alguns anos. Cada um de nós tinha seu saco de dormir, de marcas diferentes, e todos deixaram entrar água. O desenho do saco de dormir teria de ser melhor, por isso de manhã comecei a escavar um na areia. Eu sabia que seria difícil criar um saco de dormir realmente avançado e acabou sendo ainda pior do que eu temia! O desenho foi difícil, a engenharia mais difícil ainda, e foram precisos três anos para obter a patente.

Essa urgência do chamado à ação também alimenta um anúncio da Planned Parenthood: "Acidentes acontecem... se você não faz sexo seguro. Você tem 72 horas para reduzir o risco de engravidar. Isso se chama contracepção de emergência. Você tem alguma pergunta? Ligue para a Planned Parenthood."

As marcas como guias e acessórios heróicos na jornada

Em alguns casos, a empresa se mostra como fornecedora do heroísmo que você talvez não possua. A Upside, um website para negociantes, veicula um anúncio que afirma: "Ambição e vontade de ter sucesso não fazem parte do DNA de ninguém." Os negociantes que lêem essa publicação aprendem o que lhes falta. Não é incomum que os serviços sejam projetados como guias que ensinam você a ser um Herói. A J.P. Morgan Securities promove um seguro contra aquisições hostis com esta linguagem: "No ambiente hostil dos negócios de hoje, ignorar a possibilidade de uma oferta de aquisição significa que sua empresa não está bem preparada para enfrentar com sucesso esse desafio. Há passos que você pode dar agora — antes que a oferta hostil seja feita — que melhorarão suas chances de sobreviver ao desafio." Muitos desses anúncios mostram a economia atual como sendo essencialmente um campo de batalha ou uma competição de atletismo. O Deutsche Bank se apresenta ao mercado como o "vencedor do jogo" de obter retornos positivos sobre o investimento e depois ensinar os clientes a fazerem a mesma coisa.

Um anúncio da Calico ("e-business para líderes") mostra um homem de terno e colete, com um capacete viking na cabeça, e estas palavras clássicas: "Não basta competir. Conquiste!" Esse anúncio é um exemplo de como inúmeras empresas estão utilizando os arquétipos de maneira óbvia, mas não muito eficaz. Aquele capacete faz o homem parecer um tanto tolo. Para evocar o arquétipo, seria melhor pôr em ação o poder do Herói — o drama interior de se sentir heróico e de ser heróico. Um anúncio dos Fuzileiros Navais, por exemplo, veiculado repetidamente em cadeia nacional, evocava poderosamente o herói. Começa com a imagem de um grande herói combatendo um monstro. A imagem poderia ter sido de *Guerra nas estrelas* ou de muitas outras narrativas realmente heróicas. De repente, o guerreiro se metamorfoseia em um fuzileiro naval norte-americano, em posição de sentido. A mensagem é clara: você pode ser um herói real se você se alistar.

Uma pesquisa de mercado feita pelo Exército norte-americano revelou que os jovens não se alistavam apenas pelas bolsas de estudo. Alistavam-se por causa de um desejo heróico de desenvolver o caráter e o senso de disciplina. O slogan "Seja tudo o que você pode ser no Exército" tem um forte poder de atração. Há um anseio dentro das pessoas — especialmente os jovens — de enfrentar desafios reais e provar seu valor. O Exército oferece uma arena para realizar esse desejo.

Do mesmo modo, o alvo da Women's National Basketball Association são as garotas e também os pais/mães que apóiam o desejo da organização de fazer com que elas tenham por companhia atletas fortes, confiantes e vitoriosos. E a Teach for America desafia os candidatos a terem coragem de fazer algo bom e difícil: "Antes de ir para Administração em Harvard, Direito em Yale ou Medicina em Stanford, considere matricular-se em uma escola realmente puxada." O anúncio conclui: "Dedique dois anos de sua vida e mude para sempre a vida de alguns garotos. Sem falar da sua própria vida."

Outros anúncios identificam o consumidor com o Herói e oferecem acessórios para a jornada. Um anúncio de carne bovina, claramente voltado para a mãe que trabalha fora, mostra soldadinhos de chumbo — "soldadinhas", para falar a verdade — em várias atividades femininas contemporâneas: correndo, lavando roupa, indo para o escritório, fazendo compras, cuidando do bebê. O texto diz: "Seus filhos precisam de você. O escritório precisa de você. Ligue e peça reforços" — sendo que os reforços são os nutrientes da carne. As empresas farmacêuticas norte-americanas vêem a si mesmas como líderes de guerras contra as doenças. Diz um anúncio: "Câncer. É uma guerra. É por isso que estamos desenvolvendo 316 novas armas" (isto é, remédios, terapias genéticas e anticorpos "bala mágica").

Qualquer coisa associada à liberação feminina pode ser comercializada como um produto heróico, até mesmo os tampões. Um anúncio de Tampax ("A revolução continua") diz: "É um símbolo de fortaleza. Beleza. Resistência. Espírito. É uma representação do corpo. É uma atitude mental. É progresso. Avanço. Inovação. É sua irmã, sua mãe, sua filha. É mulher. É você."

Os anúncios da Nike voltados para as mulheres geralmente se opõem ao estereótipo cultural de que heroísmo é coisa para homem. A famosa campanha da empresa — "Se você me deixar jogar" — tentou influenciar não apenas as mulheres, mas a sociedade como um todo, sugerindo que as garotas que se envolvem com atividades atléticas têm bem menos probabilidade de engravidar, usar drogas, etc. Outro anúncio diz: "Por que é masculino ter muitos músculos? Todos nós nascemos com músculos. Eles não pertencem exclusivamente ao homem, assim como a pele não pertence exclusivamente à mulher. Não é possível coexistirem feminilidade e força física? Não é possível que quanto mais você aceita seu corpo, mais mulher você se torna? Aceite seu corpo. E descubra." Claro, uma roupa Nike ajuda você a fazer isso.

Seja para homens ou para mulheres, o arquétipo do Herói está associado a padrões rigorosos, à perseverança e à capacidade de impor fronteiras. Um anúncio da Lady Foot Locker, também mostrando mulheres que trabalham fora, diz: "Quando estou treinando, exijo uma coisa de mim mesma. MAIS." Os sapatos Avia mostram uma bela mulher musculosa e aconselham: "Com sua rotina, ela ganhou definição nos braços. E na sua vida."

A Gazelle.com vende meia-calça com o desenho de uma astronauta na Lua, dizendo: "Um pequeno passo para a mulher, um salto gigantesco para a raça feminina." Certamente, para a mulher que trabalha em escritórios, a meia-calça é um instrumento do ofício. Também os produtos de beleza são às vezes comercializados como armas na batalha dos sexos e na guerra contra o envelhecimento. Por exemplo, o creme facial da L'Oreal é chamado "Creme de Defesa contra as Rugas".

Um acessório importante é o cavalo heróico, que só perde para o Explorador como marca preferida para automóveis. Um anúncio do Cadillac Seville se gaba de que o carro é "mais do que um rostinho bonito" — é "uma força a ser enfrentada". Para fazer a mensagem penetrar pelos nossos poros, o anúncio, que aparece nas primeiras páginas de uma revista, continua: "Você sabe qual é a potência do Northstar V8 de 300 hp? Este anúncio começou no fim da revista!" Os utilitários da Ford ("Nós corremos. Você ganha.") exortam o leitor: "Nos últimos quilômetros, não importa se você é talentoso, inteligente ou rico. O que realmente importa é sua determinação", reafirmando ao cliente que, por mais exaustivo que seja o percurso fora das estradas regulares, os "utilitários da Ford não apenas sobrevivem: eles desabrocham". O Nissan Xterra é promovido como "o pau para toda obra. O rei de todos os solitários". O Chevy S-10 mostra Carlos Sandoval, veterano oficial da Marinha, rastejando por um pântano tenebroso. O anúncio nos afirma que Carlos acha "legal" todo esse sofrimento, mas que "enlouquece" se lhe tirarem seu vigoroso Chevy.

Tanto o arquétipo do Explorador quanto o do Herói exigem uma quantidade considerável de viagens; mas, para o Herói, a ênfase está mais em se pôr à prova do que em encontrar a si mesmo. Por isso, seus produtos são comercializados por sua dureza e resistência. Diz a Nissan: "Tudo o que você pode pensar, você consegue fazer. Subir de mountain bike o deserto de Moab? Feito. Esquiar em Jackson Hole? Sem problema. Surfar em Mavericks? Sua vontade é uma ordem." A Pontiac apresenta o caso desta maneira: "O problema: de repente a coisa fica preta. A solução: vá de GrandAm SE 2000 com Solidform Design. É construído com reforços de aço sólido que dão inveja a Pittsburgh. Pois a estrada da vida pode ser duríssima e aqui fora você precisa da blindagem certa." O anúncio mostra motoristas jogando hóquei motorizado perto da beira de um penhasco, com as palavras: "Não que você queira, mas você poderia." Na verdade, o acessório resistente para a jornada do Herói é tão predominante na indústria automobilística que provavelmente já deixou de ser um fator de diferenciação entre os carros.

Depois de examinar dúzias de peças publicitárias que mostravam a espetacular resistência dos diversos carros, foi um alívio encontrar o anúncio do sistema Loadwarrior da Yakima, com uma abordagem mais bem-humorada que satiriza o clássico estoicismo do Herói. Diz o anúncio: "A chave para a felicidade é parar de carregar tudo dentro." A imagem mostra um bagageiro com a bicicleta e toda a parafernália heróica.

Competição e desafio

Um bem-humorado anúncio da Intel reconhece a competitividade rasteira existente nos níveis inferiores do arquétipo do Herói. Mostra um rapaz, diante do computador, expressando este sentimento: "De quanta velocidade o meu PC precisa? Mais do que o do meu amigo Bob." A Aethersystems ("Soluções sem fio para um planeta portátil") diz: "Os PCs e laptops vivem contando vantagem quando se trata de negócios. Até você pedir para eles irem à luta."

A Homestead, empresa que desenvolve websites ("Este é um novo mundo. Crie seu lugar."), reconhece o desejo do Herói de se gabar das suas façanhas. No poema épico *Beowulf*, por exemplo, os heróis passam as noites contando uns aos outros histórias sobre os monstros que destruíram e as terras que conquistaram. A Homestead oferece um meio de nos unirmos a eles, mostrando a selvageria dos esportes de equipe: "Vencer dói. Criar o website para se gabar da vitória não dói."

Em seu aspecto mais honesto, o arquétipo do Herói também está na raiz de todos os filmes e videogames de terror. A Sega Dreamcast, promovendo o Resident Evil, desafia o usuário a ousar enfrentar o desafio do terror:

> *Você dá risada diante do medo. Mas é uma risada nervosa, que não convence ninguém... Se você é um moleque doidão que curte o Resident Evil, então apague a luz e mergulhe nos dois discos — mais de 40 horas de terror perverso que vai mudar você e comer sua carne. Novas armas, imagens em 3-D e batalhas P.O.V. ["ponto de vista"] produzem um terror nunca visto antes. Isso quer dizer que você vai conhecer o verdadeiro limite da sua bravura.*

No mesmo espírito, a Half.com mostra um garoto cheio de hematomas e sugere que ele compre o *Método de Luta de Bruce Lee* a fim de estar preparado para a próxima batalha.

Há também, nas pessoas, uma agressividade real que pode ser canalizada na direção positiva ou na direção negativa. Um anúncio dos sapatos Lugz mantém essa ambivalência, mostrando um rapaz chutando uma porta de metal. A única explicação é a palavra "Conquiste". O arquétipo do Herói ajuda a canalizar essa vontade de agredir para uma expressão positiva. Nos níveis medianos, isso indicaria competição atlética ou econômica, em vez de agressão física. Os serviços financeiros Equitable Life ASA associam sua perícia ao desenvolvimento da "vontade forte, da liderança forte".

O Herói de nível mais elevado, claro, usa a força para ser um pacificador. Em um anúncio bem-humorado, a Symphony (empresa de conexão à internet) mostra uma família brigando para ver quem acessa a internet. A empresa oferece uma rede doméstica sem fio que "permite que todos naveguem sem fio na internet" e, desse modo, acaba com "a guerra pelo acesso à internet". A Volvo veicula um anúncio que diferencia sua campanha "meu carro é seguro e resistente" das outras, associando-a à paz e não à guerra: "O primeiro míssil que realmente faz do mundo um lugar mais seguro." Na verdade, o Herói é o arquétipo utilizado por quase todos os esforços pela paz no mundo de hoje.

No pico

Em tempos cada vez mais espiritualistas, a coragem e a perseverança do Herói podem ser promovidas como fatores necessários para a realização espiritual. Um anúncio das botinas Danner diz: "A estrada para o Nirvana não é asfaltada." A cena de picos nevados evoca as dificuldades da jornada em busca da iluminação espiritual (talvez no Nepal). A matéria continua: "Ninguém disse que o Nirvana era fácil de alcançar... por isso, amarre os cordões das suas botas e chegue lá antes que alguém tente transformar o paraíso em um estacionamento."

Também a American Cancer Society está atacando a tradicional imagem de vítima atribuída ao paciente com câncer; sua campanha de marketing foi projetada para promover uma imagem alternativa do Herói. Um anúncio, de tamanho grande, mostra uma simpática mulher de meia-idade e diz: "Ela é uma mãe que finalmente descobriu como fazer sua filha parar de fumar. Ela é uma paciente que atenua o próprio medo conversando com pessoas que se importam. Ela é uma esposa cuja força recém-encontrada tem dado esperanças ao seu marido."

E finalmente, a inovação verde é perfeita para a identificação de uma marca com o Herói, porque os níveis mais elevados deste arquétipo focalizam basicamente o ideal de fazer uma mudança positiva na época e no planeta em que vivemos. A Green Mountain Energy ("Escolha com sabedoria. É um planeta pequeno.") veicula um anúncio que diz: "Algumas pessoas sonham em mudar o mundo. Outras realmente mudam o mundo." Em vez de focalizar seu próprio heroísmo, a empresa sabiamente mostra seus clientes como Heróis, que tornam as "instalações com recursos renováveis" possíveis "como resultado direto da escolha do consumidor".

Um dos mais bem-sucedidos anúncios da Partnership For a Drug Free America foi "O longo caminho para casa": um garoto, voltando da escola num bairro realmente barra-pesada, pula cercas altas e faz desvios por becos e quintais para evitar os traficantes de drogas. Esse anúncio — que mostra extraordinária empatia com a situação da garotada dos centros urbanos deteriorados — afirma que o "diga não" não é assim tão simples. O garoto diz que "talvez os traficantes tenham medo da polícia, mas eles não têm medo de mim. E eles nunca aceitam um não como resposta". Em vez de promover soluções simplistas, esse anúncio é empático com a situação enfrentada pelos garotos da vida real, e ainda os mostra como Heróis que têm opções. Pesquisas subseqüentes realizadas pela Partnership indicaram que esse anúncio aumentou a confiança da garotada em sua capacidade de resistir às drogas e aos traficantes.[5]

---

5. Ver também a discussão da March of Dimes como uma marca do Herói, examinada detalhadamente no Capítulo 6.

> A identidade do Herói pode ser correta para a sua marca se:
> - você tem uma invenção ou inovação que causará grande impacto no mundo
> - seu produto ajuda as pessoas a terem um desempenho no limite superior
> - você está tratando de um importante problema social e pedindo a colaboração das pessoas para ajudar a resolvê-lo
> - você tem um oponente ou concorrente definido e quer derrotá-lo
> - você é o joão-ninguém e quer rivalizar com a concorrência
> - a força de seu produto ou serviço está na capacidade de fazer bem e eficientemente uma tarefa difícil
> - você precisa diferenciar seu produto de algum outro que tem problemas na cadeia de finalização
> - sua base de consumidores se identifica com o bom e moral cidadão

O marketing para o Herói

Quando lhe perguntaram sobre a civilização ocidental, Gandhi respondeu que achava que ela era uma boa idéia. As pessoas em geral sentem que a nossa época vai à deriva, sem valores nem convicções. Os consumidores — especialmente aqueles que expressam os níveis mais elevados do arquétipo do Herói — têm sede de convicções e se sentem atraídos para as pessoas, empresas e marcas que as possuem. Em *The Dream Society*, Rolf Jensen prediz que dentro de pouco tempo as marcas serão vistas como proprietárias de histórias significativas, e não como produtos. As histórias mais irresistíveis são aquelas que comunicam algum valor que enobrece a vida. "A batalha do século XXI", escreve Jensen, "será travada em um microfront, onde o x da questão é a atenção do indivíduo." Ele prossegue: "As empresas entrarão gradualmente no mercado das convicções", basicamente porque o "consumidor quer assim. Quando você deixa de se preocupar com a imensa salada de sistemas ideológicos dos políticos e suas visões menos ou mais insípidas, aí você não apenas vai às urnas no dia das eleições; você vota todo santo dia, com seu carrinho de compras."[6]

Os consumidores, observa Jensen, já estão censurando as empresas e "fazendo perguntas como 'A sua empresa não tem coração, não tem sentimentos? Vocês não passam de uma máquina racional de fazer dinheiro?'" Ironicamente, as empresas que valorizam apenas a competição e a bottom line também estão demonstrando o arquétipo do Herói, em seus estágios guerreiros mais primitivos. O que podemos ver disso é que, quando o arquétipo se expressa ao público em seus níveis mais elevados, as pessoas recompensam as marcas com suas compras.

---

6. Rolf Jensen, *The Dream Society: How the Coming Shift from information to Imagination Will Transform Your Business* (Nova York: McGraw-Hill, 1999), pp. 111-113.

Vemos o triunfo do nível mais elevado do arquétipo do Herói no surgimento do marketing ligado a causas sociais e na maior expectativa do consumidor de que as empresas se envolvam em atividades filantrópicas. A revolta contra Bill Gates começou bem antes que o escândalo do processo antitruste contra a Microsoft revelasse suas táticas de intimidação. As críticas iniciais resultavam da recusa de Gates de se envolver em atividades filantrópicas, tendo em vista sua extraordinária riqueza, até ser pressionado pela opinião pública. Ele o fez, mas muita gente achou que foi pouco demais e tarde demais.

Nos dias de hoje, a maioria das empresas articula com toda clareza seus valores, sua missão e sua visão. Cada vez mais, o público e o consumidor esperam que essas visões empresariais reflitam algum senso de responsabilidade social. Para lidar com essa expectativa, Jensen recomenda que a empresa "tenha uma plataforma política mais ou menos equivalente à de um candidato a presidente. A única diferença é que as empresas enfrentam as eleições diariamente e não somente a cada quatro anos".[7] Quando fizer marketing para o Herói, saiba que você está sendo avaliado não só pela qualidade dos seus produtos ou serviços, mas também pela força e pela ética das suas convicções.

---

7. *Ibid.*

O Fora-da-lei

Lema: "As regras são feitas para ser quebradas"

O VILÃO DO MELODRAMA retorce o bigode e sorri, e as mocinhas sentem um misto de medo e atração. A sereia canta e o marinheiro é atraído para a morte.

O Fora-da-lei tem a sedução do fruto proibido. Recentemente, em um ciclo de conferências, Carol Pearson assistiu a uma palestra sobre "Ser o Fora-da-lei ou namorar um deles". Não havia um só assento vazio! Parece que quanto mais comportados e responsáveis somos, tanto mais ansiamos por ser um Fora-da-lei, pelo menos um pouquinho, pelo menos parte do tempo.

Certamente vemos o Fora-da-lei na sua forma mais positiva em figuras como Robin Hood e Zorro. Como encontram sua identidade fora da estrutura social corrente, esses Fora-da-lei são fiéis aos valores mais profundos e verdadeiros, não aos valores dominantes. Esses Fora-da-lei são figuras românticas, prontas a rebentar uma sociedade que sucumbiu à tirania, à repressão, ao conformismo ou ao cinismo. Na história moderna, podemos pensar nos jovens que participaram das demonstrações na Praça da Paz Celestial, na China, e nos participantes dos movimentos pelos direitos civis e antiguerra, nos Estados Unidos — esses são alguns dos revolucionários que mudaram o mundo e o transformaram naquilo que hoje conhecemos.

Claro que também vemos o Fora-da-lei que não possui esses princípios — ele é apenas alienado, raivoso e pronto a sacrificar os outros para conseguir o que quer. As pessoas que se recusam a conseguir o que querem de uma maneira saudável e socialmente aceitável podem recorrer a estratégias ilegais ou antiéticas para levarem a melhor. Elas não se sentem criaturas morais, mas pelo menos se sentem poderosas. Enquanto o Herói quer ser admirado, o Fora-da-lei se contenta em ser temido. Pelo menos, o medo implica algum tipo de poder. Os estilos diferem. Cada um à sua própria maneira, o criminoso, o revolucionário, o skinhead e o adolescente cheio de tatuagens e piercings se sentem poderosos quando deixam os outros assustados ou inquietos.

Como qualquer tipo de ação eficaz contra eles dissipa o medo da destruição, os caubóis com chapéus pretos entram a galope na cidadezinha, atirando para todos os lados, com o único objetivo de rebentar as coisas e se sentir poderosos. Tanto o Herói quanto o Fora-da-lei sentem raiva. O Herói parte para a ação quando se sente ultrajado pela injustiça. A raiva do Fora-da-lei tende a ser provocada quando ele se sente desprezado como pessoa. Enquanto o Herói se identifica com sua comunidade, o Fora-da-lei se sente profundamente apartado dela. Você pode imaginar os vilões típicos dos quadrinhos de Super-homem ou Batman — Lex Luthor e Curinga —, que geralmente se tornaram maus porque foram humilhados ou marginalizados (por serem diferentes, deformados ou de algum modo defeituosos).

O Fora-da-lei
Desejo básico: vingança ou revolução
Meta: destruir aquilo que não funciona (para ele próprio ou para a sociedade)
Medo: não ter poder, ser comum ou inconseqüente
Estratégia: rebentar, destruir ou chocar
Armadilha: passar para o lado sombrio, criminalidade
Dom: irreprimível, liberdade radical

Os hábitats do Fora-da-lei são os lugares escondidos e sombrios — fora do caminho. O psicólogo C.G. Jung descreveu como os indivíduos e as culturas têm Sombras — qualidades que são julgadas inaceitáveis e, portanto, são ocultadas e negadas. As pessoas não querem reconhecer a própria Sombra, nem para si mesmas, e por isso elas freqüentemente a projetam sobre os outros, vendo os outros como o problema.

> O Fora-da-lei é conhecido como o rebelde, o revolucionário, o vilão, o selvagem, o desajustado, o inimigo ou o iconoclasta.

O Fora-da-lei contém em si as qualidades sombrias da cultura — ou seja, as qualidades que a sociedade desdenha e negligencia. Desse modo, o Fora-da-lei libera as paixões reprimidas da sociedade — assim como, em épocas mais antigas, os festivais permitiam grande licenciosidade (por exemplo, na festa celta de Beltane, todas as restrições sexuais eram suspensas durante aquela única noite) e atuavam como uma válvula de escape que, na verdade, ajudava a estabilizar a cultura. Nos festivais dos tempos modernos, Woodstock carrega a imagem positiva da cultura do Fora-da-lei, prefigurando o potencial de uma época mais utópica, enquanto Altamont exemplifica o potencial não-utópico, destrutivo e violento de uma sociedade Fora-da-lei.

Basta pensar no sucesso dos romances e filmes Fora-da-lei para perceber como é poderosa a força deste arquétipo na sociedade de hoje. Alguns, como o filme *Juventude transviada* ou o livro *Pé na estrada* (*On the road*) de Jack Kerouac, retratam a alienação da cultura que leva ao rompimento das normas e tabus culturais. A ressonância desses filmes e livros nos diz que alguma parte de cada um de nós sente algum grau de alienação da cultura dominante, especialmente quando somos jovens. Outros filmes, como *Bonnie & Clyde* e *Butch Cassidy & the Sundance Kid*, mostram o Fora-da-lei como uma figura um tanto glamourosa; ali, quebrar as regras é um ato de libertação. Outros ainda, como *O poderoso chefão*, *Os bons companheiros* ou *De olhos bem fechados*, faturam em cima da simples atratividade dos comportamentos criminosos ou proibidos. Os hippies dos anos 60 introduziram valores contraculturais, Fora-da-lei, na cultura; e à medida que a geração do pós-guerra atingia a maturidade, tais valores se tornaram a corrente dominante e, com eles, revistas como *Rolling Stone*. O rock'n'roll, que antes era uma afirmação contracultural, é hoje a música favorita de uma classe média cinqüentona.

Em cada geração, os adolescentes acorrem em bandos para os produtos Fora-da-lei. Poucos anos atrás, pintar o cabelo de vermelho entrava nessa categoria. Hoje em dia, as tatuagens e os piercings preenchem essa necessidade, assim como as aglomerações junto à boca do palco, muitas formas de hip-hop e rap e (atraentes para os Fora-da-lei de qualquer idade) a Harley-Davidson. As marcas Fora-da-lei incluem a MTV, e é por isso que a garotada tende a amá-la e os pais a se preocupar com ela. O Fora-da-lei também está presente, de maneira mais sutil, na Fox, que, das grandes redes comerciais, se inclina para um conteúdo mais chocante e extremista do que a ABC, a NBC e a CBS. Embora se pudesse ver a Calvin Klein como uma marca do Amante, devido às suas imagens tão sexuais, essa empresa também possui qualidades Fora-da-lei, pois costuma ultrapassar os limites permitidos pelas conveniências sociais.

Milhões de pessoas ouvem Howard Stern ou assistem a *Politically Incorrect*; bebem Tequila, Jack Daniels ou Southern Comfort; fumam Winstons. O tapa-olho de pirata do homem com a camisa Hathaway acrescenta certa pitada de Fora-da-lei para apimentar um produto que, afinal de contas, é apenas uma camisa comportada. No movimento feminista, mulheres instruídas e profissionais — motivadas por livros como *Mulheres que correm com os lobos*, de Clarissa Pinkola Estes — tentam recapturar a perdida mulher interior selvagem e instintiva, enquanto Robert Bly e outros autores levam os homens às florestas em busca do selvagem interior.

Quando a consciência do Fora-da-lei está presente, as pessoas têm uma percepção mais aguda dos limites que a civilização impõe à expressão humana. O clássico romance do norte-americano Nathaniel Hawthorne, *A letra escarlate*, contrasta a sociedade puritana com a vida mais livre na floresta, que está ligada à sexualidade, à vitalidade, ao pecado e, paradoxalmente, também à virtude transformadora. Os romances e filmes norte-americanos que oferecem críticas da sociedade costumam mostrar pessoas decentes que são forçadas a infringir a lei para poderem fazer a coisa certa. Um exemplo bem conhecido de romance clássico que mostra esse tema é *Huckleberry Finn*, de Mark Twain. O tema também aparece em filmes modernos como *Thelma & Louise*, *Tomates verdes fritos* e *Regras da vida*: pessoas e grupos se sentem tão desprotegidos pela sociedade que, para sobreviverem, são forçados a infringir a lei. Figuras históricas como Lenin ou Malcolm X ilustram o que acontece numa sociedade em que os líderes dos grupos desprovidos de poder se alienam a ponto de defender ou praticar a violência.

Em um nível mais cotidiano, celebridades como Brad Pitt, Jack Nicholson e Madonna têm sucesso porque quebram as regras ultrapassadas de um modo que parece libertador para as pessoas. Agindo de maneira sexualmente liberada, e até promíscua, enquanto usa uma cruz e o nome da Virgem, a identidade de marca de Madonna desafia ostensivamente a distinção histórica entre a virgem e a prostituta. Essa identidade de marca exige a capacidade de correr riscos. Terá um sucesso tremendo se a sociedade estiver pronta para ver desafiados os seus valores. Mas também gerará revolta, críticas e desonra se a sociedade não estiver pronta para isso.

Na União Soviética, o comportamento capitalista era ilegal, mas as circunstâncias exigiam a participação do mercado negro (que era, claro, capitalista ao extremo). Com os anos, criou-se uma nação Fora-da-lei e foi só uma questão de tempo até o comunismo, pelo menos naquela forma, entrar em colapso.

A ameaça do Fora-da-lei, porém, é que uma rebelião individual e silenciosa irrompa e comece a destruir a sociedade, quer a erodindo de dentro para fora ou a demolindo com uma erupção violenta. O pólo negativo deste arquétipo se evidencia em personagens como Darth Vader e outros vilões que passaram para o lado sombrio. O Fora-da-lei negativo, portanto, floresce em organizações que permitem que o lucro e a competição sejam mais importantes do que qualquer tipo de valor moral ou senso de responsabilidade; e no perigo onipresente de que uma aquisição hostil destrua a identidade (e portanto a alma) de empresas saudáveis.

Portadores de comportamentos ultrapassados e revolucionários

As marcas do Fora-da-lei têm um papel complicado. Elas podem fortalecer os comportamentos desalmados e cínicos quando os valores estão ausentes. Mas também ajudam a derrubar uma estrutura opressiva, ajudam a abrir e afrouxar restrições sociais ou servem como uma válvula de segurança que permite que as pessoas desabafem, desse modo protegendo o *status quo*. Além disso, elas fortalecem a verdadeira revolução, quando irrompem por entre as idéias acomodadas e repressivas para patrocinar um caminho totalmente novo.

A década de 1960 pode ser vista como uma era Fora-da-lei, com os heróis da contracultura e os caubóis por eles rejeitados sustentando, em última análise, os valores da liberdade de toda a cultura — embora fossem diferentes suas respectivas definições de liberdade. Quando chegou ao poder, a geração afluente do pós-guerra trouxe consigo muitos desses valores alternativos.

Os anúncios da NetZero apresentam paródias das audiências macarthistas: uma comissão do Congresso está investigando a internet, que é acusada de antiamericana por ser livre. Mas as valentes testemunhas falam da tradição norte-americana de liberdade de expressão e defendem o direito do povo ao livre acesso. Na verdade, em toda parte o novo mundo do comércio eletrônico mostra uma qualidade Fora-da-lei maravilhosamente livre e quebradora de regras. Mas marcas como Compuserve e AOL perderam clientes porque despreocupadamente angariaram mais assinantes do que poderiam atender. Este mundo novo simplesmente não opera conforme as regras estabelecidas. Na verdade, ele é mais ou menos como o Velho Oeste, com a regra da lei e da ordem ainda não firmemente estabelecida. Neste ponto, somente os mais fortes e mais inteligentes sobrevivem.

Muitas culturas têm figuras sagradas de malandros, que agem quase completamente na base do instinto primitivo — aquilo que Freud chamou de "id". O coiote do folclore dos índios norte-americanos, por exemplo, engana as pessoas para conseguir comida, remove o pênis e manda-o na frente para estuprar as mulheres e, de modo geral, age de maneira totalmente determinada pela ganância, glutonaria e luxúria. Essas figuras têm um papel extraordinariamente catártico na cultura. Elas mostram comportamentos que ainda existem na vida interior das pessoas, mas que não são aceitáveis em termos sociais e morais. Quando vemos esses comportamentos e rimos deles, eles são reconhecidos, sua energia é liberada e, com isso, diminui o controle que eles têm sobre nós.

Algumas imagens do Fora-da-lei são mais sombrias e podem liberar ou reforçar a energia potencialmente perigosa. É difícil saber com certeza como elas funcionam. Hoje em dia, a internet e a mídia possuem uma qualidade malandra, com uma atitude vale-quase-tudo. Permite-se o pleno jogo das emoções mais básicas e primitivas. Ainda não sabemos se o desfecho dessa licenciosidade será uma liberação das emoções mais primitivas, permitindo que as pessoas convivam de maneira mais civilizada, ou se estamos testemunhando o declínio de uma civilização. Os websites pornográficos desviam os comportamentos opressivos ou estimulam o estupro e o incesto? As letras violentas e misóginas do rap e de outras músicas agem como catalisadores para dar vazão à frustração ou ajudam e incitam a violência, o sexismo e o comportamento anti-social? Ainda não sabemos com certeza.

Quando o Fora-da-lei está ativo nos indivíduos, eles podem se sentir apartados da cultura dominante e desprezar suas regras. Eles se envolvem em comportamentos autodestrutivos (uso de drogas, piercings, roupas que os colocam fora dos limites da sociedade normal) ou em ações que desdenham flagrantemente os padrões gerais de ética, saúde ou propriedade. O Explorador também se coloca às margens da sociedade, mas tudo o que ele quer é ser livre. O Fora-da-lei, por outro lado, quer realmente destruir as coisas, produzir uma revolução, sumir com alguma coisa ou apenas sentir a excitação de ser um pouquinho "malvado". Ambos se sentem um tanto alienados, mas o Explorador experimenta essa desconexão com tristeza e solidão, enquanto o Fora-da-lei a vivencia com raiva e violência, ou com a alegria de estar destruindo aquilo tudo que o prende à sociedade.

A maioria dos jovens se sente um pouco alienada da cultura simplesmente porque sua tarefa de desenvolvimento é encontrar a si mesmos. Se essa alienação for relativamente pequena, os jovens se identificarão com o Explorador. Se não for assim tão pequena, eles se identificarão com o Fora-da-lei ou, pelo menos, com os rebeldes. A palavra "rebelde", na nossa sociedade, é usada de um modo ambíguo que pode comportar qualquer um desses arquétipos. Se o rebelde está apenas operando de modo individualista, estamos vendo o Explorador em ação. Mas se o rebelde está pronto para quebrar as convenções ou a lei, então ele está carregando o arquétipo do Fora-da-lei.

Em um nível mais cotidiano, também as pessoas responsáveis e trabalhadoras se sentem atraídas para as marcas do arquétipo do Fora-da-lei — não porque algum dia destruirão algo ou chocarão alguém, mas como meio de desabafo. A mãe virtuosa vibra de excitação quando usa o perfume Opium, mas ela nunca infringirá a lei. O médico ou advogado bem-sucedido pilota sua Harley-Davidson ou se sente atraído por aqueles anúncios de jipes maneiros em que o motorista, frustrado por estar preso num congestionamento, de repente dá uma guinada e sai disparado pelo campo, assim quebrando a regra de ficar sempre na rodovia.

"Eu estou furioso e não vou mais agüentar isso!"

O Explorador é solitário e busca sua identidade. O Fora-da-lei se sente fraco e busca a experiência do poder, mesmo que apenas na capacidade de chocar ou desafiar os outros. A Nintendo veiculou um anúncio que mostrava uma horda de bárbaros, com tangas vermelhas, rosto pintado e expressão feroz, claramente prestes a saquear uma aldeia. Diz o anúncio: "Na Idade Média, a escolha das cores refletia cada estilo pessoal de loucura, violência e destruição em massa. Ainda é assim." Na seqüência, você via imagens de Nintendos em seis novas cores. Podemos inferir que as crianças e os adolescentes deveriam estar se sentindo particularmente fracos e raivosos se eram atraídos para tais imagens violentas. Os videogames Diamond oferecem uma mensagem que é ainda mais gráfica — acompanhando a imagem de um homem que aponta uma pistola diante de um mundo em chamas, o texto diz: "Apressa o seu ataque. Apressa a aniquilação. E se você não estiver satisfeito, também apressa a sua retirada."

O arquétipo do Fora-da-lei está fora do tempo. Ele contém valores futuros que prometem a revolução (ou ameaçam com ela), bem como oferecem uma forma de dar continuidade às qualidades arcaicas existentes na cultura. As gangues de adolescentes e a Máfia se organizam da mesma maneira que as sociedades feudais. Na Idade Média, essa era uma forma aceitável de organização social; mas hoje não é mais. Vemos uma versão suavizada do Fora-da-lei na popularidade de alguém como Howard Stern, cujas observações po-

---

Os níveis do Fora-da-lei

Motivação: sente-se desprovido de poder, com raiva, maltratado, sitiado

Nível 1: identifica-se como marginalizado, dissociando-se dos valores do grupo ou da sociedade de modo tal que foge diante dos comportamentos e da moralidade convencionais

Nível 2: comporta-se de modo chocante ou destruidor

Nível 3: torna-se um rebelde ou um revolucionário

Sombra: comportamento criminoso ou prejudicial

liticamente incorretas parecem servir de desabafo para algumas pessoas. Tais observações não teriam parecido tão abusivas há algumas décadas, mas, por serem hoje inaceitáveis de modo geral, muitos indivíduos acham hilariante sua livre expressão. (Outros, é claro, acham que elas reforçam pontos de vista que eles ainda mantêm secretamente, ou não tão secretamente.)

Também vemos o apelo contínuo da prática anacrônica em comportamentos muito mais extremistas. Por exemplo, Átila, rei dos hunos, já foi uma figura de Herói; mas hoje em dia sua crueldade só pode ser vista como criminosa. Claro que qualquer tribunal de guerra moderna o declararia culpado de crimes contra a humanidade. De todo modo, tais comportamentos estão vivos e passam bem nos videogames modernos (bem como em certas partes do mundo, como Ruanda e Kosovo).

A Sega Dreamcast anuncia uma trilha sonora de Rob Zombie como "Uma vingança ensangüentada. Uma vingança extremamente ensangüentada". A Infogames promove o "Hogs of War" [porcos de guerra] dizendo: "Este porquinho se alistou no exército. Este porquinho ficou em casa. Este porquinho tinha granadas. Este porquinho não tinha. Este porquinho saiu no BAM, BAM, BAM e fez todos os outros porcos virarem torresmo!" Poderíamos continuar para sempre. Esta é apenas a ponta do iceberg.

Embora muitos anúncios de empresas respeitadas mostrem os afroamericanos como membros responsáveis da classe média, numerosos anúncios também dirigidos aos negros são violentos ao extremo, talvez refletindo a crença empresarial de que "eles estão furiosos pra danar e não vão mais agüentar isso". Um selo chamado "Murder Inc." anuncia o álbum *The Murderers* com fotos de rostos negros raivosos e sombrios. Historicamente, as formas mais primitivas do arquétipo do Fora-da-lei eram projetadas sobre os negros e os índios (que também carregavam a imagem romântica do Nobre Selvagem para a cultura). Quer esses anúncios sejam desenvolvidos por brancos ou negros, eles certamente reforçam imagens anacrônicas e racistas.

Do mesmo modo, o selo Camelot promove um CD chamado *Cypress Hill Skull and Bones*, com a garantia de que a empresa "ainda está f**endo com o programa". Claro que desde os anos 80 tornou-se moda as bandas de rock — brancas e negras — destruírem seus instrumentos e o cenário antes de deixarem o palco. A raiva está na moda hoje em dia — nos palcos e nas estradas. A Commander Salamander, uma loja de Washington, no aprazível bairro de Georgetown, vende aos adolescentes produtos que incluem bijuterias com imagens satânicas misturadas a roupas da moda. Lojas semelhantes são encontradas no mundo todo e gozam de enorme popularidade entre os adolescentes, muitos deles oriundos de bairros de classe média alta e de famílias instruídas e afluentes.

Mesmo com as crianças, as figuras de ação estão ficando cada vez mais grotescas. Hoje em dia, os monstros são tão atraentes quanto os Heróis, especialmente para os meninos. A Codemasters promove o Micro Maniacs, "Diversão temerária, destrutiva, perversa, agressiva, maníaca! Os Micro Maniacs socam, chutam e lutam sujo enquanto correm selvagens pela casa. Sem regras, matando os prisioneiros, apenas 12 personagens mutantes devastando qualquer um e qualquer coisa que apareça entre eles e a vitória. É o melhor que há em destruição maníaca multiplayer".

Destruição, metamorfose e a Sombra

As marcas do Fora-da-lei adoram ser identificadas com coisas que são ruins para você. Os anúncios da Hard Candy Lipstick, exibindo uma moça muito jovem com maquilagem de mulher fatal, incluem um selo de alerta bem visível (como aquele dos maços de cigarro) para avisar as consumidoras: "Como o baton de cafeína pode viciar, aplique e reaplique sempre que necessário." Os selos de alerta nos maços de cigarro talvez aumentem seu apelo para os jovens.

O Captain Morgan Rum é comercializado de um modo mais jovial, com a imagem de um pirata. A maioria das marcas de tequila tem a estampa de um Fora-da-lei. A Patron Tequila mostra uma bela mulher em trajes sumários, com a legenda: "As damas amam bandidos." Contudo, o clássico verme morto no fundo da garrafa de algumas marcas não só atesta a força do teor alcoólico, mas também sugere, subliminarmente, que você está cortejando a morte quando bebe o produto.

Quase nem é preciso dizer que todas as substâncias de uso restrito — como o cigarro e o álcool — têm uma atração Fora-da-lei para os jovens. Claro que as substâncias realmente ilegais têm um apelo muito maior; talvez seja por isso que tantos jovens experimentam as drogas ilegais, somente mais tarde aprendendo que seu impacto nada tem de glamouroso.

Para compreender o apelo do arquétipo do Fora-da-lei, é importante reconhecer, como fez Freud, que Tânatos (o desejo da morte) é quase tão forte como Eros (a força da vida). Especialmente durante as grandes transições da vida — como a adolescência e a meia-idade —, nossa psique está nos pedindo para "morrer" em relação ao que fomos e para "renascer" em outras identidades. Nessas fases, as imagens da morte podem ser muito atraentes.

O perigo, aqui, é que os símbolos da morte e da destruição reforcem o desejo concreto, literal, de morrer. David Oldfield, diretor do Midway Center for the Creative Imagination, observou que os adolescentes que tentaram suicídio ou estavam no grupo de alto risco de suicídio geralmente desenhavam imagens da morte. Eis a teoria de Oldfield: em uma sociedade que não ensina as pessoas a pensar metaforicamente, o anseio interior pela morte acaba sendo canalizado para a aniquilação e não para a metamorfose. Por isso, nos momentos críticos da vida as pessoas bebem demais, dirigem em alta velocidade, tomam drogas, tentam o suicídio ou se envolvem em outros comportamentos que ameaçam a vida; tudo isso quando o necessário era a verdadeira transformação. Existe, é claro, uma real necessidade de produtos e serviços que ajudem nessas transições, em vez de promover comportamentos perigosos.

É evidente que mesmo atividades saudáveis podem ter uma estampa de Fora-da-lei. Correr, por exemplos. Os tênis de corrida Tattoo exibem na sola chamas e dragões mal-encarados, e são anunciados com imagens de esportistas tatuados correndo por terreno desolado. Tais imagens encontram os jovens alienados onde quer que eles estejam e os convidam a praticar uma atividade saudável. Alguns anúncios, claro, adotam de modo ostensivo o apelo da morte e o confrontam diretamente. Um deles, voltado para a segurança na motocicleta, avisa os homens que as mulheres adoram cicatrizes, mas não buracos onde antes estavam os olhos. Se isso não assustar um motoqueiro e o fizer dirigir com segurança, sabe-se lá o que funcionaria.

O Fora-da-lei jovial

O Fora-da-lei também está associado ao persistente interesse cultural pelos extraterrestres — que provavelmente são os Fora-da-lei absolutos. Como acontece com quase todos os Fora-da-lei, os alienígenas freqüentemente são mostrados como figuras sombrias e perigosas que são capazes de destruir nosso planeta. Por outro lado, também são mostrados como criaturas tecnológica e espiritualmente mais avançadas do que nós e que, portanto, estão aqui para nos salvar dos nossos próprios impulsos autodestrutivos.

É evidente que a maioria dos produtos se associa a esse último caso. Um anúncio da IPIX Internet Pictures Corporation evoca a imagem do monstro alienígena — uma cabeça com olhos em toda a volta — em um homem com expressão ferozmente determinada, dizendo: "Veja tudo!" Também a Sony promove a tecnologia avançada do novo Walkman com um anúncio que mostra um relatório do FBI afirmando que o produto é um sinal da invasão alienígena — o produto é tão avançado, que deve ter vindo de outro planeta.

Às vezes, a imagem do Fora-da-lei é usada de modo jovial, como ocorre com o Frito Bandito. O Milky Way Midnight, por exemplo, é anunciado como um "chocolate perigosamente arrojado" que "finalmente saiu em liberdade condicional". A associação do Fora-da-lei com os comportamentos secretos e vergonhosos serve como grande ponto de alavancagem para os anúncios mais joviais, satirizando toda essa tradição. A Microsoft veiculou um anúncio onde uma pessoa com as feições borradas, claramente procurando se manter no anonimato, confessa: "Eu tenho um PowerMac G4 com todos os acessórios. E eu uso, sim, o Microsoft Office. Às vezes digo isso só para ver o choque."

Um dos mais bem-sucedidos anúncios da Loteria de Nova York em todos os tempos começa com a típica reunião de diretoria, que é interrompida pela notícia de que a empresa acabou de ser adquirida pelo Chuck, da seção de malotes. Chuck ganhou na loteria, comprou a empresa e agora manda o ex-presidente lhe trazer um cafezinho. Esse anúncio, estimulado por pesquisas que informam que quase todas as pessoas que compram bilhetes de loteria são motivadas pela insatisfação no emprego, explora o desejo de quebrar as regras da ética do trabalho — e de virar o feitiço contra o feiticeiro.

Harley-Davidson: Uma obra-prima Fora-da-lei

A Harley-Davidson é um ícone norte-americano — mas, paradoxalmente, uma marca que captura o caráter Fora-da-lei e não o caráter heróico da vida desse país. Hoje em dia, a idéia de um fabricante de motos patrocinar uma equipe de corridas é bastante óbvia; mas era uma idéia radical em 1915, quando a Harley-Davidson patrocinou The Wrecking Crew, cujas acrobacias temerárias eram tão perigosas que levavam a acidentes freqüentes e algumas mortes. A Harley também foi usada pelos militares e pelos Correios, para entrega de correspondência.

A moto Harley-Davidson passou por sérios problemas há alguns anos, porque os japoneses estavam vendendo um produto melhor com menor preço. A empresa recuperou seu *market share* por meio do marketing de significado. Além disso, ao promover a personalidade da marca, ela foi capaz de se expandir: da produção de motocicletas, passou a vender uma linha de roupas e acessórios que estão ligados a ela não pela função, mas pelo arquétipo.

As motos Harley-Davidson não são baratas e por isso seus proprietários geralmente são profissionais de carreira que querem expressar o lado selvagem de si mesmos. A Harley também está associada aos Hell's Angels e a outros grupos Fora-da-lei. A personalidade é complicada. Por exemplo, ela está associada ao patriotismo, mas não do modo pelo qual um Herói veria o patriotismo. Um estudo verificou que os motoqueiros acreditavam que pilotar uma Harley-Davidson era "uma expressão mais forte de patriotismo do que cumprir a lei". Essa forma de patriotismo pertence ao velho tipo de patriotismo nacionalista dos motoqueiros fiéis à Harley-Davidson, às vezes associado à idéia de derrubar o produto japonês.

A imagem macho ganhou força nos anos 50 com os motoqueiros do filme de Marlon Brando, O selvagem, e vem crescendo desde então, embora as "damas da Harley" representem mais de 10% dos usuários. Como já era de se esperar, a maioria dos clientes exibe tatuagens e "a tatuagem mais popular nos Estados Unidos é o símbolo da Harley-Davidson". Os motoqueiros vêem a Harley como mais do que uma motocicleta — para eles, a Harley é todo um conjunto de atitudes, é um estilo de vida que não só envolve a liberdade (como no caso do Explorador), mas também se libertar dos valores e convenções da corrente dominante. Um anúncio típico mostra uma cabana numa região remota, com a legenda: "Se você não tivesse que dar satisfações a ninguém, o que você faria?"

Os motoqueiros da Harley geralmente exibem roupas esportivas de couro preto, botas pesadas, cromados, armas à vista, cabelos longos e piercings — bem como tatuagens. Suas reuniões têm o caráter dos encontros de bandidos, fazendo contraste com as sadias reuniões do Cara Comum da Saturn.[1]

A webpage da Harley desafia os motoqueiros a responder a uma pergunta:

> Suponhamos que o tempo tira uma fotografia — uma fotografia que representa toda a sua vida aqui na Terra. Você tem de perguntar a si mesmo como gostaria de ser lembrado. Como um gênio dos computadores, ligado na internet, pálido e preso a uma cadeira de escritório? Ou como um aventureiro vestido de couro que viveu a vida em sua plenitude montado numa Harley-Davidson? Você decide como vai ser, mas pense depressa. O tempo já está enquadrando a fotografia e ele tem um dedo rápido no disparador.

Poder para o povo: A Apple e a organização revolucionária

Diz a história de Adão e Eva no Jardim do Éden que a humanidade caiu do estado de graça porque o casal comeu uma maçã da árvore do conhecimento do bem e do mal. Abandonar o Jardim queria dizer que as pessoas não mais viveriam no paraíso (o qual poderíamos entender como "ignorância bem-aventurada"), mas também queria dizer que elas teriam o livre-arbítrio. Essa é uma das razões pelas quais os teólogos se referem a esse episódio como "a queda afortunada".

O logotipo da Apple — uma maçã com uma mordida no lado — evoca essas associações. Seu slogan adverte o consumidor: "Pense diferente." Seus anúncios mostram imagens de gênios criativos iconoclastas de vários campos de atividade, incluindo Albert Einstein, Martha Graham, Maria Callas, Amelia Earhart, Rosa Parks, Buzz Aldrin, Muhammad Ali, Richard Branson

---

1. David A. Aaker, *Building Strong Brands* (Nova York: The Free Press, 1996), pp. 138-141.

e John Lennon & Yoko Ono. A Apple também é conhecida pela inovação tecnológica e pelo passo revolucionário de criar um software tão amigo-do-usuário que praticamente todo mundo é capaz de usar bem seus computadores quase que de imediato.

Seu fundador, Steve Jobs, assim apresenta a questão: "'Pense Diferente' celebra a alma da marca Apple — o fato de que as pessoas criativas e cheias de paixão podem mudar o mundo para melhor. A Apple se dedica a fazer as melhores ferramentas do mundo para os indivíduos criativos de toda parte." O anúncio do Super Bowl que pôs a Apple no mapa abria com a famosa sociedade antiutópica do livro *1984*, claramente ligada ao arquétipo da IBM, o Governante, mostrado como O Grande Irmão orwelliano. Pessoas com cara de zumbis, em uniformes cinzentos, se arrastam para dentro de um imenso salão dominado por uma tela gigantesca. O Grande Irmão, na tela, pronuncia o lema do Partido: "Nós somos um só povo. Com uma só vontade. Uma só determinação. Uma só causa. Nossos inimigos falarão e falarão, até morrerem. E nós os enterraremos com sua confusão. Nós predominaremos!" De repente, surge uma moça atlética, empunhando uma marreta, e espatifa a tela. O locutor então diz: "Em 24 de janeiro, a Apple Computer apresentará o Macintosh. E você verá por que o ano de 1984 não será como '1984'."

A Apple está associada, na mente do público, com os hackers de computadores e, de modo geral, com os inovadores no campo dos negócios fora do comum, que dão poder às pessoas por tornarem os computadores mais amigos-do-usuário. A empresa está mais ligada aos computadores e ao amor pela inovação do que à simples atividade comercial de gerar lucros. Ela também está associada ao potencial radical da tecnologia de computadores de devolver poder às pessoas. A decisão inicial da Apple de focalizar mais os usos educacionais e domésticos do que os usos empresariais também estabeleceu uma imagem progressista e populista. O consumidor que comprar um Apple está se identificando com uma imagem de pensamento independente e com os pioneiros intelectuais que lançam tendências. Os clientes da Apple são leais quase até o ponto do fanatismo e a imagem da "corporação não-corporativa" precisava ter respaldo na realidade. Quando a junta diretora decidiu substituir o fundador Steve Jobs por um gerente mais tradicionalista, o moral dos empregados desabou e as vendas caíram verticalmente. Somente a volta do desinibido fundador salvou o dia. E quando voltou, ele também recontratou a Chiat/Day, a empresa de publicidade que desenvolveu o anúncio de 1984, um arrasa-quarteirão Fora-da-lei.[2]

2. Tom Cannon, *The Ultimate Book of Business Breakthroughs* (Oxford, Reino Unido: Capstone, 2000), pp. 123-126.

Os catálogos da Apple são bastante desajeitados, utilizando cores vivas e formatos quase de cartum, e parecem vir de alguma loja de descontos, contrastando com o visual mais digno da IBM, que usa muito espaço em branco e impressão distinta. O último golpe da Apple foi o sucesso do iMac — novamente quebrando a lei não-escrita de que os computadores têm de ser cinzentos. Dessa vez, eles não só vieram em cores como também em gabinete transparente.

Vivendo em tempos revolucionários

Em épocas de rápida transição, o *status quo* perde seus privilégios. O futuro está sempre espreitando às margens e não se sabe com clareza quais experimentos sociais se tornarão o novo *establishment*. Na década de 1990, quando o velho milênio corria para seu fim, as estratégias de desenvolvimento organizacional Fora-da-lei não privilegiaram coisa alguma. Tudo estava aí para ser agarrado. Orçamentos base-zero, reengenharias e todas as outras estratégias desenraizaram tudo aquilo que não estivesse funcionando, apelando para o espírito revolucionário do Fora-da-lei enquanto espalhavam o terror no coração daqueles que preferem épocas estáveis e seguras. Algumas pessoas acreditaram que o previsto bug do milênio (Y2K) arrasaria a civilização tal como a conhecemos. Embora isso não tenha acontecido, a esfera dos negócios mudou radicalmente como resultado de toda essa capinação do jardim econômico. Os negócios que não eram viáveis tenderam a fechar. Contudo, assim como a morte do inverno é necessária para a primavera, o resultado tem sido um florescer de prosperidade.

Ao mesmo tempo, as grades curriculares das grandes universidades têm enfatizado uma crítica desconstrutivista da sociedade que encorajou toda uma geração a ver o *establishment* como um inimigo e a se identificar com o Marginalizado. Em um artigo severo publicado na *Atlantic Monthly*, Alston Chase defende a idéia de que o estudo em Harvard poderia ter criado o Unabomber. Chase argumenta que:

> Foi em Harvard que Ted Kaczynski encontrou pela primeira vez as idéias sobre os males da sociedade que dariam foco e justificação à raiva que ele sentia desde os tempos do ginásio. Foi em Harvard que ele começou a desenvolver essas idéias e compor sua ideologia da revolução antitecnológica. Foi em Harvard que Kaczynski começou a ter fantasias de vingança, começou a sonhar em escapar para alguma região selvagem. E foi em Harvard, tanto quanto se pode determinar, que ele fixou suas idéias dualistas de bem e mal, em um estilo cognitivo matemático que o levou a pensar que encontraria a verdade absoluta por meio da aplicação de sua própria razão.[3]

---

3. Alston Chase, "Harvard and the Making of the Unabomber", *Atlantic Monthly* (junho de 2000), p. 43.

O ponto central de Chase, claro, é que a grade curricular universitária que criou um assassino também alimentou uma época na qual as elites estão alienadas de sua própria cultura, e que ambos, assassino e elites, se inclinam a desconstruir a cultura e possuem aptidões intelectuais para destruí-la. Será que essa demolição da cultura tradicional resultará em uma Renascença? Talvez ainda seja cedo demais para dizer.

O marketing para o Fora-da-lei

Um exemplo extremo de marketing Fora-da-lei é a promoção de *raves* — uma noite de danças contraculturais. Talvez porque o uso de drogas esteja associado a elas, as *raves* geralmente são anunciadas por meio de volantes, distribuídos somente nos ambientes específicos da música *trance* e heavy-metal. Se você não freqüenta tais lugares, nem saberá que está acontecendo uma *rave*.

A melhor maneira de anunciar os produtos Fora-da-lei é em revistas especializadas ou por meio de volantes, anúncios pessoais e outros formatos projetados para encontrar o Fora-da-lei. Isso não quer dizer que você nunca alcançará uma grande audiência; a MTV, por exemplo, alcança os adolescentes em toda parte, mas ainda é percebida como um meio de comunicação contracultural e alternativo.

As imagens utilizadas podem ter uma qualidade escura e sombria e geralmente também exibem cores bastante intensas. Além disso, este arquétipo gosta de coisas que chocam, em um espectro que vai desde o gracejo moderadamente surpreendente até o conteúdo verdadeiramente perturbador. O Fora-da-lei é o arquétipo mais adequado para sustentar uma identidade turbulenta e para criar anúncios turbulentos que realmente funcionem.

O Fora-da-lei que existe dentro de cada um de nós também quer se livrar das coisas. Portanto, as liquidações radicais são grandes estratégias de marketing, bem como os vários tipos de vale-dinheiro que a pessoa recebe na compra de certo produto. Os eventos promovidos para lançar ou promover os produtos Fora-da-lei devem permitir que as pessoas devolvam ou troquem a compra e se sintam livres; podem mesmo parecer um tanto indecentes ou à beira de quebrar as conveniências. É provável que o programa de angariação de fundos do Comitê Nacional Democrático, transmitido ao vivo pela CNN, tenha sido projetado para neutralizar a imagem excessivamente dura e comportada do pré-candidato presidencial Al Gore. Tanto Gore como o presidente Clinton vestiam jeans e o comediante Robin Williams não só fritou Gore, Clinton e os doadores na "fogueira da elegância", como também usou a palavra f**a. Embora essa seja uma tática discutível para um candidato a presidente, seria uma grande estratégia para qualquer marca Fora-da-lei genuína.

> O Fora-da-lei pode ser uma boa identidade para a sua marca se:
>
> • seus clientes e empregados estão se sentindo muito excluídos da sociedade ou quando eles se identificam com valores em desacordo com os da sociedade como um todo
> • a função do seu produto é destruir alguma coisa (literalmente, como uma máquina de terraplanagem, ou virtualmente, como muitos videogames) ou ele é genuinamente revolucionário
> • o seu produto não é lá muito bom para as pessoas, de modo que consumi-lo é o mesmo que virar o nariz para as idéias estabelecidas sobre o que constitui a saúde
> • seu produto ajuda a preservar valores que estão ameaçados pelos valores predominantes, ou é um pioneiro de atitudes novas e revolucionárias
> • o preço do seu produto é baixo ou moderado

O olhar cômico de David Brooks à cultura norte-americana, em *Bobos in Paradise: The New Upper Class and How They Got There*, mostra claramente que hoje em dia as atitudes e comportamentos dos cidadãos instruídos e afluentes representam uma integração completa dos inflexíveis padrões burgueses com a despreocupação sem preconceitos do boêmio. Nesse novo mundo, a posição social de uma pessoa vem de sua riqueza, combinada com valores antimaterialistas; referências contraculturais orientam os anúncios das empresas capitalistas, de modo que William S. Burroughs aparece em um anúncio da Nike e Jack Kerouac, em um da The Gap.[4] O marketing de massa para o Fora-da-lei, portanto, requer a compreensão de que muitas pessoas que se identificam com este arquétipo são, na verdade, cidadãos realmente bons e responsáveis. E o fato é que as Harley-Davidsons são tão caras, que geralmente pertencem a médicos, advogados e executivos de alto escalão. Isso quer dizer que o marketing de massa para o Fora-da-lei funciona — se você lembrar de não ir longe demais. Como aprenderam Calvin Klein e outros, é fácil ir longe demais e ferir ou ofender alguém. Como diz Bob Dylan: "Para viver fora da lei, você precisa ser honesto."

---

4. David Brooks, *Bobos in Paradise: The New Upper Class and How They Got There* (Nova York: Simon & Schuster, 2000), passim.

9

O Mago

Lema: "Pode acontecer!"

As PRIMEIRAS IMAGENS do Mago foram as do xamã, do curandeiro e da bruxa ou feiticeiro da aldeia. Mais tarde tivemos o alquimista, procurando transformar chumbo em ouro. Mais tarde ainda, tivemos os cientistas sondando os segredos fundamentais do Universo, os psicólogos estudando o funcionamento da consciência humana e os gurus se oferecendo para compartilhar os segredos do sucesso espiritual. O aspecto mais básico do Mago é o desejo de procurar as leis fundamentais que governam o funcionamento das coisas e aplicar esses princípios para que as coisas aconteçam. As aplicações mais típicas da sabedoria mágica são: curar a mente, o coração e o corpo; descobrir a fonte da juventude e o segredo da longevidade; descobrir meios de criar e manter a prosperidade; e inventar produtos que façam as coisas acontecerem.

Talvez o Mago mais famoso da cultura ocidental seja Merlin, que olha na sua bola de cristal e prediz o potencial de Camelot. Porém, consciente do contrapotencial para a ruína, ele expande sua energia para assegurar o resultado ideal. Para alcançar esse fim, ele fala de sua visão de uma sociedade justa e pacífica; desenvolve seus talentos (diz a lenda que foi Merlin quem desenvolveu os talentos do rei Artur); e elabora ou encontra objetos mágicos (a Távola Redonda, Excalibur, o Graal) que apóiam os valores comunitários desejados, a bravura e a iluminação. No processo, ele também estuda astronomia, ciências naturais e engenharia.

Merlin, o grande Mago da corte do rei Artur, se recolhia em sua caverna quando precisava refletir ou fazer mágicas. Os interiores frescos e escuros das atuais casas em estilo Tudor e adobe oferecem aos Magos o equivalente moderno das cavernas.

O estrondoso sucesso da série Harry Potter demonstra o fascínio das crianças e dos adolescentes pelo Mago. Na verdade, a coleção realmente motivou a garotada a ler!

No cinema contemporâneo, vemos Yoda em *Guerra nas estrelas* ensinando Luke Skywalker a "confiar na Força"; as bruxinhas, em *Da magia à sedução*, invocando o verdadeiro amor; e as travessuras de Mary Poppins. Temos inúmeros filmes e espetáculos teatrais sobre seres angélicos, como *Cidade dos anjos* e *Touched by an Angel*, onde o mundo espiritual intervém neste nosso mundo. E temos filmes como *Campo dos sonhos*, que nos ajudam a acreditar que milagres

> **O Mago**
>
> **Desejo básico:** conhecer as leis fundamentais do funcionamento do mundo ou do Universo
>
> **Meta:** tornar os sonhos realidade
>
> **Medo:** conseqüências negativas inesperadas
>
> **Estratégia:** desenvolver uma visão e vivê-la
>
> **Armadilha:** tornar-se manipulador
>
> **Dom:** encontrar resultados "ganha-ganha"

acontecem. No México, um gênero cinematográfico e ficcional chamado realismo mágico resultou em filmes do tipo de *Como água para chocolate*. Nos Estados Unidos, temos o gênero crescente dos filmes metafísicos, incluindo campeões de bilheteria como *O sexto sentido*.

As marcas do Mago incluem todas aquelas que promovem "momentos mágicos": água borbulhante, champanhe, Sony, General Foods International Coffees, Calgon ("Leve-me com você"), muitas linhas de cruzeiro marítimo, Jackie Onassis, spas e vários hotéis chiques. Elas também incluem diversos cosméticos, produtos à base de ervas, poções e campanhas de fitness que prometem a fonte da juventude. A Dannon Yogurt acertou na mosca com uma campanha baseada em uma pesquisa que ligava o consumo de iogurte à longevidade. Um dos comerciais apresentava um ancião da Geórgia asiática, comendo Dannon, com as palavras: "O sr. Temur Banacha achou ótimo o iogurte Dannon. Ele sabe do que está falando. Afinal, ele come iogurte há 105 anos." Claro que quase todos os livros, fitas, workshops e produtos da Nova Era, além de muitas "milagrosas" tecnologias modernas — das quais a World Wide Web é apenas uma — exploram a imagem da magia.

O espírito do Mago é facilmente evocado quando o produto tem origens exóticas ou antigas, ou quando ele envolve algum ritual especial, como fazer saltar a rolha do champanhe, decantar o vinho ou girar o conhaque no copo e sentir seu aroma. (Na verdade, mesmo os bebedores de conhaque "no boteco da esquina" desfrutam esse ritual como parte da experiência!) O Mago também é uma grande identidade de marca para as estratégias de mudança empresarial, os remédios milagrosos, os remédios à base de ervas, os spas, as viagens exóticas e, claro, qualquer produto ou serviço que afete diretamente a consciência — a publicidade é apenas um deles.

Os Magos estão na base das tecnologias radicalmente novas: computadores pessoais, a internet, transplantes de órgãos e engenharia genética. Pense em Benjamin Franklin empinando o papagaio num dia de tempestade e percebendo o poder da eletricidade, que acabaria ajudando a promover a Revolução Industrial. Essa imagem não é muito diferente daquela mostrada no filme *Frankenstein*: o médico trazendo o monstro à vida com a corrente elétrica enquanto a tempestade ruge lá fora. Nessas duas cenas, vemos a esperança e o medo que estão investidos nas imagens gêmeas dos cientistas: modernos fazedores de milagres e "gênios loucos" que tentam brincar de Deus e trazem a destruição ao mundo todo. De algum modo, esses dois potenciais também estão contidos na energia nuclear: ela é uma forma barata de energia para aquecer nosso lar e é a mãe da nuvem em forma de cogumelo que ameaça destruir o planeta.

Enquanto o antigo xamã, curandeiro ou alquimista integrava ciência, espiritualidade e psicologia, no mundo moderno tendemos a separá-las. Mas os avanços nas ciências físicas — especialmente aqueles que ameaçam a sobrevivência do planeta ou da nossa espécie — estimularam uma forte percepção que a psicologia precisa acompanhar. Portanto, embora diferentes campos de atividade e diferentes indivíduos liderem mais avanços nas ciências físicas e naturais do que nos campos da psicologia e da espiritualidade, não causa surpresa que a cultura como um todo mostre interesse em todas essas áreas. Além disso, à medida que o arquétipo do Mago emerge na cultura, esses campos estão voltando a se alinhar. Um público cada vez mais amplo está se interessando pela medicina corpo-mente; pela convergência de idéias entre a psicologia, por um lado, e as ciências físicas e biológicas, por outro; pelos fenômenos psíquicos e o ocultismo; e pelo elo existente entre a evolução da consciência e o sucesso.

Os empresários freqüentemente são Magos, assim como os atletas. As idéias espirituais que ligam a consciência interna com o desempenho externo estão produzindo resultados miraculosos nos mundos dos negócios e dos esportes. As pessoas mágicas geralmente têm sonhos que os outros consideram impossíveis, mas a essência da magia é ter uma visão e caminhar diretamente para dentro dela. Quando as coisas saem erradas, os Magos olham para dentro de si mesmos a fim de produzir a mudança interior. E então o mundo exterior também muda. Um anúncio da New Balance mostra um homem que sai correndo ao encontro da natureza. Diz o anúncio: "Desligue seu computador. Desligue seu fax. Desligue seu celular. Ligue-se a você mesmo." Se não fizer isso, você não conseguirá realizar a magia, pois a magia sempre se realiza de dentro para fora.

As imagens mais consistentes associadas aos Magos são os sinais nos céus — arco-íris, estrelas cadentes, uma bela galáxia, discos voadores — que tendem a nos confirmar que não estamos sozinhos no Universo. Como símbolo, a estrela de Belém que anunciou o nascimento de Cristo contém essa confirmação da maneira mais palpável. As outras imagens incluem cavernas, bolas de cristal, varinhas mágicas, mantos e, claro, o chapéu pontudo do Mago.

Em seu aspecto positivo, o Mago é um anjo andarilho, como Mary Poppins, a bruxa boazinha de *O mágico de Oz* e a Samantha da clássica série de tevê *A Feiticeira*; ou o diretor da ação, como o shakespeariano Próspero (de *A tempestade*), que intervém nas situações problemáticas para acertar as coisas. Produtos de limpeza como Ajax e o "cavaleiro branco" promovem sua capacidade de deixar a nossa casa brilhando, enquanto gurus culturais como Deepak Chopra nos ensinam a pensar de maneira correta para nos tornarmos saudáveis e bem-sucedidos. Às vezes a magia está apenas na energia de persistir, como vemos no extraordinário sucesso do Energizer Bunny, que parece mágico porque "continua sempre ativo".

Hoje em dia, inúmeros anúncios se aproveitam dessas imagens, alguns de maneira séria e outros com humor. O American Indian College Fund veicula a imagem da aluna que preside o conselho estudantil, vestida com todos os paramentos da curandeira

> O Mago é também conhecido como visionário, catalisador, inovador, líder carismático, mediador, xamã, agente de cura ou curandeiro.

tribal, dançando nas pradarias para deixar claro que os tradicionais valores espirituais indígenas governam sua escola. Em uma abordagem mais leve, a McAfree.com (um gerenciador de PC on-line) mostra a imagem de uma anciã lendo um texto antigo e rodeada de velas acesas. A mulher parece estar envolvida em algum tipo de encantação, com a legenda confirmando ao observador: "Computadores iluminados. Não é preciso bruxaria." Há algo tão miraculoso nas tecnologias modernas que elas quase exigem uma identidade de marca mágica, embora as empresas que as vendem não necessariamente queiram ser identificadas com as imagens mais bizarras associadas ao arquétipo.

Às vezes o poder mágico de uma marca é comunicado negativamente — ou seja, mostrando como a vida seria sem essa marca. Por exemplo, a JBL (fabricante de sistemas de alto-falantes) veiculou um anúncio mostrando um campo vazio, só a grama, com a legenda: "Como seria o som de Woodstock sem a JBL? Muuu." O resultado mágico da moderna tecnologia do som é evocado com toda força, pelo simples expediente de imaginar sua ausência.

Quando o arquétipo do Mago está ativo nos indivíduos, eles são catalisadores da mudança. Confiando na sincronicidade (a coincidência significativa), eles esperam que, se fizerem sua parte, o Universo os atenderá. Para o Mago, a consciência precede a existência. Portanto, se você quer mudar o seu mundo, comece mudando suas próprias atitudes e comportamentos. As pessoas que têm um Mago interior ativo valorizam a experiência, buscam ajuda espiritual e, no melhor dos casos, se empenham para ser fiéis à orientação espiritual.

Também é típico dessas pessoas compreenderem, em um nível profundo, como a consciência funciona e, por isso, elas são capazes de influenciar os outros de modo tão eficaz. O arquétipo do Mago, portanto, é muito forte nos políticos carismáticos, nos líderes empresariais e, na verdade, em todo o campo do marketing, que trabalha com a influência da consciência humana sobre o comportamento.

Você vê o potencial negativo do Mago nas histórias dos feiticeiros malvados que usam seu poder para impor sua vontade às vítimas que de nada suspeitam. Essas imagens pouco lisonjeiras aparecem no marketing e na propaganda de hoje, nas pessoas envolvidas com a propaganda subliminar ou naquelas que tentam iludir os outros e forçá-los a fazer coisas que vão contra suas idéias. A imagem negativa do Mago também se mostra nos líderes políticos carismáticos que usam seu poder para cativar: não para trazer à tona o lado melhor das pessoas e sim para promover objetivos fascistas e racistas. Essa armadilha negativa que existe dentro do arquétipo do Mago pode ser vista em qualquer indivíduo que use sua inteligência para manipular os outros, em vez de se comunicar com eles.

MasterCard: Uma obra-prima do marketing

A MasterCard tem uma maravilhosa campanha publicitária que apresenta momentos mágicos. A maioria dos anúncios justapõe aquilo que não tem preço às coisas que a MasterCard realmente deixa você comprar. Por exemplo, um anúncio diz: "Jantar para 37 pessoas no Chez Marcella: US$ 2.416; um cartão de Feliz 50º Aniversário: US$ 1,95; uma camisola transparente com estampa de leopardo: US$ 45; ainda ser capaz de fazê-la enrubescer: não tem preço."

Com o passar do tempo, essa campanha teve tanto sucesso em ligar a MasterCard aos tais momentos que não têm preço, que agora muitos anúncios já nem contêm coisas que você possa realmente comprar com o cartão. Um desses anúncios diz: "Falar o que pensa: US$ 0; Fazer amigos para a vida toda: US$ 0; Tentar algo novo: US$ 0; Acreditar em você mesmo: US$ 0; Ser jovem: Não tem preço." O bordão recorrente diz: "Há algumas coisas que o dinheiro não compra. Para todas as outras, use MasterCard."

Essa campanha publicitária é brilhante porque possui múltiplas camadas. Na primeira camada está a qualidade mágica que reside na experiência de usar um cartão de crédito. Você tem esse pedacinho de plástico e com ele

---

> **Os níveis do Mago**
>
> **Motivação:** pressentimentos, experiências extra-sensoriais ou sincronísticas
> **Nível 1:** momentos mágicos e experiências de transformação
> **Nível 2:** a experiência de fluxo
> **Nível 3:** milagres, passar da visão para a manifestação
> **Sombra:** manipulação, feitiçaria

consegue obter aquilo que desejar. Não importa que depois você tenha de pagar a fatura. Na experiência do momento, o cartão certamente faz você sentir que pode ter tudo o que deseja — e praticamente em qualquer lugar do mundo. Em segundo lugar, a MasterCard reconhece a ambivalência dos consumidores ante uma cultura materialista e se identifica com experiências mágicas mais verdadeiras que eles podem ter com o cartão. Portanto, você usa o cartão para comprar coisas e vivencia sua conexão com o cartão e com a empresa enquanto instituições associadas a valores e experiências mais verdadeiros e profundos do que aqueles oferecidos pelo materialismo. Ao mesmo tempo, a MasterCard elogia seus clientes, informando-lhes que sabe que há mais dentro deles do que a simples ânsia de consumo. A MasterCard está dizendo: Nós sabemos que você é real, enraizado, autêntico e sabe o que realmente importa na vida; nós também.

Momentos mágicos, experiências transformadoras

Todas as marcas de champanhe, os anúncios recentes do Chanel Nº 5, a Polaroid e outras câmeras instantâneas (capturando "aqueles" momentos) prometem experiências mágicas. O Mago é também o arquétipo preferido dos seminários Nova Era, dos spas, dos restaurantes e hotéis chiques e de muitos produtos para o banho que prometem experiências transformadoras. Um anúncio de banho da Oil of Olay, por exemplo, mostra uma mulher nua, com ar tranqüilo, e diz: "Poucas horas antes de seu casamento e com o encarregado do bufê desaparecido, Kate sente-se espantosamente calma." O slogan é: "Comprovado para transformar seu corpo e seu espírito." Essa associação de produtos de luxo para o banho com a transformação espiritual é bastante comum. Um anúncio da Acqua de Parmy Blu Mediterraneo diz que você deveria "Trazer o spa para casa". Por quê? Porque assim você satisfaz "o desejo moderno de conforto, uma excursão aos seus prazeres mais profundos... aqueles que nascem do equilíbrio perfeito entre o corpo e a alma".

Nas comédias de Shakespeare, os personagens são transformados porque subitamente se encontram fora da cidade ou da corte que define seus papéis e suas identidades. Nos bosques, todas as regras e definições caem por terra. Homens e mulheres freqüentemente usam disfarces do sexo oposto. As pessoas conversam com ninfas e espíritos. De algum modo, no ato final os milagres aconteceram, os problemas foram resolvidos e os amantes se casam. A Anichini, importadora de roupas de cama finas, tem um anúncio maravilhoso que joga com essa tradição. Lençóis estilo Renascença sobre uma bela cama são mostrados em plena natureza cercada de lindos álamos. Uma cama em ambiente inesperado chama a atenção dos consumidores e promete que a magia está a caminho.

Do mesmo modo, a National Park Foundation mostra a imagem de um casal jovem, com seu garotinho, saindo ao encontro do desconhecido em uma bela paisagem natural que promete "10 milhões de acres que não dão a mínima para o alto cargo que você ocupa no escritório". No ambiente natural e selvagem, sem nossos costumeiros papéis e responsabilidades, os milagres da transformação acontecem. Acontecem mesmo.

Alguns anúncios prometem explicitamente passar às mãos do consumidor a consciência do Mago. As histórias de curandeiros indígenas, por exemplo, geralmente os mostram como pessoas que experimentam em primeira mão as leis da natureza. Pessoas que partem na busca de suas visões e descobrem seus mistérios na solidão. O xamã realmente assume a forma de um pássaro ou de um animal e fala sua linguagem, porque está por dentro dos segredos da natureza. A popularidade das narrativas de Don Juan, de Carlos Castañeda, bem como a de muitos outros estudos das tradições xamânicas nas pesquisas Nova Era, reflete a disponibilidade da pessoa comum de levar a sério tais tradições como guias para a vida contemporânea.

Os binóculos Bausch & Lomb conectam-se ao significado profundo deste arquétipo com um anúncio que mostra uma bela paisagem, um homem com os braços abertos e este texto: "Fui despertado pelo toque dos primeiros raios do Sol. Estive nos lugares solitários e encontrei companhia. Flutuei no ar com as águias, fazendo longos círculos. Vi coisas selvagens nas sombras, que para os outros eram um mistério. Rompi os limites impostos por meus olhos morais e vi cada fio da túnica da Mãe Natureza."

Um dos grandes anúncios da Perrier de todos os tempos mostra uma mulher desidratada diante de um leão no topo de uma montanha africana. Quando o leão mostra as presas e ruge, a mulher ruge de volta, com as notas de "I put a spell on you" [fiz um feitiço em você] soando ao fundo. O leão se acovarda e foge. A mulher ergue uma garrafa de Perrier e bebe, triunfante.

Várias bebidas são comercializadas como poções mágicas, seja com propósitos de cura ou revelando a realidade invisível por trás da fachada de ilusão. Um anúncio da Smirnoff mostra objetos vistos através da garrafa de vodca. A flor se torna uma planta carnívora do pântano. A estola de raposa da dama vem à vida e rosna alarmantemente. O fumante cospe fogo enquanto o colar se transforma numa serpente sibilante. Dois imponentes cavalheiros de smoking são transformados em pingüins, enquanto a mocinha acanhada se revela uma verdadeira Medusa. O casal brincando de amarelinha vira uma mulher dominadora, em couro preto, com seu escravo — ouvimos o estalar do chicote. E o inofensivo gatinho preto que passa sorrateiro pela garrafa se transforma em uma pantera — seu miado vira um rugido. O anúncio termina com uma foto da garrafa de Smirnoff e as palavras: "Se Smirnoff faz tudo isso ainda na garrafa, imagine o que acontece quando você a bebe."

A magia do caminho mais fácil

Às vezes o anúncio é mais sutil, meramente sugerindo um resultado tão maravilhoso que até parece um milagre. A Zurich Financial Services veicula uma série de anúncios bem-sucedidos nos quais a prometida transformação é quase que totalmente sugerida pelos elementos visuais. Um deles apresenta as palavras "Tempos turbulentos" em grandes letras de forma, mas daí mostra a imagem de um barco à vela, completamente imóvel em águas tranqüilas, com o Sol se pondo ao fundo. Nenhuma imagem poderia ser mais pacífica e tranqüilizadora. A matéria descreve os riscos, as posições a descoberto, a volatilidade e os tumultos da vida econômica moderna, mas daí promete "um porto seguro em tempos incertos: inspire, expire". Em suma, a Zurich promete aos clientes o verdadeiro milagre da calmaria em meio a toda aquela pressão. Outro anúncio semelhante, também utilizando uma linguagem que enfatiza a dificuldade de fazer negócios em tempos turbulentos, mostra a imagem de uma tradicional cafeteria européia, com alguns fregueses bem tranqüilos e relaxados, enquanto os garçons parecem entediados porque não têm quase o que fazer!

A PlaceWare Web Conferencing oferece a imagem complexa de dois aviões sendo levados (como numa tela de computador) para o ferro-velho, tendo ao fundo um desenho antiqüíssimo da Terra que faz lembrar aqueles esboços da alquimia. O texto promete alívio da pressão como resultado do milagre da tecnologia moderna: "Esta reunião é apenas para falar de reuniões. Existe uma maneira totalmente nova de fazer reuniões. Não envolve aviões, trens ou automóveis. Tudo o que você precisa é um navegador da internet e um telefone. Com PlaceWare, você pode fazer reuniões e apresentações vivas e interativas, com até 2.500 participantes, na internet... Pense nisso a próxima vez que se encontrar preso aos velhos padrões."

Usando imagens menos mágicas, a Agilent Technologies também explora a associação com soluções milagrosas, escrevendo: "Mais vias expressas, menos fúria nas estradas. Congestionamentos, conexão interrompida na internet. Desânimo. Batidas. Parece que lá fora é sempre a hora do rush. Mas com os sistemas e tecnologias da Agilent, as grandes redes de comunicações do mundo se movem mais depressa, são mais manejáveis, evitam problemas e se fundem sem esforço. Boa viagem."

A genialidade desses anúncios está em que o consumidor é inicialmente atraído para eles por causa da discrepância entre as imagens visuais e o texto em grandes letras de forma. Na antiga tradição da alquimia, a mágica ocorria quando elementos opostos eram juntados e unificados. Do mesmo modo, na química moderna — você lembra do laboratório de química no colegial? — as mudanças ocorrem quando duas substâncias se unificam devido à presença de uma terceira, o agente catalisador. Nos anúncios, esse agente é a mente do consumidor. Essa idéia de uma terceira coisa, inerentemente mágica, é retomada por um poderoso anúncio do Mago veiculado pela Saturn (embora sua identidade de marca costumeira seja o Cara Comum) para promover o cupê de três portas: "Em algum lugar entre o pão fatiado e a farinha de aveia instantânea, está a terceira porta."

Um fantástico comercial bem-humorado mostra um monge trabalhando à luz de velas, meticulosamente copiando à mão um manuscrito com as margens cheias de iluminuras, enquanto ao fundo se ouve canto gregoriano. Quando termina, ele mostra o manuscrito ao seu superior, é elogiado pelo bom trabalho e desafiado a produzir outras 500 cópias. Depois de uma rápida viagem à máquina Xerox, o monge produz todas as cópias solicitadas. O superior levanta os olhos ao céu e anuncia: "É um milagre."

Visão e manifestação

Magia é a tecnologia para tornar os sonhos realidade. A American Express Gift Cheques oferece a imagem de um cheque da American Express, em belo embrulho para presente, dizendo: "Quero que o seu desejo de aniversário se realize (apesar de eu não saber qual é esse desejo)." Desse modo, os cheques se posicionaram como uma tecnologia mágica da manifestação.

Os Magos criam de dentro para fora. Desde a publicação de *The Hero Within*, de Carol Pearson, uma infinidade de livros, desde *The Warrior Within* até *The Child Within*, tem ajudado as pessoas a aprender a transformar sua vida interior por meio da evocação das capacidades arquetípicas latentes. E agora essas idéias estão passando, de maneira leve e bem-humorada, para a propaganda. Um anúncio do Honda Accord diz:

> *Você pergunta a si mesmo se tem realmente um potencial Accord. Mas nós acreditamos que dentro de cada pessoa existe um belo e forte Honda Accord. O que posso fazer, pergunta você, para desencadear essa qualidade "Accord" [acordo, harmonia] interior? Eis aqui uma técnica infalível. Praticada por muitos atletas profissionais e executivos de alto escalão, ela é chamada de*

visualização. Você simplesmente fecha os olhos e se vê como o Honda Accord.
Você é um líder. Você está no controle. Você é confiável. Você se tornará mais
semelhante ao Accord a cada dia. Tente. Funciona!

O anúncio, é claro, joga com o fato de que a confiança do arquétipo do
Mago na visualização, enquanto precursora da auto-realização, tornou-se
lugar-comum. Embora a matéria seja claramente brincalhona, ela também
permite que a Honda elogie o Accord de uma maneira que não é repelente.
Ao sugerir que os consumidores se identifiquem com o Accord, o anúncio
os está cumprimentando por serem líderes — no controle e confiáveis. Essas qualidades, então, se associam ao carro.

A capacidade de realizar os próprios sonhos também está ligada a certa
associação amistosa com o meio ambiente. O psiquiatra C.G. Jung cunhou o
termo "sincronicidade" para indicar as coincidências significativas pelas
quais se conectam os mundos interior e exterior. Um exemplo: você pensa
naquela amiga que não vê faz muito tempo e de repente o telefone toca e lá
está ela, procurando por você. Ou, como ocorreu com uma das pacientes de
Jung: ela havia sonhado com um escaravelho e, exatamente quando estava
contando o sonho a Jung, apareceu um escaravelho na janela do consultório.
Quando esse tipo de coincidência acontece, sempre parece miraculosa.

Um comercial mágico do Volkswagen Jetta mostra todos os elementos
do mundo externo — incluindo o salto de uma bola — acontecendo no mesmo ritmo dos limpadores de pára-brisa. Essa experiência de ver o exterior e
interior em sincronia é também um sintoma daquilo que Mihaly Csikszent-
mihalyi (em *Flow: The Psychology of Optimal Experience*) chama de "fluxo",
uma condição que ele identifica com a conquista da felicidade na maioria
das pessoas.

Claro que o termo "fluxo" também descreve os movimentos fluidos do
atleta que não apenas sonha com o sucesso, mas o realiza. A Reebok capturou toda a morfologia desse termo em sua "campanha de fluxo", que inclui
anúncios com esta definição:

> *Fluir v. (flui, fluido, fluindo) 1. Mover-se ou correr suavemente, à manei-*
> *ra característica de um fluido. 2. Prosseguir com firmeza e facilidade. 3. Exi-*
> *bir um estilo ou uma continuidade naturais e graciosos: A cadência do poe-*
> *ma fluía graciosamente. Fluxo s.m. 4. Desempenho evidentemente fácil e*
> *sem esforço. 5. Foco mental nas metas ou realizações. 6. Que se caracteriza*
> *por uma confiança natural: "Dê-me um atleta com experiência, dê-me outro*
> *com treinamento, mas ponha meu nome no atleta que tem fluxo."*

O slogan da DuPont, "Os milagres da ciência", celebra as maravilhas da
tecnologia atual. Um anúncio que começa com o texto "sonhos que se torna-

ram realidade" mostra um pai com a filha no colo e a "lista de coisas a fazer pelo bem do planeta". A lista inclui o seguinte item: "6. Desenvolver remédios que combatam o HIV *[feito]* (Continuar desenvolvendo remédios ainda mais avançados. Eu adoraria ver o dia em que ninguém tenha essa doença.)"

Nos tempos antigos, o Mago — como xamã, curandeiro, feiticeira ou parteira — era o agente de cura. Hoje temos as drogas milagrosas. A Bristol-Myers Squibb ("Esperança, Triunfo e o Milagre da Medicina") veiculou este anúncio:

> *O pequeno milagre mostrado à esquerda é Luke Davie Armstrong, de quatro meses de idade. O outro milâgre à esquerda é o papai dele, Lance. Vencedor do Tour de France de 1999, com seus 3.680 quilômetros. E vencedor de uma batalha ainda mais dura — contra o câncer testicular. Na época em que a doença de Lance Armstrong foi diagnosticada, o câncer já tinha se espalhado para os pulmões e o cérebro. Mas com um regime de três drogas cericidas da Bristol-Myers Squibb, os médicos primeiramente trabalharam com Lance para controlar o câncer. Depois, para derrotá-lo. Há mais de três décadas a Bristol-Myers Squibb está na vanguarda do desenvolvimento de remédios para o câncer. Hoje, os avanços no tratamento tornam possível o tipo de milagre mostrado aqui.*

Este é um dos princípios básicos da magia: "Assim como é acima, é embaixo, o universo está em um grão de areia." A Aether mostra a imagem de um dedo quase tocando uma Terra em miniatura e diz: "Estamos movendo o mundo dos negócios... daqui [o globo] para aqui [seu dedo]." Esse anúncio mágico então promete: "Hoje você pode segurar o poder do escritório, da internet, do e-mail e do comércio eletrônico na palma de sua mão. Dentro de casa ou ao ar livre. Sem fios."

Os antigos alquimistas, além disso, consultavam livros de sabedoria que lhes ensinavam tudo o que eles precisavam saber para manifestar suas visões. A primeira campanha de promoção das Yellow Pages [Páginas Amarelas], "Deixe seu dedo fazer a caminhada", apresentava um homem em um sebo procurando o velho e pouco conhecido livro de J.R. Hartley sobre pesca com moscas. Derrotado em seus esforços naquele sebo e em outro e mais outro, ele volta para casa, onde a filha lhe traz as Yellow Pages. Quando deixa seus dedos fazerem a caminhada, o homem finalmente tem sucesso. Essa campanha publicitária, que durou mais de uma década, posicionou as Yellow Pages como uma fonte de informações tão fácil que até parecia mágica em sua capacidade de conectar os consumidores com as pessoas ou empresas das quais necessitavam para que seus sonhos se tornassem realidade.

A re-espiritualização da sociedade e do comércio durante as duas últimas décadas do século XX, bem como o marketing dos produtos e serviços Nova Era, demonstram a vitalidade palpável do arquétipo do Mago no mundo de hoje. Os exemplos incluem filmes e livros metafísicos, o tamanho das seções Nova Era e Metafísica nas grandes livrarias, fitas de áudio Sounds True, a New Dimension Radio e o Wisdom Channel, os catálogos Nova Era e o sucesso de inúmeros indivíduos que trabalham com a espiritualidade: professores, gurus, líderes de workshops e consultores organizacionais.

A organização do Mago: Lucent Technologies

A organização do Mago utiliza tecnologias de vanguarda nas estruturas de consciência, de comunicações e organizacionais. As organizações do Mago são impelidas pela visão, buscando consenso sobre valores fundamentais e resultados desejados, e então maximizando sua flexibilidade na conquista dessas metas. Algumas delas tiram a ênfase da hierarquia e até mesmo apresentam equipes auto-organizadas. As pessoas precisam dessa autoridade local para poder aproveitar os benefícios da serendipidade quando esta inevitavelmente ocorre. É típico que os empregados se gabem de "tirar coelhos da cartola" todo santo dia. Eles também reclamam que, quando um milagre está para acontecer, nem têm tempo de comemorar. Com o passar do tempo, o resultado poderá ser a fadiga nervosa; mas, se eles aproveitarem cada oportunidade para celebrar e sentir gratidão, suas energias simplesmente continuam a crescer.

Quando a Lucent Technologies (anteriormente Bell Labs) se desligou da AT&T, era conhecida como uma empresa inovadora, porém mais ligada à pesquisa básica do que às aplicações práticas. A gerência determinou que a nova linha de negócios começaria do zero, sem trazer qualquer bagagem da cultura da AT&T. Esse novo empreendimento, liderado por um grupo experimental em Mount Olive, Nova Jersey, ilustra as estratégias da organização do Mago. A nova ordem da empresa era "Criar um novo negócio, cuja prioridade absoluta será velocidade, custo e qualidade — de qualquer modo que vocês escolherem". Todas as estruturas eram consideradas temporárias. O que as manteria unidas era o simples conjunto básico de princípios: "Nós vivemos com velocidade, inovação, qualidade; com um forte senso de responsabilidade social; com um profundo respeito pela contribuição de cada pessoa; (...) com integridade e receptividade" e com "a obsessão de servir aos nossos clientes." Os novos empregados realmente assinavam esse documento com um senso de formalidade ritual, até mesmo usando uma caneta especial.

No início havia poucas estruturas. Os empregados se organizavam em torno das tarefas e determinavam o que fazer e como fazer. Os engenheiros se reuniam ao redor de uma mesa enorme, escrevendo furiosamente nos quadros pendurados em toda a sala. Mais tarde, quando o número de empregados tornou impossível essa organização informal, eles estabeleceram uma espécie de linha de produção, transferindo as pessoas de uma tarefa para outra a fim de garantir que elas nunca se entediassem e conservassem a vivacidade mental, e permitindo que os operários especializados organizassem seus próprios turnos de trabalho. Além daquela afirmação dos princípios básicos, a única regra era que não haveria regras. Cada empregado podia ligar seu computador, consultar as normas de procedimentos e alterá-los se não estivessem funcionando.

Os empregados criaram um "quadro de avisos urgentes" para informar a qualquer um que tivesse algum tempo extra onde poderia dar uma mãozinha. Os resultados do experimento de Mount Olive foram espetaculares. Thomas Petzinger, realçando-os em seu livro *The New Pioneers*, assim os resumiu:

> *Em seus primeiros anos, Mount Olive nunca perdeu o prazo de um único pedido, nem uma só vez. O tempo decorrido entre a concepção de cada nova versão de um produto e os primeiros embarques era de espantosos nove meses (...) e logo passaria para seis meses — comparado com os dezoito meses da média da indústria. No produto, o custo da mão-de-obra ficava na média de 3% e tendia a baixar ainda mais (...) Cada funcionário da fábrica sabia o nome de cada cliente, o andamento de cada pedido e a identidade de cada concorrente. Os pedidos entravam aos borbotões — de Porto Rico, Coréia do Sul, Tailândia, Canadá e, o maior de todos, um negócio de oito bilhões de dólares da Sprint.*[1]

Os resultados do experimento de Mount Olive revolucionaram a Lucent Technologies, ajudando a empresa a se tornar uma organização mágica.

O marketing mágico, o gerente Mago

Em uma economia de pleno-emprego, onde as pessoas têm acesso infinito à informação através da internet e outros meios, e onde as pessoas esperam não só um simples emprego mas uma carreira gratificante, tanto o marketing quanto o gerenciamento precisariam ser redefinidos. Os empregos não são escassos. A informação não é escassa. O dinheiro não é escasso. Nem mesmo produtos e serviços baratos com alta qualidade são escassos.

---

1. Thomas Petzinger Jr., *The New Pioneers: The Men and Women Who Are Transforming the Workplace and Marketplace* (Nova York: Simon and Schuster, 1999), pp. 175-177.

Bem, nesse contexto, de que as pessoas precisam? Elas não têm tempo ou significado suficientes. Portanto, para que as pessoas partilhem seu tempo com você — como clientes ou empregados —, você precisa lhes proporcionar um significado palpável. Você pode atrair clientes potenciais associando seus produtos ou serviços a valores que são caros ao coração deles. Para fazer isso, você precisa acreditar genuinamente em alguma coisa. Assim como o marketing do Herói, o marketing do Mago começa com o conhecimento daquilo em que você acredita.

Os relógios de pulso, observa Rolf Jensen (*The Dream Society*), são muito acurados e confiáveis. Se você quer um relógio que informe a hora certa, o preço é US$ 10 — a não ser que você esteja atrás de uma história. Se o relógio de pulso vai apelar para o coração do cliente — evidenciando certo estilo de vida, status ou aventura —, o preço sobe para US$ 15.000. É por isso que a empresa dá prêmios aos clientes que contam a história da Rolex por meio das realizações deles próprios.[2]

A essência da magia pode ser definida como a capacidade de afetar a consciência das pessoas e, assim fazendo, afetar seu comportamento. No mundo do passado, a informação era escassa. Como as pessoas tinham sede de informações, não era muito difícil fazê-las se concentrar no comercial que você veiculava. Hoje em dia, quando as pessoas estão expostas a uma sobrecarga de informações e a mais de 3.000 mensagens comerciais por dia, o problema é fazer com que elas cheguem a notar sua mensagem, quanto mais recordá-la.

Também sabemos que nossa mente humana nos impede de ser esmagados pelos estímulos, filtrando grande parte do que chega até nós — incluindo os anúncios. Esse processo de "censura" não é aleatório. Na verdade, nós selecionamos, para dar-lhes atenção, as informações que são relevantes para os nossos interesses e que se encaixem na estrutura da nossa mente. Eis um modo fácil de confirmar esse fato: quando você aprende uma palavra nova, você passa a ouvi-la em toda parte. Não é que agora a palavra esteja sendo usada e antes não existisse. Mas agora você a nota, enquanto antes nem a percebia.

Os arquétipos são os "atratores estranhos" da consciência.[3] Você atrai os clientes quando sua mensagem é coerente com um arquétipo que seja dominante ou esteja emergindo na consciência deles. O gerente Mago compreende que os arquétipos que dão a identidade de marca a uma empresa também governam a estrutura de sua cultura organizacional. Ele também sabe que vo-

---

2. Rolf Jensen, *The Dream Society* (Nova York: McGraw-Hill, 1999), p. 35.
3. Ver John R. Van Eenwyk, *Archetypes and Strange Attractors: The Chaotic World of Symbols* (Toronto, Canadá: Inner City Books, 1997) e Michael Conforti, *Field, Form, and Fate: Patterns in Mind, Nature, and Psyche* (Woodstock, CT: Spring Publications, 1999).

cê não consegue criar uma empresa que atraia e conserve os empregados mais capazes a menos que você lhes ofereça um significado, do qual eles possam extrair gratificação no trabalho. Desse modo, os líderes e as organizações do Mago podem evocar qualquer um dos arquétipos, ou todos eles, como parceiros estratégicos, invisíveis porém poderosos, para gerenciar o nível do significado em todos os aspectos do trabalho contemporâneo.

Jensen, portanto, alerta os executivos para que não vejam as organizações contemporâneas em termos de entidades legais, de lucros, de instalações ou de qualquer outra coisa realmente tangível. E elas tampouco são hierarquias. Assim como os cidadãos vêem a si mesmos como iguais, e não como súditos, os empregados modernos esperam compartilhar a tomada de decisões. Para atrair e conservar seus empregados, você precisa gerenciar um drama emocional que seja irresistível e faça as pessoas quererem ficar. "Se o drama é fascinante, muita gente vai querer entrar na dança", diz Jensen. "Afinal de contas, os frios números da empresa nada fazem para refletir as batalhas por contratos e clientes que são constantemente perdidas e vencidas. Os números não refletem as idéias e inovações que são chocadas em reuniões criativas. Acima de tudo, o balancete desprovido de emoções não reflete a interação social — os conflitos, as amizades, a colaboração e as ciumeiras. O balancete revela a vida da empresa tanto quanto uma mera contagem de palavras revelaria os sonetos de William Shakespeare."[4]

Na organização do Mago, o segredo do sucesso não está no gerenciamento do dinheiro, mas no gerenciamento da consciência dentro de um contexto que hoje focaliza radicalmente a relação entre iguais. Agora que a informação não é escassa, as decisões empresariais e sociais deixaram de ser tomadas apenas pelos líderes; elas surgem de uma conversação cultural que resulta na formação de um rápido consenso. A medicina moderna afirma que nosso corpo funciona assim. A mente não diz ao estômago o que ele deve fazer. O estômago tem uma inteligência que reconhece o alimento e decide como digeri-lo. As diferentes partes do nosso organismo estão em comunicação constante para manter o equilíbrio, defender-se de corpos estranhos e sinalizar necessidades (como a fome, a sede e a fadiga).

Ao mesmo tempo, os biólogos afirmam que espécies inteiras moderam seus comportamentos para se ajustar às mudanças das circunstâncias; segundo a Hipótese Gaia, as margaridas mudam de cor para absorver ou refletir a luz — com isso, elas aumentam sua própria taxa de sobrevivência e ao mesmo tempo alteram realmente a temperatura da Terra. A inteligência deixou de ser entendida como um "caminho de cima para baixo" — na medi-

4. Jensen, p. 135.

cina, na biologia e nas organizações de vanguarda. É por isso que estudiosos do desenvolvimento organizacional como Peter Senge, do MIT (*A quinta disciplina*), enfatizam a importância de que as organizações se tornem sistemas de aprendizado. Não é apenas que a gerência precise estar aprendendo continuamente; em vez disso, todas as pessoas em todos os níveis precisam estar aprendendo e continuamente comunicando aquilo que aprendem a todas as outras partes do sistema.

Foi assim, claro, que o Muro de Berlim caiu e a CIA só soube do fato pela mídia. Algo novo está radicalmente em andamento. O que isso quer dizer é que o sucesso da sua marca depende de um consenso cultural sobre o valor dela. Não é mais possível controlar as informações que o público tem sobre você. Mesmo que consiga manter as informações discrepantes fora dos jornais, você não conseguirá mantê-las fora da internet. A magia, aqui, é influenciar a consciência sem fazer uso dos meios de censura ou controle.

O marketing para Magos

Segundo um estudo de marketing feito por Paul Ray, existe hoje uma emergente força de consumidores que ele descreve como "os Criativos Culturais" — esses grupos compartilham a crença mágica de que são os criadores de suas próprias vidas, em um processo pelo qual a consciência molda a realidade concreta.[5] Enquanto consumidores e enquanto empregados, esses indivíduos mágicos acreditam que você é tão importante quanto o for a qualidade dos produtos ou serviços que você oferecer. Ao comercializá-los, portanto, você está sempre vendendo você mesmo, seus valores e sua própria consciência. E é claro que, como muitos desses novos consumidores estão conversando na internet com seus empregados e com outros clientes, eles provavelmente descobrirão qualquer discrepância entre aquilo que sua organização advoga e aquilo que ela realmente faz.

No marketing eficaz para os Magos, é essencial que você primeiramente se dedique a uma auto-reflexão que lhe permita identificar quem você é, o que você valoriza e o que você quer realizar no mundo. Se então você puder reconhecer o arquétipo que mais bem captura seus comprometimentos internos e desenvolver estratégias de marketing que sejam coerentes com esses comprometimentos, você atrairá pessoas que estão alinhadas com sua consciência e com seu produto ou serviço. O resultado é comercializar uma espécie de magia.

---

5. Paul Ray, *The Cultural Creatives: How 50 Million People Are Changing the World* (Nova York: Harmony Books, 2000), passim.

Tudo o que você fizer então deverá reforçar aquele arquétipo, que começará a servir como um ímã para organizar todos os "dados" que os clientes, fornecedores e empregados têm sobre você. Os próprios filtros internos deles provavelmente descartarão o resto — a menos que (como no caso dos escândalos organizacionais) a informação seja uma antítese tão ostensiva à identidade declarada por você, a ponto de chamar atenção para a discrepância. Sua identidade arquetípica poderá então se expressar não só nos anúncios, mas também no desenho e colocação do produto, como parte de sua identidade organizacional, no seu website, nos discursos executivos, nas políticas internas da sua empresa e nos programas de orientação para os novos empregados. A congruência daí resultante atrairá os Magos até você.

Lembre-se também de que os Magos são motivados pelo desejo de transformação pessoal e pela oportunidade de mudar as pessoas, as organizações e a época. Os Magos apreciarão se você lhes oferecer experiências transformadoras. Mas o maior lucro surge quando você consegue ajudar um cliente a se aperfeiçoar a si mesmo. De um modo bem cotidiano, você vê esse princípio em ação no sucesso dos Weight Watchers [Vigilantes do Peso]. Jean Nidetch, uma dona de casa com excesso de peso que descobriu que reunir as amigas para se apoiarem mutuamente na dieta ajudava a eliminar os quilos extras, foi quem fundou a Weight Watchers International em parceria com o empresário Albert Lippert. Eles venderam as franquias por preço baixo, em troca de 10% do bruto, e rapidamente fizeram fortuna. Nos Weight Watchers, as pessoas são potencializadas para se transformarem de gordas em magras, e também se sentem bem ajudando a melhorar a vida dos outros.

As marcas do Mago e os profissionais de marketing do Mago sabem que se você der (ou vender) um peixe para as pessoas, elas terão o que comer naquele dia. Ensine-as a pescar e elas não só terão sempre o que comer, mas também serão fiéis a você — para sempre.

E aqui precisamos acrescentar uma nota de alerta. Em um passo mais avançado, testemunhamos o efeito libertador de dois movimentos à nossa volta: o feminismo e a Nova Era. Os papéis sexuais mudaram radicalmente. A maioria das pessoas defende a igualdade de direitos. As atitudes e perspectivas Nova Era hoje fazem parte da corrente dominante. Ao mesmo tempo, muita gente se dissocia do feminismo e da Nova Era porque o público passou a identificar esses movimentos com seus componentes extremistas e até mesmo bizarros. A questão, aqui, é que as posições extremistas e os acontecimentos, atitudes e anúncios incomuns, chocantes ou perturbadores forçam nossa atenção, mas em última análise não alicerçam nossa identificação com uma causa ou um produto.

Tanto o movimento feminista quanto o movimento Nova Era foram transformadores, mas nenhum deles controlou sua identidade de marca arquetípica. Como resultado, a mídia definiu essa identidade por eles. É importante lembrar, portanto, que você pode forçar a atenção das pessoas com um anúncio extremista ou perturbador, mas esse fogo de palha trabalhará contra você no longo prazo, a menos que seja coerente com uma sólida identidade de marca arquetípica.

Como resultado do movimento feminista, a vida de milhões de mulheres — de todas as classes, raças, grupos étnicos e campos profissionais — mudou de maneira positiva. Hoje em dia, é mais provável que as mulheres tenham uma carreira bem-sucedida; que ocupem cargos políticos; que sejam levadas a sério pela família, os amigos e colegas de trabalho; e mesmo que tenham vida sexual mais gratificante do que antes do movimento. O arquétipo intrínseco ao movimento feminista era o Mago. Contudo, o arquétipo que a

---

O Mago pode ser uma boa identidade para sua marca se:

- o produto ou serviço é transformador.
- sua promessa implícita é transformar o consumidor.
- o produto apela para os consumidores Nova Era ou para os Criativos Culturais.
- ajuda a expandir ou ampliar a consciência.
- é uma tecnologia amiga-do-usuário.
- possui um componente espiritual ou psicológico.
- é um produto novo e muito contemporâneo.
- tem preço de médio a alto.

---

mídia associou ao movimento tornou-se o da furiosa queimadora de sutiãs — uma imagem Fora-da-lei que não tinha atrativo para a maioria das mulheres.

Quando fizer marketing para os Magos ou candidatos a Mago, evite a tentação de forçar a atenção com elementos perturbadores e chocantes. Reserve um tempo para desenvolver uma identidade que esteja alinhada com a verdade de seu propósito transformador. Não é preciso que sua mensagem seja destruída por imagens desagradáveis vindas da mídia, dos concorrentes ou de outros grupos. O antídoto é ter uma personalidade de marca arquetípica suficientemente forte para vencer a publicidade negativa dramática. Quando o Pillsbury Doughboy apareceu como um espírito maligno em *Ghostbusters: Os caça-fantasmas*, a identidade Inocente da marca permaneceu intacta. Esse é o poder da marca arquetípica.

PARTE

IV

Nenhum homem (ou mulher) é uma ilha

Cara Comum, Amante, Bobo da Corte

Desde as primeiras reuniões dos habitantes de cavernas e tribos até as populares salas de bate-papo virtual de hoje, o desejo humano de se conectar, interagir e pertencer a um grupo tem sido um impulso primordial. Três arquétipos nos ajudam a atender tal necessidade, fornecendo um modelo ou estrutura para isso. O arquétipo do Cara Comum ajuda a acionar os comportamentos e perspectivas que nos permitem adquirir o senso de adequação suficiente para sermos parte do grupo e a capacidade de ver o valor de todas as pessoas, não só daquelas que se destacam. O Amante auxilia no processo de nos tornarmos atraentes para os outros e também nos ajuda a desenvolver as aptidões para a intimidade emocional e sexual. O Bobo da Corte nos ensina a viver com leveza, a viver no momento presente e a desfrutar a interação com os outros sem nos preocupar com o que eles possam pensar. Os símbolos e marcas que incorporam esses arquétipos são poderosos porque expressam e afirmam um senso crítico de amabilidade, popularidade e conexão.

Os três arquétipos são os mediadores de tipos de vulnerabilidade bem diferentes daqueles que se relacionam à nossa necessidade de mestria, controle e poder. Em vez de se preocupar em causar impacto no mundo, o in-

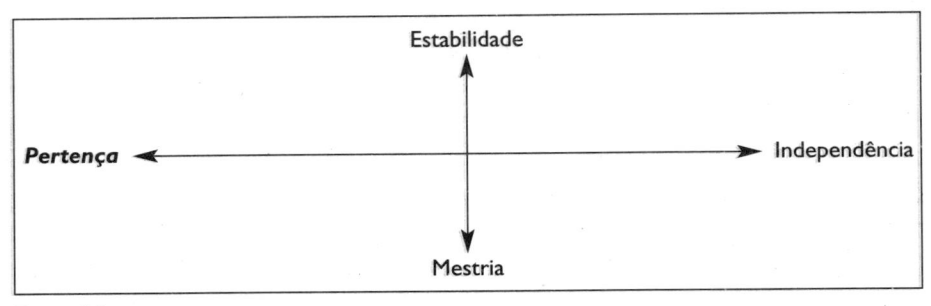

Figura 4.1

dividuo reflete sobre estas questões: Eu sou agradável? Atraente? Engraçado? Será que as pessoas vão me aceitar? Posso fazer parte do grupo e continuar sendo eu mesmo? Como eu encontro o verdadeiro amor? E como eu acerto minha vida para poder desfrutá-lo?

A imensa popularidade dos talk shows da tevê e do rádio ajuda a esclarecer o apelo desses arquétipos, apesar de — ou talvez *por causa* de — nossa sociedade cada vez mais individualista. O público pára para ouvir outras pessoas comuns (não especialistas) falarem, expressarem suas opiniões e divulgarem queixas e questões. O público assiste religiosamente aos talk shows para conhecer histórias reais de amor e traição (o Amante) ou para partilhar seu tempo com um Bobo da Corte noturno como Jay Leno. O "pequeno Bobo da Corte", David Letterman, impulsionou seu ibope em queda com uma cirurgia cardíaca. Essa combinação do Bobo da Corte com a vulnerabilidade do Zé-povinho despertou um apoio entusiástico e reacendeu a lealdade dos telespectadores já desinteressados.

Os consumidores em quem esses arquétipos são fortes sentem-se particularmente atraídos para as marcas que os ajudam a se conectar com as outras pessoas. Mas a natureza e a forma adotadas por essa conexão assume dimensões inesperadas. Durante a década de 1960, colegiais de classe média começaram a usar macacões de lavrador, como meio de dizer que queriam se identificar com a classe trabalhadora "não corrompida". Uma proporção surpreendente de donos de pianos Steinway escolheu dirigir o despretensioso Subarus. Os yuppies urbanos são os leitores mais prováveis da fofoqueira revista *People*.

É importante lembrar, aqui, que o Cara Comum, o Amante e o Bobo da Corte talvez sejam um foco motivacional mais dominante em alguns consumidores, mas o fato é que todos os consumidores — não importa o que mostrem em seu comportamento de superfície — desejam se unir a outros seres humanos. Na nossa cultura compulsiva, as pessoas geralmente não dispõem de muito tempo para o convívio (e muitas acham que é pura perda de tempo) e, por isso, os indivíduos estão cada vez mais sozinhos. Como resulta-

A emoção especial despertada pelo Túmulo do Soldado Desconhecido expressa o poder pungente do obscuro e anônimo Zé-povinho ou Cara Comum.

do, esses arquétipos têm o poder adicional de nos motivar, porque eles prometem atender às nossas necessidades reprimidas e insatisfeitas. Quanto mais esses três arquétipos são desprezados na cultura, tanto maior é seu poder motivador.

Consideremos, por exemplo, o poder impressionante da sexualidade na Inglaterra vitoriana: tudo o que caía na clandestinidade ganhava poder na psique e no comportamento humano.

10

O Cara Comum

Lema: "Todos os homens e mulheres são criados iguais"

O CARA COMUM DEMONSTRA as virtudes de simplesmente ser uma pessoa comum, igual às outras. Você pode ver a figura dele nas peças moralistas da Idade Média, na idéia do "homem comum" da teoria e retórica política, no impacto emocional do Túmulo do Soldado Desconhecido. A identificação com este arquétipo tem impelido o sucesso de uma longa série de políticos populistas, estrelas de cinema e executivos "com o toque comum".

O Cara Comum é evidente na música country e western, na folk music, nos festivais e carnavais de bairro, nos sindicatos trabalhistas, nos jan-

O Cara Comum

Desejo básico: conexão com
os outros
Meta: pertencer, adequar-se
Medos: destacar-se ou
parecer que está dando ares de
importância, e por isso ser
exilado ou rejeitado
Estratégia: desenvolver sólidas
virtudes comuns, o toque
comum, mesclar-se
Armadilha: abrir mão de si
mesmo para se mesclar, em
troca de uma conexão
superficial
Dom: realismo, empatia,
ausência de vaidade

O Cara Comum também é
conhecido como o bom
companheiro, a garota média, o
Zé-povinho, o homem comum, a
moça da porta ao lado,
o realista, o trabalhador,
o cidadão sólido, o bom vizinho.

tares e nas sitcoms [comédias de situação] que exploram os pontos fracos das pessoas comuns (recorde-se de *All in the Family*, *Roseanne* e *Malcolm in the Middle*).

Quando o arquétipo do Cara Comum está ativo em uma pessoa, ela usará roupas típicas da classe trabalhadora ou outros trajes comuns (mesmo que tenha bastante dinheiro), falará de um modo coloquial e detestará todo tipo de elitismo. O valor subjacente é que todos são importantes, tais como são. Seu credo é que as coisas boas da vida pertencem a todos como direito de nascença, não apenas a uma aristocracia ou mesmo a uma meritocracia.

O Cara Comum é o arquétipo fundamental da democracia, com o preceito básico de "Um homem, um voto". Ele é ainda mais pronunciado em todos os movimentos progressistas. Você pode pensar no compositor Woody Guthrie garantindo ao povo que "This land is your land" [Esta terra é tua terra]. Ele também é crucial para o movimento dos direitos civis, para o movimento feminista, para os direitos dos gays e para qualquer outro movimento que visa estender todos os benefícios da participação social e econômica a um grupo ou classe de pessoas.

Os movimentos de liberação, claro, nos fazem lembrar que na vida real a maioria das sociedades sempre exclui algumas pessoas, por mais amorosa que possa ser sua retórica de inclusão. Nas antigas culturas indígenas, ser exilado ou excluído do grupo significava que você ficaria sozinho na floresta ou no deserto, sujeito a todo tipo de predadores. Na prática, o exílio era equivalente a uma sentença de morte. Mesmo hoje em dia, as pessoas que têm capacidade de comunicação deficiente e são incapazes de se conectar bem com os outros correm maior risco de ficarem desempregadas ou desabrigadas do que aquelas em quem essa capacidade é mais desenvolvida. Todos nós ainda precisamos criar redes sociais de apoio. Na verdade, são essas redes que inevitavelmente posicionam em bons empregos mesmo as pessoas com desvantagens e apóiam seu sucesso subseqüente.

Todo mundo conhece o desespero dos adolescentes para se encaixarem — se não "na turma", pelo menos em alguma turma. Esse senso de solidão ou exclusão — seja em um indivíduo ou em todo um grupo — representa o gatilho para o grande apelo do Cara Comum; não é o desejo de ser especial ou diferente, deste ou daquele modo, mas simplesmente o desejo de se fundir no bando. E, uma vez satisfeito esse anseio, surge a tendência de apenas desfrutar a calma segurança dos hábitos comuns.

Há alguns anos, por exemplo, Margaret Mark realizou uma série de entrevistas nas quais apresentava esta pergunta: "Se você tivesse um fim de semana para explicar a um grupo de estrangeiros quais você acha que são as melhores coisas dos Estados Unidos, o que você faria?" O grupo que ela entrevistou em De Soto, Missouri, uma cidadezinha, nem sequer mencionou a Constituição ou a Declaração de Direitos, o sistema norte-americano de controle mútuo pelas diversas repartições governamentais ou a liberdade de imprensa. Em vez disso, pensaram um pouco e responderam: "Ora, eu preparava um churrasco e convidava os meus amigos e vizinhos!" Fica claro que o simples fato de fazer parte de um grupo de "pessoas normais" sintetizava, para eles, o que de melhor existe nos Estados Unidos.

A filiação a um grupo geralmente se expressa também pelo uso de certos produtos: bonés, camisetas com slogans, adesivos no carro e, mais sutilmente, estilos de moradia, automóvel, traje e alimentação. É interessante observar que nos jogos dos New York Rangers — um time de hóquei profissional que conseguiu se conectar com a torcida no nível do Zé-povinho —, os fãs compareçem uniformemente vestindo a camisa dos Rangers como sinal de apoio; no mesmo estádio do Madison Square Garden, quando jogam os New York Knicks, mais "glamourosos", a maioria dos fãs comparece com roupas comuns de passeio ou, no caso dos executivos, de terno e gravata. Os fãs dos Rangers se conhecem uns aos outros, acompanham mutuamente o crescimento dos filhos, celebram juntos os aniversários. Os fãs dos Knicks, por outro lado, estão unidos apenas pela sorte de terem cadeiras cativas para a temporada ou entradas para aquele jogo. Os Rangers são uma marca do Cara Comum, enquanto os Knicks são mais "heróicos"; os fãs dos Knicks são "admiradores" do time, mais que apoiadores ou "a família". O entendimento dessa diferença tem implicações tremendas sobre as comunicações do Madison Square Garden com cada um de seus concessionários.

A maioria dos norte-americanos ficou espantada quando o presidente George Bush se maravilhou diante da maquineta para leitura dos códigos de barras no caixa de um supermercado ("Por onde esse cara tem andado?!"); mais tarde, um cartum parodiou o presidente: ele dirigia por um gueto paupérrimo e, totalmente fora de propósito, perguntava se alguém tinha a chique mostarda Grey Poupon. Sua fracassada tentativa de ser um Cara Comum deu resultados ainda piores do que se ele tivesse apenas conservado e expressado sua aristocrática identidade do Governante. Como os Knicks,

Bush deveria ter compreendido e alavancado a natureza de seu apelo, em vez de tentar reinventar-se.

Não se dê ar de importância

O Cara Comum quer ser parte da tribo — seja ela uma panelinha, uma classe social, a cultura do local de trabalho, uma igreja ou templo, um clube ou um sindicato. O grupo tanto pode ser aquele "no qual" a pessoa nasceu ou algo bem diferente. De todo modo, o que existe é o desejo de se encaixar tranqüilamente; e, como mostra o exemplo de Bush, o esforço deve ser totalmente bem-sucedido, ou será um fracasso absoluto.

Há uma ausência completa de artificialismo neste arquétipo, pois existe certa tendência ao nivelamento. Por exemplo: pedir cerveja numa festa, em vez de, digamos, uma "vodca on the rocks"; convidar o cliente para correr no parque em vez de lhe oferecer um almoço elegante; usar os populares e confortáveis sapatos Tevas no trabalho quando você é um milionário do Vale do Silício; todas essas escolhas sinalizam de imediato que você valoriza o princípio Zé-povinho e empunha a bandeira com as cores do Cara Comum.

Os Caras Comuns não apenas torcem pelo time da casa; eles torcem pelos pequenos e oprimidos. Eles provavelmente preferem o hóquei ao tênis, a perseverança de Cal Ripken Jr. ao brilhantismo de Michael Jordan, o beisebol das pequenas ligas ao das grandes. Freqüentemente usam o humor para abaixar a crista dos outros. Um anúncio do uísque Glenlivet diz: "Em alguns lugares, os atletas são reverenciados como deuses. Este não é um de tais lugares. Um lugar. Um uísque."

Hoje em dia, as pessoas de sucesso às vezes procuram evitar a inveja revelando de público suas neuroses, seus medos e suas dificuldades. Isso ajuda os outros a lembrar que, por baixo de todo aquele brilho, as estrelas não passam de criaturas iguais a mim e a você. Na série de tevê, Ally McBeal é uma bonita e bem-sucedida advogada formada em Harvard; mas grande parte de seu apelo depende de ela ser tão trapalhona e neurótica como qualquer um de nós. Seinfeld tornou-se uma celebração da vida normal. E mesmo celebridades muito bem ajustadas apresentam suas qualidades cotidianas. Um clássico anúncio da Gap mostrava Montgomery Clift no alto de uma escada, de calças cáqui, pintando uma parede. A questão, claro, é que mesmo celebridades "maiores do que a vida" têm seu lado pé-no-chão. Um forte princípio editorial da revista *People* é mostrar o que existe de extraordinário nas gentes comuns (por exemplo, casais despretensiosos que adotaram crianças deficientes), entremeado com o que existe de "ordinário" nas superestrelas — divórcio, anorexia ou problemas de autoconfiança.

O Cara Comum adora o humor com autocrítica, que afirma aos outros e a si mesmo que ele não se leva demasiado a sério. O uísque Jim Beam veiculou um anúncio com quatro rapazes conversando felizes em um bar. O anúncio dizia: "A vida de vocês daria uma ótima série humorística na tevê." Mas então admitia que a série proposta não seria lá muito interessante: "Claro, teria de ser na tevê a cabo." De todo modo, essa atitude também destacou a verdadeira força deste arquétipo: "Amigos de verdade. Uísque de verdade." A palavra "verdadeiro" é uma das que definem o Cara Comum. Todo artificialismo é suspeito, assim como o desejo de glamour ou luxo.

Apenas os fatos, madame

O Cara Comum odeia artificialismos, propagandas enganosas e pessoas que se dão ares de importância. As marcas do Cara Comum, portanto, quase sempre possuem uma qualidade "caseira" e prosaica, que as faz parecer genuínas. Os exemplos incluem a Perdue e a Wendy's (cujos proprietários aparecem diretamente, com toda sua simplicidade, nos anúncios), a Snapple (cujo primeiro porta-voz foi Wendy, a recepcionista nascida em Queens) e os automóveis Saturn (originalmente comercializados com depoimentos dos operários nas fábricas, dizendo por que acreditavam no carro e na empresa).

Paul Newman sempre desfrutou muito mais durabilidade do que os outros atores bonitões, principalmente porque sua *persona* de Cara Comum, tanto na tela como na vida real, faz milhões de pessoas sentirem que ele seria despretensioso e afável se o encontrassem na loja de ferragens numa manhã de sábado. A Wrangler Jeans protegeu sua identidade de marca do Cara Comum evitando sabiamente o modismo do "designer jeans" e permanecendo o jeans preferido de quem ama realmente o estilo caubói. A empresa está associada aos caubóis, às regiões rurais e aos produtos autênticos, bem-feitos e livres de propagandas enganosas. Filmes como *Ou tudo ou nada*, *Momento inesquecível* e *Waking Ned Devine* celebram o etos do Cara Comum em termos de personagens, padrão dos enredos e produção muito franca e direta.

Os níveis do arquétipo do Cara Comum

Motivação: solidão, alienação

Nível 1: o órfão que se sente abandonado e sozinho, buscando filiação

Nível 2: a pessoa em busca de sua "tribo", que está aprendendo a se conectar, se encaixar, aceitar ajuda e amizade

Nível 3: o humanitário, que acredita na dignidade natural de todos os seres independentemente das capacidades de cada um ou das circunstâncias

Sombra: a vítima que prefere sofrer abuso a ficar sozinha; ou o membro do "bando de linchadores", disposto a praticar qualquer ato a fim de pertencer à gangue

O Indicador Tipológico Myers-Briggs se diferenciou dos vários instrumentos psicológicos pretensiosos e mais caros, tornando-se um campeão de vendas no mundo todo, ao se apresentar como a ferramenta psicológica pessoal e até mesmo explorando o fato de que inicialmente o *establishment* não aceitou sua importância. O VISA, ao se diferenciar da imagem mais elitista do American Express, adotou uma abordagem semelhante, enfatizando a clientela mais comum e o uso onipresente de seu cartão de crédito. Tal como a pessoa comum, o VISA está em toda parte.

Na indústria dos cosméticos, os anúncios do Cara Comum abandonam as imagens evocativas em favor da funcionalidade prática e pé-no-chão. Por exemplo, o creme Nívea mostra o rosto da típica moça-da-casa-ao-lado, com as palavras: "Restaure o controle de rugas da sua própria pele com uma loção." Se você entrar em contato com a maioria dos colégios e universidades convencionais, pedindo informações sobre suas grades curriculares, você recebe peças de marketing multicoloridas em embalagens profissionais. O Miami-Dade Community College, um dos mais bem-sucedidos colégios comunitários do país, lhe envia apenas uma lista dos cursos, num catálogo impresso em papel-jornal. A mensagem é que essa é a escola do povo. É barata, com os pés fincados no chão e sem pretensões.

A dignidade do Homem (ou Mulher) Comum

O Cara Comum é o cidadão sólido que faz a vida funcionar. Nas antigas regiões rurais, pense nos homens que se reuniam para levantar um celeiro, e nas mulheres, reunidas para bordar uma toalha em conjunto. Aquelas pessoas não precisavam gostar dos outros para ajudá-los. Se fossem vizinhos, eram implicitamente partes do clã. Mesmo hoje em dia, é fácil ver o Cara Comum nas pessoas que são hospitaleiras, que prestam um bom dia de trabalho pela paga da diária e que mostram certa confiabilidade sólida e enraizado bom senso.

Muitas dessas qualidades estão associadas ao norte-americano comum e à crença social na eqüidade. A Mutual of America se liga a tais valores usando uma linguagem que explicita a importância da igualdade: "Indivíduos e grupos, empresas e associações — sejam grandes ou pequenos — recebem o mesmo serviço de qualidade e a mesma atenção." A MetLife se torna ainda mais simples, mas com uma mensagem semelhante. Um anúncio típico mostra a moça-da-casa-ao-lado que, descobrimos, dirige um serviço de bufê e vem "de uma longa linhagem de pessoas que não sabem investir". A moça dá seu depoimento: "Eu não sou um daqueles investidores tarimbados. Por isso, quando finalmente venci o medo de entrar no mercado, procurei os conselhos dos profissionais da MetLife. Eles me ajudaram a escolher entre milhares de fundos mútuos, com base no nível de risco que eu aceitava. Eu ainda não sou um 'mago' da Wall Street, mas agora sei que investir não é tão difícil como servir suflê para 400 convidados."

A maioria das marcas do Cara Comum mostra imagens extremamente sadias. Os anúncios da Gap, por exemplo, mostram jovens dançando com total relaxamento e claramente desfrutando o fato de estarem juntos de maneira positiva e alegre. Tais anúncios contrastam implicitamente com os anúncios mais típicos do Explorador, que visam a alienação juvenil, e com os anúncios da Guess e da Calvin Klein, que mostram imagens dos jovens como objetos deprimidos, porém *sexy*. Pessoalmente, nosso anúncio favorito do Cara Comum é o de uma lanchonete dos velhos tempos, a Submarine Sandwiches. O anúncio começava com um grupo de jovens macilentos levando um "papo-cabeça" sobre alienação e ansiando por "mais". De repente, uma saudável figura paterna diz "Comam alguma coisa" e o anúncio continua, colorido, com imagens de enormes sanduíches.

As marcas do Cara Comum também confortam as pessoas, afirmando que elas são OK do jeito que são. Por exemplo, a Just My Size, que oferece roupas de tamanhos grandes, mostra uma moça bonita, mas bastante cheinha, dizendo: "Eu sou irmã. Sou filha. Sou amada. Eu não sou do tipo 50 quilos. Eu não sou tamanho único. Eu sou tamanho 48. Tamanho 50. Tamanho 52. Eu sou bonita. Mais bonita que metade das mulheres deste país. Eu não estou fora da norma. Eu sou a norma. Eu não sou invisível." A August Max Woman envia uma mensagem na surdina, dizendo simplesmente: "Moda de verdade para mulheres como você."

Os anúncios freqüentemente assumem que a necessidade do cliente é bastante básica. A Sleep Motels veicula um anúncio com quatro estrelas, dizendo: "O quarto é barato. Os atendentes são prestativos. O café da manhã é grátis. Isso é tudo que você quer de um hotel." A Quality Inn mostra a imagem da família McCaughey — com seus óctuplos — dizendo: "Nós entendemos de milagres. E o menor deles não é encontrar um bom colchão em um quarto de hotel." Parece que isso é tudo que a família precisa, mesmo com os dez instalados em um quarto, exceto a chance de ganhar a loteria da Quality Inn. O popular guia de restaurantes *Zagat's Guide* incorpora a qualidade do Cara Comum, refletindo as opiniões das pessoas comuns que comem fora, em vez daquela dos avaliadores profissionais.

O Cara Comum é infalivelmente frugal, tenha ou não tenha dinheiro. A GEICO Direct diz: "Você ainda não contratou o nosso seguro de automóveis? Estranho, você não parece rico." Um anúncio da Dryel, veiculado no final de 1999, assegura às pessoas que "No próximo milênio, todos vão cuidar em casa das suas roupas 'só lave a seco'. Ei, já não está chegando a hora?"

O terceiro lugar

O ponto de encontro natural dos Caras Comuns não é o lar nem o local de trabalho. Historicamente, eles se encontravam em lugares públicos que favoreciam as conversas sobre assuntos de interesse geral — esportes, política, fofocas ligeiras ou o tempo. Às vezes, iam a algum lugar simplesmente para se juntarem à multidão ou para se sentarem tranqüilamente lado a lado. No passado, era a pracinha da aldeia, o bar do bairro, a biblioteca pública, a sala do sindicato, os degraus na frente das casas ou apenas o banco na calçada do armazém — espaços públicos onde pessoas que mal se conheciam reuniam-se e desfrutavam a companhia umas das outras. Hoje em dia, as pessoas não se reúnem na frente das casas e os vizinhos têm tantas possibilidades de escolher bares e restaurantes que a reunião num mesmo lugar deixa de ser previsível; a maior parte da vida é vivida na privacidade ou dedicada aos negócios.

O desejo de dispor desse "terceiro lugar" explica o duradouro sucesso da série de tevê *Cheers* ("onde todo mundo sabe o seu nome"). Quando a Barnes & Noble e a Borders viram essa necessidade e criaram espaços para a clientela se reunir, suas vendas aumentaram 18% e 14%, respectivamente (contra a média de 4% das livrarias norte-americanas). A Hardy's compreende que seu propósito não é apenas fornecer refeições rápidas, mas também oferecer um centro comunitário onde pessoas de diferentes idades e classes sociais possam se instalar e se exibir confortavelmente. O arquétipo do Cara Comum também explica a sobrevivência, neste nosso mundo de grandes cadeias e franquias bem-sucedidas, de muitas lojas e restaurantes do tipo familiar — onde a decoração é singela, os estoques ou pratos são medianos, mas você é tratado pelo nome.

Hoje em dia, as salas de bate-papo da internet criam um "terceiro lugar" popular que transcende os limites do tempo e do espaço, transformando em "vizinhos" indivíduos do mundo todo, pelo menos no nível da mente. O fato de que o grupo de usuários da internet que mais cresce se compõe de consumidores mais maduros desafia os estereótipos e fortalece a atração de estar conectado, mesmo em pessoas que agora tenham menos mobilidade do que antes. Nesse caso, é imenso o potencial para as marcas capazes de restaurar a conexão entre as pessoas, mesmo que essa conexão seja apenas virtual.

Uma obra-prima do Cara Comum: O lançamento do Saturn

O lançamento do Saturn se fez sentir como o renascimento do que há de melhor na tradição dos valores sólidos do trabalhador norte-americano. Detroit estava em descrédito, porque fracassara na tentativa de produzir inovações adequadas para enfrentar a concorrência japonesa. Na verdade, o consumidor havia se desassociado a tal ponto da indústria automobilística norte-americana, que a General Motors decidiu lançar o Saturn de uma maneira que anulasse a conexão do carro não só com a empresa-mãe, mas também com a cidade de Detroit. A decisão de transferir a fábrica do Saturn para Spring Hill, Tennessee, assinalou a rejeição dos valores associados à poluição e ao declínio da vida urbana, em favor dos mais tradicionais valores da vida rural.

Além disso, poucas pessoas acreditavam na possibilidade de lançar com sucesso um novo carro e, por isso, o êxito da marca adquiriu uma qualidade Davi & Golias. Este anúncio oferece uma retrospectiva do sucesso da empresa: "Há dez anos, uma empresa automobilística chamada Saturn fez algo que ninguém esperava que ela conseguisse fazer. Ela teve sucesso. E, como todos os que experimentam uma fatia do sucesso, ela desenvolveu o gosto por algumas das melhores coisas da vida. Talvez seja por isso que ela projetou seus novos carros para serem mais rápidos, mais confortáveis, mais luxuosos e, sim, mais caros. Porém não caros demais. Porque, como dissemos, o nome da empresa é Saturn."

Saturno é outro nome arquetípico. É o nome do deus romano da agricultura, que assim dá ao carro associações com a vida rural. O planeta Saturno tem um significado astrológico que está associado à ação prática, realista, lenta e meticulosa. Ambas as associações parecem absolutamente certas para uma marca do Cara Comum. Além disso, pouco antes da fundação da empresa, um jornal de grande circulação publicou uma matéria que revelava o desalento dos cientistas diante do fato de não haver qualquer explicação científica para os anéis do planeta Saturno. O nome, portanto, oferecia um sutil reforço à idéia de que o sucesso da empresa era um tipo de milagre.

A decisão mercadológica inicial de "vender" a empresa, não o carro, teve imenso sucesso. Os comerciais mostravam os operários na fábrica, compartilhando o orgulho pelos padrões de qualidade da empresa e pelos riscos que correram por acreditar em um tipo diferente de empresa automobilística. Os anúncios mostravam funcionários da Saturn recordando os carros de sua infância; falando dos sacrifícios de se mudar para uma região remota que mais parecia esquecida por Deus; comentando o orgulho que sentiam por estar associados a um tipo novo de empresa; observando os primeiros carros saírem da linha de montagem. O que a GM estava fazendo era vender o carro por associação com operários em quem se podia acreditar, homens confiáveis, pessoas de bem.

Os valores norte-americanos subjacentes da honestidade e do trabalho duro estavam claros no testemunho dos operários que compartilhavam a crença na empresa. Compreendendo a vulnerabilidade das pessoas comuns, mais tarde a empresa veiculou anúncios que mostravam famílias da classe trabalhadora, de vários grupos étnicos, expressando sua gratidão pela política de preço único da Saturn e descrevendo suas experiências anteriores e o medo de serem roubados pelas manipulações de revendedoras desonestas.

Inicialmente, a identidade de marca da Saturn foi sólida e coerente, oferecendo a garantia de devolução do dinheiro pago e demonstrando integridade. Quando um fluido de refrigeração defeituoso ameaçou causar danos irreparáveis, a empresa fez o *recall* de 1.836 carros e nunca os revendeu. Compreendendo que o que estava à venda era a pertença, tanto quanto os carros, a empresa patrocinou um encontro de proprietários de carros Saturn (com música country, rhythm-and-blues, um churrasco e tatuagens removíveis), enquanto muitas revendedoras de outras localidades ofereciam piqueniques para aqueles que não podiam viajar até Spring Hill.[1]

Na verdade, muitas revendedoras de várias localidades já patrocinavam eventos para os proprietários de carros Saturn, como a festa do sorvete e o churrasco. Essas revendedoras também se envolviam em atividades locais de caridade, especialmente aquelas ligadas a parques infantis e zoológicos. O compromisso da Saturn no sentido de identificar e satisfazer as necessidades do consumidor foi dramatizado no comercial que mostrava um jovem visitando os *showrooms* da Saturn, no país todo, para comer as rosquinhas ali servidas; ao fundo, viam-se os vendedores da Saturn informando respeitosamente que o jovem gostava das rosquinhas recheadas com geléia. Quando um grupo de revendedoras sugeriu um carro de brinde como incentivo, a Saturn optou por um concurso cujos vencedores ganhariam a viagem até Spring Hill para ajudarem a construir o próprio carro. Esta obra-prima da marca do Cara Comum parecia conter todos os elementos da simplicidade da vida rural, embora fosse coreografada nos mínimos detalhes. E é impossível realizar tal façanha se a cultura organizacional não se encaixar na identidade da marca. Com o passar do tempo, o desempenho da Saturn começou a vacilar, entrando em questão sua lucratividade no longo prazo.

A cultura organizacional do Cara Comum

Nas organizações, o arquétipo do Cara Comum reflete esses mesmos valores e preferências de modo agregado. Com freqüência, seu senso de identidade grupal é forjado no contraste entre elas próprias e algum grupo mais elitista — pense nos sindicatos trabalhistas (e na gerência); pense em empresas de propriedade dos empregados, como a Avis, que estabelece o espírito de equipe ao se identificar com os pequenos ("Nós nos esforçamos mais"); pense em empresas como a VISA, que se distingue de marcas como a American Express com sua imagem mais elitista.

---

1. Jonathan Bond e Richard Kirshenbaum, *Under the Radar: Talking to Today's Cynical Consumer* (Nova York: Adweek Books, 1998), pp. 188-189.

É muito freqüente as empresas do Cara Comum serem de propriedade de seus funcionários, e nelas o traje é mais casual do que o costumeiro na indústria. Os gerentes usam jeans, dispensam a gravata, e conversam amistosamente com os empregados. Se você for a uma reunião com a gerência, talvez não seja capaz de identificar os líderes à primeira vista, porque as diferenças de *status* não são óbvias. Os sindicatos, as associações sem fins lucrativos voltadas para alguma causa e os movimentos políticos progressistas são organizações típicas do Çara Comum, assim como as cooperativas locais de alimentos saudáveis. Em geral, essas organizações compartilham uma forte crença na importância de cada indivíduo e uma forte aversão pela diferenciação indevida entre as pessoas. As decisões são tomadas tão democraticamente quanto possível, dependendo da escala da organização. Em algumas pequenas organizações ou equipes gerenciais, o mais provável é que as decisões sejam tomadas por consenso. Os eventos sociais são informais e freqüentes.

Quando a organização é saudável, existe um forte senso de camaradagem, uma noção compartilhada de propósito e valores igualitários, orgulho no trabalho e comprometimento com a tarefa. Quando a organização é doentia ou quando o arquétipo do Cara Comum é levado ao extremo, o igualitarismo se torna burocracia. A meritocracia desaparece e as pessoas recebem a mesma recompensa, independentemente de seu comprometimento ou de sua produtividade.

O marketing para o impulso do Cara Comum

Hoje em dia, quando praticamente todos os produtos têm seu próprio logotipo, é importante compreender o apelo dos logotipos. Para o Governante, o logotipo fala de *status*. Para o Explorador, o logotipo pode ser uma afirmação sobre a identidade. Para o Cara Comum, o logotipo é um meio de filiação, um meio pelo qual a pessoa demonstra sua conexão com as outras que usam aquele produto e se identifica com seu significado de marca.

O escritor Kurt Vonnegut, em *Cat's Cradle*, cunhou a palavra "granfalloon" para indicar nossa identificação com o Estado natal (no romance de Vonnegut, um casal se identificava ardorosamente com os nativos de Indiana), o colégio que freqüentamos, nosso grupo étnico, um clube ou um carro. Essa forma de pertença — associada ao Cara Comum — pode ser bastante superficial, mas ainda assim satisfatória para muitas pessoas. Por exemplo, os proprietários de carros Saturn realmente comparecem às reuniões da Saturn! A identificação mais profunda — como com o patriotismo — é acionada se a conexão não se fizer com um simples carro, mas sim com o significado arquetípico desse carro. Neste sentido, algumas pessoas que freqüentaram as reuniões da Saturn estavam indubitavelmente fazendo a associação com os valores sólidos do bom cidadão, tais como trabalho duro e produtos de qualidade nesta nossa era da obsolescência planejada.[2]

Lembremos que o anseio de pertença faz as pessoas se tornarem amigas das marcas. Muita gente realmente constrói relacionamentos imaginários com as empresas e seus produtos, assim como fazem com estrelas do cinema e outras celebridades. Depois de consolidarem essa amizade, as pessoas experimentam qualquer mudança ou alteração do produto como se tivessem perdido um amigo. Esse tipo de comportamento foi altamente perceptível no caso do alvoroço generalizado contra a Nova Coca-Cola, mas é vivenciado pelos consumidores toda vez que seu restaurante favorito, ou aquela livraria, fecham as portas. Quando a Ben & Jerry's foi vendida, por exemplo, muita gente expressou verdadeira tristeza pessoal, acreditando que os melhores aspectos da empresa se perderiam para sempre — e essa preocupação não tinha nada a ver com o sabor ou a qualidade do sorvete. Na verdade, tinha tudo a ver com muitas outras coisas, incluindo os esforços da Ben & Jerry's para ajudar pessoas comuns a comprarem a franquia (coisa que elas, de outro modo, nunca teriam condições de fazer), suas atividades ambientalistas e sua reputação de local divertido.

No mundo agitado e apressado de hoje, a solidão é um problema para muitas pessoas. Elas simplesmente não dedicam muito tempo para sair com os amigos, passar longas horas gostosas com quem amam ou desfrutar momentos de qualidade com os filhos. Quanto mais emocionalmente carente for uma pessoa, tanto mais ela buscará a conexão nas transações comerciais. Embora seja triste, essa necessidade também é algo muito real. Você poderá oferecer um serviço e aumentar sua lucratividade na medida exata em que for capaz de satisfazer essa necessidade.

Se você conseguir oferecer um ponto de conexão às pessoas — como fez a Saturn com suas reuniões e outros encontros —, isso aumentará imen-

---

O arquétipo do Cara Comum oferece boa identidade para as marcas:

- cujo uso ajuda as pessoas a pertencerem, ou sentirem que pertencem, a um grupo definido
- cuja função tem uso comum na vida cotidiana
- com preços baixos ou moderados (ou que seja a versão aperfeiçoada de um produto que normalmente seria barato)
- produzidas ou vendidas por uma companhia que tenha uma cultura organizacional orientada para os elementos de simplicidade da vida rural, e
- que queiram se diferenciar, de maneira positiva, das marcas mais caras ou mais elitistas

---

2. Bond e Kirshenbaum, pp. 188-189.

samente a lealdade delas para com você. Embora todos prefiram as marcas e os comerciais que apresentam um aspecto afável, esse apelo é particularmente forte para o Cara Comum. A imagem deste arquétipo vai da classe média à classe operária, mas ele não deve ser confundido com uma categoria de estilo de vida. Aqueles que os jovens de hoje chamam de "hippies com cartão de crédito", bem como os intelectuais que usam trajes da classe operária, os universitários da Ivy League que buscam inspiração de moda na garotada dos centros urbanos deteriorados e cada um de nós que acredita na democracia — todos esses nos dizem que o Cara Comum está vivo e passa bem em todas as camadas da sociedade.

O Amante

Lema: "Só tenho olhos para você"

As marcas do Amante são comuns nas indústrias de cosméticos, joalheria, moda e turismo. Pense na Revlon. Seus anúncios são sensuais e elegantes, até mesmo eróticos, e a empresa fabrica produtos de beleza que ajudam as pessoas a atrair o amor. Qualquer marca que prometa implicitamente beleza e atração sexual é uma marca do Amante. A Victoria's Secret é um exemplo óbvio. Você também vê o Amante nas categorias de alimentos, como vinhos e iguarias finas, nas quais a sensualidade e o prazer são partes essenciais da experiência de consumo — chocolates Godiva, macarrão Barilla, café Gevalia e sorvete Häagen-Dazs, por exemplo. Pelo menos dois Estados norte-americanos basearam sua identidade pública neste arquétipo. A Virgínia afirma-o diretamente: "A Virgínia é para os que se amam." A Califórnia o expressa mais figurativamente, com a legenda: "Eu sou o piloto de teste do prazer."

O arquétipo do Amante governa todos os tipos de amor humano, desde o amor parental e a amizade até o amor espiritual, mas é da maior importância para o amor romântico. Pense nos antigos deuses romanos do amor — Cupido e Vênus — e em "ídolos" clássicos do cinema como Clark Gable, Cary Grant, Sophia Loren ou Elizabeth Taylor. Este é o reino dos corações e das flores, das longas caminhadas numa praia ao pôr-do-sol, das danças ao luar — da história de amor romântica em sua forma cômica (e viveram felizes para todo o sempre) e em sua forma trágica (foram separados pela morte — *Titanic* — ou pelas circunstâncias — *Casablanca*).

O arquétipo do Amante também apóia o desenvolvimento da identidade sexual. A Revlon promove produtos que fazem a mulher "sentir-se uma mulher". Outros produtos encorajam os homens a se sentirem homens.

O Amante
Desejo básico: conseguir intimidade e experimentar o prazer sensual
Meta: manter um relacionamento com as pessoas, o trabalho, as experiências que ama
Medo: ficar sozinho, "tomar chá de cadeira", ser indesejado, não ser amado
Estratégia: tornar-se cada vez mais atraente — em termos físicos, emocionais e todos os outros
Armadilha: fazer de tudo para atrair os outros e agradá-los, perder a identidade
Dons: paixão, gratidão, apreço, comprometimento

Quer você seja gay ou hétero, parte do seu processo de crescimento implica aprender a se identificar com seu gênero.

O arquétipo do Amante também inspira todo o gênero da literatura romântica. Todos nós sabemos que a maioria dos romances segue um enredo bem definido. A bela e jovem heroína encontra o Príncipe Encantado, mas alguma circunstância ou mal-entendido os mantêm separados até que, de algum modo, a verdade é revelada e eles, depois de muitos suspiros e protestos de amor, se casam e vivem felizes para todo o sempre. Alguns desses romances são bastante eróticos, enquanto outros se mantêm nos limites das conveniências; mas, quer contenham pouco ou muito sexo explícito, o enredo é sempre basicamente o mesmo. E apesar disso, milhares de exemplares são vendidos todo ano. Algumas mulheres lêem um por semana e nunca se cansam do mesmo enredo. Por quê? Porque esses enredos despertam um profundo anseio arquetípico pela experiência do verdadeiro amor.

Embora mais mulheres do que homens adorem os filmes e romances ("piegas" ou "água-com-açúcar") do arquétipo do Amante, é claro que também os homens são atraídos por esse arquétipo. Na literatura voltada para o público masculino, geralmente a aventura ocupa o primeiro lugar, com a história de amor em segundo plano. De todo modo, o herói nunca será um verdadeiro herói se não conseguir ficar com a mocinha no final da história. Por exemplo, nas técnicas projetivas utilizadas nas pesquisas qualitativas, as moças afirmam que prefeririam ficar no bar com o rapaz que fuma Camel (o Bobo da Corte que, como Joe Camel, é muito divertido), mas que, na saída, iriam embora com o homem de Marlboro.

Este arquétipo também se reflete nas expectativas cotidianas sobre o sucesso na vida. Os pais esperam que os filhos encontrem uma carreira gratificante, façam um bom casamento e se estabeleçam. Em geral, os pais entendem que o trabalho de criar um filho só se completa quando esse filho se casa. Apesar da expectativa de que eles vivam felizes para todo o sempre, a realidade é que vivemos em uma sociedade onde um em cada dois casamentos termina em divórcio. De todo modo, a busca do verdadeiro amor continua a fazer parte da vida da maioria das pessoas. Se não conseguimos viver felizes para sempre com determinada pessoa, todos esperam que continuemos buscando um outro alguém. O que isso quer dizer, para muitas pessoas, é que o arquétipo do Amante está ativo não apenas na faixa dos vinte anos, mas durante toda a vida, envolvido tanto em manter o amor do parceiro atual (que poderá ir embora) quanto na busca de um novo amor. E é claro que todos nós nos sentimos comovidos e estimulados não só pelas cerimônias de casamento, mas também pelas bodas de prata e ouro dos casais que envelheceram juntos e claramente ainda se amam.

Como arquétipo, o Amante também está ativo nas amizades intensas e pessoais. No século XIX, era mais comum do que hoje (quando as pessoas estão mais preocupadas com sua orientação sexual) ter amizades apaixonadas com indivíduos do mesmo sexo. Embora os costumes modernos peçam amizades mais "frias" (em parte devido à aguda percepção de que os relacionamentos do mesmo sexo têm um potencial para se tornarem sexuais), há entre muitos jovens uma tendência crescente de ver a amizade como alicerce para a intimidade. Amores vão e vêm, mas amizades duram a vida toda. A Jordache veicula um anúncio encantador que mostra um grupo de ami-

---

Os níveis do Amante

Motivação: paixonite aguda, sedução, apaixonar-se (por uma pessoa, uma idéia, uma causa, o trabalho, um produto)

Nível 1: buscar sexo formidável ou um grande romance

Nível 2: seguir a própria visão de felicidade e comprometer-se com a pessoa ou objeto amado

Nível 3: amor espiritual, auto-aceitação e a experiência do êxtase

Sombra: promiscuidade, obsessão, ciúme, inveja, puritanismo

gos (rapazes e moças) com os braços em volta uns dos outros, de modo íntimo e amistoso. A conexão não é sexual, mas é claramente íntima. A história implícita é: "Nós realmente nos amamos uns aos outros — todos nós. Não somos amantes, mas realmente nos importamos."

Como é que a amizade do Amante difere daquela do arquétipo do Cara Comum? Para o Cara Comum, o importante é se encaixar e pertencer, não impressionar o outro. O Amante, por outro lado, quer ter certeza de que você é um de seus melhores amigos, que você realmente o conhece e que ele é realmente especial para você. Nesse sentido, o Amante é o arquétipo de um grupo de amigos que sentem que realmente se conhecem uns aos outros. Não estão ligados apenas por lealdades superficiais, mas por algo muito mais profundo. Kurt Vonnegut chamou de "karass" essa conexão (mais íntima do que o "granfalloon"). No entender dele, as pessoas que desfrutam tal relacionamento encarnaram juntas por algum motivo e sentem uma intimidade especial. Para muitos indivíduos, esse nível de intimidade não necessariamente se explicaria em termos de encarnação: seria algo a ser conquistado, com base no tempo investido para sua construção e manutenção.

Quer o amor seja romântico ou do tipo amizade, a auto-estima do Amante deriva do senso de "ser especial" que vem de ser amado. No pior dos casos, isso pode levar a uma necessidade patética e desesperada de ser amado, que impele a pessoa à promiscuidade ou a faz permanecer em uma situação frustrante ou mesmo abusiva. Quando a pessoa tem uma percepção mais forte de si mesma, o Amante pode se expressar sem tanta compulsão. No melhor dos casos, ele oferece uma conexão profunda, tolerante e íntima entre os indivíduos — daquele tipo que alimenta os casamentos (ou amizades) em que o amor realmente dura para todo o sempre.

Os Amantes se vêem como pessoas capazes de apreciar maravilhosamente os outros. Mas é típico deles detestar os concorrentes que ameaçam suplantá-los no afeto dos outros. Associada ao arquétipo do Amante, portanto, está uma subestrutura de competitividade que geralmente é inconsciente e desconhecida; o resultado é que o ciúme pode acabar levando a um comportamento muito mesquinho.

Quando o arquétipo do Amante está ativo na vida de alguém, seja homem ou mulher, essa pessoa vai querer não só parecer bem, mas realmente ser bela ou elegante. O desejo subjacente é o de atrair, dar amor e expressar afeição de maneira íntima e prazerosa. Nas amizades e na vida familiar, essa propensão inclui acariciar, compartilhar os segredos do próprio coração e criar vínculos por meio de gostos e aversões em comum. Claro que com um parceiro romântico, o quadro também inclui a sexualidade.

> Os Amantes são também conhecidos como parceiros, amigos, os íntimos, casamenteiros, entusiastas, especialistas, sensualistas, cônjuges, construtores de equipes, harmonizadores.

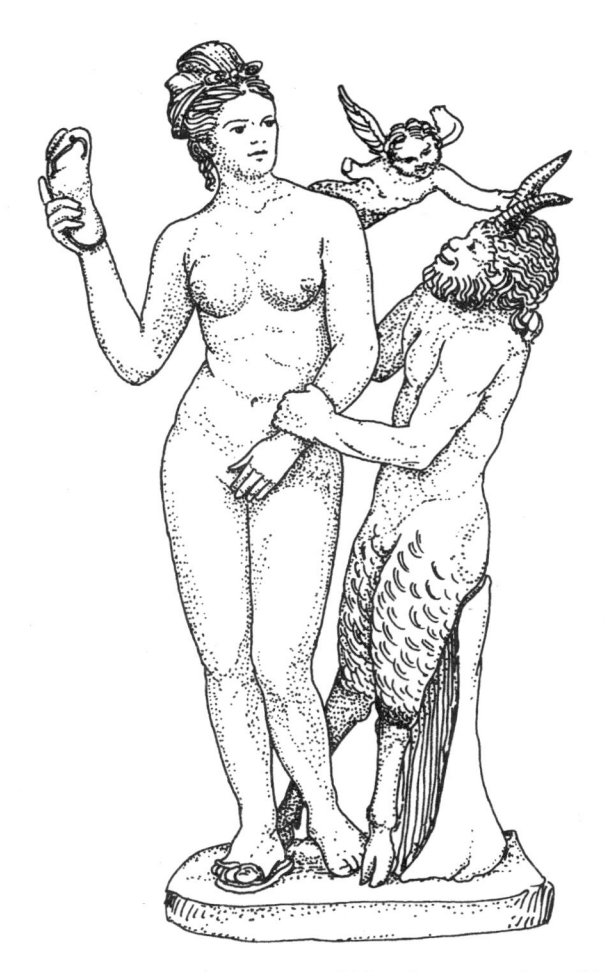

Neste desenho, inspirado na estátua de 100 a.C. conservada no Museu Arqueológico de Atenas, a atitude de Afrodite poderia ser interpretada como uma rejeição divertida aos avanços lascivos de Pan, em favor do amor mais íntimo e profundo, sob o olhar de Cupido, o mítico casamenteiro.

O sexo ainda chama a atenção

Na sociedade mais aberta de hoje, a sexualidade está cada vez mais exposta na propaganda. A camisinha, claro, é um acessório natural para a jornada dos Amantes. A Durex veiculou um anúncio mostrando um casal, apresentado com bom gosto mas claramente fazendo amor, com a legenda: "O corpo humano tem mais de 70 quilômetros de nervos. Aproveite a viagem."

O vinho e os destilados reduzem a inibição e, por isso, são freqüentemente associados ao sexo. Os anúncios do uísque Cutty Sark mostram garotas bonitas. Mas muitos produtos que não têm relação direta com a sexualidade, desde ferramentas elétricas até aparelhos de som, são vendidos com imagens sexuais. Uma moça atlética e bonita, usando apenas o cinto de segurança, é mostrada em um anúncio dos rádios Jensen para carros, com a frase: "Sinta o poder nu e cru da estrada." A Dior veicula anúncios de moda atrevidos, com moças envolvidas em algo que parece as preliminares do sexo lésbico; as imagens são tão "quentes" que o suor escorre de seus braços e pernas.

A Bluefly.com, que vende moda masculina e feminina com desconto, veicula a imagem de uma mulher com a roupa de baixo diante do laptop, enquanto um homem sai nu do banheiro, com a toalha cobrindo a genitália. Diz a legenda: "Satisfação garantida." A pergunta que você talvez faça é: "O homem a satisfez ou não?" A mulher certamente parece satisfeita com o laptop. A Glenfiddich promete a seus consumidores que "o sexo tântrico é coisa simples para o homem do uísque", explicando que "paciência e controle são fundamentais no ramo dos maltados".

A Guess Jeans costuma mostrar mulheres em poses extremamente convidativas. Embora as modelos estejam vestidas, a mensagem de sedução é evidente. Às vezes elas parecem à beira do orgasmo, mas sempre têm o aspecto sedutor. A Playboy têm tido tanto sucesso com a venda direta de sexo que se proclama "a mais poderosa marca masculina do mundo".

Chanel: A formação de uma marca do Amante

A Chanel surgiu na França no início do século XX. Coco Chanel era filha ilegítima de um mascate e uma balconista. Depois que a mãe morreu (e o pai se mandou), ela viveu em um convento e, mais crescida, ganhou seu sustento como costureira. Sonhava com coisas mais românticas e acabou fugindo daquele ambiente: primeiro tornou-se cantora de cabaré e, mais tarde, amante ocasional de um rico playboy que a encorajou a abrir uma loja de roupas para se manter ocupada. Quem teria imaginado a magnitude do sucesso que nasceria daquela lojinha modesta?

Chanel era chocantemente ousada. Costumava vestir roupas masculinas e usou a cueca como inspiração de uma linha arrojada de trajes femininos — trajes que eram confortáveis, que tinham estilo e que forjaram a nova imagem da mulher sexy, mas também independente. Ao longo de toda sua história, Chanel integrou o conceito de mulher independente com o de mulher sexy, destruindo a idéia de que a mulher que não depende dos homens é masculinizada e sem atrativos, bem como a velha idéia de que uma mulher pode ter o amor ou uma carreira bem-sucedida, mas não ambos.

A própria Chanel era conhecida tanto como desenhista de moda quanto por seus casos com homens ricos e famosos. Quando era amante do grão-duque russo Dmitri, ele a apresentou a um perfumista que estava exatamente desenvolvendo o perfume que ela mais tarde, depois de convencê-lo a lhe ceder o produto, lançaria como Chanel Nº 5. A publicidade inicial posicionou essa fragrância como "Um perfume impróprio para damas bem-educadas".

Diz a lenda que seu apelido, Coco, era o diminutivo de *coquette* — palavra francesa que também indicava a "mulher sustentada". Na verdade, sua reputação de amante reconhecida de homens ricos e influentes teria fortalecido a imagem Amante de seus produtos. Quando lhe perguntaram por que não quis se casar com o duque de Westminster, um dos homens mais ricos da Europa, ela respondeu: "Já houve várias duquesas de Westminster. Chanel, só existe uma."[1]

O culto da beleza e do romance

O arquétipo do Amante também desperta em nós o senso de apreciação estética. De repente, a beleza se torna importante — seja em um cenário natural, na atmosfera de um restaurante elegante ou apenas no par certo de sapatos. Nossos sentidos também se aguçam e fazemos uma pausa para saborear iguarias finas, perceber o aroma dos lilases, ouvir uma melodia e contemplar o pôr-do-sol.

Acreditava-se que Vênus, a deusa romana do amor, surgira das profundezas do oceano, gerada por sêmen e espuma do mar. O arquétipo do Amante está presente na propaganda das empresas aéreas, hotéis e restaurantes, cujos anúncios geralmente usam tomadas panorâmicas para mostrar uma linda praia. Você talvez recorde a famosa cena do filme *A um passo da eternidade*: o casal deitado na areia, se beijando, enquanto as ondas quebram sobre eles. Essa cena tem um componente tão erótico, que funciona bem melhor do que outras cenas mais explícitas. Aprender a arte da sutileza é a chave para desenvolver anúncios que evocam o erótico sem ofender os consumidores. A Hot Spring Portable Spas fez um bom trabalho, simplesmente mostrando um casal romântico em uma banheira de água quente e dizendo: "Lá fora, é pára-choque contra pára-choque, minuto a minuto, nariz a nariz. Aqui, é de coração para coração."

Existe algo na conexão entre o mar e o amor, que também vemos em filmes como *Titanic*, cujo enredo romântico é ampliado por cenas de grande beleza visual e pela pura elegância e prazer da vida em um cruzeiro marítimo. A Princess Cruises joga com moderação, apenas mostrando um jovem casal num restaurante romântico, sorrindo enquanto escolhem o vinho e deixando no ar a promessa implícita da intimidade da viagem em um na-

---

1. Thaddeus Wawro, *Radicals and Visionaries* (Irvine, CA: Entrepreneur Press, 2000), pp. 94-95.

vio de cruzeiro. A Norwegian Cruise Line é mais valente, veiculando esta matéria bem mais explícita (mas ainda assim apropriada e relevante): "Sexo no meio da tarde. Aqui é diferente."

É claro que muitas histórias de amor têm final trágico. Os amantes se separam ou (como Romeu e Julieta) são separados pela morte ou pelas circunstâncias; com isso, tocam nossos mais profundos sentimentos. A história de amor trágico funciona bem para vender filmes, sabonetes e livros românticos, mas na propaganda a venda está ligada à promessa do final feliz. Outro caso: o "gancho" não está necessariamente no final feliz, mas em manter a tensão do desejo erótico tanto quanto for possível. Séries de televisão como *Moonlighting* e *Lois & Clark* continuam populares enquanto mantêm a tensão entre os amantes nascidos para sofrer. No momento em que o amor se consuma, cai o interesse do público pela série. Os melhores anúncios, portanto, precisam manter Eros sem nunca o resolver. Um exemplo, de um anúncio bem-sucedido da B Kool, evoca a clássica cena da paquera no bar: mostra apenas a mão de um homem segurando um maço de cigarros e um cigarro aceso, e esse homem está prestes a abordar a bela moça que olha para ele através do espelho. O momento é rico em possibilidades eróticas, mas o anúncio não informa o que acontece depois.

Cinderela: O projeto da beleza

O medo dos Amantes é "tomar chá de cadeira" ou ser abandonados por quem amam. Ainda mais fundamental é o medo do Amante de não ser digno de amor. É por isso que ele (ou ela) está sempre envolvido em algum projeto de aperfeiçoamento pessoal, para ser cada vez mais digno de atenção. Na versão original de Cinderela, suas irmãs estavam dispostas a cortar fora os dedos do pé para poderem calçar o sapatinho de cristal apresentado pelo príncipe. Embora pareça um ato extremo, não deixa de ter relação com a mania contemporânea da cirurgia plástica. As pessoas entram na faca para ficarem mais bonitas ou elegantes. O desejo de atrair amor é forte e profundo. Mulheres e homens fazem de tudo para se tornarem atraentes e conquistarem o amor. Além do medo, existe um anseio poderoso.

A alegria das ocasiões especiais — o primeiro beijo, o pedido de casamento, a festa de casamento, os aniversários de casamento — também apela para o sentimentalismo de todos nós. O perfume Beautiful, de Estée Lauder, é comercializado por meio de uma associação com o casamento. Uma noiva encantadora é abraçada pela pequenina dama de honra. Essa campanha se destina a conquistar o coração das mulheres que sonham com esse dia especial e também o coração daquelas que o recordam.

O arquétipo do Amante funciona naturalmente na moda e em automóveis. A fada-madrinha aperfeiçoa a beleza inata e os atributos de Cinderela, oferecendo-lhe o vestido certo, os sapatos e a carruagem para ela ir ao baile e conquistar o coração do príncipe. Uma Cinderela moderna conseguiria todos esses aperfeiçoamentos com uma simples visita ao shopping center. Em *Uma linda mulher*, Julia Roberts revela sua princesa interior quando compra roupas caras e bonitas. Nem precisamos fazer uma crônica dos inúmeros exemplos no mundo da moda e dos cosméticos que prometem essa transformação cinderelesca. Eles estão à nossa volta e você os conhece. Contudo, *Uma linda mulher* conquistou o coração dos espectadores porque Julia Roberts conseguiu transmitir um senso de realidade digna e profunda a uma mulher que ganhava a vida como prostituta. A mudança de roupas não era apenas algo superficial; revelava a verdade da personagem, antes obscurecida por seus trajes baratos e de mau gosto.

O enredo arquetípico que prende a atenção é mais profundo do que a mensagem comercial mais freqüente. O arquétipo não diz que o novo corte de cabelo, traje, carro ou cirurgia plástica lhe trarão o amor de sua vida. O que o enredo arquetípico diz é que isso acontecerá se a mudança revelar aquilo que há de realmente belo em sua natureza.

A maioria dos anúncios dirigidos para as adolescentes evoca o Explorador ou o Amante — em ambos os casos, infelizmente, os níveis mais baixos desses arquétipos. (Os anúncios do Explorador apelam para o desejo das garotas de ser diferentes; os do Amante, para a vontade de ser atraentes.) Muitos desses anúncios falham na tentativa de se conectar com o poder do arquétipo, porque encorajam uma superficialidade regressiva. (Compre o vestido novo!) Essa perversão da mensagem mítica chega até a afetar a política: George Bush não conseguiu se reeleger, em parte porque se tornou cada vez mais associado a uma imagem tipo Madison Avenue do que a alguma realidade de seu próprio caráter.

Ironicamente, Bill Clinton tinha uma vantagem na mente do público porque as pessoas sabiam de suas vulnerabilidades. Um filme mostrado na convenção do Partido Democrata, em 1992, tratava abertamente de sua oposição ao padrasto abusivo e à luta de seu irmão contras as drogas. Além disso, ele e Hillary tinham tornado públicas certas "dificuldades" de seu casamento — as quais, claro, eram uma linguagem em código para "nem sempre fomos fiéis um ao outro". Na década de 1990, tornou-se lugar-comum nos talk shows de Donahue, Oprah e outros, entrevistar pessoas comuns e celebridades que desnudavam a alma, revelando segredos que nunca teriam confessado antes. Nosso discurso público é cada vez mais influenciado pelo desejo do Amante de conhecer os segredos das pessoas. Ao mesmo tempo, o público passou a aceitar as vulnerabilidades individuais, tanto quanto sempre aceitou suas intimidades. Portanto, é um grande paradoxo o público confiar mais em um político que é aberto a respeito de seus defeitos do que no político que alega ter "caráter".

Desnudar a própria alma parece ser hoje quase uma exigência para conquistar a confiança do público. É aí que a propaganda contemporânea erra o alvo. A mensagem superficial ao Príncipe Encantado de hoje é que não importa como seu verdadeiro eu está ligado às aparências, desde que ele tenha o automóvel (a carruagem) certo. No entanto, homens e mulheres com mais de 16 anos não se sentem assim. Em termos extremos, a associação dos carros com o romance, nos anúncios dirigidos aos homens, deixa a garota totalmente de fora. É o carro, em si, que é o objeto do desejo. Um anúncio da Hyundai mostra uma liga de cetim vermelho logo acima do automóvel, com a legenda: "Compre algo tão quente assim para a garagem."

A State Farm Insurance também veiculou um anúncio tendo o carro como objeto do desejo, mas com inclinação para certa complexidade. No centro está a imagem de um conversível vermelho com a legenda: "Nós estávamos lá quando você encontrou seu primeiro amor. Um amor quente. E tão, tão, tão perfeito. Seu primeiro amor de verdade. Claro, queimava mais óleo que gasolina. Mas ei, cara... o amor é cego." A verdade é que freqüentemente os carros são o primeiro amor de um homem, e amar um carro que queima óleo é um bom preparo para amar uma mulher, mesmo que ela também não seja perfeita.

Há inúmeras marcas que ajudam homens e mulheres a se parecerem e agirem como os heróis e heroínas de um filme romântico. Tais anúncios são particularmente eficazes com os jovens, que ainda conservam o desejo de ser perfeitos e a esperança de encontrar o parceiro perfeito. Porém, o fato de muitas marcas apelarem para esses desejos indica que elas não estão oferecendo qualquer diferenciação significativa. Ao mesmo tempo, esses anúncios têm o efeito dúbio de fortalecer aspectos muito negativos dos papéis sexuais tradicionais (por exemplo, as mulheres são sempre lindas e os homens estão sempre no controle); são mensagens ofensivas para as quais certos movimentos, tanto feministas quanto dirigidos por homens, tentaram sensibilizar o público. Mas, acima de tudo, tais anúncios não alcançam o efeito máximo, porque não parecem suficientemente autênticos para que as pessoas comuns se identifiquem com eles.

Embora as pessoas gostem de olhar para a mulher bonita e o homem perfeito, também é verdade que quase todos nós nos sentimos vulneráveis quando nos comparamos com ela ou ele. Nem todas as mulheres têm visual de *top model*. Nem todos os homens são máquinas de desempenho totalmente no controle. Um filme como *Ou tudo ou nada* desafiou as convenções de Hollywood, usando atores pouco conhecidos e locações deprimentes, mas ganhou o coração das platéias com sua corajosa celebração de homens comuns que fazem um strip-tease para mostrar corpos comuns. Embora esse filme explore o tema do Cara Comum, ele também demonstra que a essência do Amante é um tipo de strip-tease. Eu me "dispo" gradualmente de minhas defesas, para permitir que alguém me conheça. Tiro as roupas para ir para a cama, e com isso revelo meu corpo que geralmente é imperfeito. Com o passar do tempo, em um relacionamento, o verdadeiro "eu" vem à tona. Hoje em dia, a energia genuína do arquétipo do Amante gira em torno dessa vulnerabilidade que é compartilhada por homens e mulheres. Em vez de prometer o corpo perfeito e a *persona* perfeita, os anúncios poderiam pegar as pessoas onde elas vivem — como fez o filme *Ou tudo ou nada* — e fazer a conexão com aquilo que elas realmente temem (rejeição), aquilo que desejam (amor incondicional) e aquilo que querem dar.

Sensualidade, alimento e indulgência

Além da ansiedade de saber se alguém nos amará, existe grande dose de alegria no arquétipo do Amante simplesmente porque Eros, em seu aspecto buscador do prazer, enriquece a vida. Há uma cena maravilhosa no filme *Tom Jones*: os futuros amantes fazem uma refeição lasciva, olhando-se no fundos dos olhos. Uma sensação quase-sexual costuma estar presente nos alimentos particularmente prazerosos. A Gevalia Kaffe mostra uma mulher que parece estar à beira do êxtase com o aroma do café. Os chocolates Godiva firmaram a conexão entre sexo e chocolate utilizando a imagem de Lady Godiva cavalgando nua, envolta nos longos cabelos esvoaçantes.

Paul Richard, da equipe do jornal *Washington Post*, falou-nos em uma entrevista por telefone de sua idéia de que as toalhas brancas, as flores e as velas que encontramos em quase todos os bons restaurantes são invocações inconscientes da energia da Deusa (o feminino), assim como as cortinas vaporosas e mesmo a capa do Super-homem; se os alienígenas viessem à Terra para estudar nossa civilização, certamente concluiriam que os humanos são incapazes de comer bem sem honrar a Deusa. Diz Richard que a Deusa está em toda parte à nossa volta, desde a mulher de vestido transparente que acaricia a capota do carro no anúncio, até a qualidade exuberante da luz e das formas em uma natureza-morta clássica.

Para quem ama, Eros está sempre presente — manifesto ou potencialmente. A Hennessy Cognac veicula um anúncio em que o casal apaixonado está prestes a trocar o grande beijo — aquele momento maravilhosamente erótico de antecipação. A legenda diz: "Se você já beijou, já conhece o sabor do conhaque Hennessy", assim associando a alegria do beijo com o consumo do produto da empresa.

A Uncle Ben's Rice Bowl ("Uncle Ben's: Paixão pela boa comida.") veicula uma imagem do casal apaixonado. A mulher está alimentando o homem, sugestivamente inclinada sobre ele, e a legenda diz: "Refeições cheias de excitação, aquecimento quase automático." (Mas será que a gratificação sensual do produto está à altura da promessa? E, afinal de contas, será que a Uncle Ben's é uma marca capaz de prometer paixão?)

O arquétipo do Amante também é apropriado para todo tipo de spa, prometendo uma temporada de saúde, luxo e prazer. A C. D. Peacock posiciona o relógio Concord, de ouro e diamantes, mostrando-o no pulso de uma bela mulher nua, deitada de bruços sobre um lençol branco, como se estivesse esperando a massagem. Essa imagem evoca mais a criatura mimada do que o sexo.

Um anúncio da Caress Moisturizing Bath Products mostra uma mulher envolta em uma toalha, parecendo em êxtase absoluto, com esta legenda: "Você nunca foi acariciada assim antes." Esses anúncios evocam o potencial erótico que está contido nas experiências de cuidados corporais.

Evocando o *strip-tease*, a Absolut Vodka envolveu sua vodca sabor tangerina em uma casca de laranja que vai sendo descascada para revelar a garrafa. O anúncio, dizendo "Absolut Revealed", sugere implicitamente o despimento gradual dos amantes, até revelarem toda a nudez do corpo e das emoções. Os anúncios da Absolut são agradáveis porque exploram com sutileza um arquétipo cujo significado costuma se expressar de maneira muito ostensiva e óbvia. Seus anúncios mais famosos e conhecidos — a garrafa de vodca se fundindo com a linha do horizonte urbano — refletem o ímpeto dos Amantes para a união e seu amor pela beleza. Há neles uma sensualidade que não é forçada nem chocante.

O arquétipo do Amante lida com a paixão — não só na nossa vida amorosa, mas também no nosso trabalho. A Chrysler desenvolve esse tema com um anúncio que afirma: "Sem alma, existe apenas uma casca. Sem paixão, estes carros seriam apenas carros." O anúncio prossegue: "A paixão é uma emoção fortíssima. Ela nos faz viver, respirar e pôr nosso coração nas coisas que realmente nos importam. Para a Chrysler, é uma questão de criar carros extraordinários. Carros gerados por desenho avançado e nascidos em uma engenharia inovadora."

O ponto interessante nesse anúncio é a percepção de que o Amante envolve nossa alma, de modo que a paixão possa inspirar nossa vida. Joseph Campbell apelou para o Amante que existe dentro de todos nós, convidando cada um de seus leitores a "seguir a própria bem-aventurança". Hoje em dia, todos os livros de auto-ajuda e desenvolvimento profissional orientam as pessoas a seguirem o próprio propósito pessoal, reconhecendo aquilo que elas gostam de fazer.

Hallmark Cards: Uma obra-prima do Amante

No início, a Hallmark via os cartões com mensagens impressas como um produto que expressava idéias cuja articulação era difícil ou complicada para o consumidor. Nossas observações sobre o comportamento dos compradores habituais desses cartões ajudaram a Hallmark a fazer uma sintonia fina em sua meta. Descobrimos que as pessoas procuravam os cartões quando queriam expressar sentimentos muito específicos sobre um relacionamento — comunicar algo tão pessoal e particular do conhecimento mútuo entre duas pessoas, que o cartão se tornava um presente, o tipo mais pessoal de presente. Por exemplo, as pessoas gostavam de procurar cartões que demonstrassem seu conhecimento do destinatário — um cartão com um gatinho, porque seu amigo gosta de gatos, ou um cartão com uma mensagem que revela algo genuíno sobre a mãe, o pai, o irmão, a irmã, o marido, a mulher, um filho ou um amigo. Encontrar o cartão apropriado é o mesmo que dizer: "Você é especial para mim. Eu observo como você é e as coisas que você gosta. O cartão que escolhi mostra que eu realmente conheço você." A linha publicitária que resultou dessas observações, desenvolvida pela Young & Rubicam, foi "Dê um pouco de si mesmo. Dê um cartão Hallmark".

A Hallmark percebeu que seus cartões precisavam ser histórias de amor, e por isso começou a veicular anúncios dentro dessa linha. Alguns dos anúncios tratavam do amor romântico, mas muitos deles eram sobre outras formas de intimidade — amizade, amor entre pais e filhos, até mesmo relações de trabalho. Cada anúncio evocava uma história arquetípica. A moça está preocupada em perder o namorado, porque ela quer morar em outra cidade para estudar balé. Ele a encoraja a ir em frente. No momento em que a moça está muito vulnerável na sua nova e desafiadora atividade, recebe dele um cartão reafirmando seu amor por ela.

A garota, na aula de piano com um professor idoso, entrega a ele um cartão de aniversário. O professor luta para esconder a profunda emoção, mas ambos choram e um doce sorriso aparece quando a garota começa a tocar.

Em um belo cartão de Natal, o pai preocupado continua ignorando sua encantadora filhinha enquanto luta para enfeitar a árvore, deixando tudo "perfeito" para a festa. Aí ele ouve a garotinha conversando com Papai Noel: a menina diz que, em vez dos tradicionais presentes de Natal, ela quer passar mais tempo com o pai. Esse homem sempre foi um excelente Prestativo, fazendo tudo pela filha. Mas o que a filha quer é a intimidade verdadeira — amor. E então o pai leva a garotinha para a sala, diante da lareira, e começa a lhe contar uma história que seu próprio pai lhe contava. As prioridades são restauradas; a tradição oral é preservada. Nesse anúncio, não há nada "à venda" — apenas a mensagem da Hallmark: "No Natal, dê o maior de todos os presentes: você mesmo."

Esses comerciais não apenas atraem a atenção. Eles funcionam porque as histórias reforçam coerentemente a identidade Amante da Hallmark, de um modo que está relacionado com os verdadeiros sentimentos dos consumidores. As histórias são arquetípicas, mas não estereotipadas. Elas ligam o arquétipo a situações que todos nós conhecemos, mas que não são simplesmente previsíveis.

Esse significado do Amante também é reforçado pelo visual das lojas varejistas da empresa. Em 1998, a Hallmark abriu mais de 80 novas lojas, permitindo que o tema do Amante dirigisse a experiência de fazer compras, bem como os cartões e os comerciais. As novas lojas oferecem áreas tranqüilas para a clientela examinar os cartões, mesas e cadeiras para escrever, estojos de lápis para a garotada e café para os adultos. Esse enriquecimento da experiência de fazer compras resultou em aumentos fantásticos do volume de vendas da Hallmark.[2]

A organização do Amante

O arquétipo do Amante nas organizações resulta em camaradagem, belos ambientes e atenção à dimensão emocional da vida profissional. Espera-se que as pessoas se vistam bem (não por questões de *status*, mas para se embelezarem) e compartilhem livremente seus sentimentos e seus pensamentos. Um senso de coesão vem da percepção de ser especial — de ser uma pessoa bela, que aprecia as coisas mais finas da vida, competente na comunicação e encanto social, e, em muitos casos, um exemplo de bom gosto ou um pioneiro de valores novos que estão surgindo. É típico que os empregados gostem realmente uns dos outros e se sintam apaixonados pelos valores, pela visão e pelos produtos da organização.

As organizações do Amante gostam de operar de modo consensual, compartilhando o poder. O tempo é despendido livremente no processo de tomadas de decisão e, em especial, garantindo que todos tenham direito à palavra; mas o tempo é recuperado na fase de implementação. Quando se alcança o consenso, todos agem uniformemente para implementar o novo plano.

Na Hewlett-Packard, todas as decisões da equipe executiva precisam ser tomadas por consenso. Em muitas divisões e escritórios de várias empresas, a tomada de decisão envolve todo o grupo, e todos compartilham seus sentimentos e seus pontos de vista. Quando as coisas vão bem, a atmosfera repercute energia positiva, entusiasmo e prazer. Mas quando as coisas

---

2. Bernd H. Schmitt, *Experiential Marketing: How to Get Customers to Sense, Feel, Think, Act, and Relate to Your Company* (Nova York: The Free Press, 1999), pp. 221-222.

não vão lá muito bem, as lutas subterrâneas pelo poder e as panelinhas ocultas impedem a marcha da organização. Com o passar do tempo, a atividade não declarada da organização torna-se apenas uma troca de palavras sobre as questões emocionais que vêm à tona periodicamente.

A Barilla é um exemplo maravilhoso de empresa do Amante. Enquanto a maioria das massas é comercializada como alimento de conveniência, evocando a nutrição oferecida pelo Prestativo, os prestigiosos macarrões Barilla têm a coerência do Amante em sua evocação do prazer das iguarias finas e da conexão realmente íntima. Os consumidores das massas Barilla são mostrados como verdadeiros *gourmands*, que desfrutam o macarrão como uma experiência sensorial. Há alguns anos, por exemplo, a Barilla veiculou um comercial, desenvolvido pela Young & Rubicam, que mostrava um homem elegante e bem-sucedido voltando para casa de uma longa viagem e encontrando uma festa em andamento. Ele localiza sua bela mulher do outro lado da sala, troca um olhar com ela e faz sinal, com as mãos, de que quer um prato de espaguete. Fica claramente implícito que seu principal desejo é o espaguete e ficar sozinho com a mulher, em vez de se reunir aos amigos glamourosos. Na Barilla, como em muitas outras empresas familiares, o trabalho contém uma qualidade íntima, pelo menos no topo. Belas obras de arte nas paredes. Artistas famosos envolvidos no desenho das embalagens. A sede na região rural da Itália. Não é por acaso que esta empresa do arquétipo do Amante esteja sediada na Itália — que talvez seja (depois da França) a capital Amante do mundo.

A família Barilla vive aquilo que seus anúncios mostram. A família incorpora o gosto de viver e a capacidade de viver com beleza. A marca que captura essa qualidade quase transcendente na vida sensorial cotidiana é irresistível para o consumidor que sente que seu corpo é um táxi transportando sua mente. O sabor, o toque e o aroma se relacionam com a capacidade do Amante de saborear sensorialmente a vida.

O Amante é o princípio formador de muitas práticas de terapia e consulta cujo sucesso depende da capacidade de ajudar as pessoas a se sentirem seguras a ponto de se permitirem a vulnerabilidade; de aptidões soberbas na comunicação; e de uma relação estreita e confiável com o cliente. Mesmo em empresas cujos valores básicos surgem de alguma outra perspectiva arquetípica, é possível que o arquétipo do Amante seja solicitado em épocas de rápida mudança ou quando as pessoas têm medo. Nesses momentos, formar equipes não tem muito a ver com ajudar as pessoas a alcançarem melhor desempenho de seus papéis (como ocorre com o time atlético vitorioso); formar equipes tem a ver, isso sim, com fazer as pessoas se conhecerem suficientemente bem a ponto de desenvolverem confiança genuína. Essas intervenções organizacionais ajudam diferentes populações a ultrapassar as diferenças superficiais, a fim de se relacionarem com a realidade mais íntima de outro ser humano complexo, com sonhos e aspirações semelhantes aos nossos. Em termos de arquétipos, as intervenções estão relacionadas a filmes clássicos como *Dirty Dancing: Ritmo quente* ou *Adivinhe quem vem para jantar*, nos quais o amor triunfa sobre as divisões de classe social ou de raça. No caso máximo, o arquétipo do Amante se expande para o amor espiritual, conforme incorporado por Cristo e outros exemplos de amor espiritual por toda a humanidade.

O marketing para os Amantes

O Amante quer um tipo mais profundo de conexão: que seja íntima, genuína e pessoal (e, às vezes, também sensual). Tais formas de conexão — seja com amantes, amigos ou membros da família — exigem muito mais conhecimento, honestidade, vulnerabilidade e paixão do que a ligação mais fria do Cara Comum. Claro, os Amantes são mais profundos, mais especiais, mais raros.

Os Amantes geralmente identificam os produtos com certos relacionamentos. Uma mulher, depois de terminar o namoro, declarou que nunca mais conseguiria beber Harvey's Bristol Cream: era a "nossa bebida". Outra sempre bebe Diet Coke porque era o que todos faziam no melhor emprego que ela já teve na vida. Os Amantes também desenvolvem relacionamentos com produtos e empresas — especialmente aqueles que os ajudam a se sentirem especiais e amados. Na cadeia de hotéis Fairmont, um genuíno estabelecimento do Amante, o serviço de quarto atende ao telefone e chama você pelo nome, demonstrando conhecer seus pedidos anteriores, suas preferências e aversões. O hóspede talvez perceba que o serviço de quarto consegue fazer isso porque todos esses dados aparecem em seus computadores. O hóspede também sabe que os funcionários do hotel dizem essas coisas porque foram treinados para agir assim. De todo modo, funciona. A maioria das pessoas — e especialmente aquelas que dão valor à pertença — sente-se especial, bem-tratada e protegida em um mundo que geralmente parece frio e impessoal. As pessoas em quem o arquétipo do Amante é dominante formam o grupo que mais se sente atraído para a administração e marketing dos relacionamentos. Os consumidores com um arquétipo do Amante altamente desenvolvido gostam de receber atenção individualizada. Apreciam a correspondência "para nossos clientes especiais" anunciando uma promoção que ainda não foi divulgada aos outros clientes. Gostam de um balconista que os conhece pelo nome e pergunta pelos seus filhos. Gostam de ouvir as fofocas sobre a empresa e o que está acontecendo nela. Mesmo o simples fato de conhecer os problemas do outro poderá alicerçar o relacionamento, assim como as vulnerabilidades compartilhadas geralmente aprofundam as relações pessoais. Para os Amantes, você não precisa ser perfeito, mas você precisa ser real e aberto.

Enquanto o Cara Comum quer produtos que o ajudem a se encaixar no grupo (porque esses produtos são idênticos aos que os outros estão comprando ou vestindo), os Amantes preferem produtos que sejam únicos, incomuns ou feitos sob medida especialmente para eles. O especialista em marketing Keith McNamara alega que "a segmentação, do modo historicamente conduzido pelos profissionais de marketing, está morta. O futuro da segmentação está nos dados já coletados nos sistemas de computadores das organizações. Os dados históricos sobre quem compra produtos individuais é a chave para criar modelos que prevejam o comportamento futuro. Hoje é possível adequar o marketing ao histórico de compras individual dos consumidores."[3]

O Amante também espera qualidade; não por questões de status, como o Governante, mas para aumentar o prazer de viver. Uma marca do Amante como a Jaguar é lisonjeira, bela, curvilínea e suntuosa — não tanto para impressionar os outros, mas para envolver o motorista na experiência puramente sensual de dirigir.

O Amante é uma identidade promissora para uma marca:

- cujo uso ajuda as pessoas a encontrar amor ou amizade
- cuja função promove a beleza, a comunicação ou a intimidade entre as pessoas; ou está associada à sexualidade ou ao romance
- com preços que vão de moderados a altos
- que seja produzida ou vendida por uma empresa com uma cultura organizacional íntima e elegante, ao contrário da hierarquia maciça do Governante
- que precise se diferenciar, de modo positivo, das marcas com preços mais baixos

---

O ideal, portanto, é que as marcas do Amante sejam não só dignas de amor, mas também ajudem o consumidor a se sentir especial, adorado e apaixonado. Porém, se a atenção do consumidor murchar, ele (ou ela) cantará "Você não me traz mais flores" e procurará um concorrente mais atento.

---

3. Documento interno da ICL, 1998, citado por David Lewis e Darren Bridger em *The Soul of the New Consumer* (Londres; Nicholas Brealey Publishing, 2000), p. 73.

O Bobo da Corte

Lema: "Se eu não puder dançar, não quero tomar parte na sua revolução"

O ARQUÉTIPO DO BOBO DA CORTE inclui o palhaço, o malandro e todos aqueles que adoram brincar ou "bancar o bobo". Alguns exemplos: as crianças pequenas, com sua espontaneidade e espírito brincalhão; os bufões das peças de Shakespeare; o mascate ianque da história e da literatura dos Estados Unidos; a figura do Coiote nas lendas dos índios da América do Norte; os humoristas (pense em Charlie Chaplin, Mae West, os Irmãos Marx, Lily Tomlin, Steve Martin ou Jay Leno) e muitos comediantes da televisão e do cinema.

Embora seja possível uma pessoa se divertir sozinha, o Bobo da Corte nos pede para sair e brincar uns com os outros. A figura do Bobo da Corte desfruta a vida e a interação pelo simples prazer de viver e interagir. Preferindo ser a "alma da festa", o Bobo da Corte tem como hábitat nativo o parque de diversões, o barzinho das vizinhanças, o salão de festas e qualquer lugar onde as pessoas possam se divertir. Enquanto o Cara Comum e o Amante exercem a autocensura para se encaixarem ou atraírem os outros, o Bobo da Corte se solta irrestritamente, demonstrando uma fé inquebrantável no fato de que uma pessoa pode ser realmente ela mesma e ainda assim ser aceita e mesmo adorada pelos outros.

Talvez por vivermos em uma cultura tão séria, o Bobo da Corte tende a ser uma boa identificação de marca, porque quase todos nós temos sede de mais diversão. Pense no sucesso das campanhas publicitárias do leite, com pessoas famosas ostentando grandes bigodes leitosos. Se essas campanhas fossem estereotipadas, o leite seria promovido como um alimento que faz bem para a saúde. Em vez disso, as grandes campanhas reconhecem que o leite é capaz de conectar qualquer um de nós com a nossa criança interior, que ama as brincadeiras e travessuras.

> ### O Bobo da Corte
>
> **Desejo básico:** viver no momento presente, com alegria total
> **Meta:** divertir-se e alegrar o mundo
> **Medo:** aborrecer-se ou ser maçante
> **Estratégia:** brincar, fazer piadas, ser engraçado
> **Armadilha:** desperdiçar a própria vida
> **Dom:** alegria

Embora todos os anúncios do tipo "Beba Leite" sejam excelentes, os melhores dentre eles mostram biscoitos, e não leite, permitindo que o observador veja os biscoitos e inevitavelmente deseje leite para acompanhá-los. Você não consegue ver um anúncio desses sem que eles ativem aquela criança interior que não se associa ao café com biscoitos, mesmo sendo café da melhor qualidade. A criança quer leite.

Os anúncios do Bobo da Corte nos fazem rir de situações que normalmente não nos divertiriam, mas nos entristeceriam (como a cômica escorregada numa casca de banana). Um anúncio do tipo "Beba Leite", particularmente vívido, mostrava um homem com o corpo todinho engessado. Os amigos tentavam alegrá-lo, dando-lhe biscoitos. Seu estado — o homem não consegue falar para pedir leite — faz os observadores se identificarem com sua frustração e, essencialmente, torcerem para que alguém lhe dê leite. Um anúncio tão brilhante envolve o consumidor na solução do problema, sentindo empatia pela situação de desejar o produto que está sendo vendido e não conseguir obtê-lo.

As regras são feitas para ser quebradas

O Bobo da Corte é o arquétipo mais útil para se lidar com os absurdos do mundo moderno e com as burocracias anônimas e amorfas de hoje, em parte porque ele vê todas as coisas com leveza e em parte porque sua maior felicidade é quebrar as regras. Os políticos Bobo da Corte são essencialmente anarquistas, conforme exemplificado pela famosa anarquista Emma Goldman, que disse: "Se eu não puder dançar, não quero fazer parte da sua revolução." A disposição do Bobo da Corte de quebrar as regras leva a idéias inovadoras, fora dos padrões convencionais. Ele também constitui uma boa identidade de marca para coisas (como alimentos divertidos) que não necessariamente fazem bem à saúde. Basicamente, a identificação com o Bobo da Corte diz: "Não se preocupe tanto com saúde e nutrição. Divirta-se." Doces (M&M, Snickers), petiscos (Pringles), cigarros (Merit: "Anime-se com Merit") e bebidas alcoólicas (Parrot Bay; Kahlua: "Vale tudo") prometem miniférias juntamente com o relaxamento das regras comuns de saúde.

> O Bobo da Corte também é conhecido como o tolo, o bobo, o malandro, o trocista, o blefista, o trocadilhista, o animador, o palhaço, o travesso, o troteador ou o comediante.

Os telefones celulares da NeoPoint mostram uma imagem de Bobo da Corte, aconselhando você a usar "o fone-esperto para aumentar seu QI" e "recuperar as células cinzentas que você perdeu na escola". Assim, as marcas do Bobo da Corte ajudam você a evitar as conseqüências lógicas do comportamento irresponsável, doentio ou mesmo ilegal. Você talvez se lembre do maior anúncio da Alka-Seltzer de todos os tempos: "Mamma mia, que almôndega mais apimentada!" Esse humor que ri de si mesmo afirma aos consumidores que eles podem comer alimentos apimentados impunemente.

O Bobo da Corte também promete que atividades que normalmente seriam vistas como tediosas ou aborrecidas podem ser divertidas. O trator Kubota, por exemplo, diz: "Os fins justificam o trator. O cheiro da grama recém-aparada. O tranqüilo zumbido da precisão. A capacidade de ver mais do que você imaginava. A crença de que, se você curtir, não é realmente trabalho." Talvez tenhamos aí um "trator objeto", porque John Deere compara a experiência de dirigir o trator com seu "primeiro passeio em um pônei", prometendo que "você vai querer que o primeiro passeio nunca acabe".

A reviravolta verbal que transforma uma premissa negativa em positiva é uma das grandes estratégias do Bobo da Corte. Trident, a goma de mascar sem açúcar para crianças, vira do avesso a expectativa da garotada de que o chiclete faz mal para os dentes. Um anúncio, mostrando um menino bonito meio oculto pela bola que acabou de soprar, diz: "Ele mascou, soprou e fortaleceu seus dentes." Também a ABC, que durante muitos anos veicu-

lou uma campanha publicitária calcada na linha "TV é bom", defende irre-
verentemente o hábito crônico de assistir televisão e faz piadas com a alega-
ção de que assistir televisão provoca a desintegração das células do cérebro.
Essa "campanha amarela", como é conhecida na indústria, foi observada e
discutida, mas permanece a questão de saber se algo, na programação da rede ou na cultura da empresa, reflete uma identidade Bobo da Corte, e se uma
inteligente idéia publicitária, que teria sido a expressão natural de uma rede Bobo da Corte, simplesmente acabou no lugar errado.

As empresas, quando expandem seus serviços ou adquirem outras organizações, devem ter a sabedoria de permanecer dentro da mesma identidade de marca arquetípica. A Camel agiu muito bem, expandindo-se dos cigarros para aquilo que foi descrito em um anúncio como "viagens exóticas"
e "bens prazerosos". Contudo, enquanto o Bobo da Corte quer que todos
nós vejamos a vida com leveza, tenhamos diversão e paremos de nos preocupar com as conseqüências, isso não quer dizer que o público irá sempre
comprar essa idéia. Por exemplo, o uso da imagem caricatural de Joe Camel
(que as pessoas receavam fosse tornar o cigarro atraente para as crianças)
foi demasiadamente grave para que a marca, mesmo com sua identidade Bobo da Corte, conseguisse impedir a ira do público.

O Bobo da Corte detesta os estraga-prazeres, as pessoas sérias demais e
aquelas que não têm senso de humor. Um aspecto negativo do Bobo da Corte, portanto, é a tendência de sempre brincar com a vida, sem nunca lidar com
certas questões nem refletir sobre certas idéias. Quando o arquétipo do Bobo
da Corte é a identidade de uma marca, recomenda-se a orientação dos pais.

Pepsi: Uma marca do Bobo da Corte

O Bobo da Corte, enquanto infrator das regras, tem uma história longa
e honrosa. Os reis medievais geralmente tinham um "bobo" que não só di-
vertia a corte, mas também dizia ao rei certas verdades que outros seriam exe-
cutados por dizer. O Bobo da Corte, portanto, agia como uma espécie de válvula de escape para o reino. Nos dias de hoje, comediantes como Will Rogers,
Johnny Carson e Jay Leno debocham abertamente dos líderes políticos, no
mesmo espírito com que os bufões de Shakespeare parodiavam o rei. Todo o
gênero da sátira política expressa o impulso do Bobo da Corte. Este arquétipo também é uma boa escolha para a marca que se posiciona contra outra
marca mais estabelecida. O Bobo da Corte clássico (no conceito medieval)
estava encarregado de debochar das rachaduras na pomposidade do rei. Portanto, qualquer marca que esteja desafiando outra marca que reina suprema
no mercado poderá ganhar uma vantagem competitiva se debochar da pre-
sunção da marca estabelecida — como a Pepsi conseguiu fazer com a Coca.

Embora a Pepsi tenha às vezes se desviado para outros territórios arquetípicos, seus melhores anúncios são sempre os do Bobo da Corte.

Estar aqui e agora

O arquétipo do Bobo da Corte nos ajuda a viver realmente a vida no presente e nos permite ser impulsivos e espontâneos. Por exemplo, a Hampton Inn anuncia seu serviço de café da manhã gratuito com perguntas destinadas a atrair aquele espírito livre que existe dentro de cada um de nós: "Você ainda procura o prêmio na caixa de cereais? Você alguma vez já faltou ao trabalho por pura preguiça? A sua primeira reunião parece mais longa quando você está de barriga vazia?"

Quando o arquétipo do Bobo da Corte está ativo em uma pessoa, ela quer apenas se divertir. O desejo básico, aqui, é ser espontâneo e recuperar aquele espírito brincalhão que todos nós tínhamos quando éramos pequenos. A gargalhada, os gracejos e mesmo as travessuras, tudo parece apropriado. Nesse estado de ânimo, as pessoas demasiado sérias ou responsáveis parecem excessivamente preocupadas. Na verdade, o maior medo do Bobo da Corte é o de se aborrecer ou aborrecer os outros. Além disso, o Bobo da Corte promete que a vida pode ser fácil. A identidade de marca geral da Timex parece ser mais a do Cara Comum, mas um anúncio mostra um contorcionista com as pernas cruzadas atrás da cabeça, assobiando enquanto dá corda no relógio de pulso. A legenda é: "Absurdamente fácil de usar."

O Bobo da Corte habita o espaço igualitário onde homens e mulheres se juntam e são apenas eles mesmos. Tal como ocorre com o Cara Comum, o estilo é moderado e prático. Mas o Bobo da Corte não tem o menor interesse em se restringir a isso. Em vez de se fundir ao grupo, o Bobo da Corte prefere parecer um pouquinho ridículo. A roupa multicolorida e os guizos do bufão shakespeariano foram substituídos por suspensórios, gravatas-borboleta e, mais recentemente, bonés de beisebol usados ao contrário. A mensagem geral é: "Você vai querer sair comigo. Vai se divertir muito." Pense nos comerciais da cerveja Miller Lite (Dick Butkus e Bubba Smith aparecem dizendo: "Estamos aqui bebendo Lite porque ela estufa menos e tem sabor ótimo. Além disso, a gente não sabe esquiar"). Os acessórios esportivos da Teva mostram um homem em um caiaque na porta da frente de sua casa, dizendo: "Saiam e se divirtam." O texto de um dos anúncios prossegue: "Ontem tivemos uma guerra de água no quintal. Hoje é o nosso primeiro dia de 'à beira do desastre'. Seja qual for o seu jogo, jogue com sandálias Teva. Elas fazem os seus pés se sentirem crianças de novo."

Quanto mais doido melhor

O arquétipo do Bobo da Corte costuma ser bom para atrair a atenção porque o Bobo da Corte gosta de ser um "doido". A eTour.com, por exemplo, veiculou um anúncio com um executivo no escritório, vestindo um calção Olympic, na posição de mergulho, olhando para o laptop sobre a escrivaninha. A legenda dizia: "Agora as coisas que você aprecia o encontraram." O Bobo da Corte parece ser uma excelente identidade arquetípica para as empresas *high-tech*, porque muita gente, e especialmente os jovens, acham divertidos os produtos de alta tecnologia. A eTour.com também promete: "Não fazemos pesquisas, só surfamos." E surfar é divertido. Os anúncios da Pocket PC mostram rapazes e moças enérgicos e ousados que jovialmente desafiam o leitor: "O seu palm-top consegue fazer isto?" As cores vivas e o ponto de exclamação da Yahoo! praticamente gritam que é divertido navegar na internet se você usar o serviço deles.

Assim como as crianças adoram os animais, os anúncios do Bobo da Corte usam freqüentemente imagens amistosas de animais. A Hyundai (slogan: "Dirigir é acreditar") posiciona o Hyundai Elantra como o melhor amigo do homem, dizendo que ele "faz tudo, menos lamber o seu rosto". A Glad, fabricante de embalagens para armazenamento com zíper duplo, mostra um peixinho dourado caricato, feliz da vida porque o fechamento é hermético e não deixa a água vazar.

A WeddingChannel.com brinca gentilmente com os recém-casados, ela de vestido de noiva e ele de smoking, numa casa totalmente vazia, bebendo vinho em copos de papel e trocando olhares tímidos. Diz a legenda: "Idéia de presente: Copos para vinho", mas está claro que aquele casal usaria qualquer coisa que você lhes desse!

Finalmente, muitas marcas conseguem ser vistas como mais contemporâneas e engraçadas quando se associam a algum comediante ou figura de desenho animado. A IBM superou sua imagem excessivamente enfadonha usando um dos personagens de Charlie Chaplin nos anúncios do Junior PC. A seguradora MetLife usou os personagens de Peanuts [Minduim] para suavizar sua imagem e sugerir um lado divertido em uma categoria que pode ser meio inquietante. E a Butterfinger, fabricante de doces, conseguiu atualizar sua imagem com comerciais que apresentavam Bart Simpson.[1]

A organização do Bobo da Corte

A organização do Bobo da Corte faz do prazer a sua "bottom line". A Ben & Jerry's, por exemplo, se orgulha de ser um lugar onde é gostoso tra-

---

1. David A. Aaker, *Building Strong Brands* (Nova York: The Free Press, 1996), pp. 150-151.

balhar. As paredes são pintadas com murais inspirados em sorvetes, algumas flores se movem e saltam, o pessoal ganha vales-sorvete. Em certa época, a empresa chegou a realizar um concurso de ensaios para escolher seu novo presidente. Noutra época, teve um "ministro da alegria" oficial. A Ben & Jerry's também se protege contra a associação do Bobo da Corte com a irresponsabilidade, por meio de seu programa de responsabilidade social, doando uma porcentagem dos lucros a causas apoiadas por grande parte do público.

Os níveis do Bobo da Corte

Motivação: tédio, aborrecimento
Nível 1: a vida é um jogo; diversão
Nível 2: usa a esperteza para enganar os outros, livrar-se de problemas e se desviar dos obstáculos; transformação
Nível 3: a vida é experimentada no momento presente, um dia de cada vez
Sombra: autocomplacência, irresponsabilidade, brincadeiras mesquinhas

---

Quando o mar está bom, a fábrica californiana Patagonia fecha para seu pessoal ir à praia. A expectativa não-escrita nesse tipo de empresa é que os empregados são motivados pelo desejo de se divertirem. É improvável que um indivíduo pomposo ou maçante, sem qualquer senso de humor, chegue a progredir nessas empresas. E, claro, os produtos oferecidos pela empresa ajudam as pessoas a se divertir.

A sede da Burger King em Miami tem um espaço de recreação integrado ao espaço de trabalho, incluindo uma mesa de sinuca, hóquei sobre patins, uma pista de skate e uma quadra de basquete (em construção). Sabe-se que os empregados jogam *frisbees* ao passarem por colegas que estão trabalhando duro; beliches e chuveiros oferecem a infra-estrutura para aqueles que gostam de permanecer no local 24 horas por dia, alternando trabalho e lazer.[2]

O Bobo da Corte ajuda a promover a inovação nas organizações (qualquer que seja o arquétipo básico delas), quebrando as categorias tradicionais de pensamento. Por exemplo, Carol Pearson dividiu em grupos de *brainstorm*, por arquétipo, a equipe de um grande hospital do câncer, a fim de gerar idéias sobre as possibilidades de melhorar a experiência dos pacientes hospitalizados. Todos os grupos geraram boas idéias, mas a melhor delas veio do grupo identificado com o arquétipo do Bobo da Corte: os pacientes de câncer devem curtir a vida! Em vez de desperdiçar as tardes nas salas

---

2. Rolf Jensen, *The Dream Society: How the Coming Shift from Information to Imagination Will Transform Your Business* (Nova York: McGraw-Hill, 1999), p. 138.

de espera quando os médicos estão atrasados com as consultas, cada paciente receberia um bip ou celular e iria tranqüilamente passear no shopping center ou, acrescentou o grupo de Bobos da Corte, assistir a um bom filme no cinema especial para os pacientes (o cinema também foi uma idéia do grupo)! Para o Bobo da Corte, nenhum resultado — mesmo a salvação de sua vida — deveria implicar o sacrifício da alegria no aqui e agora.

O marketing para o Bobo da Corte

O Bobo da Corte que existe em cada um de nós adora o bom humor. Gostamos dos comerciais engraçados porque eles nos entretêm, e a sensação agradável daí resultante cria um efeito-halo em torno do produto. Os anúncios e as embalagens do Bobo da Corte enfatizam cores vivas e muita ação — quanto mais "doido" melhor. O Bobo da Corte também adora viver. Por isso, as experiências virtuais são excelentes caminhos publicitários para se atingir o Bobo da Corte. O website do Club Med, por exemplo, tem *links* com aldeias virtuais para simular as experiências que você ali espera encontrar. Você começa selecionando como quer passar o tempo, quase como se estivesse lá de verdade. Quer jogar tênis? Mergulhar com snorkel? Dançar? A simples seleção põe sua imaginação em marcha e logo você está curtindo férias virtuais — na sua imaginação. O Planet Explorer do Discovery Channel também oferece viagens virtuais para lugares exóticos.[3]

Acima de tudo, o Bobo da Corte nos ajuda a escapar das idéias pequenas e mesquinhas que nos prendem como uma armadilha. O Bobo da Corte se sobressai nas sessões de *brainstorm*. O aspecto mais importante do marketing para o Bobo da Corte é a inteligência. O Bobo da Corte que existe em cada um de nós adora as maneiras novas, ousadas e inteligentes de ver o mundo. O melhor modo de desenvolver essas estratégias de marketing é dar leveza à sua equipe de marketing. Deixe a equipe se divertir, traga brinquedos, apareça com todas as idéias malucas que você puder encontrar — não importa quão bizarras elas pareçam ser — para lubrificar as rodas da criatividade. Quanto mais livre for sua equipe, melhores serão suas novas idéias. O Bobo da Corte adora ficar de cabeça para baixo, vendo o mundo de uma maneira inesperada e imprevisível.

O Bobo da Corte não possui um forte senso do "proprietário", como outros arquétipos. Se você pensar no assunto, perceberá que raramente se sabe quem inventou esta ou aquela piada. As piadas voam pelo mundo, por meio da tradição oral ou via internet, em questão de dias ou de minutos, e

---

3. Bernd H. Schmitt, *Experimental Marketing* (Nova York: The Free Press, 1999), p. 92.

fazem todos rirem. O marketing do Bobo da Corte sabe que abrir mão de certas coisas geralmente aumenta a reputação de uma empresa. A Kinetix, uma empresa multimídia de San Francisco, desenvolveu o Dancing Baby™ como parte do pacote de demonstração, antes que a empresa estivesse realmente estabelecida. De algum modo, a imagem do produto foi enviada em um e-mail, que passou de pessoa a pessoa até se tornar um cultuado ícone clandestino. Por fim, apareceu no seriado Ally McBeal e a empresa estava lançada.[4] Se a Kinetix tivesse conseguido controlar o uso daquela imagem registrada, teria arruinado seu próprio sucesso.

> **O Bobo da Corte é um arquétipo promissor para oferecer identidade às marcas:**
>
> • cujo uso ajuda as pessoas a pertencerem, ou sentirem que pertencem, a um grupo
> • cuja função ajuda as pessoas a se divertirem
> • com preços de moderados a baixos
> • produzidas e/ou vendidas por uma empresa que tem uma cultura organizacional brincalhona e desinibida
> • que precisam se diferenciar de alguma marca estabelecida que tenha presunção e excesso de autoconfiança

Acima de tudo, o Bobo da Corte simplesmente ama a alegria do marketing. Este arquétipo não se assusta ao perceber que estamos em uma nova era. Em vez disso, ele nos ajuda a desfrutar realmente o enfrentamento de uma nova situação a cada dia. Nesse processo, o Bobo da Corte ajuda a manter a publicidade suficientemente renovada para poder focalizar a atenção dos consumidores, de modo que os olhos deles não fiquem embaçados — pelo menos não quando eles olham para o *seu* anúncio.

---

4. Agnieszka M. Winkler, *Warp Speed Branding: The Impact of Technology on Marketing* (Nova York: John Wiley and Sons, 1999), p. 61.

Os que dão estrutura ao mundo

Prestativo, Criador, Governante

Nos TEMPOS MEDIEVAIS, construíam-se muros em torno das cidades e cava-vam-se fossos ao redor dos castelos, numa tentativa de manter a ordem e pro-teger-se contra as pilhagens dos vikings, visigodos e vândalos. Mais tarde, os primeiros colonos que chegaram à América do Norte desobstruíam o terre-no em volta de suas cabanas, para perceberem mais facilmente a aproxima-ção de animais ou índios invasores. Hoje em dia, as ameaças ao nosso bem-estar são menos imediatas e dramáticas, mas ainda preparamos gramados e construímos cercas para expressar o mesmo desejo de ordem e segurança.

O antropólogo Angeles Arrien vê nas pessoas uma forte tendência à es-tabilidade, orientada para as formas físicas semelhantes ao quadrado, argu-mentando que mesmo as formas físicas possuem uma qualidade arquetípica. Por isso, talvez não cause surpresa o fato de que muitas pessoas, em seus anos de formação da família, desejam ou compram "center hall colonials" — edi-fícios quadrangulares, com projeto arquitetônico simetricamente quadrado. E, claro, o carro favorito dessas pessoas é o Volvo, seguro e quadradão.

Os indivíduos geralmente se relacionam com esses desejos a partir dos modelos arquetípicos do Prestativo, do Criador e do Governante. O Prestati-vo tem uma intensa percepção consciente da vulnerabilidade humana, mas es-tá menos focado em seus próprios problemas e mais preocupado em mitigar

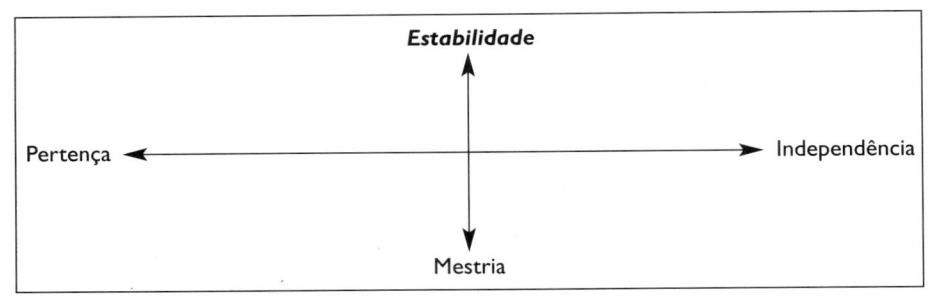

Figura 5.1

os problemas dos outros (é por isso que uma garota de 12 anos se sentirá mais confiante trabalhando como baby-sitter do que ficando em casa sozinha).

O Criador exerce o controle criando um poema, uma composição musical, uma pintura ou um produto. Considere o filme *Shakespeare apaixonado*. Shakespeare está totalmente sem inspiração. Sua carreira não vai nada bem. E então ele se apaixona por uma moça que está prometida a outro. Ele tem um maravilhoso caso de amor com essa moça e aí canaliza seus sentimentos na escrita de *Romeu e Julieta*. O ato de estruturar essa experiência na forma artística dá um senso de controle e também oferece grande beleza ao mundo.

O Governante assume o controle das situações, especialmente quando elas parecem estar fugindo de controle. É tarefa do Governante assumir a responsabilidade por tornar a vida o mais previsível e estável que for possível. (A própria tendência dos Governantes comunica: "Eu tenho tudo sob controle.") Julgando a condição humana inerentemente instável, os Governantes impõem procedimentos, hábitos e costumes que reforçam a ordem e a previsibilidade. O filme *Elizabeth* (uma versão romanceada da vida da rainha Elizabeth I) mostra o processo de transformação da moça idealista em rainha; ela fracassa essencialmente nesse papel, até aprender a incorporar o arquétipo do Governante.

O Prestativo, o Criador e o Governante encontram satisfação em ambientes que aparentam ser estáveis: toda Cidade Velha; os edifícios grandes e substanciais; carros e aparelhos robustos; jardins e parques cultivados (em vez da natureza "indomada"); móveis confortáveis e bem-feitos; qualquer coisa que eles próprios tenham projetado; e a tecnologia que amplifica o controle deles sobre seu ambiente. Juntos, os três ajudam a tornar lucrativo um empreendimento. O Prestativo antecipa as necessidades das pessoas, vendo o que as fará se sentir sadias, seguras e nutridas; o Criador se encarrega das inovações — novos produtos, novos processos de fabricação, novas estruturas e abordagens organizacionais e mercadológicas; e então o Governante administra essas novas estruturas, providenciando a oferta com qualidade consistente.

Hoje em dia, o desejo de estabilidade e controle enfrenta desafios especiais, pois o ritmo da vida contemporânea força cada um de nós a lidar com

A antiga floresta era vista como um lugar de caos, incerteza e sexualidade. Por outro lado, o jardim e o gramado de hoje refletem o medo intenso que sentimos dessas forças, bem como o desejo correspondente de ter controle, estabilidade e segurança.

novas situações todo dia, se não toda hora. Os executivos reconhecem que, embora façam a coisa certa em um ano, já no ano seguinte o mercado e as condições econômicas e legais terão mudado, e o negócio precisará ser reestruturado e reavaliado. Já virou rotina as fusões e aquisições puxarem o tapete de debaixo dos pés dos empregados, forçando-os a reconsiderarem todo seu modo de vida e, às vezes, a procurarem treinamento em novos campos de atividade. O patrocínio à cultura e às artes é abundante em um ano; no ano seguinte, a fonte secou.

Devido à incerteza da vida em geral, e da vida contemporânea em particular, o Criador, o Prestativo e o Governante são arquétipos especialmente úteis para as marcas de hoje. Quando não estão obscurecidos por uma nuvem de nostalgia melancólica, mas são interpretados em um contexto contemporâneo e relevante, eles nos ensinam como preservar a ordem e a estabilidade e como conciliar os desejos de coerência e as mudanças.

O Prestativo

Lema: "Ama teu próximo como a ti mesmo"

O PRESTATIVO É UM ALTRUÍSTA, movido pela compaixão, pela generosidade e pelo desejo de ajudar os outros. Você pensa em Marcus Welby, Florence Nightingale, na princesa Diana, em Madre Teresa, Albert Schweitzer, Bob Hope entretendo as tropas, ou em qualquer mãe ou pai cuidadosos. O Prestativo teme a instabilidade e a dificuldade, não tanto por si mesmo, mas pelo impacto sobre pessoas menos afortunadas ou menos resistentes aos choques. O significado da vida, portanto, está em doar-se aos outros. Na verdade, o maior medo do Prestativo é que aconteça alguma coisa ruim a um ente querido — que esteja sob sua guarda. Em *A vida é bela*, o pai é tão mo-

O Prestativo
Desejo básico: proteger os outros do mal
Meta: ajudar os outros
Medo: egoísmo, ingratidão
Estratégia: fazer coisas pelos outros
Armadilha: automartírio; enganar os outros ou ser enganado por eles
Dom: compaixão, generosidade

tivado pelo amor ao filho que parece quase irrelevante ele próprio ser morto, desde que o menino se salve. Este arquétipo também está ligado à imagem de Deus como o pai amoroso que cuida de Seus filhos.

As imagens tradicionais do zelo estão associadas à enfermeira, ao médico rural da velha guarda, ao bom policial do bairro, ao professor e outras figuras do mesmo gênero. Mas a verdadeira natureza do Prestativo (e da nossa relação com o arquétipo) é profunda e complexa, tão complicada como os relacionamentos que tivemos ao longo da vida com os Prestativos originais.

Ao longo do tempo, os símbolos do zelo, expressado principalmente como uma poderosa figura maternal, têm se alternado entre o sentimental e o demonizado. Em artigo publicado na revista *Newsweek*, Anna Quindlen observa que Mrs. Copperfield e Marmee (de *Mulherzinhas*) são louvadas como modelos de virtude, enquanto a Mãe (de *Filhos e amantes*), Mrs. Bennet (de *Orgulho e preconceito*) e a cômica Mrs. Portnoy são tratadas severamente por seus criadores. Bruno Bettelheim descreve como a figura maternal, nas histórias infantis e nos contos de fadas, é geralmente dividida em dois pólos opostos: de um lado, a bruxa (ou madrasta) totalmente perversa e, de outro, a fada-madrinha (ou bruxa boa) perfeitamente pura. Para nós, parece ser difícil integrar a complexidade do Prestativo em um todo coerente.

> O Prestativo também é conhecido como o altruísta, o santo, o pai (mãe), o ajudante, o cuidadoso ou o apoiador.

Nos tempos pré-históricos, as pessoas esculpiam figurinhas de deusas-mãe que, tanto naquela época como hoje, devem ter sido reverenciadas por seu poder de dar à luz e também por sua capacidade de apoiar a vida oferecendo alimento, conforto e cuidados. Ao longo da história, o arquétipo do Prestativo tem sido associado aos sentimentos tanto maternais quanto paternais de proteger os filhos, bem como à disponibilidade daí resultante de fazer o que for preciso para cuidar deles, mesmo que isso exija sacrifícios consideráveis — mas ele também se associava a dois medos profundos e arraigados: exercer controle excessivo e ser controlado.

Um mito grego clássico, evocando o poder amoroso e o poder destruidor do Prestativo — mito esse que formou a base de um culto religioso que durou milhares de anos —, narra o grande amor de Deméter, deusa da terra cultivada, por sua filha Perséfone. Quando Hades, deus dos infernos, rapta Perséfone, Deméter fica tão enlouquecida de dor que vagueia pelo mundo à procura da filha, incapaz de dormir ou comer. Descobrindo o que acontecera com Perséfone, ela se recusa a permitir que as colheitas cresçam, ameaçando a humanidade com a fome absoluta. A ameaça só cessa quando Perséfone volta para casa. Diz a lenda que Perséfone vinha à terra todo ano, na primavera. Temos o inverno por causa da dor de Deméter quando a filha precisava retornar ao mundo subterrâneo.

Comentando o eventual desejo de demonizar o papel do Prestativo (neste caso, o papel da mãe) como técnica para tentar se libertar de seu poder, diz Anna Quindlen na *Newsweek*: "Nem pensar, freudianos. Seja lamuriosa ou imperiosa, solícita ou dominadora, afetuosa ou irascível, íncubo ou súcubo, a mãe é tão central como o Sol."

Compreender a complexidade do Prestativo e nossa relação com ele é essencial para aproveitarmos toda a profundidade e dimensão desse arquétipo na comunicação de uma marca. Isso também é crítico para tornar o arquétipo útil para aqueles consumidores contemporâneos que entendem muito bem que o zelo é uma questão complexa — repleta de conflitos e sacrifícios, além do difícil desejo de apoiar sem sufocar. Diz Quindlen:

> *A maternidade [e, acrescentamos nós, a maioria das formas de zelo] consiste principalmente em um transcendente trabalho de merda ["ser mãe é sofrer no paraíso"]. Parece contraditório, mas está absolutamente certo. Como é que você pode amar tanto alguém que a deixa fora de si e que faz tantas e tão constantes exigências? Como é que você pode se devotar a uma vocação na qual tem certeza de que será periférica, ou mesmo redundante? Como é que você pode aceitar alegremente a idéia de que você deixou de ser o centro de seu próprio universo?[1]*

Em nosso trabalho sobre *Sesame Street*, foi útil para nós ter sempre em mente a tensão humana natural que existe entre "cuidar" (*mothering*) e "sufocar" (*smothering*). A metáfora que se mostrou útil é a de considerar os dois tipos de atenção parental: o pai/mãe que grita alarmado, "Não suba nessa árvore! Você pode se machucar!", e o pai/mãe que diz, "Se você quer subir nessa árvore, pense bem. Enquanto estiver subindo, faça planos para a descida". Essa distinção ajudou todo o grupo, desde o pessoal de vendas e merchandising até os criadores do programa, a recordar que *Sesame Street* é uma marca decididamente voltada para o "cuidar". Enquanto outros programas dirigidos às crianças em idade pré-escolar adoçam a realidade, *Sesame*

---

1. Anna Quindlen, "A New Roof on an Old House", *Newsweek*, vol.135, edição 23, 5 de junho de 2000, p. 84.

Street lida honestamente com questões tais como a perda, as diferenças raciais e culturais, a raiva e assim por diante, mas de maneira totalmente construtiva e apropriada àquela faixa etária.

Uma campanha recente da Blue Cross/Blue Shield circula com sucesso pelo mesmo terreno e, simultaneamente, oferece aos pais uma placa indicadora contemporânea. A mamãe forte e confiante segura nos braços a filha de uns nove anos, tendo ao lado este texto:

> *Eu deixo a "preocupação" na fronteira*
> *porque carrego o passe que abre portas.*
> *Onde quer que a gente vá,*
> *com nosso Plano Blue Cross e Blue Shield*
> *estamos cobertos.*
> *Minha única preocupação?*
> *Conservar para sempre estas férias na memória.*
> *Este é o meu plano:*
> *Cuidar de...*
> *de sua mente. Seu corpo. Seu espírito. Sua saúde.*

Outra campanha muito contemporânea do Prestativo, reconhecendo que oferecer cuidados é uma tarefa complexa, mostra uma menina, também de uns nove anos, apoiada no braço da mãe, no qual está escrito: "Continue envolvida na minha vida." A matéria prossegue, explicando como tudo seria bem mais fácil se as crianças viessem com um manual de instruções; mas, já que não é assim, tudo o que podemos esperar é rir com elas, cantar com elas, contar-lhes uma anedota, ouvi-las e conversar. O anúncio termina com esta linha: "Pais: a antidroga."

A AT&T, uma grande marca do Prestativo, já foi famosa por comerciais maravilhosos sobre os cuidados e a conexão. Entre os mais elogiados estava o anúncio intitulado "Joey telefonou": um dia triste e solitário torna-se perfeito para o casal idoso porque seu filho, Joey, telefona para eles do exterior. Embora tocante e altamente eficaz, a campanha "Estenda a mão e toque" praticamente convidava os concorrentes a parodiá-la. Um anúncio da MCI mostrava uma mulher chorando e sendo confortada pelo marido — só que ela não estava chorando de alegria porque o filho telefonou, mas de preocupação por causa da conta telefônica! No entanto, com o passar do tempo a MCI percebeu que uma identidade baseada apenas no preço a impediria de se tornar uma verdadeira líder em sua categoria. Sabiamente, a empresa adotou uma identidade do Prestativo, posicionando a próxima grande oferta de preços reduzidos dentro do contexto de um plano chamado "MCI: Amigos e Família". Todas as pessoas por quem você se interessava e que se interessavam por você poderiam aderir ao plano, e todos teriam desconto na tarifa telefônica. A propaganda que lançava essa oferta era afetuosa e emocional, e desmoralizou totalmente a AT&T. Afinal, seu arquiconcorrente não só tinha usurpado a essência do zelo nos telefonemas interurbanos e internacionais, como também fez isso de uma maneira mais contemporânea — não puramente sentimental e melancólica, mas prática, imediata e comemorativa.

Em outro filão contemporâneo, as marcas e campanhas do Prestativo que celebram a capacidade de zelo dos homens, apesar das muitas pressões contrárias que eles enfrentam, são mais do que tocantes; são poderosas validações sociais das melhores intenções da maioria dos homens. Por exemplo, em uma foto do catálogo da Land's End, um homem em traje de passeio está na postura clássica do Prestativo, ligeiramente inclinado sobre a filha pequena (a mensagem implícita é: "Você está segura comigo"). Então ele sobe a escada com a garotinha. Sua mão está pousada nos ombros dela, tranqüilizadora. A mensagem explicativa diz: "Traje de passeio. Para quando sua segunda reunião mais importante for com o seu chefe."

Essas marcas, que conciliam o instinto zeloso com um mundo que freqüentemente o desvaloriza, são eficazes não apenas no mercado; elas desempenham um papel construtivo na evolução da nossa cultura.

Um mundo de zelo

Enquanto expressões mais complexas ou contemporâneas do instinto Prestativo ajudam os consumidores de hoje a conciliar o desejo de ser generosos e zelosos com seus próprios conflitos externos ou as pressões da vida moderna, às vezes uma marca tem sucesso quando se dirige ao desejo, mesmo que não prático, de um mundo mais perfeito e zeloso.

A sopa Campbell's é realmente icônica, evocando com coerência os cuidados recebidos no lar, a família e o amor da mãe, às vezes de modo a provocar nostalgia. Na verdade, o posicionamento dessa empresa nunca oscila. Como resultado, as famílias armazenam as sopas Campbell's nos armários e despensas (quer as consumam com muita freqüência ou não). Visualmente, os anúncios fazem lembrar as pinturas de Norman Rockwell. Música sentimental tocando ao fundo, pais e mães sempre mostrando amor e afeição pelos filhos. Em um anúncio famoso, o garotinho traz orgulhosamente um vaso com uma flor para a mãe. Derruba o vaso, claro. A mãe o faz sentar diante de um prato de sopa e ajeita a flor na caneca ao lado do menino. O fundo musical enfatiza as lembranças felizes da infância, criadas pelos pequeninos atos de amor da mamãe.

Em 1998, a campanha foi atualizada com o tema "Bom para o corpo, bom para a alma". Em um dos anúncios básicos, a garotinha chega pela primeira vez ao novo lar adotivo, aflita e assustada. Quando a mãe adotiva lhe traz uma tigela de sopa, ela se anima e diz: "A mamãe também me dava esta sopa." A mulher cria um vínculo com a menina, respondendo: "E a minha mãe também me dava esta sopa."[2]

A Stouffer's se posiciona do mesmo modo com a fórmula "Nada chega mais perto do lar". Um anúncio típico de seus pratos prontos mostra a família sentada à mesa, conversando afetuosamente. O caçula está no colo do pai, enquanto a mãe olha com carinho para a filha adolescente. O texto afirma à mãe que o sabor da Stouffer's é "igualzinho ao feito em casa". A Midwest Express Airlines, que mima seus clientes com assentos superconfortáveis e toda a atenção do mundo, também repassa uma experiência que aciona a conexão nostálgica com a mãe e o lar, algo que talvez seja particularmente importante para as pessoas que têm fobia de avião. Alguém deve ter procurado uma maneira barata de fazer as pessoas sentirem que a empresa se importa com elas. A resposta que esse alguém encontrou foi: biscoitos com pedacinhos de chocolate. Durante o vôo, você começa a sentir o aroma dos biscoitos no forno. E então as comissárias aparecem com cestinhos cheios de biscoitos, ajudando os passageiros a se sentirem como crianças felizes que acabam de chegar da escola e encontram a mãe à sua espera com deliciosos biscoitos.

Hoje em dia, muitas pessoas entendem que os relacionamentos zelosos oferecem experiências de doação tão reais que, comparadas a buscas mais superficiais, tornam-se aquilo que faz a vida digna de ser vivida. Um maravilhoso anúncio de cosméticos da Eckerd.com mostra uma garotinha feliz correndo pelo gramado, tendo na face uma marca de batom em forma de beijo. O anúncio continua: "Eu juro que vou gastar menos tempo procurando batom vermelho-rubi e mais tempo esquecendo de sair sem ele." A matéria continua com esta promessa: "Você encontrará o que precisa com rapidez e facilidade — e então poderá voltar para as coisas mais importantes... como viver."

Com freqüência, os Prestativos cuidam bem melhor dos outros que de si mesmos. A Sunsweet vende ameixas sem caroço, com a imagem de uma mulher de aparência saudável e a mensagem: "Para sua saúde... e felicidade." O texto prossegue: "Fique em forma com um personal trainer, aprenda a preparar comidas saudáveis, rejuvenesça em um spa, saia para uma aventura fotográfica ou inscreva-se para a carteira de motorista profissional." O Lincoln Financial Group mostra a imagem de um homem pescando em al-

---

2. Bernice Kanner, *The 100 Best TV Commercials... and Why They Worked* (Nova York: Times Business, 1999), p. 196.

to-mar, feliz da vida, encoberto por estas palavras: "Eu me dediquei ao meu negócio. Eu me dediquei aos meus clientes. E eu me dediquei aos meus sócios. Agora, tudo o que eu quero é dedicar um pouco mais de tempo à pescaria." Esse homem está dizendo claramente que já deu muito de si, e agora chegou sua vez.

Em termos do cuidar de si mesmo, talvez a mensagem mais elegante e sutil dos dias de hoje esteja sendo proclamada pelos relógios Concord Watch. As simples palavras "chegue atrasado" encobrem a imagem despojada de um braço de adulto acariciando o braço de uma criança ou a foto de uma mulher dormindo serenamente na cama. As marcas que cuidam do Prestativo estão agindo bem, pois também prestam ao mundo um serviço maravilhoso.

Os níveis do Prestativo

Motivação: ver alguém passando necessidade
Nível 1: cuidar de seus dependentes e dar-lhes sustento
Nível 2: equilibrar o cuidar de si mesmo com o cuidar dos outros
Nível 3: altruísmo, preocupação com o mundo como um todo
Sombra: martírio, transferência do poder pessoal, a "viagem" da culpa

---

As categorias do Prestativo natural

A preocupação dos Prestativos pelos filhos e outros dependentes faz desta identidade de marca uma consideração natural para a área de serviços médicos, produtos de saúde, seguradoras, bancos e planejamento financeiro — a tal ponto que pode levar a identidades indiferenciadas. Somente na área bancária, por exemplo, todas estas instituições têm identidades do Prestativo: Sallie Mae, BankOne, Fleet, First Union e Bank of America. Muitas campanhas publicitárias são direcionadas para a responsabilidade que as pessoas sentem pela família e ao medo de não serem capazes de cuidar adequadamente dos familiares. A seguradora HealthExtras veiculou um anúncio com a foto de Christopher Reeves e o texto: "Você pode perder tudo aquilo pelo qual trabalhou durante toda sua carreira. TUDO." O anúncio então prossegue: "Eu vi muitas e muitas famílias destruídas, não pela invalidez física, mas pelo desastre financeiro. Por favor, proteja-se. Proteja sua família... com HealthExtras."

Um anúncio comovente, veiculado pela Bayer, de um teste sangüíneo caseiro para diabéticos (o teste usa apenas uma gotinha de sangue) mostra uma garotinha loira de aparência vulnerável. A matéria desafia o leitor: "Peça a esta paciente de diabetes para dar ainda mais sangue para mais um teste. Vá em frente, peça." Claro, quem conseguiria reagir a esse anúncio sem desejar tornar a vida da menina um pouco mais confortável?

Entre os medos do Prestativo está a preocupação de negligenciar as pessoas que ele ama. Os analgésicos Zomig mostram uma mulher deitada na cama, com o filho pequeno ao lado. O menino parece triste e chateado. Ele segura a luva e a bola de beisebol, e diz: "Mamãe está com dor de cabeça, de novo." A mãe é claramente motivada a comprar o produto, não para se livrar da dor, mas para reafirmar que é uma boa mãe e não negligencia seu filho. Menos perturbador, um anúncio da Health Source Soy Protein Shake mostra uma criança de três anos, com grandes olhos castanhos, e a frase: "Apenas uma pequena razão para você cuidar do seu coração."

Um anúncio da Merrill Lynch mostra a imagem de uma garotinha encantadora, filha da mezzo-soprano Vicky Hart e do regente Valery Ryvkin. Vicky está afirmando:

> A arte não é a carreira mais estável e então, quando se tem um filho, a incerteza realmente atinge a gente. Mas pouco a pouco a Leila [consultora financeira do casal] nos ensinou a equilibrar essa vida às vezes precária nas artes com a necessidade de bem-estar financeiro no longo prazo. Leila se preocupou em descobrir quem nós somos (...) o que é importante para nós (...) a gente nunca poderia fazer isso se pensasse que estávamos comprometendo o futuro de Amanda.

Bem no meio da página, em letras garrafais, as palavras-chave informam: "As necessidades de Amanda não são negociáveis."

A Nuveen Investments também apela para o amor dos pais pelos filhos. Um anúncio mostra um garoto meigo e esperto diante das oito marcas na parede que indicam seu crescimento. Diz a matéria:

> Estas são as oito marcas do garotinho,
> que registram seu crescimento na vida.
> Elas deveriam ser acompanhadas pelos investimentos vitalícios
> que são a marca registrada das contas personalizadas da Rittenhouse.
> Isso quer dizer que seu consultor ajudará você
> a administrar os recursos de toda a sua vida,
> que pagarão a educação deste garotinho
> que poderá alcançar alturas muito acima das marcas na parede.

Os Prestativos freqüentemente não se preocupam apenas com os próprios filhos. Eles também se preocupam com os pais, com os doentes em geral, com os pobres e com seus animais de estimação. Um anúncio dos remédios veterinários Revolution mostra uma moça abraçando o cachorro imenso e prometendo: "Eu vou brincar de bola com você todo dia, vou levar você para longas caminhadas, vou protegê-lo de pulgas e carrapatos." O anúncio continua: "De todas as promessas que você faz ao seu animal de estimação, nenhuma é mais importante que a de protegê-lo das doenças."

As crianças também se preocupam com seus pais — elas temem desapontá-los, dar a impressão de rejeitá-los por serem diferentes ou mesmo superá-los de algum modo. Um anúncio da Rogaine, tratamento contra a calvície, mostra um rapaz com o pai ao fundo. Diz a matéria: "Seu pai quer que você tenha as coisas que ele nunca teve. Cabelo, por exemplo." O homem garante ao filho que os pais se sentem realizados quando os filhos os superam e têm mais do que eles tiveram: instrução, dinheiro, oportunidades — e cabelo!

No pior dos casos, essas marcas deslizam sobre a superfície dos estereótipos do Prestativo. No melhor dos casos, elas transmitem as qualidades essenciais da relação zelosa:

• Empatia — ver e sentir as coisas a partir da perspectiva do outro, não apenas da nossa.
• Comunicação — escutar o que o outro diz, o que ele não diz e, especialmente, o que ele quer dizer.
• Coerência — um comprometimento total, confiável, incondicional.
• Confiança — o fundamento da verdadeira ligação.

Grandes mini-histórias, dentro dos anúncios, podem apresentar quaisquer desses elementos do apego e ainda acionar o reconhecimento arquetípico.

O zelo instrumental e social

Grande parte do zelo, porém, não está ligado à sustentação direta e empática; é, em vez disso, instrumental. Na peça *Defending the Caveman*, o comediante tem um esquete fantástico sobre o casal que visita um outro casal cujo filho está para nascer. As duas mulheres conversam intimamente sobre o bebê e seus próprios sentimentos. Os dois homens trabalham juntos em silêncio, construindo uma casinha de brinquedo no quintal. A reação típica das mulheres é pensar que os homens estão desligados dos sentimentos. Afinal de contas, elas parecem ter uma conexão real, enquanto eles simplesmente brincam com máquinas e ferramentas. Becker, em um momento comovente, faz a platéia lembrar que o jovem futuro-papai deve ter muito amor no coração, pois está construindo um brinquedo para uma criança que ainda nem nasceu.

O conceito do Prestativo enquanto protetor fica evidente em um comercial que ajudou a lançar a reputação de segurança da Volvo e permitiu que a marca tivesse uma identidade tão forte, que se transferiu do carro econômico da empresa para seu sedã quatro-portas e finalmente para o modelo de luxo. O anúncio começava com um casal preocupado, em uma noite de tempestade, andando de lá para cá na sala. A filha deles tinha um encontro com um rapaz, naquele tempo terrível, e queria muito sair. O rapaz chega, o casal o convida a entrar e papai diz: "Jeff, quero que você me faça um favor. Saiam com o meu Volvo." Que pai! Que carro![3]

É claro que grande parte do zelo dos pais é instrumental — cozinhar, limpar, ensinar a dirigir, fazer todas as coisas que criam um ambiente de sustentação e segurança para os filhos. Quer o casal tenha papéis sexuais tradicionais ou não, o ideal é que tanto o homem quanto a mulher criem laços com os filhos e que ambos também façam muito daquele trabalho rotineiro que é o resultado das intenções zelosas. Os produtos que ajudam os pais a fazer esse trabalho são inatos na identidade do Prestativo.

O arquétipo do Prestativo está presente em todas as atividades ligadas à prestação de cuidados para as pessoas e para o mundo físico — jardinagem; limpeza de roupas, casas, escritórios e ruas; conserto de roupas, pontes ou qualquer coisa que esteja quebrada; cuidar dos doentes e dos idosos; serviços de motorista; etc. No Estádio Yankee, em Nova York, durante o tempo da sétima base, o pessoal da manutenção entra para varrer o campo. Surpreendentemente, os varredores executam uma "dança" sincronizada, ao som da música "YMCA", e os torcedores vão à loucura — uma das poucas vezes em que esse tipo de trabalho humilde do Prestativo é celebrado publicamente. É típico que os empregos do Prestativo não sejam bem remunerados, pois se espera que cuidar dos outros já seja, em si, recompensa suficiente.

Os negócios, no entanto, podem se tornar imensamente bem-sucedidos quando realizam funções de manutenção para as pessoas — como recolher o lixo. H. Wayne Huizenga fez uma verdadeira fortuna criando um serviço de coleta de lixo. Aos 25 anos de idade, ele começou pessoalmente a coletar lixo de manhã e depois tomava banho, vestia um terno e saía para vender seus serviços. A partir da Southern Sanitation Service, sua primeira empresa, ele acabou construindo a Waste Management, a maior empresa de remoção de lixo dos Estados Unidos. Daí em diante, ele investiu seu dinheiro em outras indústrias, tornando-se um dos homens mais ricos do país e demonstrando, desse modo, como a disponibilidade para satisfazer uma necessidade humilde consegue levar a grandes coisas.[4]

A General Electric (GE) vem consistentemente ligando o valor de seus produtos à sua utilidade no sentido de melhorar a vida no lar. A GE foi um subproduto do laboratório de pesquisas de Thomas Edison. A visão de Edison consistia em inventar produtos que melhorassem a qualidade de vida

---

3. Kanner, p. 204.

4. Thaddeus Wawro, *Radicals and Visionaries* (Irvine, CA: Entrepreneur Press, 2000), pp. 215-217.

nas fazendas, nos lares e nas fábricas, no ritmo de uma invenção a cada 12 dias. O nome e o logotipo da GE pretendiam lembrar as "iniciais de um amigo". O slogan, "viva melhor com eletricidade", enfatizava o tema de ajudar as pessoas. Em 1955, a GE veiculou um comercial que mostrava Ronald e Nancy Reagan, felizes da vida, usando eletrodomésticos modernos. Na década de 1960, a empresa já tinha diversificado suas atividades: construía aviões a jato e equipamentos médicos, além de oferecer serviços financeiros que iam muito além do financiamento direto de eletrodomésticos. Nessa época tornou-se necessário um novo slogan, porque nem tudo que a empresa fazia estava relacionado à eletricidade. Assim surgiu o novo slogan: "Viva melhor por meio da tecnologia." Finalmente, em 1979, um estudo de marketing revelou que o público associava a GE a homens usando capacetes de proteção industrial. Para suavizar a imagem da empresa, o slogan foi alterado mais uma vez: "GE — nós trazemos coisas boas para a vida."

Embora a GE tenha prosperado, em parte por seu compromisso com pesquisa, inovação e expansão, sua identidade de marca do Prestativo sempre esteve menos ligada aos processos inovadores do que à ajuda prestada às pessoas. Esse foco nos benefícios dos produtos da empresa oferece uma imagem de que ela se preocupa com seus clientes. A história da GE também se misturou a todo o conceito de progresso para ajudar as pessoas e, com isso, ligou o conceito de progresso tecnológico a certas qualidades positivas — como lar, família, zelo, amor e prazer saudável.

É freqüente a idéia de que o zelo só é importante quando direcionado para as crianças, os idosos, os doentes e os pobres. Mas a verdade é que todo o nosso bem-estar também depende de certo tipo de zelo contínuo, por trás do pano, que se tornou quase invisível na vida contemporânea. Mães e pais zelam por seus filhos e entes queridos. Pessoas acolhem os amigos e parentes com problemas. Os serviços sociais ajudam os pobres. Professores, diretores e motoristas de ônibus zelam pelas crianças da escola. Serviços sanitários e de consertos, táxis, garçons, faxineiros — todo esse pessoal cuida dos detalhes que permitem o bom funcionamento da vida cotidiana. Do mesmo modo, as equipes dos códigos especiais para emergências que atendem 24 horas por dia, os motoristas de ambulâncias, os atendentes dos hospitais e os médicos de plantão exercem funções de cuidar do próximo.

Não faz muito tempo, as crianças norte-americanas viam os policiais do bairro como amigos e protetores (não como *pigs*, "porcos" ou "tiras"); Bob Hope levava a alegria natalina e "Noite Feliz" aos soldados em terras distantes que "sacrificavam as festas de Natal para nos manter seguros em casa"; e os médicos eram apresentados na televisão como figuras paternas dedicadas (por exemplo, Marcus Welby), o oposto dos médicos jovens, desorientados e confusos que não sabem até que ponto se interessar pelos pacientes. As mães eram mostradas de maneira um tanto estereotipada, mas que honrava seu papel na vida doméstica. No nível da comunidade, as pessoas viam suas instituições como provedoras de cuidados. Falando de modo geral, as pessoas da "velha América" acreditavam que a escola cuidava de seus filhos; que a igreja ou templo cuidava das almas; e que o banco cuidava de seu dinheiro. Hoje em dia, ironicamente, com pessoas sem-teto enfileiradas nas nossas ruas e com crianças e idosos sendo negligenciados, a imagem do Prestativo tornou-se menos celebrada, menos digna de gratidão. E é possível que o baixo prestígio atual do Prestativo seja parcialmente responsável pela solidão dos necessitados.

Contudo, surgiu toda uma nova indústria de Prestativos virtuais. Um exemplo apresentado pelo *New York Times* é uma linha 800 sem fins lucrativos, na internet, que responde às perguntas mais cotidianas dos pais, incluindo: "Como é que eu começo a ensinar meu filhinho a largar as fraldas?" e "Como é que eu controlo a minha filha de dois anos que morde e bate em todo mundo?" Especialistas em cuidados infantis respondem no próprio site e, no caso de problemas sérios, encaminham os pais a outros especialistas que poderão ajudá-los. Não causa surpresa que multidões de pais contemporâneos (geralmente privados das avós, irmãs mais velhas ou tias que costumavam lhes dar conselhos na criação dos filhos) estejam usando esse serviço virtual. Além disso, as atividades zelosas — como cuidar de crianças ou de idosos, lavar roupa e preparar refeições — que costumavam ser realizadas em casa, sem qualquer pagamento, agora ingressaram na economia remunerada, proporcionando toda uma gama de serviços e produtos que são inerentes a uma identidade de marca do Prestativo.

Embora o zelo em geral tenha perdido prestígio, se você pensar na alta estima dedicada a figuras como Ronald Reagan, Walter Cronkite, a princesa Diana e Madre Teresa, você verá facilmente que o Prestativo ainda ocupa um lugar relativamente destacado no coração e na mente das pessoas. No nível mais elevado, o Prestativo não se preocupa apenas com sua própria família. Seu interesse cresce em círculos concêntricos até envolver a comunidade, o país, a humanidade e o planeta. Um aspecto lindo dos mamíferos é que os velhos e doentes se sacrificam em prol dos jovens e aptos. A humanidade deu um passo ainda maior: os jovens e aptos muitas vezes se sacrificam em prol dos velhos e doentes. Além disso, os humanos, enquanto espécie, são capazes de se preocupar também com as outras espécies, mesmo aquelas bem diferentes de nós.

O nível mais elevado do Prestativo é o altruísta, e é por isso que o Prestativo pode ser uma poderosa identificação de marca para as organizações sem fins lucrativos. A Habitat for Humanity, o Exército da Salvação e a United Way são apenas alguns exemplos. Também é estimulante observar que a filantropia torna-se cada vez mais uma parte integrante da vida empresarial, bem como ver o alto nível de generosidade e interesse que hoje é dirigido aos empregados e aos clientes.

Nordstrom e Marriott Corporation: Organizações do Prestativo

Se as lojas de departamentos estão caindo como moscas, por que a Nordstrom está se expandindo? Parte de seu sucesso se deve à sua extraordinária reputação no serviço ao consumidor, que inclui uma política de devolução e troca de mercadorias "sem qualquer questionamento". Sabe-se que a empresa já aceitou devolução de produtos que, para começo de conversa, nem tinham sido comprados em sua loja. E, claro, ela tem a reputação de vender pares de sapatos desirmanados (um tamanho para cada pé do comprador) e de treinar seus empregados para tratarem bem a clientela. A Nordstrom realmente cria uma atmosfera na qual os atos de serviço exemplar se tornam lendários, sendo divulgados na loja e para os clientes. A empresa tem até um orçamento de marketing para ajudar a criar um "boca a boca". A questão é que a verdadeira estratégia de marketing da Nordstrom não está nos anúncios: está em agir de modo a fazer os clientes dizerem aos outros como foram bem tratados na loja.

Os hábitos mentais que caracterizam o Prestativo não só ajudam no serviço ao consumidor, mas também ajudam as empresas a prever as necessidades e preferências do consumidor. Os Prestativos gostam de fazer coisas boas para os outros. Seu desejo de prever as necessidades do consumidor e ajustar-se a elas não é simplesmente uma questão de fazer bons negócios; esse desejo define sua motivação básica no trabalho. J. Willard Marriott era um mórmon, educado (como ocorre com muitos mórmons) para prestar serviços aos outros membros da comunidade. Além disso, nasceu em família pobre: o pai era pastor de ovelhas e o menino ajudou a cuidar dos rebanhos desde os oito anos de idade. Que treinamento maravilhoso para o indivíduo que fundaria indústrias nas quais cuidar do consumidor é a palavra de ordem! Aos 19 anos, ele viajou para Washington, DC, a fim de pregar o Evangelho (era o seu ano missionário, exigido pela fé mórmon). Em Washington, sofreu com o calor e ficou imaginando quanto dinheiro ganharia a pessoa que pudesse oferecer à venda um refresco bem gelado. Durante seu último ano na Universidade de Utah, uma barraca da A&W Root Beer [espécie de soda-limonada] foi inaugurada nas redondezas, e Marriott a adorava. Terminada a faculdade, ele comprou a franquia de A&W para a área de Washington. No inverno, quando os negócios caíram, ele abriu a Hot Shoppe, inovando ao oferecer o serviço drive-in.

Como todo bom Prestativo, Marriott estava sempre sintonizado para prever as necessidades do público. Observou que, na Hot Shoppe, as pessoas compravam comida a caminho do aeroporto. Por isso, Marriott negociou refeições prontas e embaladas, e as vendeu para as empresas aéreas, iniciando a indústria do fornecimento de alimentos servidos durante o vôo. Depois de 30 anos no ramo alimentício, ele abriu seu primeiro hotel, que descreveu como "a extensão lógica do interesse tradicional da Hot Shoppe pela família americana sobre quatro rodas". Com o passar do tempo, adquiriu os restaurantes Big Boy, desenvolveu as lanchonetes de fast-food Roy Rogers e os cruzeiros marítimos Sun Line Cruise Ships, e ofereceu serviços de fornecimento de refeições a muitos colégios e universidades, bem como a três parques temáticos da Great America. Em 1999, a Marriott International era a segunda maior cadeia hoteleira do mundo. Ao longo de toda essa atividade empresarial, o sucesso de Marriott sempre foi atribuído à sua capacidade de reconhecer as necessidades das pessoas, dar atenção exemplar aos detalhes e treinar bem seus empregados. Marriott aconselhava os outros líderes empresariais: "Cuidem bem do seu pessoal e eles cuidarão bem dos clientes."[5]

Muitas organizações do Prestativo são empreendimentos ligados a causas sem fins lucrativos — ou à caridade. Sua "bottom line" é ajudar o grupo-cliente. É típico de sua gerência ter como certo que os empregados farão todo o necessário para satisfazer as necessidades do cliente; mas isso leva à exaustão e, com o tempo, à desmoralização e ao rompimento. Nas organizações do Prestativo saudáveis, cuida-se bem dos clientes e também dos empregados, para que estes consigam manter o entusiasmo pelo trabalho. Tal como ocorre com os hospitais, em geral a organização é altamente burocrática, em parte porque as pessoas querem ter certeza de não causar qualquer dano. Portanto, as políticas e procedimentos precisam ser claros; as novas políticas devem ser bem estudadas e testadas; e a equipe deve ter boa formação ou ser bem treinada. Já que o grupo-cliente é (ou é visto como sendo) vulnerável, fazem-se todos os esforços para proporcionar uma atmosfera que pareça sólida, estável e sem surpresas indevidas. O zelo é demonstrado não só por um sorriso amistoso ou um toque de mão, mas também pelo compromisso com altos padrões de qualidade em toda interação. Para o Prestativo, é muito mais importante mostrar o zelo por meio de ações tangíveis do que fazer discursos vazios. Em outras palavras, não se trata apenas de dizer que você ama o cliente, mas sim de lhe trazer um cobertor quente ou uma xícara de chá.

---

5. Thaddeus Wawro, *Radicals and Visionaries: Entrepreneurs Who Revolutionized the 20th Century* (Irvine, CA: Entrepreneur Press, 2000), pp. 292-293.

A Aetna U.S. Healthcare diz: "Muitas empresas têm sua declaração de missão. Quantas têm uma missão? A nossa missão? Criar melhores maneiras de estender a mão e ajudar garante que as pessoas obtenham os cuidados de saúde que necessitam." Depois de identificar muitas de suas iniciativas, a Aetna conclui: "Em palavras simples, colocamos nosso dinheiro firmemente onde nossa missão está."

O marketing para os Prestativos

Como você bem pode imaginar, uma das maneiras menos eficazes de vender para os Prestativos é lhes dizer diretamente que você se importa com eles. Fazer isso neste nosso cínico mundo moderno só produz a resposta: "Conta outra." Mas se você *mostrar* às pessoas que você se importa com elas, aí a coisa muda de figura. Convictas de que você é íntegro, elas divulgarão a notícia boca a boca. Jonathan Bond e Richard Kirshenbaum, em *Under the Radar*, contam uma história sobre certa joalheria de Palm Beach. A cliente telefona pedindo um broche. A vendedora pula num avião e faz pessoalmente a entrega do broche, bem em tempo de ser usado pela cliente em um baile de caridade naquela noite. Pelo preço de uma passagem aérea, a joalheria desenvolveu uma reputação extraordinária entre as pessoas que foram àquele baile — e todas elas eram muito ricas. De modo talvez menos dramático, mas ainda assim consistente, empresas como L.L. Bean e Nordstrom construíram sua reputação oferecendo aos consumidores um serviço tão inusitadamente amistoso que as pessoas sentiam prazer em divulgá-lo.

Uma questão persistente para as pessoas de hoje é como equilibrar a preocupação consigo mesmo e a preocupação com os outros. Na nossa sociedade, é comum os casais investirem pesadamente na educação dos filhos e, ao mesmo tempo, pagarem pela manutenção e tratamento de seus pais; tudo isso quando deveriam estar fazendo o pé-de-meia para a própria aposentadoria. Esses casais têm uma preocupação similar a respeito de tempo e saúde — ou seja, como encontrar tempo para cuidar dos outros e ainda conseguir ter vida pessoal e bons hábitos de saúde. Discutir essas preocupações proporciona uma excelente identidade de marca para empresas empreendedoras.

Como você pode ver por muitos dos anúncios citados até aqui neste capítulo, o marketing eficaz para o Prestativo não enfatiza o zelo da marca, mas sim a preocupação do consumidor com os outros. O cliente é mostrado como alguém que se interessa pelos outros. O produto ou serviço ajuda o cliente a ser mais eficaz em seu zelo e também lhe oferece mais facilidade de ação.

Em geral, as pessoas responsáveis que despendem muita energia cuidando dos outros apreciam realmente as empresas que se preocupam com elas. Tais pessoas costumam ter uma brecha de sustentação: elas dão mais do que recebem, e precisam de apoio. Qualquer empresa que ajude as pessoas a cuidar de si mesmas ou que as ajude a enfrentar suas obrigações com mais facilidade, tem o potencial de obter extremo sucesso nesta nossa sociedade em que homens e mulheres carregam nos ombros o fardo da responsabilidade de cuidar dos outros, além do fardo de suas obrigações profissionais.

Rolf Jensen, em *The Dream Society*, cita a revista *Time*, que em 1997 declarou que embora durante décadas tenha sido moda ser frio e indiferente, de repente essa moda passou. Hoje em dia, existe certa paixão de mostrar que você se importa. Se você for assistir a uma cerimônia de colação de grau, mesmo nas escolas de maior prestígio, verá universitários de ambos os sexos levando seus bebês e filhos pequenos pelo palco quando sobem para receber o diploma. Homens e mulheres estão fazendo do tempo disponível para a família um fator importante ao escolherem um emprego e negociarem salários e outras condições de trabalho. Acabamos de chegar a uma época em que a literatura sobre co-dependência e comportamentos capacitadores sugere que o Prestativo seria basicamente disfuncional. Ao mesmo tempo, a necessidade de cuidados cresceu em forma de espiral. Esperava-se que casais que trabalhavam fora e mães solteiras apresentassem no trabalho o mesmo desempenho que mostrariam se não tivessem outras responsabilidades. Desabrigados começavam a ocupar nossas ruas. E as pessoas reclamavam que se sentiam estrangeiras numa terra estranha, ansiando pela pátria. Mas, claro, o arquétipo do Prestativo é fundamental para a espécie humana. As pessoas se interessam realmente umas pelas outras, e um forte senso de significado nasce dessa preocupação. Você poderia então imaginar que o arquétipo do Prestativo recuperaria seu antigo prestígio. Está na moda, novamente, se interessar pelos outros.

Mas o estilo desse interesse pelos outros mudou. O sucesso de um filme como *Uma babá quase perfeita* e de homens que transcendem os tradicionais papéis masculinos e femininos (como Michael Jackson, Robin Williams e Colin Powell) nos diz que, embora o interesse pelos outros antes fosse visto como uma atividade basicamente feminina, hoje é admitido como algo que também é importante para os homens (sempre foi, na verdade, como bem sabe quem teve um pai ou avô amoroso). Também o sucesso de filmes como *O clube das desquitadas* nos diz que hoje os Prestativos não querem ser "perdedores", gente fácil de derrotar. Eles estão dispostos a ser "durões" quando for preciso. Esperam ser respeitados e se enfurecem quando são desprezados. O velho mártir já era e, em seu lugar, existe uma aspiração mais equilibrada: dar e receber, cuidar dos outros e ser cuidado pelos outros.

Lembra do filme *A felicidade não se compra*? O personagem de James Stewart sacrifica sua vida pelo bem dos outros e então se desespera quando parece que tudo está perdido. Essa é uma história clássica do Prestativo. Nossa cultura acabou de virar a página do cinismo a respeito do zelo. O que as pessoas querem é fortalecer a idéia de que, se elas se interessam pelo bem dos outros, os outros se interessarão pelo bem delas. No filme, as contribuições acabam chegando e a associação de George Bailey (financiamento da casa própria) é salva da ruína. A emoção expressada com a morte da princesa Diana e, em menor grau, com a de Madre Teresa, nos diz que este arquétipo está poderosamente presente na psique humana de hoje. No entanto, desde Watergate e o Vietnã, vivemos uma época muito cínica. O que os Prestativos querem é ouvir que não são perdedores porque se interessam pelos outros. Nossa impressão pessoal é que as marcas que evitam mostrar o Prestativo de maneira estereotipada, mas que reforçam os valores do Prestativo, estão bem posicionadas para prosperar. Qualquer arquétipo que tenha sido reprimido sempre possui energia. Essa energia pode impulsionar as marcas vitoriosas de hoje, mas somente se o nível da expressão arquetípica for andrógino e auto-realizador.

> ## O Prestativo é uma boa identidade para marcas:
>
> - às quais o serviço ao consumidor proporciona a vantagem competitiva
> - que oferecem apoio às famílias (desde fast-food até minivans) ou que estão associadas à nutrição (como biscoitos)
> - que prestam serviços nas áreas de saúde e educação, e em outros campos dos cuidados com os outros (incluindo a política)
> - que ajudam as pessoas a se conservarem conectadas com os outros e se interessarem pelo bem-estar mútuo
> - que ajudam as pessoas a cuidarem de si mesmas
> - para causas sem fins lucrativos e atividades caritativas

Além disso, assim como tem havido uma proliferação de serviços destinados a ajudar os membros das organizações contemporâneas a trabalhar bem em conjunto, a próxima fronteira a ser desbravada será prestar serviços que ajudem as famílias não só a permanecerem unidas, como também a desenvolverem a capacidade emocional de florescer em uma comunidade. Também estão em alta as atividades ligadas ao desenvolvimento comunitário. Já deixamos para trás a época em que as afinidades grupais se definiam por nossa identidade étnica ou racial. Vivemos hoje em ambientes de algum modo mais integrados. Embora ainda exista uma tendência contrária, a maioria das pessoas quer realizar um trabalho social pluralista. As marcas sábias compreenderão que o arquétipo do Prestativo hoje se expressa não só na família, mas também no mundo. De algum modo, parece-nos que essas marcas podem confiar que as pessoas são melhores do que se imaginava —

e mais capazes do que se pensava de expandir o círculo do zelo pelos outros. O Prestativo também está relacionado com o Inocente, porque geralmente é o Prestativo que torna realidade o desejo do Inocente de construir um mundo belo e seguro. É curto o passo entre a Inocente Coca-Cola cantando, "Eu gostaria de comprar uma Coca para o mundo e lhe fazer companhia", e o Prestativo estendendo a mão para dar substância a esse desejo.

O Criador

Lema: "Se pode ser imaginado, poderá ser criado"

O ARQUÉTIPO DO CRIADOR é visto no artista, no escritor, no inovador e no empresário, bem como em qualquer atividade que utilize a imaginação humana. A paixão do Criador é a auto-expressão na forma material. O artista pinta um quadro que reflete sua alma. O empresário faz negócios a seu modo, muitas vezes confiando apenas na sua intuição e experiência. O inovador, em qualquer campo, se afasta dos negócios usuais, aproveitando-se de sua capacidade singular de imaginar um caminho diferente. Nas artes, você pensa em Georgia O'Keeffe ou Pablo Picasso; no cinema, você lembra de *Amadeus* explorando as excentricidades e também o gênio de Mozart.

O Criador

Desejo: criar algo de valor duradouro
Meta: dar forma a uma visão
Medo: ter uma visão medíocre ou ser medíocre na execução
Estratégia: desenvolver controle e aptidão na área artística
Tarefa: criar cultura, expressar a própria visão
Armadilha: perfeccionismo, criação equivocada

As marcas do Criador são inerentemente não-conformistas. O Criador nada tem a ver com o problema de se encaixar no grupo; ele lida com a auto-expressão. A criação autêntica exige total liberdade de mente e coração. Os espaços do Criador incluem os *workshops*, a cozinha, o jardim, os clubes sociais e o local de trabalho — qualquer lugar onde ocorram projetos criativos. As marcas do Criador incluem: Crayola, Martha Stewart, Williams-Sonoma, Sherwin-Williams, Singer e Kinko ("Expresse a si mesmo"). Também incluem alimentos, como os kits para preparar tacos, que têm, como parte de sua atração, um convite para que as crianças criem suas próprias versões "pessoais" do taco; bem como marcas idiossincráticas e iconoclastas como a Fresh Samantha, que quase grita: "Eu sou imaginativa e diferente."

Dom: criatividade e imaginação

Quando o arquétipo do Criador está ativo nos indivíduos, estes se sentem compelidos a criar ou inovar — caso contrário, sufocam. A autenticidade lhes parecerá extremamente essencial, pois é típico das grandes obras de arte e das invenções que mudam a sociedade emergir das profundezas da alma ou da curiosidade desenfreada de alguém que é, de muitos modos, um pioneiro cultural. Na verdade, é assim que os artistas costumam se ver, pioneiros criando o mundo do futuro. Eles podem ser pessimistas em relação à cultura como um todo, mas confiam no processo criativo e acreditam no poder da imaginação.

Em geral, eles expressam a criatividade em roupas, casas e escritórios que mostram suas pretensões artísticas. Os Criadores temem que suas criações sejam julgadas severamente pelos outros. Muitos deles têm dentro de si um crítico/censor implacável, que lhes diz que nada nunca está suficientemente bom. Como resultado, eles também temem dar ouvidos a essa voz interior e acabar nunca expressando seus dons.

Além disso, um arquétipo do Criador forte faz o indivíduo ver a si mesmo como uma pessoa desejosa de liberdade; isso é verdade. Nesse sentido, o Criador é semelhante ao Inocente, ao Explorador e ao Sábio. Mas sua motivação mais profunda é a necessidade de exercer controle estético ou artístico — de certo modo, ser como Deus, criar algo que nunca existiu antes. Em última análise, o que o Criador deseja é dar forma a uma obra de arte, tão especial que perdurará. E, desse modo, o Criador alcança uma espécie de imortalidade.

Os empregados geralmente fazem piadas sobre o desejo de reorganização mostrado por cada novo chefe que assume o cargo; porém, todo Criador sabe que as estruturas determinam os resultados. Se você não tiver a estrutura certa, sua visão não se realizará. Os tipos Criadores adoram o processo de desmantelar as velhas estruturas para criar novas. É isso que a maioria dos consultores, especialmente os que lidam na área de desenvolvimento organizacional, mais preferem fazer. No marketing, o prazer está em aparecer com algo novo — alguma abordagem inovadora que conquistará o olho do público e, ao mesmo, também expressará sua visão ou a da sua empresa. Na área de pesquisa e desenvolvimento, o Criador proporciona o ímpeto necessário para que as empresas desenvolvam novos produtos e serviços.

No melhor dos casos, o arquétipo do Criador promove real inovação e beleza. No pior dos casos, oferece uma desculpa para a irresponsabilidade e a confusão de idéias. O Criador tende a ser intolerante com os produtos inferiores, feitos em massa, e a conseqüente falta de imaginação e de atenção à qualidade. Por isso, é também por meio de suas compras que o Criador demonstra seu bom gosto e seus valores.

> O Criador também é conhecido como o artista, o inovador, o inventor, o músico, o escritor ou o sonhador.

Aquela parte de cada um de nós que é atraída para o arquétipo do Criador descobre quem nós somos por meio daquilo que criamos à nossa volta. Quer tenhamos talento artístico ou não, nossa casa, nosso escritório e nosso estilo de vida refletem parte do nosso íntimo. Portanto, o Criador consome para se *expressar* — não para impressionar os outros. O Criador que existe dentro de nós também se sente atraído para o talento artístico das outras pessoas, e é por isso que apreciamos não só os museus de artes, como também os bens de consumo com *design* excelente.

Recriando a si mesmo

As atividades comerciais ligadas à boa forma física [*fitness*], à beleza e à educação geralmente se apresentam como áreas que ajudam as pessoas a se recriarem. A EAS ("Nutrição com vantagem no desempenho") veiculou um anúncio de página dupla para seus alimentos energéticos. A primeira página mostra o Davi de Michelangelo; a segunda, um belo rapaz dos dias de hoje. Diz a matéria: "Michelangelo levou três anos para esculpir uma obra-prima. Eu levei três rápidos meses (e meu abdome é mais definido)." A Nordstrom veicula um anúncio para trajes femininos de malhação com a imagem de uma mulher bonita, aparentemente nua e com ótima definição muscular. Diz o texto: "Ela sempre sentiu que tinha força interior. Agora dá para ver." A Nordstrom também veicula um anúncio básico e direto para as botas vermelhas de salto alto, com esta simples exortação: "Reinvente-se."

Os cosméticos podem ser comercializados como as ferramentas que ajudam você a se tornar uma obra de arte. A M•A•C Make-Up Art Cosmetics mostra a artística imagem de um estojo de batom disparando como um foguete. Diz o texto:

> Deixe o make-up fazer sua cabeça. O que é inspirador? Nos últimos doze meses a agência e a M•A•C criaram um portfólio de imagens com as obras de alguns dos maiores fotógrafos, estilistas e maquiadores do mundo. Inspirado pelas cores, pelas texturas e pela atitude criativa, moderna, expressiva e não-conformista da M•A•C Cosmetics, esse portfólio abriu aos grandes talentos um leque ilimitado para usarem os instrumentos, as texturas e as impressionantes possibilidades dos cosméticos, de um modo que foge ao tradicional e ao convencional. Olhe. Pense nisso. Você acha que os cosméticos são mais do que simples auxiliares da beleza? A M•A•C diz: Deixe o make-up fazer sua cabeça.

Os níveis do Criador

Motivação: devaneios, fantasias, lampejos de inspiração
Nível 1: ser criativo ou inovador, imitando os outros
Nível 2: dar forma à própria visão
Nível 3: criar estruturas que influenciam a cultura e a sociedade
Sombra: dramatizar demais a própria vida, vivendo um melodrama

---

De uma maneira mais caseira, a Color Me Beautiful oferece consultas que ajudam mulheres e homens a determinar quais cores lhes caem bem. A empresa promove sua linha de cosméticos em seu website, prometendo: "A beleza é sempre revelada... Nunca aplicada."

A Gateway.com promete: "Traga à tona todos os seus talentos. Quaisquer que sejam eles." Usando os equipamentos de informática da Gateway, você poderá "Desenvolver seu/sua _____ interior." A empresa oferece as seguintes escolhas para você preencher o espaço em branco: "Estrela do rock; Grande fotógrafo; Diretor de filme de sucesso; Guerreiro de games." A Universidade ISIM, de Denver, Colorado, afirma: "E-crie a si mesmo, conquistando seu diploma universitário on-line."

A joalheria Mondera.com veicula uma campanha mostrando que as mulheres criativas e originais são tão vitoriosas que os homens querem lhes comprar belas jóias. Um desses anúncios mostra uma mulher rindo ao lado de uma garotinha, junto com as palavras: "Já que ela gosta mais de ga-

ratujas infantis que da escultura pós-moderna", dê a essa mulher "jóias finas, tão únicas como ela".

Acessórios para embelezar sua vida

Os artefatos da mais remota antigüidade mostram que o ser humano é
uma criatura inerentemente artística: há pinturas em cavernas, esculturas,
cestos, tigelas com enfeites elaborados, totens, jóias, tatuagens — a lista é
infinita. Mesmo as ferramentas mais básicas também eram objetos decora-
tivos. Nas sociedades indígenas, todos se envolviam com a arte o tempo todo. Se considerarmos a história do artesanato, veremos que, mesmo no
mundo de hoje, a maioria das pessoas tem algum meio criativo de expressão, quer se vejam como criativas ou não. As pessoas pintam, costuram, fazem marcenaria ou jardinagem, decoram a casa, usam maquiagem e geralmente embelezam seu entorno.

Os produtos do Criador ajudam as pessoas nessas tarefas. A Revolução
Industrial ofereceu todo tipo de tecnologia para ajudar as pessoas a criarem
com mais facilidade. Elias Howe inventou a primeira máquina de costura em
1845. Depois I.M. Singer a modificou, para que pudesse ser usada em casa.
Ele começou as vendas em 1851. Como a máquina ainda era cara para a família média, ele também inventou o plano de pagamento em prestações. Na
Índia do início da década de 1920, o Mahatma Gandhi não incluiu a máquina de costura na sua extensa lista de produtos ocidentais a ser boicotados,
porque ela parecia essencial para a independência pessoal de seu povo.

A Sherwin-Williams foi o primeiro fabricante de tintas a oferecer o produto pré-misturado para os adeptos do faça-você-mesmo. Antes disso, profissionais pintavam as casas misturando, eles próprios, as tintas. Sabiamente, a Sherwin-Williams complementou as vendas de tintas com todo tipo de
material ligado ao *hobby* da pintura. A Home Depot e todas as lojas de decoração, tecidos e artesanato abastecem as pessoas que mostram sua criatividade em casa, no guarda-roupa e no jardim; o mesmo fazem revistas como *Good Housekeeping* e *House Beautiful*.

É bem provável que os móveis e tapetes mais caros sejam comercializados com um apelo ao arquétipo do Criador. A Lees, por exemplo, mostra
um tapete que parece saído de um templo grego, com o rosto de uma mulher de aparência artística (que bem poderia ser uma deusa grega). A matéria afirma: "Refinado pela arquitetura. Criado por você." De Omnova, a X
Quest Wall Surfaces (slogan: "Onde 'e se' torna-se 'é'") veiculou um anúncio que mostrava um homem de cartola, mergulhado até o peito em algo que
parecia um lago. Ele caminha na direção de um objeto quadrado com pa-

drões intrincados, que emerge da água e se parece com algum tesouro antigo ou uma relíquia extraterrestre. O anúncio então pergunta: "Você está à
deriva em um mar de coisas mundanas? Olhe para um novo horizonte. Toda uma gama de papéis de parede, tão vasta como sua imaginação, está ao
seu alcance."

Muitos desses anúncios ligam a decoração do lar com as artes clássicas.
A Dauphin, fabricante de móveis, mostra duas cadeiras de aparência artística ao lado de pinturas dessas mesmas cadeiras (como o quadro de Andy War-
hol da lata de sopa Campbell), dizendo: "A vida imita a arte." A Donghia, fabricante de móveis, têxteis e papéis de parede, mostra uma bela pilha de
diferentes tecidos, de muito bom gosto, tendo no alto uma sapatilha de balé. Outro fabricante de móveis, a B&B Italia ("Atemporal e preciosa") mostra duas mesas modernas com aspecto clássico, dizendo: "A escolha certa
para qualidade, harmonia e vida moderna." A Bombay Sapphire Gin mostra
um copo de martíni que é uma obra de arte. No martíni há belas flores. A
legenda diz: "Despeje algo inestimável."

O Criador no trabalho e na escola

No trabalho, a capacidade de inovação é valorizada de modo muito especial, simplesmente porque vivemos nesta época tão competitiva e de mudanças tão rápidas. Todas as áreas estão inovando incessantemente. Ao mesmo tempo, os avanços tecnológicos oferecem recursos incríveis para a
inovação constante. A Homestead.com mostra a imagem das mãos úmidas
de um oleiro dando forma à boca de um vaso. O oleiro reflete: "De todas as
suas grandes criações, o website de vocês será a mais fácil." A Texas Instru-
ments promove os processadores de sinal digital com as palavras "Onde a
voz encontra o vídeo encontra as palavras encontra sua imaginação" e a imagem de uma mulher em êxtase diante do teclado.

A história do Post-it e o engano que levou a seu desenvolvimento tornaram-se uma lenda moderna sobre a criatividade. As secretárias imagina-
vam como lidar com as colas que nunca funcionavam direito; o resto já é
história. Um anúncio dos Post-it Self-Sticking Easel Pads diz: "Pense nele
como um Post-it Note com esteróides." Em letras menores, a matéria prossegue: "Você está em uma reunião, anotando idéias no seu bloco [easel pad].
Mas tudo pára enquanto você procura clipes ou fita adesiva... a não ser que
você esteja usando um Post-it Easel Pad." As páginas do Post-it grudam por
si mesmas na parede, com um forte adesivo. Um anúncio da Canon Image
Runner 600 desafia o consumidor: "Imagine criar documentos de 200 páginas, com os três orifícios para arquivar, diretamente no seu desktop." E é

claro que agora você pode fazer isso. A Kinko se vê como parte do negócio de dar apoio à criatividade do consumidor, com seu slogan "Expresse a si mesmo". Fica implícito que a tarefa da Kinko é ajudar você a se expressar.

A Palm Pilot conseguiu um reconhecimento de marca quase instantâneo ao comercializar o produto com imagens de pessoas artísticas e bem-sucedidas com ele nas mãos. Nesses anúncios, a empresa não estava apenas vendendo o Palm Pilot e as coisas que o produto podia fazer; em vez disso, estava vendendo o glamour da vida de artista. Um desses anúncios mostrava a designer têxtil Catherine Hennes. A mensagem dizia: [ícone de Endereços] "Minhas tecelagens e bordadeiras favoritas; todos os meus amigos da escola de arte"; [ícone da Agenda Eletrônica] "Desfiles de *haute couture*, segunda-feira, 09:00 hs; almoço com Max, sexta-feira, 01:00 h"; [ícone do Bloco de Notas] "Idéias preliminares para padrões primavera-verão; livros que pretendo ler"; [ícone do Agendador de Tarefas] "Reunião com arquitetos sobre planos do novo estúdio; plantar bulbos antes que chova"; [ícone da Hot-Sync] "Sincronizar e fazer backup do meu Palm Vx por controle remoto do meu PC. Com um só toque." Essa abordagem ofereceu um antídoto interessante, e altamente diferenciado, para as usuais imagens do Governante que cercam a tecnologia em geral e, em especial, as ferramentas dos negócios.

Quão criativos podemos ser? Você quer fazer um filme da Disney — sozinho? Um anúncio com aparência jornalística mostra Matt e Dan O'Donnell, os gêmeos que criaram o software chamado Mexico (um pacote que ajuda a criar animação, com grandes efeitos de sombreamento e detalhes faciais). Citando Matt, o anúncio informa: "Os personagens respondem ao diretor de cena (...) Você cria um modelo e diz 'Snookie: ande até o Capitão', e aí o programa vai computar as animações secundárias."

Claro que todos nós queremos que nossos filhos sejam criativos. A Apple promove o iMac com um anúncio que mostra sua compatibilidade com o camcorder digital: "Agora alunos e professores podem contar histórias de uma maneira que antes era impossível — trazendo as experiências fora da classe vividamente para dentro da classe. O melhor de tudo é que é muito fácil; qualquer um pode ser um diretor de cinema." A Crayola é uma marca-ícone do Criador. Um anúncio mostra uma caixa de lápis de cor, com esta legenda ao lado de um apontador: "Apontador embutido para a mente." A matéria a seguir explica: "Estudos comprovam que as crianças que crescem participando de atividades artísticas alcançam maior pontuação no SAT [Scholastic Aptitude Test] — em média, 51 pontos percentuais a mais nos testes verbais e 38 pontos a mais em matemática. Esse é o poder da criatividade... Ele começa aqui" (com uma caixa de lápis de cor). Para estimular os pais a oferecerem aos filhos oportunidades de lidar com as cores, de modo que a marca possa cumprir sua promessa de criatividade, os anúncios freqüentemente sugerem diferentes atividades para colorir — tais como criar um cartão de Dia dos Pais recortado na forma de um braço e uma mão. O anúncio promete: "Um dia alegre e maluco para o papai: Uma omelete que não foi feita com ovos! Café feito de iogurte? Um abraço escondido dentro de um cartão. Nós temos algumas maneiras surpreendentes e engraçadas para você dizer 'Feliz Dia dos Pais'."

A Kellogg's reconhece que preparar o Rice Krispie Treats (acrescentando marshmallow e margarina derretidos) é uma das primeiras coisas que muitas crianças aprendem a fazer na cozinha. Para fortalecer a conexão com a criatividade, a Kellogg's oferece "receitas" para os concursos de escultura escolares. Em 1998, a escultura vencedora foi "a réplica, com quase dois metros de largura por um de altura, de um recife de coral e os ecossistemas a ele ligados (...) que venceu esculturas de 65 outras escolas de mais de 30 Estados".

Sesame Street: Uma marca do Criador

Poucos programas de televisão sobrevivem além da primeira temporada. Não é isso o que acontece com o aclamado *Sesame Street*, que já está entrando em seu 32º ano no ar e que se tornou uma das marcas mais amplamente reconhecidas e respeitadas do mundo. Nesta nossa era muito mais competitiva do que aquela em que o programa foi lançado, *Sesame Street* ainda é assistido por milhões de crianças no mundo todo e já ganhou 76 Emmy (mais do que qualquer outro programa de tevê da história!) e oito Grammy. Como foi que essa idéia conseguiu se sustentar e florescer?

Grande parte de seu sucesso está no fato de que suas características básicas — a poderosa abordagem ao aprendizado e o conteúdo cuidadosamente desenvolvido — ganharam vida como expressão inovadora, atraente e única do arquétipo do Criador.

Cada episódio de *Sesame Street* se baseia em um conteúdo complexo, holístico, projetado para dar apoio ao desenvolvimento cognitivo, social, emocional e físico das crianças pequenas. Educadores e pesquisadores especializados trabalham em conjunto, dia após dia, com os roteiristas e produtores. Se não fosse por toda essa pesquisa educacional, certamente *Sesame Street* seria apenas mais um programa infantil. Por outro lado, não devemos esquecer que toda essa alta especialização educacional poderia ter se transformado em lições chatas e sem inspiração, que as crianças do pré-escolar simplesmente deixariam de lado para ir brincar com suas bonecas e seus jogos. Em vez disso, o conceito de *Sesame Street* é apresentado de modo maravilhosamente criativo: na rua onde um personagem vive numa lata de lixo e outro engole biscoitos como um aspirador de pó, uma das estrelas é uma ave com 1,80 de altura e, entre outros segmentos, há o chamado "Tea-tro dos monstros". Durante uma série especial sobre o espaço, o respeitado Tony Bennett cantou "Slimey to the moon...", e não causa surpresa ver Itzak Perlman ou outros famosos cabriolando com um dos Muppets. Gail David, diretora de Comunicações Corporativas de *Sesame Street*, comenta: "É incrí-vel que uma coisa pode ser tão ancorada e, ainda assim, tão efervescente."

A própria criação de *Sesame Street* é um exemplo maravilhoso do pro-cesso criativo e do nascimento de uma marca do Criador. Joan Ganz Coo-ney, uma das fundadoras de *Sesame Street*, relata em um ensaio (a ser publi-cado em breve) que a idéia surgiu pela primeira vez durante uma conversa num jantar, em março de 1966. Cooney, na época produtora de documen-tários na WNET (um canal de tevê educativa da cidade de Nova York), con-versava com Lloyd Morrisett, na época vice-presidente da Carnegie Corpo-ration de Nova York. Ambos ficaram tão entusiasmados com a possibilidade de trabalhar o grande potencial inexplorado da televisão enquanto meio educativo, que voltaram a se reunir alguns dias mais tarde. Morrisett havia muito se interessava pelo desenvolvimento cognitivo da criança. E, como pai de dois meninos pequenos, certa vez ficou horrorizado ao encontrá-los assistindo aos testes técnicos de uma emissora, enquanto esperavam pelos desenhos animados — tamanha era a escassez de programas infantis envol-ventes e de qualidade naqueles dias. Ganz Cooney interessava-se profunda-mente pela pobreza, pelos direitos civis e pelo déficit educacional causado pela pobreza. Aquela conversa no jantar tivera um efeito eletrizante sobre ambos. Como hoje relembra Ganz Cooney: "De repente percebi que pode-ria ficar fazendo pequenos documentários no Channel 13 pelo resto da mi-nha vida, sem nunca causar impacto nos necessitados. Por outro lado, eu poderia usar a televisão para ajudar as crianças a aprender, especialmente as crianças em condições desvantajosas. Eu vi tudo isso com muita clareza, até parecia um são Paulo na estrada de Damasco." E então Morrisett e Ganz uni-ram forças, armados com a convicção de que a televisão poderia ser uma for-ça positiva na vida das crianças, desde que um currículo educacional pudes-se ser transmitido de maneira inovadora e relevante.[1]

Eram os anos contestatários da década de 60, uma época de grande li-berdade criativa em termos do que ia ao ar, incluindo a propaganda. Ganz Cooney havia observado que as crianças, em especial, pareciam hipnotiza-das pelos formatos ágeis e curtos dos comerciais de tevê e que elas apren-diam mais rapidamente os jingles desses comerciais do que o á-bê-cê. Sem receio de tirar proveito da sensibilidade predominante na época, ela queria

---

1. Joan Ganz Cooney, in "The Top Fifty Women in American Radio and Television" (no prelo).

direcioná-la de modo a beneficiar as crianças em idade pré-escolar. Descrevendo a premissa do programa no jornal *The New York Times*, ela disse: "Os educadores tradicionais talvez não se entusiasmem com isto, mas nós vamos fazer a montagem em um ritmo muito mais veloz do que qualquer outro já usado em programas infantis. As crianças gostam dos comerciais, do humor casca-de-banana, das técnicas vanguardistas de vídeo e áudio. (...) Temos de introduzir o nosso conteúdo em formas que as crianças achem acessíveis."

Formou-se então uma espécie de "time dos sonhos" criativo, que acabou incluindo Jim Henson e seus inimitáveis Muppets; Joe Raposo, talentoso músico e compositor; Jeff Moss, jovem e brilhante roteirista; Jon Stone, que seria produtor e diretor do programa por mais de 26 anos; e um grupo de pesquisadores extraordinários, entre eles Gerry Lessor e Ed Palmer. Mas além da pura reunião de talentos, o conceito foi orientado desde o início pela busca de autenticidade e inovação.

Em *Sesame Street Unpaved*, uma retrospectiva do programa, Jon Stone diz que os criadores "não queriam apenas mais uma sede de clube, arca do tesouro ou casa na árvore (...) minha proposta era construir uma rua de um centro urbano real e povoá-la com pessoas reais".

Grande parte da emergência do Criador naquele trabalho foi que o espetáculo era visto como um experimento grandioso, tal como continua a ser. As crianças estavam, por assim dizer, entre os diretores de elenco originais. Por exemplo, a idéia inicial era ter os Muppets em segmentos totalmente diferentes dos segmentos que utilizavam personagens humanas, para não confundir as crianças; mas quando as pesquisas mostraram que o maior envolvimento das crianças ocorria quando os Muppets estavam no ar, os bonecos foram integrados às cenas com seres humanos. O humor não era apenas encorajado, era exigido. Segundo Arlene Sherman, supervisora de produção de *Sesame Street*, a comédia pura foi sempre um ingrediente essencial da criatividade do programa: "Quando as pessoas me pedem uma descrição resumida da essência de *Sesame Street*, sempre digo que é um programa cômico que ensina. Temos os melhores escritores de humor da tevê trabalhando para nós. É por isso que funciona." A equipe de desenvolvimento do programa é encorajada a correr riscos e inovar; na verdade, é isso que dela se espera.

A disponibilidade dos criadores para a extravagância é demonstrada em segmentos como: a WASA (*Worm Air and Space Agency* — Agência Aeroespacial dos Vermes) tenta encontrar cinco vermes fisicamente aptos e de renome internacional, para enviá-los numa missão à Lua (mas aceita somente os vermes com as "curvas certas"!), e uma galinha que acredita ser um verme entra furtivamente na nave espacial; um fazendeiro sabe quando a tempestade se aproxima, porque pouco antes suas ovelhas começam a dançar o cha-cha-chá; o Big Bird [Garibaldo] contrata o maior escritório de arquitetura animal, Pig, Pig & Pig, dirigido pelo mundialmente famoso I.M. Pig, para orientar a reconstrução de seu ninho. Diz a lenda que as idéias de Henson e Stone às vezes eram tão extravagantes que havia batalhas freqüentes entre eles e os pesquisadores responsáveis por manter a grade curricular nos trilhos.

Mas o que está no âmago do sucesso desta marca do Criador é uma tensão saudável entre a criatividade desenfreada e o trabalho educacional de *Sesame Street*. Rosemarie Truglio, vice-presidente da Sesame Street Research, descreve a espécie de cabo-de-guerra amistoso que ocorre em cada sessão de revisão dos roteiros, com os escritores gargalhando diante de algum novo segmento hilariante e, do outro lado, os pesquisadores apontando minuciosamente os ajustes que devem ser feitos para garantir a segurança das crianças, evitar exemplos negativos, construir os alicerces do aprendizado e assim por diante. Entretanto, a colaboração é sempre feliz e proveitosa, pois, como diz Truglio: "Temos respeito mútuo pela arte de cada um. Não sou uma escritora de humor e por isso às vezes os escritores acham que precisam me ensinar o 'manual da comédia'. Mas não fico ofendida. Respeito o talento deles. Por outro lado, eu conheço as crianças e por isso às vezes ensino a *eles* o 'manual do desenvolvimento infantil'. Eu defendo a voz das crianças."

Os resultados funcionam. As pesquisas acadêmicas mostram que, passados três anos da idade pré-escolar, as crianças que assistiram regularmente a *Sesame Street* e outros programas educativos infantis têm melhor desempenho em uma série de testes padronizados. Um estudo independente mostrou que mesmo no segundo grau, as crianças que assistiram regularmente aos programas educativos tiravam notas melhores em inglês, ciência e matemática do que as crianças que pouco ou nunca assistiram aos programas educativos. Esses estudos eram controlados conforme o nível de escolaridade dos pais, a renda familiar e assim por diante.

Pesquisas qualitativas lançam luz sobre alguns dos subprodutos positivos de assistir a *Sesame Street*. Parece que o programa opera em muitos níveis complexos, mesmo para crianças em idade pré-escolar. O que surge é uma ideologia singular que os telespectadores recordarão durante toda a vida. A primeira geração de telespectadores de *Sesame Street* — gente que cresceu assistindo ao programa original — costuma lembrar que a primeira vez em que foram expostos a pessoas diferentes de si mesmos foi em *Sesame Street*. Por exemplo, *Sesame Street* talvez tenha lhes proporcionado sua primeira exposição a um indivíduo afro-americano (além de tudo, um negro gigantesco!). Ou talvez tenha sido por meio de *Sesame Street* que eles aprenderam a contar em espanhol, muito antes de compreenderem o conceito de "outro idioma". As mães e outros responsáveis que assistem a *Sesame Street* junto com as crianças geralmente descobrem alguma breve referência a algum acontecimento do momento, apresentada de uma maneira que agrada tanto ao pré-escolar quanto ao adulto (a mãe ou responsável). *Sesame Street* anuncia que "este programa é trazido até você pelo número 3 e a letra Q" e, de repente, tudo parece ir bem no mundo.

Hoje, em seu 32º ano, o programa está sendo desenvolvido para incluir uma ênfase ainda maior na arte e na música — não tanto como aptidões que representam um fim em si mesmas, mas como veículos que ajudam as crianças a aprender e a lidar com o dia-a-dia. Por exemplo, na futura série de episódios que apresentará um furacão atingindo a "rua Sésamo", Garibaldo enlouquece ao saber que a tempestade destruiu seu ninho. Os outros membros da comunidade oferecem conselhos, o que sempre ajuda, mas o verdadeiro apoio aparece quando um deles sugere que Garibaldo faça um desenho do ninho pelo qual tanto chora. Esse desenho não só conforta Garibaldo, como também sugere um plano. Se pode ser desenhado, poderá ser recriado — ensinando as crianças não só a lidar com o dia-a-dia, mas também a começar a lidar com a adversidade.

No mundo complexo de hoje, onde os problemas da vida adulta começaram a se infiltrar no território da infância, é bom que essa maravilhosa marca do Criador continue a oferecer um caminho tão rico e envolvente para o aprendizado e o crescimento das crianças em idade pré-escolar.

As organizações do Criador

O protótipo da cultura organizacional do Criador é a cooperativa de artistas. As pessoas querem ter grande liberdade de ação para expressar sua criatividade, com um mínimo de controles. A função da estrutura coletiva é oferecer um lugar para promover, desenvolver e comercializar um produto artístico. A dignidade nasce do acordo coletivo sobre a importância do processo criativo, de modo que as pessoas evitam "vender-se" ao mercado. Em geral, a qualidade é vista como mais importante, no longo prazo, do que maximizar as vendas imediatas. Evitam-se as "pechinchas", porque os empregados as veriam como prática que desabona a importância de seu trabalho.

Encontramos organizações do Criador nas artes, no *design*, no marketing e em outros campos que exigem alto grau de pensamento imaginativo "fora dos padrões tradicionais". Certa autonomia do trabalhador é vista como essencial ao processo criativo e, por isso, geralmente os empregados controlam o próprio tempo e a maneira de realizar uma tarefa. Os trajes e as atitudes são extravagantes ou simplesmente informais, pois os empregados se expressam livremente por meio do comportamento. A liberdade reina enquanto o resultado for um produto de alta qualidade.

Muitas empresas se posicionam enfatizando sua criatividade ou comparando seu produto à qualidade que encontramos nas belas-artes, quer exibam traços de verdadeiras organizações do Criador ou não. A Saab, por exemplo, veiculou um anúncio do seu conversível que afirmava em letras garrafais "Saab versus Vivaldi" e perguntava ao consumidor:

> *Um carro pode competir com uma peça musical? "As quatro estações", de Antonio Vivaldi, é um teste perfeito. Concerto Nº 1. A Primavera. A capota é arriada, você é invadido por uma sensação de liberdade. O Verão chega e convida a estrada a brincar. O motor turbo se mostra à altura. Corre rápido para Outono. Uma carroceria aerodinâmica rodeada pelo vento. O Inverno chega, impetuoso. A tração dianteira responde. A capota com três camadas isolantes, o aquecimento nos bancos dianteiros, o desembaçador no vidro traseiro, tudo isso cumpre sua função. Vivaldi encontrou alguém à altura. Que a música comece.*

A Biltmore Estate, com sua casa, seus jardins e sua vinícola, veicula uma imagem da mansão, com as palavras: "Da tela de pintura à obra-prima. (...) Suas maravilhas nunca cessam", explicando:

> *Ele começou com a terra nua. Com o olho do artista, esculpiu florestas, parques e formas. E então George Vanderbilt criou um lar para todos os tempos: a Biltmore House. De Renoir a Barye, de Whistler a Duer, ele preencheu esta maravilha arquitetônica com as obras dos Mestres: pinturas, esculturas, livros e móveis que expressam séculos de esforço artístico. Celebre (...) na Biltmore este verão, quando abrimos quatro quartos de hóspedes recém-restaurados, chamados A Suíte dos Artistas.*

Mais modesta, a Serta ("Nós fazemos os melhores colchões do mundo") veicula um anúncio que mostra um colchão sem lençóis, em um quarto lindamente decorado, ao lado de uma janela aberta por onde se vê o fragmento da Lua Nova. Tudo isso é visto através de um espelho emoldurado, de modo que você pensa estar contemplando uma pintura. No pé da página, você lê: "Dizer 'boa noite' parece pouco."

A Movado posiciona seus relógios de pulso como objetos de arte, também por meio da divulgação das contribuições da empresa para as artes. Um anúncio mostra uma bailarina dançando na rua, ao lado de um belo relógio e das palavras "estímulo à arte". O anúncio prossegue, declarando: "Durante 60 anos, o American Ballet Theatre assombrou platéias internacionais com os mais inovadores coreógrafos, cenógrafos e dançarinos conhecidos no mundo do balé. Há mais de dez anos, a Movado Watch tem orgulho de seu papel de principal benfeitoria do ABT." Então o anúncio liga a própria aptidão artística da empresa ao balé: "Ao longo de sua história, a Movado sempre foi reconhecida por sua capacidade de inovação: 99 patentes; mais de 200 prêmios internacionais; relógios em museus de cinco continentes." O fato de que a Movado é uma marca arquetípica do Criador é enfatizado por letras grandes no final: "Os relógios Movado são exibidos nas coleções permanentes de museus do mundo inteiro."

A mensagem maior desses anúncios é que as organizações do Criador não querem apenas *parecer* uma obra de arte, mas *incorporar* uma obra de arte. No passado, a metáfora que geralmente inspirava tais empresas era a da orquestra, com cada membro da organização seguindo o "condutor" (maestro = diretor) para se harmonizar do modo mais eficaz com os outros músicos. Mais recentemente, o campo da improvisação no jazz tem falado ao coração de gerentes e profissionais do desenvolvimento organizacional, oferecendo um modelo para os músicos ficarem tão em sintonia com a música que a liderança passa de um para outro sempre que necessário; a conexão entre os músicos é tão intensa que eles sabem quando tomar a liderança e quando ficar no acompanhamento. Em uma organização do Criador, a "bottom line" não é exatamente o dinheiro: é mais a beleza. Além de tudo, a experiência de trabalhar para a empresa e a qualidade do produto devem satisfazer a sensibilidade estética dos principais envolvidos. E então tudo vai bem.

O marketing do Criador

Quem teria pensado que é possível construir um império em cima da tradicional criatividade da mulher no lar, exatamente na época em que as mulheres voltavam maciçamente a trabalhar fora de casa? Todo mundo achava que as mulheres estavam voltando as costas para tarefas como: fazer lindos e criativos centros de mesa para seus jantares mais pomposos; decorar a casa toda para o Natal; ou preparar pratos que levavam um dia inteiro no fogo. Contudo, de algum modo Martha Stewart intuiu que a criatividade doméstica estava viva e passava muito bem. Na verdade, uma maneira ótima de ter sucesso é pegar a onda de um arquétipo que esteja sendo reprimido, mas cujas chamas ainda estão vivas. Tudo o que você tem de fazer é abanar essas chamas e pronto: você está nos negócios. Martha Stewart pegou aquela onda e tornou-se uma indústria. Ela não só ensina as mulheres a alcançarem a excelência nas artes domésticas, mas também tem hoje toda uma linha de produtos. A associação com o arquétipo do Criador dá uma conotação de prestígio a seus produtos, embora Martha tenha desenhado toda uma linha para o K-Mart e, com isso, melhorado a imagem daquele estabelecimento.

A verdade é que homens e mulheres amam as marcas que os ajudam a libertar o Criador interior. Essa afinidade tem a ver com a percepção pessoal de um mundo que parece fora de controle. No nível mais óbvio, as pessoas sabem que precisam estar constantemente inventando e inovando para manter o ritmo do mundo. Em um nível mais profundo, o processo de criação exige a capacidade de focalizar e criar a sensação de controle. Quando você está criando alguma coisa, em geral está totalmente envolvido nesse processo e o processo também permite que você forme as cores (ou a música, os dados ou seja lá o que for) em uma estrutura que lhe dá a sensação de controle e prazer. Quanto mais a vida foge de controle, tanto maior é o número de pessoas que anseiam pela válvula de escape da criatividade. O homem que perdeu sua bem-amada sente-se melhor depois de escrever um soneto sobre a perda. A moça agüenta os gritos do patrão, vai para casa e cria um lindo vestido na máquina de costura. Com isso, ela encontra a cura. O adolescente não é escolhido para o time de futebol, vai para casa, cria um desenho animado e se sente tão satisfeito que já nem liga mais para o time. Qualquer tipo de empenho artístico satisfaz o desejo humano de forma e estabilidade.

A arte também promove a auto-estima. Aquilo que as pessoas criam é um espelho de quem elas são. Quando olham para o produto que criaram, elas se sentem bem consigo mesmas porque fizeram algo que vale a pena. O marketing que envolve o consumidor na criação do produto é um negócio inteligente. Saiba que seus clientes são especialistas em inovação e que você, muitas vezes, poderá alcançá-los por intermédio de um e-mail. Leia suas respostas e lhes dê feedback quando as idéias deles influenciarem o produto.

A velocidade com que as marcas precisam estabelecer uma identidade hoje em dia é fenomenal. Todos os componentes — projeto, manufatura, marketing — precisam utilizar seu pleno potencial criativo. Agnieszka M. Winkler, em *Warp Speed Branding*, comenta que, para a maioria dos produtos de hoje, as estratégias de marketing são pensadas ao mesmo tempo em que o produto está sendo projetado. As equipes de projeto, de marketing e de produção precisam estar em comunicação constante entre si. A criatividade que é necessária neste mundo novo torna obsoletas as hierarquias e as reuniões elaboradamente planejadas. As novas estratégias de negócios, mais baseadas na colaboração, exigem inteligência emocional, grandes ha-

---

Uma identidade do Criador poderá ser correta para sua marca:

- se a função de seu produto encoraja a auto-expressão, oferece escolhas e opções ao consumidor, ajuda a promover inovações ou tem desenho artístico
- pertence a um campo criativo, como o marketing, as relações públicas, as artes e a inovação tecnológica (como desenvolvimento de software)
- se você está tentando se diferenciar de alguma marca que "faz tudo" para o consumidor, deixando pouco espaço para a escolha
- possui algum elemento faça-você-mesmo que permite ao consumidor economizar dinheiro
- se seus clientes têm bastante tempo disponível para deixar a criatividade florescer
- se sua organização tem uma cultura do Criador.

bilidades de comunicação, horários flexíveis, tomadas de decisão em tempo real pelas pessoas envolvidas e facilidade de conviver com a ambigüidade permanente.[2]

Além disso, o pessoal da área de marketing precisa reconhecer que está atuando no campo das artes. Todos nós conhecemos alguém que trabalha em publicidade, por exemplo, e vive lamentando o fato de que não se fazem mais grandes filmes. Vemos os dramaturgos, os compositores, os escritores, os cineastas, os artistas plásticos e muitos outros no campo das belas-artes como pessoas que, de uma maneira muito real, estão criando cultura. À parte a religião, as artes exercem a força primária que cria o significado coletivo em uma sociedade. Hoje, porém, precisamos reconhecer que a comunicação comercial, em seus vários disfarces, tornou-se uma forma de arte que influencia profundamente nossa cultura. Pode ser que as pessoas nunca vão a um museu de arte, a um concerto ou ao teatro, ou que nunca leiam um grande poema ou romance, mas todos nós estamos expostos à comunicação do marketing. A quantidade de atenção e qualidade que hoje entra nos anúncios é espantosa. Os anúncios são criados por profissionais, com todo cuidado, e seus orçamentos são generosos.

Se você estiver disposto a ver a propaganda e outras comunicações de marketing como uma forma de arte, entenderá que hoje em dia o marketing exerce importante influência sobre a sociedade na qual vivemos. Fazer marketing tendo em mente o Criador exige que estejamos à altura desse arquétipo e que percebamos, tanto quanto possível, o impacto das imagens, dos símbolos e das histórias sobre a psique coletiva. Assim como ocorre com as belas-artes, essa percepção consciente não pede de modo algum imagens açucaradas, do tipo Poliana. A totalidade da vida — o lado positivo e o lado negativo — se reflete na arte. O que ela pede é que assumamos a responsabilidade de esclarecer nossos próprios valores, compreender os valores ligados aos produtos que estamos promovendo e expressar esses valores de um modo irresistível e artístico, vendendo o produto ao mesmo tempo em que respeitamos a sociedade. A arte sempre fez isso. Os anúncios podem fazer isso agora. Reconhecer essa possibilidade dignifica tanto a profissão quanto os indivíduos que a exercem, definindo-os como os artistas reinantes do nosso tempo.

2. Agnieszka M. Winkler, *Warp Speed Branding: The Impact of Technology on Marketing* (Nova York: John Wiley and Sons, 1999), pp. 93-95.

O Governante

Lema: "O poder não é tudo... é só o que importa"

Quando imaginar o arquétipo do Governante, pense no rei, na rainha, no diretor-executivo da grande empresa, no presidente de um país, na supereficiente mãe treinadora do time de futebol infantil — ou em qualquer pessoa que tenha um estilo dominador e autoritário. Para pensar na pessoa com poder, imagine Winston Churchill, Margaret Thatcher ou qualquer juiz da Suprema Corte. Em algum lugar intermediário está o chefe, o pai ou a mãe que agem como alguém nascido para governar.

O Governante sabe que a melhor coisa a fazer para evitar o caos é assumir o controle. O Inocente acredita que os outros o protegerão, mas o Gover-

O Governante
Desejo básico: controle **Meta:** criar uma família, empresa ou comunidade próspera e bem-sucedida **Estratégia:** exercer a liderança **Medo:** caos, ser destituído **Armadilha:** tornar-se mandão, autoritário **Dom:** responsabilidade, liderança

nante não tem essa fé. Portanto, conquistar e manter o poder é sua motivação básica. Para o Governante, esse é o melhor caminho para garantir a segurança, de si mesmo e de sua família e amigos. Se você pensa em uma corte real, as propriedades e ambientes impressionantes são desejáveis porque fornecem os ornamentos do poder. Os ambientes do Governante, portanto, são substanciais e impressionantes — pense nos prédios com grandes colunas e uma infinidade de escadarias. Os materiais utilizados destinam-se a durar e sugerem atemporalidade — como granito ou concreto, belos painéis e grossos cortinados.

As marcas do Governante incluem: o IRS [Internal Revenue Service, a Receita Federal norte-americana], a Casa Branca, E.F. Hutton, Brooks Brothers, Microsoft, IBM, American Express, The Sharper Image, CitiBank, Cadillac e Day-Timers, bem como a maioria das HMO [Health Maintenance Organization, as organizações de saúde], os bancos à velha moda, as empresas de seguros e as prestigiosas firmas de advocacia e investimentos. George Bush poderia ser visto como uma marca presidencial do Governante, em parte como resultado de sua educação em escolas particulares e em parte porque sua campanha enfatizava sua posição de membro do grupo dominante e sua longa experiência na governança. Os produtos do Governante também incluem sistemas de alarme domésticos, intercomunicadores, sistemas de aquecimento em áreas definidas e sistemas automáticos para regar gramados.

Quando o arquétipo do Governante está ativo nos indivíduos, eles gostam de assumir papéis de liderança e de estar no controle tanto quanto possível. Pensar na melhor maneira de organizar as atividades e implementar políticas e procedimentos é uma tarefa que lhes proporciona um senso altamente gratificante de mestria pessoal e poder sobre o mundo. Os Governantes também sentem um medo intenso de que o caos surgirá se eles não assumirem o controle. Pense no deus grego Atlas carregando o mundo nos ombros, e você terá uma imagem fiel da tendência dos Governantes à responsabilidade. Por isso, tendem a detestar as pessoas desenfreadas que ameaçam destruir a ordem que eles desenvolveram com tanto cuidado.

As pessoas com fortes tendências do arquétipo do Governante se preocupam com assuntos ligados à imagem, ao status e ao prestígio — não por

O Governante também é conhecido como o chefe, o líder, o aristocrata, o pai (mãe), o político, o cidadão responsável, o exemplo, o gerente ou administrador.

Os níveis do Governante

Motivação: falta de recursos, de ordem ou de harmonia
Nível 1: assumir a responsabilidade pelas condições da sua própria vida
Nível 2: exercer a liderança em sua família, grupo, organização ou local de trabalho
Nível 3: tornar-se um líder na sua comunidade, campo de atuação ou na sociedade
Sombra: comportamentos tirânicos ou manipuladores

As casas com colunas dos Governantes de hoje fazem lembrar suas correspondentes clássicas.

serem superficiais, mas porque compreendem que a aparência aumenta o poder. Elas agem com um senso natural de autoridade que torna fácil aos outros segui-las. No melhor dos casos, os Governantes são motivados por um desejo de ajudar o mundo. No pior dos casos, eles são apenas dominadores ou controladores.

Se você pensar em reis, rainhas e presidentes, logo verá que eles estão encarregados de ajudar a sociedade a manter a paz (ou, se fracassarem, de enviar tropas militares para eliminar as ameaças), estabelecer e preservar as regras legais e implementar políticas e procedimentos que promovam a prosperidade do maior número possível de pessoas. Enquanto arquétipo, portanto, o Governante ajuda um indivíduo a se tornar rico, poderoso e bem assentado em seu campo de ação e em sua comunidade.

O arquétipo do Governante aprecia as organizações hierárquicas porque, nelas, você sabe onde está pisando. Seu papel está claramente definido por uma descrição de cargo, que lhe diz o que você é e quais tarefas você deve realizar. Sabe quem reporta a você e quem é o seu chefe. Os funcionários que você supervisiona não devem passar por cima de você e falar diretamente com seu chefe; e você tampouco passará por cima do seu chefe e falará com o chefe dele. Os papéis e as relações são estáveis e bem definidos — até que, e a menos que, alguém realmente os altere.

A nova realeza

Muitas marcas e anúncios do Governante apelam para o desejo que todos nós temos de ser bem-sucedidos e importantes. Nos tempos antigos, reis e rainhas eram geralmente vistos como deuses ou como seres que tinham uma relação toda especial com os deuses. A propaganda moderna às vezes faz essa conexão entre o sucesso e a grandeza divina. Um anúncio da Lotus mostra uma mulher andando majestosamente pela rua, lendo um documento (talvez uma planilha de cálculo?). A matéria diz: "O comum dos mortais gerencia pessoas e dinheiro. Você gerencia o conhecimento de milhares." A Thomasville, fabricante de móveis, veicula um anúncio com um lindo sofá em uma varanda de colunas brancas e uma estátua grega, frente ao mar. A legenda diz: "Sabemos que os deuses, para seduzir, assumiam formas irresistíveis aos mortais (aproxime-se com cautela)". E então ficamos sabendo que "a Thomasville leva o conforto, o luxo e o estilo a um reino que o próprio Zeus todo-poderoso invejaria".

A Phoenix Wealth Management está veiculando anúncios com mulheres coroadas, como se fossem rainhas. Alguns desses anúncios incluem a imagem de uma mulher, em traje de gala, que parece ter reinado na Renascença. A legenda diz: "Algumas pessoas ainda herdam riquezas; o resto de nós não tem outra escolha senão ganhar o dinheiro. A boa notícia é que muitos de nós sabemos ganhá-lo. Mas, e daí? A Phoenix vem oferecendo ao público novas direções inovadoras há quase 150 anos. Entendemos que fazer dinheiro — e saber o que fazer com ele — são duas aptidões diferentes. É por isso, entre outras coisas, que os milionários procuram a assistência da Phoenix." A Acutron mostra dois relógios de pulso circundando o globo terrestre. A empresa garante a você que: "O relógio Acutron viajou até a Lua, foi apresentado à realeza e voou no Força Aérea Um. Talvez ele seja digno do seu pulso." A revendedora Park Avenue Buick veiculou um anúncio que era absolutamente franco a respeito da ligação entre o carro e o status: "Ele diz tudo, antes mesmo que a reunião comece."

A Jones of Nova York tipicamente apresenta seus desfiles de moda com mulheres que são confiantes, que estão no controle, no comando. Você vê pelo seu porte que elas são importantes. A DKNY (roupas, relógios, perfumes, etc.) veicula uma série de páginas, uma atrás da outra, sem nenhum texto — apenas homens jovens, de aparência bem-sucedida, fazendo negócios. A série termina com um simples "DKNY". As imagens dizem tudo. A Harter promove sua cadeira ergonômica executiva com uma só palavra: "Nunca."

A Van Kampen Funds mostra um garotinho saindo de uma piscina inflável e estendendo a mão para uma bola de borracha. O anúncio diz: "O jardim do palácio. O príncipe. A bola real." Embora o serviço da Van Kampen seja administrar dinheiro, a empresa enfatiza que a verdadeira realeza tem a ver com nossa abordagem diante da vida e não com o dinheiro que possuímos: "Com os investimentos certos, qualquer um pode apreciar a REAL RIQUEZA da vida. (...) Porque, enfim, viver nada mais é que desfrutar a vida."

Muitas organizações caritativas e voltadas para boas causas apelam para o *noblesse oblige* do Governante. A Heralds of Nature, uma sociedade da National Wildlife Federation, faz uma exortação a seus leitores: "Destaque-se da multidão. Como membro da influente Heralds of Nature, associada à National Wildlife Federation, você terá um papel preponderante ajudando a NWF a garantir um lugar duradouro para a vida selvagem no mundo moderno de hoje." Além de ajudar a vida selvagem, você também obtém "benefícios e privilégios", incluindo "relatórios internos", "convites exclusivos", "informação antecipada" sobre eventos e "seu nome incluído no relatório anual da NWF".

A Volvo promove seus modelos cross-country com tração independente nas quatro rodas por meio de lisonjas ao consumidor, sugerindo que ele(ela) é como o carro: "O segredo para ter poder é ser capaz de usar o poder com eficácia. Por isso, juntamente com seus motores robustos e turbinados, estes Volvos têm tração inteligente em cada roda. Os Volvos não apenas rompem os obstáculos. Eles lhe dão a opção de evitar os obstáculos. Se você deseja certa finesse com o seu poder, venha nos visitar para um test-drive." A Bell Helicopter Textron adota uma abordagem similar, mostrando um homem alto e confiante que parece o presidente-executivo de alguma grande empresa. O texto diz: "Sua missão é a nossa missão. Você sabe o que é preciso para ser bem-sucedido. Nós também. É por isso que desenvolvemos e fabricamos somente os produtos e serviços mais seguros e confiáveis. Assim como você faz. Nós também conhecemos a importância de estar no lugar certo na hora certa. Afinal de contas, a nossa meta também é permanecer no topo."

Mas o que acontece quando as pessoas não sabem quão importante você é? A American Express veiculou uma campanha de sucesso, na qual pessoas famosas usam um cartão American Express para serem tratadas como a realeza, quer sejam reconhecidas ou não. Um ótimo anúncio mostrava o escritor Stephen King em uma velha mansão cheia de espíritos malignos. Ele confessa que, por maior que seja sua fama como escritor: "Quando não sou reconhecido, isso me mata. É por isso que eu, em vez de dizer que escrevi *Carrie*, carrego o cartão." Sem o cartão, diz ele: "A vida é meio assustadora." Um dos mais memoráveis anúncios da American Express, claro, é aquele que mostra Bob Dole sendo cordialmente recepcionado em sua cidade natal, até o momento em que tenta descontar um cheque. A mensagem é óbvia: se você quer ser tratado bem, mostre seu cartão AmEx. A OneWorld joga com uma preocupação semelhante. Representando diversas grandes empresas aéreas, a OneWorld oferece acesso às salas VIP de muitos aeroportos. Um anúncio mostra um executivo de aspecto distinto, dizendo: "Algumas pessoas nunca se preocupam em dispor de uma sala VIP no aeroporto. Você é uma delas? Não seria ótimo se seu status o precedesse, para onde quer você voasse?" É óbvio que isso seria ótimo e eles, portanto, sugerem que seria uma decisão inteligente você se afiliar à OneWorld.

Embora pensemos que a Jaguar é acima de tudo uma marca do Amante, há um anúncio afirmando diretamente que o status é uma das motivações básicas da pessoa que compra esse carro. O anúncio posiciona o Jaguar como o carro "para aqueles que buscam o poder, o desempenho e os sinais visíveis da inveja". Em outro anúncio, vê-se o Lincoln Navigator diante de um notável pôr-do-sol e as palavras "Rode com luxo". A Crystal Cruises mostra um garçom de terno preto, com as palavras: "O ministro dos mínimos detalhes." A empresa promete estar "a seu serviço. (...) Atenderemos todos os seus desejos. No ano 2000, nosso estilo de serviço singularmente amistoso colocará as grandes cidades da Europa, e o resto do mundo, aos seus pés".

A Universidade George Washington se posiciona como uma escola do Governante, dizendo:

> *William Jefferson [Bill] Clinton muda-se para logo ali na esquina [a Casa Branca] e a imprensa mundial faz da GW seu quartel-general; o ex-presidente Ronald Reagan retorna à GW para aceitar um grau honorário no dia do aniversário do atendimento que salvou sua vida, no GW Medical Center. (...) A presença de proeminentes figuras internacionais no campus é um acontecimento quase diário na GW, porque nossos vizinhos são algumas das mais poderosas corporações e organizações nacionais e internacionais, além de agências mundiais, e porque a Universidade goza da mais alta reputação no nível global.*

A promessa implícita é que, se você estudar lá, também se tornará um indivíduo importante e bem-sucedido.

Esteja no controle

O Governante está no comando e no controle. É típico dele ser mostrado como indivíduo extremamente responsável, que joga com muitas responsabilidades importantes. Os produtos do Governante ajudam a administrar essas responsabilidades de maneira apropriada e também reafirmam o poder e o status do consumidor. Os projetores NEC apresentam, em letras garrafais, a exortação "Domine a sala", explicando que: "Com nossa variedade de lentes opcionais, você está pronto para praticamente qualquer cenário de produção imaginável." A Saab (que oscila de um lado para outro na sua propaganda, mas é geralmente uma marca do Governante) veiculou um anúncio do sedã Saab que diz: "Para liberar suas emoções, você também precisa renunciar ao controle?" "Não, se você dirige o Saab 9-5 Aero", garante a empresa a seus prestigiosos consumidores. A Hewlett-Packard e a Intel veiculam um anúncio pedindo aos consumidores que estejam "no comando" de seus computadores, assim como fazem com seus empregados: "Se seu computador não é o seu empregado mais confiável, despeça-o. Fique furioso quando seu computador quebra. Pare de aceitar 'o servidor está fora do ar' como desculpa legítima. É hora de mudar o nível de confiabilidade que você aceita dos computadores. Exija um computador melhor."

A Delphi Automotive Systems promete que você pode estar no controle mesmo quando está preso no trânsito: "Como é que você chama uma empresa que é capaz de lhe trazer reprodução em MP3, e-mail e acesso à internet — tudo isso enquanto você está parado em um congestionamento? Ligada." Em comparação, o site www.autobytel.co.uk afirma que você pode "comprar seu carro novo sentado confortavelmente diante do seu PC". A PayMyBills.com, anunciada como "a mais poderosa ferramenta para pagamento de contas já criada", promete: "Só há uma coisa melhor do que a pilha de contas bem arrumadinha na sua mesa: a pilha de contas bem arrumadinha no seu desktop."

Como é que você acumula poder? Em parte, pelo trabalho em rede. A Bizzed.com oferece recursos às pequenas empresas para ajudá-las a competir. Um anúncio mostra uma mulher confiante e sorridente. O texto diz: "BOM, una-se a uma organização profissional. MELHOR, freqüente os eventos da área industrial. BIZZED, divulgue seu cartão de visitas online, interaja com colegas e clientes potenciais, inscreva-se para os eventos comerciais mais importantes e fique por dentro das notícias da indústria no momento em que elas acontecem."

Poder é também a capacidade de realizar a ação decisiva. A mySAP.com mostra uma mulher de aspecto bem-sucedido com um laptop em um aeroporto e conta uma mini-história. Começa com as palavras: "Cinco assentos disponíveis. Vinte e cinco passageiros ansiosos. Uma mulher com um laptop. Quatro assentos disponíveis." O anúncio prossegue:

> Sara Berg tinha um problema: um vôo cancelado, uma cidade estranha e a vontade muito forte de dormir na própria cama. Por isso, ela se conectou com a mySAP.com. Alguns cliques e ela entrou direto no sistema de reserva de passagens e conseguiu um assento no próximo vôo. Com aqueles poucos cliques, seu relatório de despesas e seus planos de viagem também foram atualizados. Instantaneamente. Facilmente. Automaticamente. (...) Você quer descobrir como cada membro da sua organização pode se tornar mais poderoso? Visite www.sap.com/mhsap e nós lhe mostraremos.

Se o poder é tão importante assim, então aposte que o sucesso de uma pessoa incomoda as outras que têm menos poder. Algumas marcas mostram como você cairá nas boas graças dos "ricos e famosos" e, desse modo, subirá na vida. A revista *Fortune Small Business* mostra uma mulher dirigindo um carro, com a legenda: "Ela é do tipo que você adora odiar. Rica. Bem-sucedida. Manda-chuva. Mas transforme-a em uma cliente e tudo isso se suaviza." A ThirdVoice veicula um anúncio com a imagem de uma mulher arrogante, porém bonita, claramente no comando da própria vida, com as palavras: "Quer saber como eu acho tudo o que quero na internet? (Dica: eu não fico procurando.)" Claro que ela não fica procurando. Ela tem um aspecto tão majestoso que tudo lhe é trazido de bandeja. Seu segredo? "Eu uso ThirdVoice 2000 para trazer a internet inteira até mim."

E temos ainda o anúncio da Advil [produtos farmacêuticos], mostrando uma executiva afro-americana que fala autoritariamente ao telefone. Sob sua imagem corre a legenda: "Eu não tenho tempo para *aqueles* dias." Os Governantes tampouco têm tempo para esperar na fila. É por isso que a Hertz #1 Club Gold promete: "Sem filas. Sem preocupações."

Os anúncios do Governante freqüentemente focalizam menos o status e mais o controle e a capacidade de cumprir as próprias responsabilidades — trabalho, família e saúde pessoal. A Solgar Optein Wellness Beverage mostra uma mulher fazendo jogging debaixo de chuva, com feroz determinação. A matéria conta como foi o dia dela: "Levou o cachorro para passear. Levou os filhos para a escola. Assinou contrato como o novo cliente. Organizou a campanha de levantamento de fundos. Deixou o filho no treino de futebol. Foi ao acupunturista. Preparou o jantar. Saiu para a costumeira corrida de fim de tarde (sob chuva torrencial)." Essa mulher está no comando da própria vida, talvez a ponto de ser um estereótipo e não um ser humano real.

Menos otimista, um anúncio (de carne) mostra a jovem mãe sendo pressionada de todos os lados. Diz a legenda: "A mãe moderna, que se dobra, se estica, se estende em todas as direções. Vai à luta. Vai ao cliente. Hoje em dia, você precisa fazer tudo isso. Felizmente, a carne ajuda você a ter força para dar conta disso tudo." Os cereais Post Shredded Wheat e a revista *Prevention* produziram um livreto para mulheres, ensinando-as a "equilibrar sua vida" e oferecendo dicas para fazer tudo funcionar. Esses manuais, é claro, possuem um componente de serviço público. Eles também posicionam a marca como algo que ajuda as realizadoras mães do tipo Governante a continuarem mantendo em pé a vida familiar.

Tal como ocorre com o Prestativo, uma rede de indivíduos e organizações dispostos a assumir a responsabilidade pelo bem do todo mantém a sociedade girando e funcionando. A primeira tarefa do presidente é nos manter a salvo e chamar os militares se necessário. Alan Greenspan conserva um olho na economia e age sempre e quando for preciso. Banqueiros, líderes empresariais, dirigentes de sindicatos, policiais, advogados e líderes comunitários estão continuamente elaborando e pondo em vigor normas que estabilizam nossa sociedade. Se eles realizam bem seu trabalho, a sociedade tem sucesso. Se fracassam, a sociedade fracassa.

Os dirigentes das empresas têm o dever sagrado de manter a segurança de seus empregados, acionistas e clientes. A indústria como um todo os ajuda nessa tarefa. A Epoch Internet apela para essa preocupação, veiculando a imagem de uma pirâmide e argumentando: "Os faraós sabiam como manter seus tesouros seguros e a salvo. Será que a sua empresa não deveria fazer o mesmo?" O anúncio continua: "Como os faraós, nós compreendemos a importância de proteger os ativos valiosos. Especialmente quando se trata de hospedar o website da sua empresa. (...) É claro que quando seu website está hospedado em um dos nossos centros de dados de alta segurança, seus negócios têm maiores probabilidades de se tornarem a próxima grande maravilha do mundo." A Iomega, que faz seguros de computadores, mostra um rapaz de aspecto selvagem roubando um computador. O texto diz: "Você está segurado se Johnny roubar seu carro. Mas, e se ele roubar seu computador?" Claro que, se há coisa que o Governante odeia, é qualquer coisa que ele não consiga controlar. Um anúncio da primeira rede remota global de telefonia e mensagens por satélite (www.iridium.com) diz: "A comida muda. A água muda. A língua muda. Pelo menos seu número de telefone não precisa mudar."

A Driveway garante que o ajudará a ter sucesso, mesmo que você seja o monarca de um império do mal. Veiculando a imagem de alguém que parece um imperador alienígena envolto em uma capa preta, a matéria diz: "Acesse seus arquivos de qualquer lugar, até mesmo de sua base secreta no vulcão." Se você está de férias, os hotéis Hilton prometem: "Tudo o que você precisa para seus negócios está disponível, incluindo acesso de alta velocidade à internet, a partir da CAIS Internet."

O Governante tem uma conexão natural com o patriotismo. Gostamos do nosso país porque sentimos orgulho de suas leis e tradições. De um modo emocional, conforme o grau em que aceitamos as regras — escritas e não-escritas — da nossa sociedade e da nossa cultura, compartilhamos a responsabilidade por sua liderança. Tornamo-nos exemplos de comportamento apropriado e defensores do *status quo*. Pense na sua mãe, ensinando que você deveria ser um bom exemplo para os outros.

A soda-limonada Black Currant Tango é comercializada como uma bebida eminentemente britânica (embora o tango seja uma dança originária da Argentina). Um comercial famoso começa com o porta-voz da Black Currant Tango brandindo a carta de um estudante francês que provou a bebida e não gostou. O comercial prossegue, sugerindo que não gostar daquela bebida era um sinal de que o jovem francês não compreendia a força da cultura britânica. O porta-voz fica tão furioso, que começa a rasgar as próprias roupas, gritando: "Sim! Black Current Tango é uma mudança para as papilas gustativas. Sim, ela é agressiva! Sim! Ela tem coragem! Mas nós também temos, Sebastian. Olhe só para nós!" O anúncio termina com uma multidão agitando bandeiras e aclamando o porta-voz que sobe ao ringue e sugere tomar de assalto a França, a Europa e o mundo.

O arquétipo do Governante não lida apenas com riqueza e poder. Os Governantes são exemplos de comportamento ideal para a sociedade. Assim, boa conduta e bom gosto são da maior importância.

Ralph Lauren: Um defensor do estilo Governante

Ralph Lauren e seu irmão Jerry cresceram no Bronx. Enquanto os garotos de sua idade iam ver os populares bangue-bangues, Ralph e Jerry assistiam aos filmes de Cary Grant, Ginger Rogers e Fred Astaire. Enquanto os outros ouviam Elvis, Ralph e Jerry não se cansavam de Ella Fitzgerald. E enquanto os outros usavam sarja preta apertada, Ralph e Jerry se deixavam cativar por suéteres com decote careca, calças cáqui e camisas com botõezinhos na ponta da gola. Sonhavam com Princeton e Yale, e como seria jogar bola nas praias de Hyannisport parecendo fabulosos e com ar de quem não dá a mínima para a aparência.

Ralph começou como vendedor de gravatas na Brooks Brothers, depois passou a criar suas próprias gravatas e, por fim, criou sua empresa, um ícone de marca. Mas o que talvez não seja tão óbvio é que Ralph Lauren, em seu estudo minucioso da vida dos "ricos e famosos", acabou tornando uma parte daquela vida, pelo menos, acessível a praticamente todas as pessoas. Assim como Ralph e Jerry observaram cada detalhe que dava a Cary Grant aquela elegância tão natural, hoje em dia os consumidores (de praticamente todas as classes) podem "aprender" um certo modo de vestir e, mais importante, de se comportar, com todas as submarcas Ralph Lauren. Desde os trajes do topo da linha (com o selo Ralph Lauren em vermelho e dourado), passando por Lauren (a marca dos suburbanos confortáveis), por Ralph (a marca dos jovens e descolados) e por Polo Ralph Lauren (a linha esportiva clássica) até chegar, finalmente, aos preços mais baratos da Polo Sport Company, Ralph Lauren apresenta uma visão coerente da "vida como ela deveria ser" — civilizada, ordenada e sempre graciosa.

Pessoas e lugares vivem à altura de seu mais elevado potencial mítico. Cape Cod corresponde às imagens mentais que fazemos de piqueniques de frutos do mar na praia ao pôr-do-sol, todo mundo bronzeado e saudável, com a gola da camisa levantada e as crianças correndo de pernas nuas pela arrebentação. É a boa vida com que sempre sonhamos — e não se trata apenas de dinheiro. Trata-se de herança cultural e de sentir que se tem um lugar seguro no mundo; é a certeza de que a vida que você está vivendo é a melhor que poderia esperar viver nesta chance única de existência que você tem.

No seu aspecto mais positivo, Ralph Lauren também lida com a responsabilidade do Governante. O próprio Ralph Lauren contribuiu com uma soma substancial para restaurar a bandeira americana original, que é citada no poema de Francis Scott Key — a qual, sabemos todos, inspirou o hino nacional norte-americano. Hoje em dia, no Smithsonian Museum, você vê os artesãos e artesãs esmeradamente costurando à mão o tecido, uma tarefa árdua que foi possível graças ao compromisso de Ralph Lauren com a ordem, a estabilidade e a herança cultural.

Na Polo Ralph Lauren, os funcionários adquiriram tamanha crença no espírito e nos valores do fundador, que se perguntam, brincando, se não estarão perdendo o senso de perspectiva. Mas o próprio Ralph os inspira, quase que diariamente. Nas tomadas para um anúncio ou quando está revisando o conceito de uma nova linha, sua pergunta clássica é: "Qual é a história?" Qual é o estado de ânimo, o sentimento e a narrativa daquilo que estamos apresentando ao público? Os empregados sentem que são parte dessa história. E são mesmo.

Ralph também tem o compromisso de saber para onde sua história deve ir em seguida. Num certo sentido, ele resolveu um dilema: Como é que pessoas que não nasceram em "berço de ouro" podem aprender algumas das boas maneiras que acompanham o "berço"? Mas talvez a pergunta já tenha mudado: Como é que todos nós podemos dar um jeito de desfrutar os prazeres oferecidos pela boa vida e, ao mesmo tempo, não perder de vista os valores básicos que tornam a vida digna de ser vivida? O sucesso instantâneo das histórias do Vale do Silício e de Seattle está gerando um novo tipo de Governante, que expressa um estilo e uma sensibilidade mais à moda da Costa Oeste. Será que o código dos "mauricinhos" da Ivy League está se metamorfoseando em algo inteiramente novo?

Quaisquer que sejam as perguntas, e quaisquer que sejam as respostas, Ralph Lauren é um Governante que se fez por si mesmo e que dedicará todo seu tempo e seus esforços para garantir que o "reino" de seus seguidores não caia na estagnação. Ele está aí para arrebanhar todos nós em sua admirável jornada de descobertas.

As organizações do Governante: O governo dos Estados Unidos e a Microsoft

Um tipo diferente de organização do Governante geralmente é encontrado nas seguradoras, nos bancos, nas agências controladoras e governamentais, nos fabricantes de equipamentos de escritório destinados a executivos e em inúmeras empresas gigantescas com ação global. Muitas organizações do Governante se dedicam a estabelecer os padrões que governam diferentes procedimentos. Por exemplo, hoje em dias as seguradoras governam o atendimento na área médica, e o atrito daí resultante provém de uma colisão de valores arquetípicos. Os prestadores de serviços médicos tendem a ser Sábios, Magos ou Prestativos e, portanto, têm valores diferentes daqueles das empresas que costumam lhes dizer o que podem ou não fazer.

Em geral, as organizações do Governante são bem hierárquicas, com relações de poder claramente definidas; além disso, têm alguns sistemas de controle mútuo entre as suas divisões ou suas outras unidades. O alto grau de poder amplifica a noção do custo de se cometer um erro. Por isso, as decisões geralmente precisam ser aprovadas por uma cadeia de comando que vai subindo a pirâmide hierárquica. Geralmente há políticas e normas governando tudo, mas são comuns as situações do tipo Ardil-22, porque são tantos os regulamentos que é impossível haver uma boa integração entre eles todos.

Um ponto forte dessas organizações é que elas são estáveis, produtivas e bem ordenadas, funcionando sem dificuldades com os procedimentos e políticas apropriados. Estes, no entanto, somente são apropriados nas situações que não exigem resposta rápida nem alto nível de inovação, pois sua ação é muita lenta. A moeda corrente dessas organizações é o poder — tanto interno como externo. As pessoas sabem quem ocupa a melhor sala e se preocupam com isso. As nuanças do poder até se refletem no modo de vestir das pessoas. Em alguns casos, o traje é formal e conservador. Mesmo quando se permite o traje casual, as pessoas provavelmente escolherão roupas que promovem uma aura de poder e que, falando de modo geral, sejam de corte tradicional, cores conservadoras e aparência sólida.

A política, claro, existe em toda organização; mas seguir a política nas organizações do Governante é como assistir a um espetáculo esportivo. Se a organização não é uma verdadeira ditadura, então ela funciona equilibrando os interesses dos "eleitores", assim como ocorre no governo. Isso quer dizer que geralmente se alcança o consenso genuíno. Às vezes, os sistemas de controle mútuo são tão exagerados que dez ou mais pessoas precisam aplicar suas assinaturas a uma única decisão ou relatório. Esse processo desacelera as coisas, mas também oferece aos gerentes das diferentes áreas uma maneira de se entenderem entre si e fazerem as coisas funcionar.

A clássica organização do Governante é o governo do Estados Unidos; ou talvez, digamos, o governo de qualquer país estável. O poder público protege os empregos dos trabalhadores, de modo que estes se sentem seguros. Os sistemas de controle mútuo entre as várias partes do governo focalizam a desaceleração das tomadas de decisão, para assegurar que não se façam mudanças rápidas e prejudiciais. No clima organizacional de hoje, nem mesmo o governo está livre de mudanças nas estruturas organizacionais. Em todos os setores, as organizações estão se tornando menos hierárquicas, mais flexíveis e mais capazes de tomar decisões rápidas, em tempo real. Os esforços para "reinventar" o governo dos Estados Unidos, dentro desses moldes, diminuíram os níveis da hierarquia, eliminando grande parte dos escalões intermediários, simplificando as tomadas de decisão e erradicando vários níveis de rotinas burocráticas; com isso, cortaram-se custos e tornaram-se os esforços mais eficientes.

Uma versão mais moderna da organização do Governante é vista no crescimento da Microsoft. Bill Gates e Paul Allen começaram como *hackers*, mas sua primeira grande oportunidade aconteceu quando a IBM precisou de um sistema operacional para sua nova linha de computadores pessoais. Gates e Allen compraram um sistema já existente de outra empresa, desenvolveram esse sistema e fizeram com a IBM uma parceria altamente vantajosa para a Microsoft. A IBM usaria o MS-DOS, mas a Microsoft conservaria a propriedade do software e também teria permissão de licenciar seu uso para outras empresas. Como resultado, cada vez que a IBM vendia um PC, estava promovendo a Microsoft. Enquanto isso, a Microsoft continuou desenvolvendo o sistema operacional e vendendo-o para todos os fabricantes de computadores compatíveis com IBM. Fazendo isso, à moda do verdadeiro Governante, eles também criaram os padrões da indústria. O desfecho foi que todos os outros fabricantes de computadores se tornaram dependentes da Microsoft, tanto que ela acabou eclipsando a IBM em importância. Mais tarde, quando a Microsoft desenvolveu o Windows, ela usou a mesma tática. O Windows Office oferecia sistemas integrados que funcionavam maravilhosamente bem nos aplicativos empresariais, e logo ganhou o domínio do mercado. A Microsoft então convenceu os principais fabricantes de computadores a pré-carregar o Windows e acabou alcançando tamanha predominância no mercado que foi atingida por um processo antitruste.

A Microsoft demonstra o potencial tanto positivo quanto negativo das organizações do Governante. No lado positivo, ela compreendeu como fazer parcerias com as outras partes do mercado e alavancar essas parcerias em benefício próprio. Em suma, a Microsoft sabia jogar o jogo da política industrial. Além disso, enquanto seus concorrentes focalizavam a venda de software, a Microsoft enfatizou a tarefa de estabelecer os padrões da indústria (e depois atendê-los). Se você pensar na qualidade imperialista de muitos reis e rainhas, não se surpreenderá ao ver que a organização do Governante gosta de assumir o controle de outras empresas e outras linhas de produto. As empresas do Governante, portanto, geralmente crescem por meio de aquisições. O lado negativo, claro, é se tornar um "valentão da indústria" por meio da eliminação das tecnologias concorrentes. Com o passar do tempo, tais ações acabam provocando um dispendioso processo antitruste e um pesadelo de publicidade.[1]

O marketing do Governante

Na velha economia, as instituições do Governante freqüentemente tratavam consumidores e clientes como seus "súditos". Isso acabou. Os consumidores querem ser, eles próprios, Governantes. Um anúncio muito eficaz da LiveCapital.com ("O financiamento empresarial facilitado") reflete essa transição. O anúncio começa com a imagem de um homem sentado diante de uma escrivaninha, olhando para um banqueiro de aspecto cético. O texto diz: "Opção A: Você senta diante desse cara, justificando por que os dois últimos anos que você passou trabalhando merecem um empréstimo para capital de giro. Opção B: Você preenche online um breve formulário e recebe ofertas de financiamento de múltiplos empregadores." Claro que essas empresas, apelando ao Governante, sempre querem permitir que o cliente tenha poder. E elas nunca querem humilhar o cliente.

Os Governantes gostam do controle e não gostam que lhes digam o que fazer. A Microsoft veiculou um ótimo anúncio que deixa ao consumidor a decisão de trabalhar ou não nas suas férias. Você vê um barquinho em alto-mar, num dia lindo. Vê somente a parte inferior do corpo do homem que es-

---

1. Thaddeus Wawro, *Radicals and Visionaries* (Irvine, CA: Entrepreneur Press, 2000), pp. 137-139.

tá no barquinho — seu laptop, suas pernas e os pés descalços. Ele parece totalmente relaxado. Cruzando a página, estão as palavras: "Agora você tem a tecnologia para trabalhar durante suas férias. Isso quer dizer que você vai trabalhar mais ou vai tirar mais férias?... A decisão é sua." Em ambos os casos, a imagem mostra o homem relaxado, no controle, curtindo a vida.

Nos velhos tempos, as empresas operavam como se existissem isoladamente. Certo: elas precisavam de fornecedores e percebiam a existência de seus concorrentes, mas, numa base cotidiana, elas assumiam a autonomia. Agnieszka M. Winkler, em *Warp Speed Branding*, defende a idéia de que os velhos tempos realmente já se foram. Em um sistema econômico global, os países precisam reconhecer a interdependência de todos eles. Do mesmo modo, as empresas são dependentes de todas as empresas com as quais fazem negócios. Além disso, diz Winkler que "o conjunto das inter-relações cada vez mais complexas de todos os stakeholders[2] e de todas as marcas que estão envolvidos na consecução de um produto ou serviço" é que define o ecossistema crucial que determina como as empresas irão operar, pelo menos em termos ideais. "Tomemos um típico produto de software", diz ela:

> *O aplicativo provavelmente tem de ser compatível com o Microsoft Windows. O produto tem de ser capaz de funcionar em computadores de qualquer marca e o box geralmente especifica quais processadores Pentium têm poder suficiente para rodar o aplicativo. Agora, acrescente Pentium e Intel ao efeito da marca. Já temos cinco marcas envolvidas e ainda nem começamos a pensar na distribuição ou na promoção. Cada marca com a qual nossa marca se alia tem um impacto sobre a marca.*

Bill Gates não só teve a genialidade de compreender essa realidade dos dias de hoje, como também a esperteza política para desviá-la em seu próprio benefício.

Se você dirige uma HMO [qualquer organização voltada à área da saúde], verá que a situação é semelhante. Seu "ecossistema" inclui os funcionários das empresas que pertencem à HMO, seus próprios empregados, as seguradoras, todos os contratantes independentes (clínicas, médicos, laboratórios) que lhe prestam serviço, os auditores securitários, os sistemas de aposentadoria estaduais e privados, as empresas farmacêuticas — e você ainda nem começou a levar em conta os pacientes! Tomar decisões empre-

---

2. Os stakeholders de um negócio são todas as partes interessadas e capazes de influenciar esse negócio e ser por ele influenciadas. Trata-se de indivíduos, grupos ou organizações que de alguma forma desenvolvem algum tipo de vínculo com o empreendimento. O conceito de stakeholder é bastante amplo, incluindo funcionários, clientes, fornecedores, acionistas, a sociedade e o meio ambiente. (N.T.)

sariais num clima desses exige uma compreensão holística do ecossistema e do nicho que você ocupa dentro dele — e também exige que o Governante tenha a habilidade política necessária para conquistar o apoio dos diversos grupos envolvidos. Está claro que sua identidade de marca precisa trabalhar não só com seus clientes primários, mas com todo o ecossistema.

Idealmente, as marcas deveriam contribuir para a saúde do sistema inteiro, a fim de assegurar a cooperação. A biologia moderna nos diz que as espécies que sobrevivem não são necessariamente as mais "adaptadas", no sentido usual que damos a esse termo. Na verdade, as espécies que florescem o fazem porque maximizaram sua posição dentro de um nicho e participaram de um "dar e receber" ecológico que, de modo geral, fortalece todos os seus membros. Winkler sugere que:

> A estratégia de sua marca, a promessa de sua marca, a essência de sua marca, seu caráter e personalidade devem ser bem pensados e articulados por escrito, de modo que possam ser transmitidos a todos os stakeholders. Esta é a única maneira de impedir que sua marca se dilua com o impacto de todas as suas relações com outras marcas. Sua marca crescerá e mudará à medida que se adapta ao seu ambiente, mas a tarefa que cabe a você é a de garantir que ela continue forte e saudável.[3]

E nós [as autoras deste livro] acrescentaríamos que você também deve garantir que sua marca continue a ser fiel a um único arquétipo, irresistível e identificável.

A expressão do arquétipo do Governante evoluiu ao longo do tempo: do monarca ao político e do governo local absoluto à interdependência global com outros Governantes. A contribuição do Governante para nossa vida também foi revolucionada pelas mudanças que ocorreram no paradigma científico, especialmente, como já vimos, nas ciências evolutivas e biológicas. No século XIX, fazia sentido os gigantes da indústria sonharem em conquistar o domínio do mercado a qualquer preço; mas o processo antitruste sofrido pela Microsoft nos diz que se as coisas um dia foram assim, hoje certamente já não são mais. Não há limite para a quantidade de dinheiro que uma marca pode ganhar ou para o tamanho que uma empresa pode atingir. Contudo, hoje se espera que as marcas sejam bons cidadãos globais. Se você joga para vencer — à custa dos outros —, ironicamente, poderá perder. É exatamente a mesma coisa que ocorre na política: os resultados ganha–ganha são a estratégia mais segura para o sucesso duradouro. As grandes marcas sabem como ser bons cidadãos do mundo.

---

3. Agnieszka M. Winkler, *Warp Speed Branding: The Impact of Technology on Marketing* (Nova York: John Wiley and Sons, 1999), pp. 148-149, 159.

Os símbolos do Governante que exageram ao expressar sua "separatividade" do Governante tornam-se vulneráveis a certo tipo de ridículo. Quando a caríssima maleta 007 de couro se tornou um símbolo de fervor maníaco no mundo empresarial, muitos executivos conscientes começaram a usar as econômicas pastas de lona da Land's End ou mesmo mochilas esportivas. Também o Philfax vem sendo substituído pelo Palm Pilot, mais moderno — que está sendo posicionado, inteligentemente, como uma ferramenta do Criador, e não do Governante. Depois que o Beamer se tornou um forte símbolo dos excessos da era das discotecas nos anos 80, muitos proprietários se sentem realmente envergonhados de dirigi-los, embora gostassem do manejo e das linhas desse carro. Isso não quer dizer que os símbolos do Governante são irrelevantes, mas sim que eles talvez estejam sujeitos a um tipo especial de sensibilidade. O país que deu mundo a histórica Boston Tea Party talvez permita somente certo grau de símbolos óbvios das diferenças de classe. E também é mais provável que a nova "raça" de Governantes, nascida em Seattle e no Vale do Silício, vá para o escritório vestindo jeans do que um terno da Saville Row, estabelecendo um novo padrão para aquilo que expressa confiança genuína no topo.

Tanto o Governante tradicional quanto sua nova forma mais populista concordam na questão da importância de bons sistemas gerenciais. É este arquétipo que insiste que é caótico e inseguro tentar administrar o significado sem dispor de um sistema específico. O Governante exige que as decisões sejam tomadas conforme as regras. Mas o problema é que a maioria das decisões sobre uma marca não dispõe de nenhum "livro de regras" que seja útil o suficiente para realmente monitorar a evolução do significado da marca. Quando você implementar as recomendações deste livro, *O herói e o fora-da-lei*, para estabelecer uma identidade arquetípica irresistível para sua marca, também será importante que você monte uma infra-estrutura para comunicar esse significado a todos os stakeholders e a todo e qualquer consultor de marketing, agência de propaganda ou outras pessoas envolvidas nas decisões de marketing. Se você adicionar a isso uma idéia do seu "ecossistema", então você também deixará de ver sua clientela como meros consumidores que devem ser convencidos a comprar o seu produto; você os verá como constituintes, "eleitores". Nesse sentido, o seu empreendimento vai prosperar em uma relação simbiótica com os empreendimentos da sua clientela. No nível mais básico, se seus clientes estão sofrendo de incerteza econômica, eles talvez não sejam capazes de comprar seu produto. Em um nível mais cotidiano, se seu produto não acrescenta nada à vida de seus clientes, eles deixarão de comprá-lo. Se você está sempre procurando conhecer seus "eleitores" e compreender suas necessidades, você naturalmente produzirá mercadorias que acrescentem algo à vida deles. Eles então o recompensarão com sua lealdade. O Governante diria que isso não é apenas uma questão de semântica; é uma mudança de paradigma com dimensões maciças.

Não se trata apenas de pesquisas de mercado, de perguntar aos consumidores o que eles querem. Eles geralmente não sabem. É por conhecê-los tão bem que você sabe o que os ajudaria, antes que eles próprios saibam. Akio Morita explicou que os consumidores nunca pediram o Walkman antes de ser lançado o produto. Disposto a conhecer os norte-americanos, Morita interagiu muito com eles, sempre prestando atenção ao que diziam e faziam. Nesse processo, observou que os norte-americanos gostavam de música, também gostavam de caminhar e, em geral, eram demasiadamente educados para molestar os outros tocando música nos espaços públicos. Morita notou que as pessoas não pediam um toca-fitas portátil porque nem sabiam que tal coisa era possível.

A grande marca do Governante conhece seus constituintes tão bem, que prevê suas necessidades mais profundas. Compreender os arquétipos é uma ferramenta poderosa que ajuda você a ir abaixo da superfície para satisfazer necessidades invisíveis e emergentes.

As Partes 2, 3, 4 e 5 se destinavam a ajudar você a reconhecer os arquétipos que, como as constelações no céu, criam a ordem a partir de dados aparentemente erráticos que nada têm a ver com o significado. Esperamos que, nesta altura, você seja capaz de reconhecer todos os arquétipos à sua volta — no cinema, na música, nos debates políticos, nos anúncios e, sobretudo, nas grandes marcas. As Partes 6 e 7 o ajudarão a aplicar estes conhecimentos para posicionar sua própria marca.

A identidade do Governante pode ser correta para sua marca se você tiver:

- um produto de alto prestígio, utilizado por pessoas poderosas para aumentar o próprio poder
- um produto que ajuda as pessoas a serem mais organizadas
- um produto ou serviço capaz de oferecer garantia para toda a vida
- serviços que oferecem assistência técnica ou informações que ajudam a manter ou aumentar o poder
- uma organização com função reguladora ou protetora
- um produto na faixa de preço moderada a alta
- uma marca que procura se diferenciar de outra, mais populista (Cara Comum) ou líder no campo de atividade
- um campo de atividade que seja relativamente estável ou um produto que prometa segurança e previsibilidade neste mundo caótico

O encontro da direção correta

Como posicionar uma marca arquetípica

OS ANTIGOS NAVEGADORES GUIAVAM-SE PELAS ESTRELAS. Mesmo nesta nossa época do radar e do sonar, os pilotos ainda dependem da linha do horizonte para manter a perspectiva durante o vôo. E, verdade seja dita, foi a Lua que guiou de volta à Terra os astronautas, já quase perdidos, da missão espacial Apolo 13. Sem pontos de referência fixos e estáveis, é quase certo que estaremos desesperadamente perdidos.

Mesmo os mais sofisticados profissionais de marketing às vezes se sentem totalmente perdidos em alto-mar quando tentam administrar o significado de suas marcas, porque não possuem quaisquer pontos de referência ou molduras significativas que ofereçam um sistema ou uma estrutura. Freqüentemente, a ausência de uma moldura orientadora leva esses profissionais ao exagero, usando formas ou formatos complicados para tentar captar e expressar o significado de uma marca — "pirâmides da marca", cheias de adjetivos descritivos; "rodas da marca", destacando camadas e níveis concêntricos de significado; páginas e páginas sobre a essência da marca; ou balanços financeiros —, como se um diagrama com detalhes minuciosos pudesse de algum modo compensar o fato de que a empresa chegou ao significado da marca de maneira descuidada ou casual.·

Mas existe uma alternativa para esse tipo de "sopa de letrinhas" que constitui a "administração do significado" praticada ainda hoje. O sistema de navegação alternativo permite encontrar o significado correto para a sua marca; também permite preservar, alimentar e enriquecer esse significado ao longo do tempo. Os significados que você vai considerar e explorar são "pontos de referência" fundamentais, atemporais e universais, como as estrelas ou a linha do horizonte; todos eles são conceitos *claros e coerentes*, que não exigem rodas ou pirâmides para ser compreendidos e aplicados. Eles forçam você a fazer uma escolha, abraçar uma idéia e mergulhar na profundidade e amplitude do conceito; isso é o oposto de se deixar prender em um debate infindável e improdutivo sobre uma ladainha de atributos ou adjetivos.

Esta Parte 5 vai: (1) ajudar você a identificar a identidade arquetípica ideal para sua marca; (2) explorar os meios de usar os padrões das histórias míticas e outros recursos para contar eficazmente a história da sua marca; e (3) narrar, na forma de estudo de caso, como uma organização — a March of Dimes — resgatou sua identidade arquetípica, identificou os padrões históricos relevantes e construiu em volta deles uma campanha irresistível.

A alcachofra

Como revelar o significado arquetípico de sua marca

Assim como acontece quando se come uma alcachofra, a meta aqui é retirar todas as folhas desnecessárias e chegar ao "coração" do assunto — o cerne do significado indiscutível da marca. Depois de se familiarizar com os arquétipos descritos nos Capítulos 4 a 15, você dará os passos necessários para ver seu negócio, sua marca, sua categoria e sua empresa através desta nova lente. Esse processo irá certamente clarear e iluminar o caminho para que você projete o curso futuro da sua marca. Os cinco passos que são mais críticos na descoberta da identidade arquetípica de uma marca estão resumidos na Figura 6.1.

Passo 1: Buscando a alma da marca

Comece realizando o equivalente a uma escavação arqueológica, para descobrir o "capital" mais profundo e mais significativo da sua marca — sua essência ou alma. Encare o exercício como se você fosse o "biógrafo" da marca, fazendo perguntas do tipo: *Quem a criou e por quê? O que estava acontecendo na cultura como um todo na época em que a marca foi criada? Como a marca se posicionou no início? Qual foi a melhor ou mais memorável comunicação já criada para a marca? Como os consumidores vêm se relacionando com a marca ao longo dos anos? Como eles se relacionam hoje com a marca? Qual é o fator, dentro de sua essência ou "capital", que faz a marca se destacar da concorrência?*

Figura 6.1

Tal como um biógrafo, você irá explorar tanto o lado racional quanto o emocional, tanto a história "documentada" da marca como o folclore que a envolve.

Por exemplo, o "biógrafo da marca" descobriria que a fórmula original da Oil of Olay (uma linha de produtos para cuidados com a pele, líder do mercado) foi desenvolvida por Graham Gordon Wulff na África do Sul na década de 1940. O folclore da empresa, transmitido oralmente e também, de segunda mão, por escrito, diz que a fórmula original foi desenvolvida como um ungüento para tratar a desidratação da pele dos pilotos britânicos que sofriam queimaduras durante a Segunda Guerra Mundial. Era um tipo de "arma secreta" para combater os efeitos terríveis da batalha e alegava-se que o ungüento era tão bom que chegava a parecer mágico. Quando o produto foi adquirido e passou a ser comercializado pela Richardson-Vicks, em 1970, seus administradores foram suficientemente sábios para perceber que não deveriam vender a "arma secreta" de maneira convencional; se o fizessem, ela perderia seu caráter especial. No início, usaram-se anúncios impressos, sutis e informativos, em vez da propaganda no horário nobre da televisão, com base na intuição de que o produto deveria ser "descoberto" pelas mulheres e não "vendido" a elas. O conteúdo de cada anúncio era especificamente projetado para se encaixar no estilo editorial de cada uma das revistas nas quais era inserido. Mais tarde, quando a propaganda passou a ser veiculada na tevê, os comerciais mostraram belas mulheres, do mundo todo, que usavam Oil of Olay. Mas os textos conservavam aquela sensação de intimidade de-mulher-para-mulher, com legendas do tipo: "Você vê sua mãe quando se olha no espelho?" A estratégia deliberada era a de fazer a usuária sentir que a identidade "pública" da marca era glamourosa quando vista na tevê ao lado do marido e da família; mas a usuária e o óleo compartilhavam seus "segredos" quando ela contemplava o anúncio impresso em uma revista.

A linguagem visual e verbal que envolvia a marca também tinha um ar de mistério. O produto inicial nunca foi chamado de "hidratante"; em vez disso, sempre foi mencionado nas peças publicitárias como um "segredo de beleza". Uma imagem da Madona enfeitava o logotipo. Nos textos de publicidade, o produto nunca era "aplicado" sobre a pele; era "derramado em profusão". Solicitava-se aos novatos no negócio, tanto na empresa como em sua agência de propaganda, que lessem a "bíblia" da Oil of Olay e agissem de acordo com seus "versículos", os quais explicavam o caráter especial da história e da cultura da marca.

Aqueles primeiros profissionais de marketing de uma poderosa marca do Mago compreenderam e alavancaram a origem singular e o espírito da marca e seu arquétipo (mesmo que não compreendessem a teoria subjacente dos arquétipos nem reconhecessem conscientemente a Olay como uma marca do Mago). Eles intuíram que estavam lidando com magia e que as tradições mágicas, tal como a alquimia, eram transmitidas apenas aos iniciados.

Mais recentemente, a tarefa de desenhar e lançar o novo Volkswagen Beetle [Fusca] deve ter sido atemorizante. Como seria possível recapturar o espírito icônico e a essência do sucesso do carrinho na década de 60, e ainda reinterpretá-lo de modo renovado na virada do milênio?

Os arquétipos teriam ajudado a mostrar o caminho. Jay Mays, o criador do novo Fusca e hoje chefe de projetos na Ford Motor Company, gosta de dizer que o conceito de desenho de automóveis é tão simples como três círculos concêntricos, invocando, mas reinterpretando, o espírito de sua encarnação anterior. Porém, olhando o desenho através da lente arquetípica, vemos que a "face" do novo Fusca é praticamente idêntica à face de um bebê — com olhos grandes e a testa alta e lisa. As pesquisas mostraram que em todo o reino animal e humano, essas mesmas características cara-de-bebê (as características do Inocente) são um sinal de que não existe ameaça e de que a criatura está precisando de cuidados. São as características faciais do coala, do ursinho de pelúcia, do Mickey Mouse e, mais recentemente, daquelas criaturinhas de tevê vindas do Reino Unido e chamadas Teletubbies. São as faces que conquistam corações no mundo todo.

Ora, essa face, a face do Inocente, encontrou expressão no desenho de um automóvel único e charmoso. Mas será que essa é a expressão certa para a marca?

Para responder a essa pergunta como biógrafo da marca, você teria de examinar o significado profundo do sedã Volkswagen original, na época em que foi lançado pela primeira vez nos Estados Unidos. Como já discutimos antes, para muitos dos estudantes de classe média que debatiam os sentimentos antiguerra, anti-establishment e pró-ambientalismo, os automóveis eram anátema — especialmente as variedades "salão bebedor de gasolina" tão apreciadas por seus pais. Mas eles, sendo jovens Exploradores, precisavam circular. Que dilema! E então apareceu a resposta na forma de um veículo pequeno, de aspecto bizarro, que economizava gasolina: o "não-carro", o Inocente.

Hoje em dia, olhamos para a reencarnação do Fusca e damos um sorriso. Não sabemos exatamente por quê, mas sentimos que seria realmente fantástico dirigir um Fusca, ter um Fusca. Por alguma razão inexplicável, gostaríamos de ter um Fusca de cor primária. O que intuímos como consumidores, mas não conseguimos expressar, é o prazer de ver o Inocente ressuscitar dessa maneira tão inteligente.

Quando você estiver trabalhando a marca de uma empresa ou organização, será sábio dar um passo extra. Dedique algum tempo para estudar sua cultura organizacional e seus valores. Observe as "histórias de criação" da marca ou da empresa. Como foi que ela começou? Quais eram os valores básicos de seu fundador? Se houvesse um documentário sobre sua marca, qual seria seu título? Qual seria seu enredo?

A origem da Ford, por exemplo, está ligada à criação da linha de montagem e à possibilidade de cada pessoa comum ter seu próprio carro. Visto em retrospecto, Henry Ford representa uma espécie de herói popular norte-

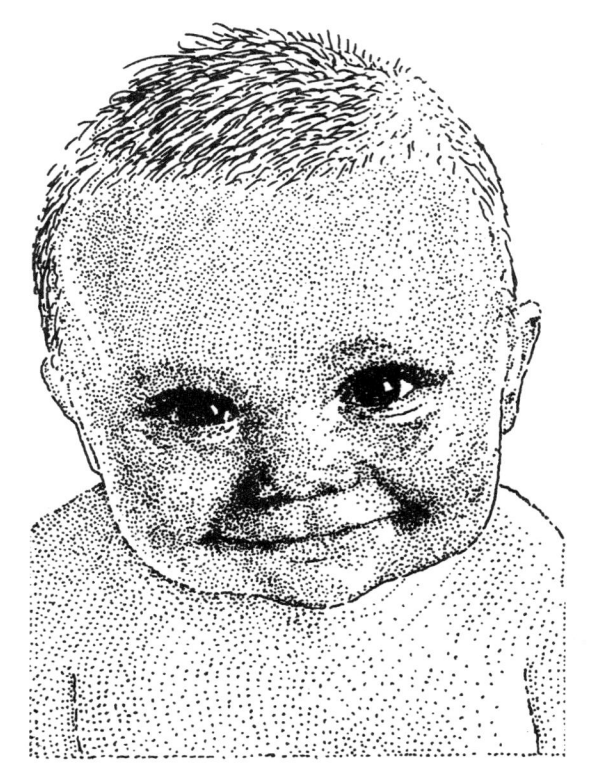

Os olhos grandes e a testa alta e lisa do rosto de um bebê se reproduzem na cara do ursinho de pelúcia, do Mickey Mouse, dos Teletubbies e, o que é mais surpreendente, na "cara" do Volkswagen Beetle [Fusca] reencarnado.

americano, um espírito capaz de continuar diferenciando dos concorrentes a empresa automobilística que leva seu nome. A história da General Motors, por outro lado, está associada ao poder e à influência dos Estados Unidos no mundo, sugerindo que seria capaz de levar adiante um tipo bem diferente de essência. Para as marcas icônicas, a história não é irrelevante; elas foram moldadas pela época e lugar onde nasceram e, por sua vez, também moldaram a cultura.

É freqüente que a descoberta da essência profunda (ou alma) de uma marca — especialmente quando essa essência é coerente com os valores da organização — leve a uma identidade arquetípica que parece ser tão genuína, tão correta, que achamos desnecessário ir adiante. Mas mesmo sendo a resposta certa, será necessário percorrer inteiramente os cinco passos recomendados, porque a interpretação dessa essência deve ser relevante e também diferenciadora em um contexto contemporâneo.

Passo 2: Buscando a substância da marca

O segundo passo da análise assegura que a identidade arquetípica sugerida pela "escavação arqueológica" esteja também ancorada em alguma verdade sobre o produto ou o serviço — o ideal é que seja uma verdade física e contemporânea. Por exemplo, muitos bancos e associações de financiamento da casa própria nasceram como instituições do Prestativo. Relembremos o filme *A felicidade não se compra*: o banco de George sempre cuidou do bem-estar das pessoas da cidade; elas, por sua vez, esvaziam as carteiras e cofrinhos para ajudar a pagar a caução legal quando o banco está com problemas. Não só no cinema, mas na vida real, muitas marcas bancárias das comunidades e cidades pequenas já tiveram relações de amizade e apoio com seus clientes, ancoradas em uma noção de genuína confiança e estabilidade. William Bradley, pai do ex-senador Bill Bradley, certa vez afirmou que o maior orgulho de sua carreira como presidente do banco de sua cidade natal, Crystal City, Missouri, era o fato de nunca ter executado nenhuma hipoteca sobre a fazenda ou a casa de seus clientes durante a Depressão dos anos 30 — o banco e o cliente sempre encontravam um jeito de resolver o problema.

Mas se esse tipo de banco quisesse assumir uma identidade do Prestativo nos dias de hoje, precisaríamos analisar a autenticidade contemporânea desse conceito. Qual é a base da relação dos bancos com seus clientes? Existe uma relação real ou apenas uma série de transações? Qual é o caráter da política interna de pessoal dos bancos? Quais são suas políticas em relação às queixas dos clientes? O que acontece se um cliente, geralmente responsável, de repente começa a atrasar as prestações da casa própria porque perdeu o emprego?

É bem possível que uma identidade do Prestativo esteja fora de questão, embora ela provavelmente oferecesse comunicações relevantes e diferenciadoras. Por outro lado, uma análise honesta daquilo que o banco realmente faz por seus clientes levaria a outros caminhos simbólicos que também são irresistíveis.

Às vezes, esses pontos de alavancagem física ou funcional são óbvios e estão claramente ligados a um significado arquetípico. Por exemplo, as tecnologias que são totalmente novas para uma cultura costumam ter uma óbvia qualidade "mágica" até se tornarem corriqueiras. Pense no telefone, quando era uma novidade, ou na televisão, ou no forno de microondas. A propaganda inicial dos telefonemas interurbanos — que as pessoas viam como algo absolutamente milagroso — evocavam claramente o espírito do Mago. O mesmo ocorreu com a fotografia instantânea. Por exemplo, um comercial veiculado nos primeiros dias da Kodak Instant Camera mostrava crianças pequenas na classe, no primeiro dia de aula, parecendo tímidas e apreensivas. Então a professora entra com uma Instant Câmera e todas as crianças começam a tirar fotos umas das outras, observando a revelação ali mesmo. O fundo musical evoca o poder transformador do Mago ("De repente, você está mais perto do que antes"), enquanto vemos as crianças começando a fazer amizade com os coleguinhas e com a nova professora.

O produto físico, em si, também oferece pistas significativas. Em geral, os produtos do Prestativo são calmos e aliviam, como o chocolate quente. Os produtos do Inocente têm traçado simples ou cor branca, como o talco. Os produtos do Fora-da-lei geralmente têm uma dose de "pimenta" — como o molho Tabasco. E os produtos do Mago podem ser brilhantes, translúcidos e mutáveis.

Quando as características do produto não indicam com toda essa clareza uma identidade arquetípica, é necessário realizar uma pesquisa profunda e sensível do consumidor para descobrir a verdade daquilo que já foi chamado "o drama inerente do produto", quando o produto é usado na vida real em base cotidiana. Esse tipo de pesquisa faz mais do que oferecer dados ou mesmo informações — ele assume as aptidões, a perspectiva e a capacidade analítica que levam à percepção intuitiva genuína.

Os estudos etnográficos são um meio de chegar mais perto desse tipo de verdade humana. Adaptada da antropologia cultural, essa abordagem implica que o pesquisador passe algum tempo com o consumidor-alvo em seu ambiente, observando, interagindo e discutindo o produto e seus benefícios no contexto mais amplo da vida do consumidor. O processo poderá levar algumas horas, ou mesmo alguns dias, mas as oportunidades de aprendizado são infinitas. Como o consumidor decora seu lar? O que há dentro dos armários? Quando a família está mais tensa? Quando está mais relaxada? Como são as interações entre os membros da família? Na casa, o que mais bem expressa os valores desse consumidor? O que ele voltaria correndo para salvar em caso de incêndio? Esse tipo de perspectiva próxima e pessoal geralmente produz resultados surpreendentes.

Por exemplo, *Sesame Street*, o popular e respeitado programa educativo para pré-escolares, foi desenvolvido para atrair também as mães e encarregadas, além das crianças, porque as pesquisas do Children's Television Workshops (hoje Sesame Workshops) mostraram que as crianças aprendem melhor da televisão quando estão interagindo com seus pais. Com base nesse princípio, os produtores desenvolveram grande parte do programa em dois níveis: entretenimento educacional (bem pesquisado) para as crianças pequenas, e uma camada (bem escrita) de *double entendres* ou referências culturais para divertir e entreter as mães.

Em grupos focados, as mães e as outras pessoas encarregadas de cuidar das crianças comentaram que gostavam de assistir aos programas ao lado das crianças, o que vinha dar apoio a esse princípio consagrado. Mas quando você ia à casa delas de manhã para observar o que estava acontecendo, a dinâmica era diferente. Depois que surgiu *Sesame Street*, as mães atarefadas (muitas delas preocupadas em levar os filhos mais velhos à escola ou em irem, elas próprias, para o trabalho) se sentiram livres para cuidar da casa e de tudo o que precisavam fazer, aliviadas por saberem que o filho pequeno estava nas boas mãos de um programa de qualidade. Ocasionalmente elas iam à sala dar uma olhada, talvez rindo de um pequeno segmento do programa, e depois voltavam a seus afazeres. As mães estavam assistindo ao programa? Mais ou menos. Esse comportamento das mães estava de acordo com a crença de que elas ficavam ao lado dos filhos pequenos diante da tevê, assistindo ao programa do começo ao fim? Não.

As observações feitas por esses estudos etnográficos levaram a equipe de produção e os roteiristas a avaliar quanto do conteúdo deveria ser relevante para os adultos e quanto deveria ser puramente infantil. Muito da autêntica inteligência e sofisticação adulta dos programas permanece, mas as pesquisas ajudaram a explicar a imensa popularidade do novo segmento chamado "Elmo's World", que foi desenvolvido tendo em mente apenas a criança de três anos de idade.

Outra perspectiva etnográfica sobre as manhãs nos lares norte-americanos levou a um tipo diferente de percepção quanto à verdade do produto. Operando com base na premissa bastante razoável de que as mulheres eram freneticamente ocupadas na parte da manhã, um grande produtor de alimentos estava focalizando o "desjejum na correria", uma proposta saudável e portátil para determinado segmento da população feminina. Para ajudar a refinar a idéia desse produto, coordenamos grupos focados para sondar como eram as manhãs nesses lares. Mas, em vez de apenas explorar o contexto, pedimos a cada mulher para descrever detalhadamente o que ela comia de manhã, onde e como fazia essa refeição. Para nossa surpresa, por mais frenética que fosse a manhã da mulher, o chamado "desjejum na correria" era, na verdade, um precioso momento de calma. Mesmo durante três ou quatro minutos, mesmo tomado de pé junto à pia da cozinha, o fato é que todas as mulheres entrevistadas por nós afirmaram que aqueles instantes com o pãozinho ou o cereal e uma xícara de café representavam o momento em que elas se concentravam, examinavam a situação e juntavam forças para enfrentar o dia. Muitas delas saíam mais cedo da cama, antes que o resto da família se levantasse, somente para desfrutar aquele momento de calma no desjejum. O fato de termos feito as perguntas certas (e de termos sabido ouvir) salvou nosso cliente de cometer um grande erro e permitiu que sua empresa reavaliasse toda a proposta.

Algumas perguntas que poderiam levar a uma exploração mais profunda das relações entre o consumidor e a marca incluem as seguintes:

O papel da marca é funcional ou ele expressa algum valor para seus usuários?

A marca faz parte de uma categoria de produtos com alto envolvimento ou com baixo envolvimento?

O uso da marca é ocasional ou rotineiro?

A tendência dos consumidores é usar exclusivamente a marca, ou tê-la como a marca dominante, ou a marca faz parte de um leque de marcas que os consumidores acham igualmente aceitáveis?

Qual é o nível de fidelidade dos consumidores à marca?

Você está tentando manter sua franquia atual, ou atrair para sua franquia usuários que preferem outras marcas, ou está tentando expandir o uso geral da categoria de produto atraindo os usuários para a sua marca?

Você quer apenas aumentar a freqüência do uso de sua marca entre os consumidores que já a usam?

Passo 3: Encontrando a alavancagem competitiva

Depois de repetidas análises e de algumas pesquisas bem-feitas e sensíveis sobre o consumidor, os Passos 1 e 2 geralmente têm levado as empresas a desenvolver uma hipótese sobre o arquétipo ou os arquétipos que são corretos e verdadeiros para a marca na qual estão interessadas. O Passo 3 assegura que a "resposta" não é apenas adequada e conveniente, mas que ela oferecerá uma diferenciação significativa e sustentável no mercado.

O modelo e o banco de dados BrandAsset Valuator, da Young & Rubicam, mostram que uma diferenciação relevante é o "motor da marca" — a qualidade que mantém a marca viva e forte. No atravancado mercado de hoje, as marcas que parecem indiferenciadas caem para a condição de *commodity* e, por decorrência lógica, o preço torna-se o critério básico para a escolha do consumidor.

Para começar a avaliar se o arquétipo proporciona uma base para a singularidade de sua marca, examine o ambiente competitivo em termos do significado arquetípico:

- Algumas marcas quaisquer entraram inadvertidamente em território arquetípico? Se isso ocorreu, quais arquétipos? Algumas outras marcas se relacionam claramente com o arquétipo mais adequado para a sua marca?
- Como seus concorrentes estão apoiando os próprios arquétipos e se mostrando à altura deles?
- Em qual nível seus concorrentes estão expressando o arquétipo? Existe alguma oportunidade de passar para um nível mais profundo, mais relevante ou mais diferenciado?

- Na sua categoria, há algum concorrente expressando o mesmo arquétipo que você, ou os seus dois arquétipos? Existe alguma oportunidade para um arquétipo realmente novo na categoria?

Por exemplo, quando todas as marcas de café eram variações do arquétipo do Prestativo, a General Foods lançou uma linha de café instantâneo aromatizado ao estilo europeu, oferecendo uma identidade do Explorador que dava aos consumidores uma maneira nova e excitante de experimentar o café. Mais recentemente e com mais sucesso, a Starbucks fez a mesma coisa.

Muitas vezes, como discutiremos em capítulo posterior, a marca líder de uma categoria acaba possuindo o "arquétipo dominante da categoria" (por exemplo, a Ivory "marcou" o significado profundo e arquetípico da limpeza). Se o líder está fazendo isso, e fazendo-o bem, pode-se criar diferenciação a partir de um arquétipo secundário da categoria ou talvez algum arquétipo totalmente novo. Por exemplo, diferenciando-se da identidade Inocente da Ivory, a Dove firmou-se mais como uma marca do Prestativo, o que está ligado ao fato de que o sabonete Dove tem hidratantes que o Ivory não tem e, portanto, "nutre" a pele.

O líder da categoria às vezes também apresenta oportunidade para um arquétipo "desafiador", ou antítese. Joe Camel foi o Bobo da Corte para o sério Herói da Marlboro; a Pepsi foi outro tipo de marca do Bobo da Corte que ridicularizou com muito bom humor a santarrona e Inocente Coca-Cola.

Outra oportunidade de diferenciação é encontrada quando você identifica um novo *nível* do arquétipo, que até então passou despercebido na categoria. Por exemplo, passando os olhos pelas revistas direcionadas aos adolescentes e adultos jovens, você encontrará anúncios absolutamente inundados com imagens do Explorador, para tudo, desde roupas até entretenimento. É provável que isso ocorra porque o elo Explorador/juventude é bastante óbvio, mesmo para quem pouco conhece de arquétipos. Mas um exame atento fará você descobrir que quase todas aquelas marcas não só têm o mesmo arquétipo, como também todas elas operam no mesmo *nível* desse arquétipo — o nível mais superficial e óbvio. Anúncio atrás de anúncio mostra "o rebelde", quando a verdade é que essa é apenas a ponta do iceberg do Explorador. Debaixo da superfície estão os aspectos mais profundos desse arquétipo, que são altamente relevantes para as pessoas jovens, mas que os publicitários estão ignorando: o Explorador como buscador da verdade, fiel a si mesmo, que não se vende nem faz concessões e que se preocupa com os princípios. Na Europa, a Levis se posicionou como a marca dos jovens que têm a coragem e a motivação para embarcar na jornada do descobrimento daquilo em que acreditam — mas nos Estados Unidos (a terra dos imigrantes, das amplas fronteiras e do individualismo vigoroso, onde a Declaração dos Direitos protege "a vida, a liberdade e a busca da felicidade"), esse tipo de interpretação mais profunda do arquétipo, ironicamente, quase nunca é transmitido aos jovens.

Esta avaliação competitiva deveria iluminar suas idéias e estreitar o campo dos arquétipos, até chegar àquele que é claramente o melhor. Seria tentador "pedir emprestado" um pouquinho deste ou daquele arquétipo, mas então o poder essencial do conceito claro e coerente de um arquétipo estaria comprometido. Em vez disso, no momento em que um arquétipo parece ser o correto para a sua marca, mergulhe nas profundezas de seu conceito. Examine os níveis de seu arquétipo, conforme realçamos nos capítulos anteriores.

Às vezes é útil fazer um gráfico simples mostrando como seus concorrentes estão posicionando os próprios produtos em dado momento. O gráfico da Figura 6.2 identifica em linhas gerais os arquétipos nos anúncios de sapatos que estavam sendo veiculados quando escrevíamos este livro. Claro que somente algumas dessas marcas têm uma identidade consistente. Se vo-

Mapeando o território		
Arquétipo	**Marca**	**Imagem e/ou texto do anúncio**
Criador	Diadora	"Alguém ponha o Darwin na linha! Ele precisa ver isto. Mythos 300. O mais significativo salto genético na corrida desde a criação do pé."
Prestativo	Fila	Imagem de dois pés nus na ponta da cama, saindo de sob as cobertas. Texto: "Seus pés ficarão tão confortáveis como o resto de seu corpo."
Sábio	Avia	Imagem de corredor com sacola na cabeça. "O que economizamos em publicidade, gastamos em tecnologia."
Amante (como companheiro/a)	Oasis	"Você já calçou um par de sapatos tão confortáveis que mais parecia que você não os estava usando, mas que eles estavam realmente correndo com você?"
Bobo da Corte	Brooks	Imagens de dedos do pé com carinhas alegres desenhadas neles, e os rostos sorridentes de jovens felizes. "Corra feliz."
Herói	Nike	"Just do it." [Simplesmente faça.]
Fora-da-lei	Tattoo	Corredor com tatuagem, correndo em um terreno árido. A imagem do sapato mostra chamas e um monstro na sola.
Mago	Reebok	Ênfase na conquista do fluxo.
Mago (ou Explorador)	New Balance	"Desligue seu computador. Desligue seu fax. Desligue seu celular. Conecte-se com você mesmo."
Inocente	Saucony	"Silenciosamente fazendo sapatos excelentes e bem moldados desde 1898."

Figura 6.2

cê estivesse pesquisando a concorrência, é evidente que gostaria de diferenciar as identidades de marca estabelecidas das campanhas efêmeras e, no maior grau possível, identificar seus níveis arquetípicos.

Quando o desenvolvimento de novos produtos é a chave, analisar a categoria a partir de uma perspectiva arquetípica conduz você a algumas idéias decididamente inovadoras e singulares. Essa moldura força você a pensar em algumas possibilidades surpreendentes: O que ofereceria um banco do Fora-da-lei? Uma cerveja do Amante? Uma revista do Explorador para pais de crianças pequenas?

Quer seu produto seja um empreendimento novo ou uma marca estabelecida, determine qual nível de seu arquétipo é o melhor para você alavancar. E então analise como você expressaria esse arquétipo em todos os aspectos da marca. Vejamos o McDonald's, por exemplo: seu arquétipo do Inocente vem à vida em muito mais do que em seus restaurantes e em sua publicidade; o arquétipo se expressa na McDonald's All School Marching Band, um símbolo sadio numa época cínica; nas Ronald McDonald Houses, dando apoio a "inocentes" que sofrem; nos arcos dourados; e nas promoções apresentadas pelo McDonald's. E a Budweiser (a cerveja do Cara Comum) traz de volta periodicamente os cavalos da raça Clydesdales, como recordação simbólica da importância da tradição e do trabalho duro. Faça um *brainstorm* para ver aonde seu arquétipo poderá levar você, em cada disciplina da comunicação que for possível. E então, para enriquecer ainda mais sua direção, tome essa nova ou esclarecida identidade de marca e a impregne com uma profunda compreensão do seu consumidor.

Passo 4: Conhecer seu consumidor

O estágio final da análise assegura a alta probabilidade de que o arquétipo seja poderosamente relevante e significativo para o seu cliente-alvo. Embora alguma parte de nós responda a todos os arquétipos existentes, observa-se que certos contextos, situações ou pontos de transição na vida tornam um arquétipo especialmente potente.

Pais de primeira viagem, aprendendo a ser Prestativos, precisam da ajuda de Sábios e de outros Prestativos. Os jovens que estão se soltando dos pais precisam de marcas do Explorador que os ajudem a expressar a autonomia recém-descoberta. E às vezes os pais que estão no estágio de "criar a ninhada" também precisam de marcas do Explorador para se sentirem um pouco mais jovens, livres e independentes.

O marketing do "estilo de vida" levou à premissa de que as pessoas querem ver imagens espelhadas de si mesmas na propaganda; caso contrário,

não se identificarão com os anúncios. O marketing arquetípico assume o extremo oposto — a idéia de que os anseios irrealizados levam as pessoas a responder, em um nível mais profundo, às coisas que estão ausentes (e não às coisas que elas já têm).

Os estágios de Eric Erickson, resumidos na Figura 6.3, destacam o conflito ou problema fundamental em cada estágio da vida. Cada "luta" levanta questões que são poderosas, mas conflitantes: a meta ou mestria que representa o movimento para frente *versus* aquela que perpetua o *status quo*. Por exemplo, a criança, em seus primeiros anos de vida, trava uma luta entre o esforço e a inferioridade; já as pessoas que estão nos estágios mais adiantados da vida enfrentam a integridade ou o desespero. Embora ambos os impulsos sejam poderosos, poderíamos argumentar que os arquétipos

As técnicas de projeção com base visual geralmente se mostram úteis.As duas ilustrações acima foram utilizadas em um estudo da National Parenting Association que visava analisar as prioridades e preocupações das pessoas com filhos e das pessoas sem filhos diante da cabine eleitoral na hora de votar. Em geral, tais abordagens revelam critérios mais profundos e autênticos do que quando as pessoas se submetem a um questionamento direto.

que alimentam e direcionam o desejo mais saudável e positivo terão sempre mais sucesso do que os arquétipos que apelam para o desejo negativo. Em certo sentido, o uso do arquétipo positivo molda no cliente o instinto saudável. Considerar o estágio da vida em que estão seus clientes é um bom ponto de partida para você examinar a relação deles com o arquétipo que você está pensando em utilizar.

Os oito estágios do ser humano e os conflitos pessoais correlatos, segundo Erickson

	1.	2.	3.	4.	5.	6.	7.	8.
VIII.				"Os anos-ponte"				INTEGRIDADE X DESESPERO
VII.							FERTILIDADE X ESTAGNAÇÃO	
VI.						INTIMIDADE X ISOLAMENTO		
V.	Perspectiva temporal x Confusão temporal	Certeza pessoal x Autoconsciência	Experimentação de papéis x Fixação em um papel	Aprendizado x Paralisia profissional	IDENTIDADE X CONFUSÃO DE IDENTIDADE	Polarização sexual x Confusão bissexual	Liderança e companheirismo x Confusão autoritária	Compromisso ideológico x Confusão de valores
IV.				ESFORÇO x INFERIORIDADE	Identificação com a tarefa x Senso de futilidade			
III.			INICIATIVA x CULPA		Antecipação de papéis x Inibição nos papéis			
II.		AUTONOMIA x VERGONHA E DÚVIDA			Vontade de ser si-mesmo x Dúvida sobre si mesmo			
I.	CONFIANÇA x DESCONFIANÇA				Reconhecimento mútuo x Isolamento Autístico			
	1. Primeira infância	2. Infância	3. Estágio dos jogos	4. Estágio escolar	5. Adolescência	6. Fase jovem da vida adulta	7. Maturidade	8. Velhice

Figura 6.3

Além do estágio individual de cada cliente na vida, também é aconselhável que você considere o estágio de cada um deles no ciclo da vida familiar. Seus clientes são pessoas solteiras, mais jovens ou de mais idade, ou são idosos sobreviventes solitários? Se seus clientes estão nos estágios de "criar a ninhada", trata-se da fase inicial (filho caçula com menos de seis anos de idade) ou da fase final (filho caçula entre seis e 18 anos de idade)? Já que hoje em dia as pessoas tendem a deixar o casamento e os filhos para mais tarde, é bem possível que alguns indivíduos que estão vivendo os últimos estágios do desenvolvimento pessoal de Erickson também estejam vivendo os primeiros estágios da formação da família.

Do mesmo modo, às vezes o aspecto dominante (ou mais visível) da população-alvo não necessariamente representa a melhor oportunidade para você se conectar a esses clientes. Por exemplo, fizemos uma pesquisa entre mulheres na faixa dos quarenta anos que estavam no estágio de "criar a ninhada"; nossa pesquisa revelou nelas a tendência dominante de refletir o arquétipo do Governante — levar as crianças de carona para lá e acolá, organizar jogos e festinhas, manter a harmonia no lar e, ao mesmo tempo, dedicar-se ao próprio emprego. É o comprometimento dessas mulheres com a ordem, a estabilidade e o controle que torna tudo isso possível.

Inúmeros publicitários descobriram essas mesmas tendências (embora provavelmente não tenham compreendido as raízes mais profundas do arquétipo do Governante, especialmente no contexto das mamães atormentadas!). Eis a reação desses publicitários: eles embarcaram no trem do "estilo de vida" para posicionar suas marcas e criar a propaganda, com anúncios que mostram mulheres correndo de um lado para o outro, mas heroicamente "segurando as pontas" da vida familiar.

Contudo, nossa pesquisa revela que as mães do tipo Governante não necessariamente precisam ver refletida ou validada essa parte de si mesmas — elas estão bem cientes de como é a vida que levam e de tudo o que precisam fazer! Um ponto ainda mais importante: a análise arquetípica mais profunda indica que as novas e "florescentes" identidades e tendências — impulsos adormecidos que falam com aquela pessoa em quem a mulher *quer se tornar* quando toda essa pressão diminuir (a vozinha que diz: "E *eu*, como é que fico?!") — não precisam de nenhum apoio crítico e de nenhuma validação.

No fundo do coração de muitas dessas mulheres existem fortes impulsos do Criador, que hoje talvez só sejam visíveis durante algum projeto artístico ocasional ou alguma visita "egoísta" a uma exposição de artesanato. Em outras mulheres há fortes pressões de tendências do Sábio, pois elas começam inconscientemente a integrar e dar sentido às experiências que tiveram na vida. E em outras, ainda, existem poderosos impulsos e aptidões do Mago, pois elas silenciosamente se preparam para a época em que poderão transformar aspectos do seu lar, do seu casamento, da sua comunidade ou talvez de si mesmas.

Por isso, não causa surpresa que Martha Stewart (dignificando e reforçando o impulso do Criador), Oprah Winfrey (validando e apoiando o Sábio) e inúmeros spas e livros de auto-ajuda tenham se tornado verdadeiras fontes de influência na indústria. E, ao mesmo tempo, também não causa surpresa que tantas marcas que subiram a bordo do trem do estilo de vida "mamãe feiticeira" tenham se tornado fracassos indiferenciados.

Muitas vezes o equivalente a esses impulsos adormecidos existe na cultura como um todo, criando uma imensa necessidade — e uma oportunidade. Poderíamos argumentar que durante a década de 1980, a era das discotecas nos Estados Unidos, o arquétipo do Criador era menos estimado na cultura norte-americana — que, em vez dele, preferia o etos do Governante: controle, responsabilidade e sucesso. É por isso que a determinação de Martha Stewart de remar contra a corrente, com o conceito da criatividade doméstica, talvez tenha encorajado a adoção desse conceito tanto no público-alvo primário quanto na cultura em geral.

Forças sinistras também preenchem esses vácuos. Para a cultura alemã do começo do século XX, desesperadamente em busca de qualquer vestígio de orgulho nacional, Adolf Hitler foi uma "venda" fácil — um Governante que se alimentava do desejo de um povo de se sentir poderoso, importante e no controle. Na sociedade cada vez mais secular dos Estados Unidos do pós-guerra, o lado negro do Mago — a necessidade e a vulnerabilidade — era tão profundo e difundido que "reverendos" alucinados e gananciosos (como Jim Jones e outros iguais a ele) facilmente conseguiam ganhar a lealdade e o comprometimento de milhares de pessoas.

Quando as forças arquetípicas são menos visíveis em uma cultura, é aí que elas são mais poderosas — como buracos negros buscando ativamente as forças vitais que os preencherão. O charlatão e o vendedor agressivo compreendem isso intuitivamente, mas os profissionais de marketing tendem a preferir uma rota mais racional e literal, lutando para seguir a última "moda".

O sistema de arquétipos oferece uma rota mais substantiva para compreendermos os consumidores individuais e a cultura que os cerca, permitindo-nos focalizar as "últimas modas" de modo bem mais profundo e significativo do que o modo hoje praticado. Não estamos falando aqui de guinadas repentinas de um arquétipo para outro, baseadas naquilo que está na moda e naquilo que está fora de moda. No momento em que uma marca está lançando sua identidade, seria bom para ela cavalgar a onda de um arquétipo reprimido porém emergente. Uma vez estabelecida sua identidade, então se determina como estabilizar essa expressão de uma necessidade humana básica de modo a fazê-la perdurar ao longo do tempo.

Em qualquer dos casos, é útil refletir sobre perguntas como: "Quais necessidades humanas fundamentais estão sendo bem servidas neste ponto da nossa história individual ou coletiva? E quais necessidades estão sendo mal servidas?" Essas perguntas levarão ao verdadeiro lampejo de intuição e inspiração.

E assim o passo final sonda com muito mais profundidade do que as abordagens convencionais os desejos, os medos, os conflitos e as aspirações do público-alvo, para compreender totalmente como ocorrerá sua ressonância com o arquétipo.

Passo Cinco: Manter o curso — Administrar o "Banco da Marca"

No final deste processo analítico singular, as empresas têm um grau sem precedentes de confiança quanto ao seu potencial icônico ou lugar arquetípico no mundo — o que resulta em sucesso no mercado e também em um foco excitante e revigorante para toda a organização.

Depois que o lugar arquetípico da marca no mundo foi esclarecido, o processo de nutrir essa identidade — e *beneficiar-se* dela — deve ser administrado cuidadosamente. Uma metáfora que tem se mostrado útil para gerentes de marcas (que no dia-a-dia tomam as decisões relativas aos seus negócios) e para líderes empresariais (que são responsáveis pelo planejamento de longo prazo) é o conceito do "Banco da Marca", de Margaret Marks, mostrado na Figura 6.4.

Construção da marca

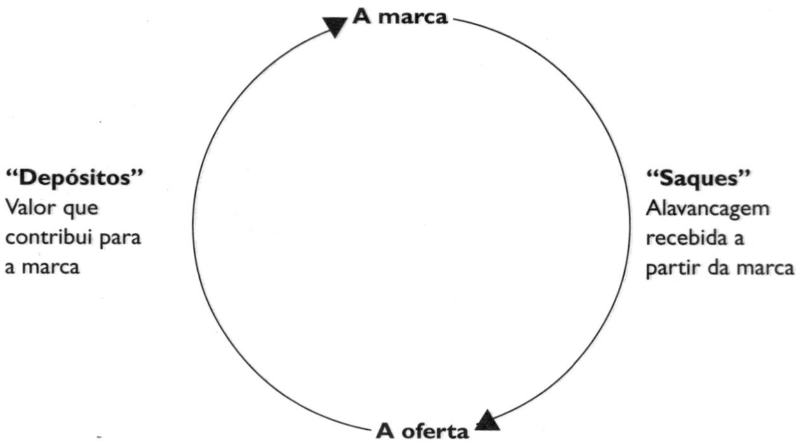

A marca

"Depósitos"
Valor que
contribui para
a marca

"Saques"
Alavancagem
recebida a
partir da marca

A oferta

Figura 6.4

Uma marca é um repositório de significado valioso e da boa vontade dos consumidores. A "oferta" (qualquer ação realizada em nome da marca — seja uma breve promoção a preços reduzidos para atrair novos usuários, seja um programa de relações com o consumidor, seja uma extensão da linha de produto) amplifica/nutre o significado arquetípico essencial da marca ou dele se beneficia. Extrair benefícios do significado, neste caso, não é necessariamente uma coisa ruim: quando Disney ou Ralph Lauren opta por assinar seu nome em mais uma nova linha ou conceito, ele está justificadamente "fazendo dinheiro" em cima de muitos anos de uma identidade arquetípica cuidadosamente preservada e nutrida. E um número cada vez maior de empresas está optando por tentar, desse mesmo modo, alavancar ao máximo grau possível as marcas fortes já existentes, pois o custo de lançar uma nova marca aumenta juntamente com o risco de fracasso em mercados altamente competitivos.

Mas as coisas não são assim tão simples: é preciso que as empresas, ao longo do tempo, tenham investido pesadamente na criação de associações arquetípicas fortes e consistentes antes de presumirem que podem fazer dinheiro em cima delas por meio de extensões das suas marcas. Por exemplo, durante algum tempo a marca Levis pareceu estar um tanto perdida, tendo se desviado de seu arquétipo original (o Explorador) e passado para o Fora-da-lei, o Herói, o Cara Comum e, mais recentemente, o Amante. Bem, se ela fosse lançar a linha "Férias com Levis", o que o consumidor poderia esperar? Uma fuga espetacular e sensual? Uma viagem simples, com orçamento limitado? Ou uma rude aventura no deserto? Antes, todos nós teríamos escolhido de imediato a terceira resposta, mas ultimamente as coisas não estão muito claras; isso cria uma situação negativa para quem quer se beneficiar da identidade da marca-mãe. Considere, alternativamente, o lançamento da linha de férias da Polo Ralph Lauren. Ou as viagens da L.L. Bean. Você não sente de imediato como seriam essas duas campanhas publicitárias? A comparação oferece um ótimo teste de percepção.

Além de estar certo de ter nutrido consistentemente uma identidade forte, você precisa ter certeza de que as ações que representam "saques" do Banco da Marca são acompanhadas por ações equivalentes que "depositam" o significado desejado. Por exemplo, as Ronald McDonald Houses, a McDonald All Schools Band e os restaurantes uniformemente imaculados mais do que compensam a mudança na política publicitária da empresa: hoje a McDonald's tem menos propaganda da marca e mais promoções competitivas e oportunas do que antes. Mas se tudo o que foi feito tivesse mudado a ênfase em sua publicidade no nível nacional — sem quaisquer "depósitos" compensatórios — seus "balancetes" mudariam e os norte-americanos começariam a ver a marca de maneira diferente. Do mesmo modo, a produção brilhante de *Rei Leão* pela Disney, um cinema que renovou a Times Square e a disputa acirrada entre a Disney/ABC e a Time Warner são acontecimentos que nunca passam despercebidos ao consumidor.

Esse tipo de Banco da Marca, ou "balancete", pode ser administrado quase intuitivamente no caso das marcas menores, com um só produto. Mas, à medida que mais e mais marcas se tornam "supermarcas" com múltiplos produtos, nasce a necessidade de um "serviço bancário" mais consciente.

Marcas como a Jell-O e a Ivory têm mais de um produto cada uma, mas a semelhança física entre os produtos que levam seus nomes ajuda a simplificar a questão. Por exemplo, todos os produtos da Ivory estão associados com a limpeza; por isso, sustentar e apoiar o arquétipo do Inocente dessa marca é tarefa razoavelmente automática. Considere, porém, as marcas antes mencionadas — Disney, Ralph Lauren e outras similares, como a Virgin. Cada uma delas tem inúmeros produtos, diferentes uns dos outros tanto na forma como na função. Nesses casos, a tarefa consiste em manter algum tipo de *unidade conceitual* entre os produtos e garantir que o significado não seja esvaziado pelos "saques" contínuos, mas sim constantemente reforçado e reabastecido.

Não causa surpresa, talvez, que a melhor maneira de manter essa unidade conceitual seja quando o proprietário da marca é, ele próprio, um ícone vivo, como ocorre com a Virgin e a Ralph Lauren, ou uma figura lendária como Walt Disney. A sensibilidade do líder influencia tudo aquilo que ele toca.

No entanto, os sistemas precisam funcionar mesmo na ausência do culto da personalidade, e o Banco da Marca é o melhor sistema que já encontramos. Diferentemente do desenvolvimento de planos de marketing lineares, a administração da marca também deve organizar planos para a marca em termos dos prováveis "depósitos" versus "saques", avaliar o "equilíbrio" dos "balancetes" e fazer os ajustes necessários. O processo de administração da marca ganha peso igual ao do processo de administrar a empresa, e isso é imperativo se não quisermos dissipar a identidade arquetípica.

Contando a história da sua marca

MUITO SE PODERIA DIZER SOBRE AS QUALIDADES e características da boa comunicação de marketing. Mas a comunicação realmente grande — a comunicação que cria, constrói e sustenta o poder das grandes marcas — incorpora um paradoxo elementar. Como ocorre em toda forma extraordinária de literatura e de arte, essa qualidade está na interseção de atemporalidade e senso de oportunidade. Ela captura ou se beneficia de uma verdade fundamental e permanente da condição humana. E, ao mesmo tempo, expressa essa verdade de modo inovador e contemporâneo.

Assim como as marcas que encontram suas identidades arquetípicas, também os símbolos de marcas, os eventos, os esforços de relações públicas e as campanhas publicitárias às vezes trilham esse terreno poderoso, reproduzindo padrões que cativaram as pessoas ao longo dos tempos. A Clydesdales for Bud, o Ronald McDonald, o selo Good Housekeeping, o Jolly Green Giant e o "zás" da Nike — todos esses símbolos permanecem, enquanto a maioria dos outros cai no esquecimento depois de algumas semanas ou meses de exposição. As pessoas não se cansam das idéias arquetípicas, mesmo vendo-as repetidamente durante anos — ou décadas. Múltiplas gerações de consumidores, segmentos socioeconômicos e etários e mercados globais — tão diferentes entre si como a noite e o dia — ainda são universalmente atraídos para elas. E, o que é mais relevante para as mini-histórias que denominamos propaganda, os arquétipos costumam ser comunicados poderosamente sob a forma de histórias.

Quando o filme *E.T.* tornou-se um sucesso estrondoso, muitos de nós nos admiramos que um pequenino extraterrestre tão simples conquistasse tantos corações. Mas nossa análise arquetípica identificou no filme um padrão de elementos que sempre apareceu em histórias ao longo dos tempos: a "Fábula do Abandonado", uma história do Prestativo para crianças.

Nessa fábula, uma pessoa de tamanho pequeno (geralmente uma criança) começa sentindo-se deslocada e solitária, mas depois descobre uma criatura ainda mais vulnerável do que ela própria. A criança imediatamente se torna sua protetora. Começa a se sentir mais forte, a cada minuto, à medida que ela e seu protegido são capazes de se comunicar magicamente, desafiando as diferenças de espécie ou classe. Seu relacionamento é mantido em segredo, oculto das criaturas mais poderosas (em geral, os adultos), mas se expande e inclui um círculo de outros indivíduos vulneráveis. Juntos, eles são capazes de vencer as ameaças ao bem-estar da criaturinha. Um adulto — geralmente a mãe e sempre uma mulher — tem permissão de entrar no círculo protetor, tornando-se aliado do grupinho. No final, levando a melhor sobre seus predadores, o grupinho se separa voluntariamente do protegido bem-amado, devolvendo-o ao seu lar de origem para que ele possa se desenvolver de maneira livre e apropriada.

Quase todas as gerações de crianças têm suas próprias histórias do Abandonado. Tais histórias ajudam as crianças a perceber que, embora um dia precisem se separar daquilo a que mais amam e de que mais necessitam — a mãe —, elas serão capazes não só de sobreviver à separação, mas também desabrochar. Isso é possível porque a criança, ao aprender que é capaz de cuidar de outra criatura, aprende que também será capaz de cuidar de si mesma.

Vivenciar essa história indiretamente ajuda as crianças a se desenvolverem. E *recordar a história* — mesmo inconscientemente — nos ajuda a lidar com as coisas da vida, também quando adultos. É provável que não tenhamos a mais remota idéia da fonte dos nossos fortes sentimentos ao final do filme *E.T.*, mas ela está lá. No mais fundo do nosso ser, agita-se a lembrança daquela separação e também o triunfo de ter sobrevivido a ela.

Diante do tremendo valor do mito do Abandonado, não causou surpresa que, quando Margaret Mark e Paul Wolansky (professor de cinema na Universidade Southern California) reconstruíram os padrões dos roteiros de mais de 500 filmes de sucesso dos últimos cinqüenta anos, tenha emergido repetidamente, em intervalos regulares, uma história popular do Abandonado. Quase todas as gerações necessitaram, e tiveram, seu próprio Abandonado. (E pensamos nas oportunidades perdidas durante os períodos em que não surgiu nenhum Abandonado de sucesso.) Os detalhes dessas histórias arquetípicas são bem variados, mas as estruturas básicas são admiravelmente consistentes.

Tivemos *Virtude Selvagem* em 1946, *O meu melhor companheiro* em 1958, *E.T.* em 1982, *Free Willy* em 1993 — um impressionante reflexo do poder e importância das histórias míticas. O Abandonado toma a forma de um cavalo, de um cachorro ou da "politicamente correta" baleia dos anos 90, mas a arquitetura fundamental dessas histórias e o propósito ao qual elas servem permanecem inviolados. Os detalhes são simplesmente atualizados para se adequar aos tempos. Mas, em cada época, o público adora conhecer essas histórias, e mais outra e mais outra, porque elas servem a algum importante propósito psicológico nos espectadores, quer eles o percebam ou não.

Quero lhe contar uma história

Existem somente duas ou três grandes histórias humanas.
E elas estão sempre se repetindo,
tão impetuosamente como se nunca tivessem acontecido antes.
— Willa Cather

Como contadores das histórias das marcas arquetípicas, deveríamos ser capazes de compreender e expressar as grandes histórias humanas, proporcionando uma "voz" — a ser comunicada através da propaganda, dos pontos de venda, dos websites, das relações públicas e assim por diante — que seja digna de uma identidade mítica. Em muitos casos, essas histórias serão as narrativas que revelam os dilemas e questões essenciais ligados ao arquétipo do seu negócio. No entanto, os grandes padrões de uma história freqüentemente são usados por mais de um arquétipo. Por exemplo, o conto de Cinderela é uma história do Amante e, por isso, ótima para ser utilizada com uma marca do Amante. Mas se a sua marca tem uma função semelhante à da fada-madrinha, então esse conto poderia ser utilizado por uma marca do Mago, posicionando a marca no papel de ajudante mágico. Se sua marca tem uma identidade do Herói ou do Explorador, você focalizará o papel do príncipe, que procura sua amada pelo mundo todo e, nesse processo, acaba por resgatá-la.

Mas o que são as grandes histórias? E qual é, em primeiro lugar, o significado e propósito das histórias em nossa vida? Vale a pena analisar o papel desempenhado pelas histórias na nossa própria vida e na evolução da nossa cultura.

Se você teve filhos, ou se consegue lembrar da própria infância, sabe que uma das primeiras frases pronunciadas e repetidas indefinidamente foi: "Conta uma história?" E se a história era boa, você queria ouvi-la de novo, de novo, de novo.

Diz a sabedoria convencional que as crianças anseiam pela simples familiaridade. Mas será que isso, por si só, explica por que certas histórias infantis são apreciadas geração após geração? Ou também por que adultos modernos e atarefados assistem *A felicidade não se compra* entra ano, sai ano, embora conheçam o enredo de trás para frente? Ou por que a trilogia original de *Guerra nas estrelas* e a série televisiva *Jornada nas estrelas* desenvolveram multidões de seguidores/adoradores que assistem a esses filmes dezenas de vezes? Ou, ainda mais revelador, por que as grandes religiões do mundo refletem as mesmas histórias, os mesmos personagens e os mesmos temas?

Trabalhando com Margaret na análise dos padrões das histórias, Wolansky explicou: "Antes da invenção da escrita, as histórias eram passadas de geração em geração como narrativas ao pé da fogueira, contos de fantasmas e canções de ninar. Com o passar do tempo, ao serem contados, memorizados e recontados, certos temas, histórias, idéias, personagens e situações encontravam ressonância profunda nos ouvintes e eram preservados. Outros detalhes das narrativas eram considerados fracos e esquecidos. Em termos de cinema, essas histórias tiveram um bom 'boca-a-boca' ao longo das gerações e acabaram se tornando os contos de fadas, lendas e fábulas mitológicas duradouros, destilados e universalmente 'verdadeiros' que hoje chegaram até nós."

Bruno Bettelheim, em *The Uses of Enchantment*, descreveu o mesmo tipo de "processo de seleção" que ocorre quando as crianças distinguem entre as histórias ótimas e as histórias comuns. A criança quer ouvir uma *boa* história centenas de vezes, porque intuitivamente reconhece nela alguma verdade profunda; a criança tem a vaga sensação de que aquela história tem algo importante a lhe contar.[1]

---

1. Bruno Bettelheim, *The Uses of Enchantment* (Nova York: Alfred A. Knopf, Inc., 1976).

As melhores histórias, portanto, aquelas que transcendem o tempo e o lugar, são mais do que simples entretenimento — de algum modo, elas são *úteis* para nós, tanto crianças como adultos. Elas nos ajudam a trabalhar as pressões inconscientes e a lidar com o medo, a raiva e a ansiedade; elas dão expressão a anseios profundos que geralmente somos incapazes de articular ou mesmo identificar. A boa história pode vestir trajes bem contemporâneos — tendo como "sistema de entrega" um filme, uma anedota bem contada ou um comercial de 30 segundos —, mas se oferecer esse tipo de valor ou utilidade profunda, ela nos tocará poderosamente. Tal como as crianças, nós queremos entender a lição, a "dádiva" da história, para "agarrá-la" e a integrar à nossa vida.

Grandes histórias, grandes anúncios

A idéia da história na propaganda tem a mesma idade do conceito "fatia da vida" desenvolvido de modo pioneiro e lucrativo pela Procter & Gamble. Assumiu-se (e muitas vezes se provou) que o veículo da história fazia mais para conquistar os espectadores, envolvendo-os no drama inerente do produto, do que a simples exposição de características e benefícios.

Mas o princípio da história na propaganda, proporcionando mais do que uma venda efetiva — na verdade, oferecia uma "dádiva" —, foi sistematicamente estudado pela primeira vez vários anos depois da invenção da Procter & Gamble, por Mary Jane Schlinger da Universidade de Illinois, em Chicago. Analisando as respostas de telespectadores a centenas de comerciais da tevê, a Dra. Schlinger descobriu que os anúncios mais eficazes demonstravam o princípio da "reciprocidade": quando o telespectador "ganhava" algo (além das informações necessárias para a concretização da venda) em troca de seu tempo e atenção, a veiculação do anúncio constituía uma "troca justa", uma espécie de *quid pro quo* em troca do tempo e atenção dos telespectadores. Se isso ocorria, era mais provável que os telespectadores pensassem em recompensar o anunciante, comprando seu produto. Por outro lado, se o anúncio nada oferecesse ao telespectador além da pura e simples venda de um produto, a "troca" era superficial, insatisfatória e, em última análise, ineficaz.

Trabalhando com o Dr. Joseph Plummer na Leo Burnett, Schlinger identificou inúmeras dimensões da "recompensa do telespectador" e desenvolveu um instrumento único, ou sistema de teste, para quantificar as respostas subjetivas aos anúncios veiculados na televisão.[2] Utilizando essa téc-

---

2. Mary Jane Schlinger, "A Profile of Responses to Commercials", *Journal of Advertising Research*, Volume II, setembro de 1984.

nica para analisar repetidamente as respostas de diferentes grupos de consumidores a uma vasta gama de comerciais das mais diversas categorias de produtos, os dois pesquisadores demonstraram que a propaganda não estava isenta do princípio de "utilidade da narrativa" que Bettelheim e Joseph Campbell aplicaram às lendas e fábulas — nem do princípio que Carl Jung utilizou para decodificar os padrões recorrentes nos sonhos de pacientes de diferentes partes do mundo.

Os melhores comerciais, como toda comunicação realmente eficaz, atingem um nervo profundo ou revelam uma profunda verdade; e é possível codificar e compreender as respostas a esse poder universal e atemporal. Consideremos, por exemplo, as características da empatia, uma das sete dimensões da "recompensa do espectador" examinadas na técnica do Viewer Reward Profile (VRP). A empatia revela até que ponto o telespectador participa dos acontecimentos e sentimentos de um anúncio, até que ponto ele assume um papel imaginário na situação e sente um envolvimento emocional com aquilo que está acontecendo. A empatia pode ser uma experiência emocionalmente gratificante, permitindo que o telespectador amplie sua auto-imagem ou expresse seus próprios valores. Os rituais e ritos de passagem, a exibição de relacionamentos íntimos e calorosos e os personagens "maiores que a vida" freqüentemente geram altos índices de empatia, mas não é necessário, para gerar empatia, que as situações, os relacionamentos ou os personagens sejam escravos do realismo.[3] (Figuras e locais míticos, como o Pillsbury Doughboy e o "vale" do Green Giant, geram índices acima da média no quesito empatia.)

A Leo Burnett Company, uma dos participantes originais dessa pesquisa, utilizou o teste e as teorias para apoiar e ampliar seu legado de criadora de campanhas e símbolos publicitários profundos e duradouros, como o homem de Marlboro, o Jolly Green Giant e os duendes da Keebler, para citar apenas uns poucos. Mais tarde, Joe Plummer levou a técnica para a Young & Rubicam, utilizando-a para apoiar e enriquecer as idéias dessa empresa sobre trabalho criativo guiado pelo "lampejo de inspiração" — grandes campanhas sustentadas por histórias, que conquistaram o aplauso da indústria e sucesso no mercado para marcas como Hallmark, AT&T, Merrill Lynch e Johnson & Johnson.

Outras agências de propaganda também chegaram lá por seus próprios meios. Sob a liderança de Phil Dusenberry e Ted Sann (dois dos maiores contadores de histórias do mundo comercial), a BBD&O criava, uma atrás da outra, histórias de marca deliciosas e duradouras para a Pepsi.

---

3. Ibid.

Quando eram criadas pela intuição de brilhantes diretores de arte e redatores, essas pequenas "histórias de marca" alcançavam um sucesso fenomenal e a técnica VRP proporcionou às agências uma ferramenta para avaliar quantitativamente e defender a propaganda que tocava corações e mentes enquanto vendia produtos. Mas esses criadores e redatores, mesmo os melhores deles, sentiam "a fonte secar", a inspiração diminuir. Aquilo que ainda faltava às agências da Madison Avenue, Hollywood já estava agarrando.

Guerra nas estrelas e O herói de mil faces

Na década de 1960, quando George Lucas era aluno da USC Cinema School, ele fez uma descoberta que influenciaria seu destino e mudaria para sempre a arte e a técnica de fazer filmes: ele descobriu os livros de Joseph Campbell. *Guerra nas estrelas*, o filme criado por Lucas uma década mais tarde, se inspira profundamente naquela descoberta e no ciclo mítico do rei Artur e os cavaleiros da Távola Redonda. Nos mitos, o jovem camponês Percival precisa tornar-se cavaleiro e encontrar o Santo Graal, para que a terra não pereça; em *Guerra nas estrelas*, o jovem fazendeiro Luke Skywalker precisa aprender o uso da Força e descobrir o meio secreto de destruir a Estrela da Morte para salvar a galáxia. O mago Merlin é o mentor do jovem Artur; o cavaleiro Jedi Obi-Wan Kenobi torna-se o mentor de Luke. Arthur arranca a espada Excalibur da pedra onde estava alojada; Luke aprende a manejar o sabre de luz de seu pai, usando-o para pôr o mundo em ordem.

Conforme codificado pelo escritor, produtor e analista de histórias Chris Vogler, a estrutura profunda de *Guerra nas estrelas* revela um paralelo quase perfeito com o modelo campbelliano da Jornada do Herói, sumarizado na Figura 6.5.[4] Mas, ao contrário do paralelo existente entre *E.T.* e o mito do Abandonado, o enredo de *Guerra nas estrelas* parece ter sido modelado de modo mais deliberado e consciente.

Guerra nas estrelas tornou-se, é claro, o maior campeão de bilheteria de todos os tempos. A produção de Lucas pavimentou uma nova estrada. Antes dele, sempre existiram incontáveis "parâmetros para roteiro". Aristóteles codificou os princípios básicos do drama na *Poética*, em 321 a.C., e mais de mil anos mais tarde, Lajos Egri (em *The Art of Dramatic Writing*, 1946) também enfatizou a importância da lição ou da premissa. Em 1979, Syd Field ofereceu um paradigma com três partes, simples e fácil de entender, em *The Screenplay*, enquanto grandes cineastas como Akira Kurosawa e Jean Renoir

---

4. Christopher Vogler, *The Writer's Journey: Mythic Structure for Writers* (Michael Wiese Productions, 1998).

A Jornada do Herói	Guerra nas estrelas
O HERÓI VIVE EM UM MUNDO COMUM	Luke Skywalker, um jovem fazendeiro entediado, sonha em ir para a academia espacial
RECEBE O CHAMADO PARA A AVENTURA	Luke recebe o perturbador holograma da Princesa Léia
ELE QUASE RECUSA O CHAMADO	Luke entrega a mensagem a Obi-Wan, mas decide voltar para casa
O SÁBIO, MAIS VELHO, ACONSELHA QUE ELE ATENDA AO CHAMADO	Obi-Wan aconselha Luke a segui-lo
O HERÓI ENTRA NO MUNDO ESPECIAL...	Luke segue Obi-Wan ao bar
E ALI ENFRENTA TESTES, DESCOBRE ALIENÍGENAS E INIMIGOS	Luke encontra Han Solo, eles escapam das tropas de choque do Império, travam uma batalha com raios laser, saltam para o hiperespaço e ressurgem no meio de uma tempestade de meteoritos
ELE ENTRA NA CAVERNA MAIS INTERNA	Luke e seus amigos são atraídos para a Estrela da Morte
ONDE ENFRENTA A PROVAÇÃO SUPREMA	Luke e amigos no "compactador de lixo"; Obi-Wan "morto" por Darth Vader
O HERÓI TOMA DA ESPADA	Luke obtém os planos de construção da Estrela da Morte
TOMA O CAMINHO DE VOLTA	Luke e seus amigos perseguidos por Darth Vader
QUASE MORRE, MAS É RESSUSCITADO	Mesmo ferido, Luke atinge o ponto fraco e destrói a Estrela da Morte
E RETORNA COM O ELIXIR	Luke aprende a mensagem do filme: não dependa das máquinas, mas "confie na Força" — sua intuição, que já existe dentro dele. De garoto, ele é transformado em um herói, um ser humano plenamente realizado.

Figura 6.5

já tinham reconhecido a semelhança entre a estrutura de um filme e a estrutura sinfônica — três ou quatro movimentos, incluindo exposição, desenvolvimento e resolução.

Mas o que Lucas fez com o trabalho de Campbell foi muito além de aprimorar a "técnica" ou fluxo narrativo da história: conforme sugere Wolansky, Lucas tirou proveito da percepção de que é a *luta interna* do personagem que oferece a estrutura profunda. E seu ato também abriu caminho para toda uma nova fonte de inspiração e validação de todo tipo de pessoa criativa que intuitivamente pensa e sente em termos arquetípicos, mas não possui ferramentas que orientem e estruturem seu trabalho.

Trazendo os mitos para a Madison Avenue

Margaret Mark sempre acreditou que os padrões das histórias arquetípicas podiam ser estudados, codificados e aplicados ao desenvolvimento da propaganda e de outras comunicações comerciais. Ela também achava que a comunidade do marketing sofria de uma espécie de isolamento, no sentido de não se beneficiar plenamente do que poderia ser aprendido com as respostas do público à arte e à literatura — não apenas o material produzido por universidades e intelectuais, mas em suas formas mais comuns e cotidianas. Se somos os "fazedores de imagem", por que não estamos continuamente examinando e tentando compreender o apelo dos impressos que são escolhidos para ser pendurados nas paredes das salas dos Estados Unidos e do resto do mundo? Ou então, por que não estamos estudando as imagens e as palavras que aparecem nos cartões de saudações mais populares ou nos cartões postais que os turistas provavelmente comprarão quando visitarem Washington e Nova York? (Qual símbolo dos Estados Unidos é escolhido espontaneamente pelo norte-americano comum e pelos turistas estrangeiros? Não será algo que os sofisticados profissionais de marketing da comunicação devessem conhecer?) Ou então, por que não estamos continuamente analisando o conteúdo das letras das músicas mais populares? E o mais importante, por que não sentimos a urgência de compreender as histórias que as pessoas amaram e cultivaram ao longo dos tempos no mundo todo?

Trabalhando independentemente e com a Young & Rubicam, Margaret associou-se a Wolansky para examinar sistematicamente os padrões do mais "popular" dentre nossos "sistemas de divulgação" de histórias: o cinema. Filme por filme, Wolansky desconstruiu as histórias, não pelas categorias superficiais de "gênero" (comédia romântica, horror/suspense, etc.), mas em termos de sua arquitetura profunda: os "ossos" da história. O trabalho da dupla focalizou deliberadamente filmes que fizeram sucesso no mercado, deixando de lado filmes que foram aclamados pela crítica mas rejeitados pelo público.

No final, suas análises mostraram que praticamente todos os campeões de bilheteria dos últimos 50 anos refletiam padrões míticos, no todo ou em parte. Na maioria dos casos, esses padrões tinham antecedentes na literatura, nas narrativas sagradas, nos mitos e nas lendas. Mas o interessante é que, em alguns casos, o filme parecia ter exigido algumas adaptações a fim de satisfazer ao público. Esse fato era mais evidente entre aquilo que o cinema chamava de "narrativas que advertem". Nas religiões e na literatura é abundante a categoria chamada "Paraíso Perdido": o Inocente, insatisfeito com a beleza do mundo à sua volta, estende a mão e pega o fruto proibido e, como resultado, perde tudo aquilo que era bom em sua vida. Na Bíblia e nas peças moralizantes medievais, ninguém poderia "exigir devolução do ingresso" só porque a história continha uma advertência severa e um final infeliz. Nos filmes, porém, a "advertência" deve ser transmitida de modo mais oblíquo, para ser aceita. Assim, por exemplo, o final do filme *Atração fatal*, uma clara história do tipo Paraíso Perdido (como a de Adão e Eva ou a do Dr. Fausto), foi mudado da ruína absoluta para uma segunda chance, de último minuto, para o protagonista, resultando numa espécie de adaptação do "Paraíso *Quase* Perdido". Em sua maioria, no entanto, as estruturas narrativas dos filmes de sucesso mostram extraordinária consistência com as fábulas, os mitos e as lendas. Consideremos, por exemplo, o desenvolvimento do conhecido Patinho Feio:

O Patinho Feio

- A beleza, virtude ou poder especial do protagonista é oculto por roupas comuns ou por um disfarce.
- O protagonista está preso numa situação estagnada (estase).
- Ninguém percebe a verdadeira potencialidade interior ou as virtudes do protagonista, com exceção de um indivíduo, que *suspeita* que elas possam existir.
- O momento-chave é a mudança do traje ou de aspectos "externos", que revela o verdadeiro ser interior.
- O protagonista começa a perceber sua identidade especial.
- Forças (ou obstáculos internos) conspiram para trazer o protagonista de volta ao seu papel original.
- O protagonista vence essas forças e conquista o merecido reconhecimento.

O "dom" ou apelo psicológico da história do Patinho Feio é que ela reflete um anseio profundo que todos nós sentimos de vez em quando: "Se eles soubessem como eu sou bom ou inteligente por dentro, se eles compreendessem meu *verdadeiro eu*, então eu seria aceito, promovido, amado, etc."

Vemos a história do Patinho Feio se concretizar em filmes tão diferentes entre si como *Zorro*, *Feitiço da lua*, *My Fair Lady*, *Super-homem*, *Sabrina*, *Uma secretária de futuro*, *Uma linda mulher* e, claro, um dos grandes favoritos de todos os tempos, *Cinderela*.

Se o roteirista ou publicitário não compreender a importância da "mudança de roupas" nesta história — o momento em que o "interior" e o "exterior" se alinham — nunca teríamos Clark Kent na cabine telefônica, Julia Roberts na Rodeo Drive ou a magia dos trapos de Cinderela transformados em um vestido de baile. O mais significativo é quando o roteirista interpreta mal o padrão, vendo-o como "realize suas fantasias"; nesse caso, ele distorce o valor ou a mensagem da história, como talvez tenha acontecido com um fiasco cheio de estrelas chamado *O espelho tem duas faces*. Nesse filme, Barbra Streisand torna-se algo que ela *não* é a fim de conquistar o amor — ou seja, não é um gabarito terrivelmente útil para uma pessoa viver a própria vida. As grandes histórias do tipo Patinho Feio, por outro lado, mostram-nos como compreender e expressar aquilo que *somos*, e então todas as coisas se encaixam em seus lugares.

O estoque total desses ricos padrões narrativos pode ser compreendido como guias ou advertências que comunicaram as mensagens ou "dons" correspondentes, conforme mostra a Figura 6.6.

Os Guias

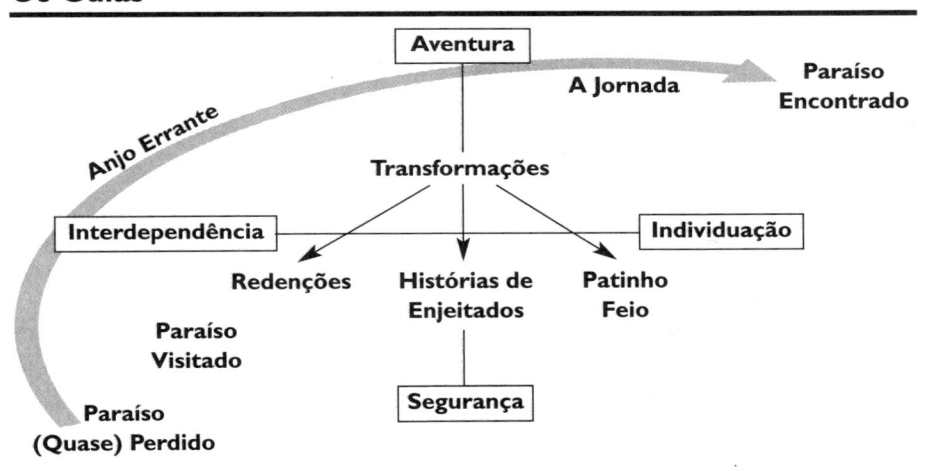

As Advertências

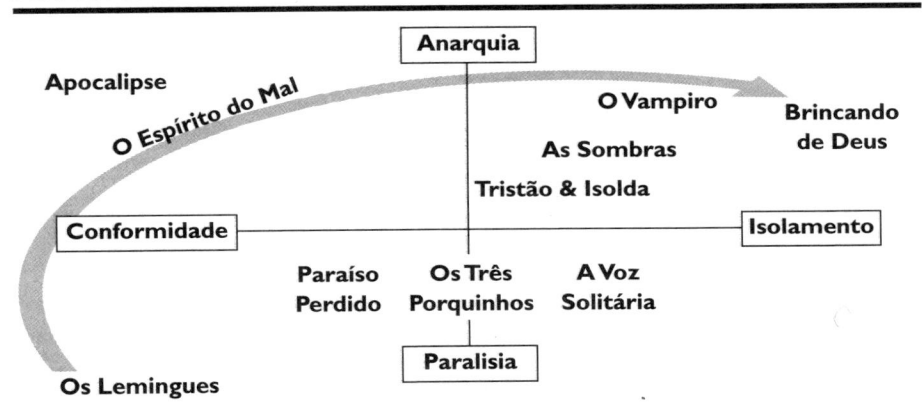

Figura 6.6

O processo de maturação e desenvolvimento, que leva a vida toda, reflete-se no "arco" dos padrões narrativos que atravessa o quadro. Como os arquétipos, o arco se ajusta primariamente a um quadrante, mas as histórias têm embutida a premissa do desenvolvimento do caráter, da mudança.

Por exemplo, as histórias do quadrante inferior esquerdo refletem o apreço ao *status quo* e o medo da mudança — sentimentos que refletem o desejo, de um indivíduo ou de toda uma cultura, de permanecer "seguro". As histórias de transformação, na interseção do mapa, lidam com um salto quântico, o momento de transição, quando nos tornamos prontos a ir em busca do nosso destino. Movendo-nos para o quadrante superior direito, vemos que a Jornada do Herói reflete a busca de auto-realização e totalidade; O Paraíso Encontrado é a concretização dessa totalidade.

A estrutura Anjo Errante, mostrada no arco, envolve o catalisador que ajuda o protagonista a fazer a transição de um estágio para o seguinte, no processo de amadurecimento e autodesenvolvimento.

Em um clássico como *A felicidade não se compra* ou em filmes contemporâneos como *O céu pode esperar*, *Mary Poppins* e *Jerry McGuire*, é um personagem místico ou transitório que "mostra o caminho" para o protagonista sair do atoleiro e ir em frente — valorizando as circunstâncias de sua própria vida. As mudanças que são efetuadas podem estar relacionadas com o estágio de vida e desenvolvimento da pessoa ou estar relacionadas com uma evolução das necessidades, independentemente de seu estágio na vida. Ao longo de nossa vida, todas essas estruturas são úteis, mas dependendo do *zeitgeist* cultural ou de questões mais pessoais com que estamos lidando, uma ou mais das estruturas parecerão mais relevantes.

Por exemplo, as estruturas Paraíso podem ser muito atraentes para o Governante fatigado que só deseja largar aquele tipo de vida, libertar-se das armadilhas do sucesso e desfrutar os prazeres cotidianos — em suma, o desejo do Governante de se tornar Inocente. O padrão narrativo do Paraíso Visitado fala a esse anseio: O protagonista inadvertidamente encontra um paraíso terrestre, saboreia sua simplicidade durante um momento, mas então percebe, relutante, que precisa voltar ao seu mundo de sempre. Filmes como *A testemunha* e *Momento inesquecível* falam a esse anseio e a essa percepção — "Você pode sentir o gosto de uma vida mais simples, uma vida melhor, mas depois você deve voltar ao seu próprio mundo."

Os websites turísticos direcionados ao Governante se inspiram na história do Paraíso Visitado. O padrão dessa história nos faz lembrar o enorme apelo que a pura simplicidade tem para as pessoas que levam uma vida demasiado complicada. Como Harrison Ford vivendo entre os Amish em *A testemunha*, a capacidade de saborear o puro prazer do Inocente, mesmo que temporariamente, é irresistível.

A estrutura do Paraíso Encontrado leva esse anseio para outro plano. Neste padrão, o protagonista permanece estagnado. Talvez tenha um problema que precisa resolver ou uma vaga sensação de que as coisas poderiam ser melhores, mas ele não tem nenhum plano. E então ele depara com um lugar perfeito, onde a vida é simples, as prioridades estão bem ordenadas e ele pode dedicar algum tempo a sentir o aroma das rosas. De início, ele combate a estranheza disso tudo; mas, com o tempo, a beleza do lugar começa a se revelar diante de seus olhos. Ele é chamado de volta ao seu mundo de sempre e, relutantemente, abandona o paraíso Inocente. Tenta retornar à vida que sempre viveu, mas agora não consegue mais se encaixar; agora que sabe demais, ele foi irreversivelmente transformado pelo processo. Ele reencontra a Utopia e escolhe ali permanecer.

As histórias que refletem esse padrão vão muito além da idéia de arranhar a superfície e enfiar o dedão do pé na água: O protagonista dá o mergulho e transforma sua vida. Considere o filme *Presente de grego*, com Diane Keaton.

A personagem de Keaton vive em alto estilo e tem um emprego com glamour e poder, mas está presa a um relacionamento sem paixão e a uma carreira brutalmente competitiva. Quando a pequena órfã (o bebê de uma parenta) entra em sua vida, a grande executiva acaba perdendo o emprego e é forçada, em desespero, a se mudar para uma fazenda em Vermont. Keaton detesta tudo: a casa, o local, o bebê e o único homem solteiro da cidade (o veterinário interpretado por Sam Shepard). Mas, aos poucos, ela começa a amar o bebê, o veterinário e Vermont. Abre um negócio, mas agora um negócio Inocente — alimentos naturais para bebês — chamado "Country Baby". Sente-se vingada quando os antigos empregadores, impressionados com sua perícia empresarial, se oferecem para comprar "Country Baby" e devolver-lhe o cargo que ocupava antes. Ela se sente momentaneamente tentada a voltar à "corrida de ratos", mas, em um momento de iluminação, escolhe voltar para Vermont, o bebê e seu novo amor. Esta, claro, é a mensagem implícita da história: uma vida mais simples, melhor e mais gratificante é possível se você tiver a coragem de jogar fora todo seu prestígio, seu poder e sua posição social, optando pelo que é verdadeiro.

As firmas de investimentos poderiam aproveitar esse padrão. Para cada batalhador bem-sucedido que economiza pensando num futuro de jatinhos particulares e apartamentos de luxo, existe outro que anseia pelo luxo de ir pescar todo dia, se quiser, ficar em casa e ser um papai em tempo integral ou tornar-se professor primário nas áreas desfavorecidas da cidade.

A interação de Guias e Advertências

Compreender a interação dos guias e das advertências desempenha um papel importante para nos ajudar a perceber qual história usar em dado momento. Por exemplo, a March of Dimes, ao tentar comunicar o trabalho importante que a organização está realizando na pesquisa genética, considera tanto as histórias positivas como as "mais sombrias" que se relacionam a ir além das fronteiras usuais. No lado "sombrio", as histórias se encaixam na categoria Brincar de Deus, expressa em filmes como *Frankenstein* e *A mosca* — a ciência é tão sedutora que leva os seres humanos a ultrapassar os próprios limites e se aventurar naquele reino que acertadamente pertence apenas às divindades. Mas, no lado positivo, o corolário desses impulsos, tomado como guia, mostra que a busca saudável e apropriada do sucesso é a história do Herói (que resgata os vulneráveis), do Mago (que transforma para melhor as pessoas e as coisas) e do Sábio (que oferece sabedoria e conhecimento). Orientada por ambos os tipos de padrões narrativos, a organização torna-se capaz de se comunicar de maneira inspiradora, e não assustadora.

Esse estoque de padrões narrativos, recém-desenvolvido, atualmente ajuda todos os tipos de comunicadores a se beneficiarem da inspiração oferecida pelas bem-amadas histórias atemporais. E está finalmente abrindo caminho nas pequenas histórias que denominamos publicidade.

Um arquétipo, muitas histórias

Nossa abordagem recomenda que você identifique o arquétipo mais apropriado e eficaz para a sua marca. Mas, isso feito, você talvez descubra que uma infinidade de padrões narrativos, ou diferentes aspectos do padrão narrativo, inspiram a comunicação de sua marca ao longo do tempo. Comece revendo as necessidades motivacionais que estão subjacentes ao arquétipo da sua marca e depois descubra os conceitos correspondentes que se relacionam aos padrões narrativos.

Por exemplo, a Nike, antes uma forte marca do Herói, fez um trabalho fantástico ao expressar *algumas* partes da jornada do Herói: o chamado à aventura ("Just do it"); a entrada em um mundo especial (cenários magníficos, o espaço privado do corredor); e o teste supremo (deixando implícito que, ao testar a si mesmo, você está aceitando seus demônios interiores). Mas grande parte da oportunidade de sondar mais a fundo as profundezas da história deixou de ser aproveitada: Quem é o Merlin (ou velho sábio) do corredor? Quem são seus aliados e seus inimigos? Qual é o "elixir" neste caso e como você o encontra?

Façamos uma comparação: a Pepsi, ao longo do tempo, nutriu abundantemente seu arquétipo do Bobo da Corte com uma abundância de histó-

Os Guias		
Necessidades psicológicas	**Mensagem/dom**	**Padrões narrativos**
Interdependência e segurança	Aprecie o mundo onde vive e o lugar que você nele ocupa	*Paraíso (Quase) Perdido* *Paraíso Visitado*
Desejo de aventura e individuação	Amadurecimento e crescimento são difíceis, mas possíveis; é dentro de você mesmo que está a mudança	*Histórias de Redenção* *Histórias do Enjeitado* *O Patinho Feio*
Realizar a aventura e a individuação	Se você tiver coragem de crescer, alcançará a verdadeira felicidade nesta vida	*A Jornada* *Paraíso Encontrado*
As advertências		
Medo	**Mensagem/Advertência**	**Padrões narrativos**
Conformismo e paralisia	Você se perderá em um desejo excessivo de segurança e conformismo	*Os Lemingues*
Isolamento e paralisia	Somente o indivíduo disciplinado e corajoso poderá restaurar a ordem	*A Voz Solitária* *Os Três Porquinhos*
Anarquia e isolamento	Sem disciplina e interdependência, a destruição é inevitável	*Tristão & Isolda* *As Sombras* *O Vampiro*

rias novas e interessantes: Michael J. Fox, nosso moderno Puck [o duende de *Sonhos de uma noite de verão*, de Shakespeare], saindo pela janela e descendo às pressas pela escada de incêndio para pegar uma latinha de Pepsi Diet enquanto a bela vizinha espera à porta de seu apartamento; garrafas de Pepsi entregues por engano na casa dos velhinhos e provocando uma bela festança, enquanto todo mundo zomba da república de estudantes que recebeu as garrafas de Coca; e um sítio "arqueológico" onde professor e alunos do futuro descobrem artefatos da década de 1990 e identificam a importância histórica de cada um deles, até depararem com uma garrafa de Coca: um produto extinto há tanto tempo que ninguém mais sabe o que é aquilo (claro que todos eles estão bebendo Pepsi enquanto examinam aquele objeto desconhecido).

A compreensão intuitiva da Pepsi — e da BBD&O — do espírito do arquétipo do Bobo da Corte traduziu-se com sucesso em uma imagem bastante sólida do Puck travesso e bem-humorado que zomba da Coca-Cola santarrona. As histórias nunca envelhecem — do "Desafio da Pepsi" original até a campanha de hoje que apresenta a garotinha com um vozeirão de Poderoso Chefão, ameaçando as pessoas que tentam enganá-la e a fazer beber Coca-Cola.

Outras marcas conseguiram permanecer fiéis à sua identidade contando histórias que expressam a relação de seu arquétipo com outros arquétipos. Por exemplo, a eqüidade profunda da AT&T faz dela uma forte marca do Prestativo. Enquanto a indústria mudou radicalmente desde a desapropriação (e continua a mudar dia após dia), as raízes profundas da AT&T e sua melhor alavancagem estão no fato de que a empresa é a marca de telecomunicações que mais tem interesse nos clientes e mais se interessa *pelos* clientes. Seu apelido original era "*Ma* [Mamãe] Bell". Durante a desapropriação, reconhecendo que o cliente estava confuso e ansioso, a AT&T criou uma linha 800 e veiculou uma campanha publicitária convidando a pessoa a telefonar, com o refrão "Vamos conversar". Os telefonistas da AT&T atendiam ao telefone perguntando "Como posso lhe ajudar?" e durante algum tempo a propaganda nacional da AT&T também usou essa expressão. Esses telefonistas ganharam a fama de irem muito além de sua obrigação para resolver os problemas dos clientes e tivemos muitas histórias de telefonistas que salvaram crianças que os chamaram em casos de emergências.

Mesmo na confusão dos tempos mais recentes, quando na AT&T se desvanecem as legítimas cores do Prestativo, a empresa ainda se destaca do grupo. Foi o que ocorreu durante uma fase da campanha publicitária nacional em que o Prestativo da AT&T interferiu no papel de outros personagens arquetípicos. Por exemplo, em um comercial que mostra a mãe superatarefada e realizadora, o Prestativo permite que ela sossegue, relaxe e se deleite temporariamente em um mundo do Inocente (Paraíso Visitado): a mãe "enforca" um dia de trabalho e leva suas filhinhas à praia. Seu celular da AT&T torna isso possível, pois durante o dia ela pode ligar para o escritório.

Em outro comercial da série da AT&T, o Prestativo ajuda o órfão a encontrar abrigo, numa estrutura narrativa de Redenção/Anjo Errante que é muito semelhante àquela expressada em *A felicidade não se compra*. Um jovem fugitivo, sofrendo profundo desespero num beco escuro, encontra o caminho de volta ao lar, em termos espirituais e literais, graças à experiência mística de ouvir uma bela voz feminina cantando "Amazing Grace" no ar frio da noite. A música desperta lembranças de casa, como a de seu pai comprando a árvore de Natal e prendendo-a no bagageiro do carro. O jovem vai até uma cabine telefônica e diz à telefonista que quer ligar para casa mas não tem dinheiro. "Fique na linha, vou ajudar você", diz ela, completando a ligação para a espantada e chorosa mãe do rapaz. O comercial, veiculado na época do Natal, termina com as palavras: "Se você está perdido ou desamparado, nós podemos ajudar. Ligue grátis para este número. Feliz Natal. AT&T."

O número de chamados para aquele número foi tão grande que até mesmo as poderosas mesas telefônicas da AT&T ficaram sobrecarregadas. Em outro comercial da série, o Prestativo da AT&T permite que o Explorador solitário e isolado se sinta ligado ao mundo. Ao som do "Rocket Man" de Elton John, um homem em um avião manda um fax para a mulher, pedindo que ela apareça na varanda de casa em certa hora daquela noite. Saindo à varanda, ela vê o avião do marido sobrevoando a casa, lá no alto, entre as estrelas.

A campanha das "histórias" demonstra maravilhosamente como um arquétipo, o Prestativo, ajuda uma multidão de pessoas. As histórias, em si, são narrativas poderosas, enraizadas em estruturas profundas que são ao mesmo tempo conhecidas e inéditas: reconhecemos de imediato a profunda verdade humana que elas contêm e, no entanto, ficamos surpresos ao vê-las recontadas de maneira tão nova e inesperada. Com efeito, é a familiaridade surpreendente das histórias arquetípicas que nos faz reconhecê-las instantaneamente, mesmo na rapidez de um comercial de 30 segundos.

Carl Hixon, um dos gênios criativos dos dias de glória da Leo Burnett, assim resume a questão:

> Levei muitos anos e apanhei muito até dar valor às coisas conhecidas, familiares. Isso porque, como jovem redator, meus instintos me mandavam evitar o familiar e abraçar o contemporâneo. Mas eu aprendi a lição. Um dos meus mestres foi Jimmy Durante, "o narigudo", com quem trabalhei muitos anos na década de 60. Jimmy aplicava a teoria da familiaridade ao seu humor. Ele acreditava que há dois tipos de humor: o humor da surpresa, que faz você deparar com algo inesperado, e o humor da coisa conhecida — esse é o tipo de humor que as pessoas adoram ouvir repetidas vezes, como crianças ouvindo uma história conhecida antes de dormir. O humor da surpresa desaparece no instante em que a surpresa é revelada. O outro humor melhora com o passar do tempo. Os shows de Jimmy Durante se construíam sobre o segundo tipo de humor — sobre o bem-amado familiar — velhas rotinas que as platéias conheciam de cor e salteado, e ficariam desapontadas se não as ouvissem.

"As marcas e as histórias arquetípicas são familiares porque pertencem à nossa vida interior", diz Hixon, "tão certamente quanto a lembrança dos brinquedos que tivemos na infância, da música que fez pano de fundo para o nosso primeiro amor ou do cheiro do nosso cachorro quando se molhava." Nós as reconhecemos e aceitamos porque os conceitos que elas representam são maiores do que o produto ou serviço; o produto ou serviço é simplesmente um aspecto do significado delas.

Claro que a história tanto pode ser contada por impresso como veiculada na tevê. Alguns dos melhores anúncios impressos sempre evocaram uma história, mesmo que não pudessem contá-la por inteiro. Considere, por exemplo, a longa campanha que apresentava o "Hathaway Man", com seu tapa-olho. Por que ele usa o tapa-olho? Quem *é* ele realmente? O fato de não saber — de ter que "preencher os espaços em branco" — exige que o leitor construa uma história em torno do anúncio. Mais recentemente, a campanha da Foster Grant, "Quem está por trás de ...?", fez algo semelhante: ela nos pede para tomar parte no comercial, imaginando a história que o acompanha.

A história de hoje torna-se o ícone de amanhã

As marcas arquetípicas fogem de categorização, não têm idade nem região e seu significado profundo deve permanecer intacto. Por isso é importante que a história da marca (não só sua propaganda, mas todo o mito ou lenda que cerca a marca) seja coerente com o arquétipo básico da marca. As marcas são confiáveis na medida em que tudo o que fazem seja coerente. Os produtos parecem corretos quando tudo neles está alinhado com o arquétipo que os anima. Isso, obviamente, inclui o logotipo do produto, o jingle, o desenho do produto, a embalagem e a colocação nos pontos de venda, bem como o desenho da história, o ambiente que cerca a venda do produto, o aspecto visual e a linha narrativa de todo o material promocional, incluindo o website. Todos esses elementos devem contar a história da marca.

As marcas fazem a História e se tornam História. Elas são parte das nossas histórias compartilhadas ou das nossas narrativas pessoais e individuais. Em geral, se você pedir a uma criança norte-americana de três anos para desenhar um biscoito, ela desenhará um Oreo; se você lhe pedir para desenhar um biscoito para cachorros, ela desenhará um Milk Bone. Ao esboçar o "lar ideal", muitas pessoas da geração do pós-guerra pensarão na antiga casa colonial de dois andares. Profundamente gravadas na nossa memória coletiva e individual estão as histórias dos nossos ancestrais e dos nossos primeiros amores, nossos sonhos realizados e nossos sonhos insatisfeitos. O mundo comercial está entremeado a essas memórias e anseios profundos. Precisamos apenas estudar e compreender esses mapas do inconsciente a fim de encontrarmos os caminhos mais seguros para nossas marcas.

O caso da March of Dimes

Lições de um saguão

O SAGUÃO DA SEDE NACIONAL da March of Dimes Birth Defects Foundation, em White Plains, Nova York, é um local quieto, agradável e comum, até o momento em que você espia em um canto por trás da escada e nota um mostruário na parede. Ali, atrás do vidro, estão relíquias de outros tempos: jornais e embalagens que contam uma história tão arrepiante quanto inspiradora. As primeiras páginas do *New York Times* e do *Journal American*, agora amareladas pelo tempo, proclamam em manchetes garrafais que foi descoberta uma vacina eficaz contra a fatal epidemia chamada poliomielite. Pacotes de vacina Salk, embrulhados em papel pardo com "Urgente" impresso por todos os lados, estão perto dos jornais. Voltando-se, você vê um pulmão de aço, que já foi utilizado num esforço desesperado de manter as vítimas vivas até que se descobrisse a vacina, e então, até que a vacina chegasse até elas.

Nos dias de hoje, é difícil imaginar o terror que tomou conta dos Estados Unidos durante a epidemia de pólio. Victor Cohn, em *Four Million Dimes*, descreve o verão de 1916: "O pânico paralisou a Costa Leste, particularmente a cidade de Nova York, onde 2.000 pessoas morreram e outras 7.000 foram infectadas (três quartos delas eram crianças com menos de cinco anos). Milhares de pessoas tentaram deixar a cidade — e eram impedidas pela polícia, nas estradas e estações ferroviárias. Poucos hospitais aceitavam casos de pólio. A polícia precisava invadir os apartamentos para tirar as crianças mortas dos braços das mães." A doença era imprevisível, inexplicável e indiferente à posição social de suas vítimas — atacou até mesmo gente como Franklin Delano Roosevelt, o jovem milionário que mais tarde se tornaria presidente dos Estados Unidos.

Ao longo das décadas seguintes, o povo norte-americano se mobilizou na luta contra a pólio com um fervor equivalente ao esforço bélico. Pesquisadores da área médica, tentando febrilmente encontrar a cura, muitas vezes morriam no processo de testar as novas drogas. Sob a liderança do presidente Roosevelt e de Basil O'Connor, levantaram-se milhões de dólares para financiar as pesquisas médicas e milhões de *dimes* [a moeda de dez centavos] foram enviados de todos os cantos do país para contribuir, moeda por moeda, para aquela verdadeira "guerra" travada pelos Estados Unidos. No centro de toda essa participação pública sem precedentes estava uma nova organização chamada National Foundation for the Prevention of Infantile Paralysis [Fundação Nacional para Prevenção da Paralisia Infantil], mais tarde conhecida como March of Dimes.

Aquela época aterrorizante, a tranqüila e agradável sede em White Plains da atual March of Dimes e os *novos* perigos com que a organização se defronta, tudo isso pode ser entendido e unificado por meio da lente arquetípica. Mais: a compreensão de sua identidade arquetípica está ajudando a March of Dimes a se tornar uma força ainda mais eficaz contra as forças da doença e da ignorância.

Um novo inimigo

Nos dias de hoje, a March of Dimes enfrenta uma ameaça diferente, mas tão devastadora quanto a paralisia infantil que assolou os Estados Unidos durante a primeira metade do século XX — os defeitos de nascença. A March of Dimes financia importantes estudos pioneiros sobre nascimento prematuro e pesquisas de ponta sobre terapia genética. Patrocina uma importante campanha de utilidade pública, encorajando todas as mulheres em idade fértil a tomar ácido fólico da vitamina B, que comprovadamente ajuda a prevenir defeitos de nascença no cérebro e na medula espinhal. Faz *lobby* em prol de seguro-saúde para os onze milhões de crianças que hoje não têm qualquer cobertura. Administra o Centro de Recursos March of Dimes, por meio do qual seus especialistas em informações sobre saúde oferecem respostas abalizadas às perguntas sobre gravidez e defeitos de nascença.

Os problemas que a March of Dimes está tentando impedir (e com os quais tem de lidar quando não o consegue) são muito reais e bastante difundidos. A cada dia, nos Estados Unidos, nascem 151 bebês tão pequenos que precisam lutar para sobreviver. Nascem 93 com um coração que não funciona apropriadamente. Morrem 77. Mas ao contrário da pólio, essas ameaças e as tragédias delas resultantes são ocorrências privadas e pessoais. A morte de um bebê, ou toda uma vida cuidando de um filho seriamente incapacitado, é uma experiência devastadora para a família que tem de suportá-la. Mas é uma ocorrência quase "invisível" para o restante da sociedade. É terrível, mas não é uma doença contagiosa. Assim, a menos que ocorra a um de nós, gostamos de pensar que de certo modo estamos "imunes". O resultado é que é muito mais difícil mobilizar o público para um apoio apaixonado à "prevenção de defeitos de nascença" do que foi antes, para derrotar a pólio. Por isso, ironicamente, compreender o público e saber como ligá-lo a essa causa, com um senso de urgência e paixão, é hoje quase tão importante para a March of Dimes quanto patrocinar as inovadoras pesquisas médicas.

Também é irônico que essa organização sem fins lucrativos (como muitas outras) enfrente um desafio ainda mais difícil do que aquele enfrentado pela maioria das empresas *com* fins lucrativos — um desafio que exige um nível mais elevado de sofisticação mercadológica: a March of Dimes está "vendendo um produto" — a prevenção dos defeitos de nascença — que as pessoas, longe de quererem apoiar ativamente, preferem manter bem distante do pensamento. A organização enfrenta inimigos sem rosto: a negação e a apatia. No entanto, consegue mobilizar uma quantidade tremenda de apoio público. "WalkAmerica" (CaminheAmérica), o principal evento anual para levantamento de fundos da March of Dimes, envolve cerca de um milhão de participantes que marcham em apoio às crianças num único dia de cada primavera — norte-americanos comuns, em 1.400 comunidades por todo o país. No ano 2000, a WalkAmerica levantou mais de 85 milhões de dólares. E desde que esse evento começou, em 1970, a organização já levantou no total mais de um bilhão de dólares. Apesar de todos os obstáculos, como é que eles conseguem?

Um novo posicionamento

Em 1995, a junta administrativa da March of Dimes iniciou um projeto de pesquisa de mercado que pretendia ajudar a compreender e aprofundar a conexão da organização com seu público-alvo — as mulheres, crianças e famílias que se beneficiam de sua missão, além de seus doadores e
voluntários atuais e potenciais. A junta queria analisar as percepções que as
pessoas tinham da March of Dimes e descobrir como apresentar sua missão
de maneira mais poderosa.

O principal resultado do trabalho inicial foi uma mudança de posicionamento — de "prevenir os defeitos de nascença" (que fazia as pessoas ima-
ginarem uma criança aleijada numa cadeira de rodas) para "juntos, salvando bebês" (que fazia as pessoas pensarem em bebês inocentes e no
desperdício do potencial humano). Embora ambos os conceitos fossem
emocionalmente potentes, o último era bem mais fiel ao trabalho em andamento na atual March of Dimes. A March of Dimes realmente batalha por
serviços para as crianças incapacitadas e suas famílias, mas o grosso do seu
trabalho de levantamento de fundos e pesquisa é dedicado a *prevenir* esses
problemas, em primeiro lugar.

Todos os profissionais de marketing sabem que é difícil vender a idéia
de "prevenção", especialmente quando o que está sendo prevenido é uma
perspectiva tão perturbadora como defeitos de nascença. O medo de gerar
um filho "imperfeito" é primal — desde tempos imemoriais, a mãe do recém-nascido conta os dedinhos dos pés e das mãos; na mitologia e nas lendas são abundantes as imagens aterrorizantes de aberrações.

Como poderia esse medo primal ou arquetípico ser transformado em
uma emoção *positiva* — suficientemente forte para acionar um apelo *preven-
tivo* à ação? Susan Royer, na época diretora de planejamento do Lord Group
(a agência de publicidade da March of Dimes), acreditava que isso seria possível. Ela tinha visto o trabalho de Margaret com arquétipos e histórias arquetípicas e achou que o mesmo se aplicaria poderosamente à causa da
March of Dimes.

O dia em que se apresentou o trabalho ao primeiro escalão gerencial da
organização foi crucial. Margaret fez uma apresentação sobre o conceito da
aplicação de arquétipos à identidade da marca, seguida por breves descrições dos arquétipos e dos padrões narrativos arquetípicos. E então Royer
apresentou uma súmula recomendando suas idéias iniciais sobre aonde os
arquétipos levariam a organização. O que aconteceu a partir daí foi um
exemplo incrível de como este tipo de pensamento pode impelir uma organização a reconhecer (e acompanhar em suas ações) os seus valores culturais mais profundos.

Nem um minuto se passara após a apresentação quando a Dra. Jennifer L. Howse, presidente da March of Dimes, disse ao grupo que as idéias expostas a tinham levado a uma conclusão inevitável sobre a "alma" da organização e que ela estava curiosa por saber se os outros tiveram a mesma reação imediata. Disse ela que tinha escrito, no bloco à sua frente, o arquétipo que sentira estar no âmago da organização. Os outros responderam que tinham feito a mesma coisa. E quando levantaram as folhas de papel para mostrar a idéia instintiva de cada um, a palavra "Herói" apareceu escrita em todas elas.

Essa seleção unânime foi realmente surpreendente. As organizações sem fins lucrativos que estão no ramo de ajuda às crianças quase sempre são atraídas para a força gravitacional do Prestativo e para todas as imagens que cercam esse arquétipo. Uma pesquisa sobre a concorrência tinha demonstrado como era predominante a identidade do Prestativo nas organizações de ajuda às crianças. Mesmo a March of Dimes, em seu posicionamento anterior, havia adotado um logotipo que mostrava os traços de um bebê aninhado no seio de uma figura materna.

No entanto, o que levou Howse e os outros executivos da organização a escreverem "Herói" nas folhas de papel foi algo bem diferente da emoção que envolve o Prestativo. Dia após dia, ao cruzarem aquele tranqüilo saguão, tenham ou não percebido, eles passavam pelo pulmão de aço e pelas manchetes de jornal proclamando a vitória sobre a pólio. E a cada dia eles iam trabalhar, tentando arrancar uma vitória sobre os atuais inimigos silenciosos e invisíveis: a pouca idade e a ignorância levando a uma gravidez perigosa, nascimentos prematuros, defeitos de nascença com debilitantes seqüelas emocionais e físicas, a morte desnecessária de tantos recém-nascidos. Quer tenham percebido ou não, aquelas pessoas estavam trabalhando por uma causa *heróica*: e havia nisso algo que dava uma maravilhosa validação a todos os esforços, algo inspirador. O arquétipo do Herói também se dirigia a elas enquanto pessoas — de alguma maneira real, expressava valores compartilhados por elas, valores que motivavam suas ações coletivas. Mas isso seria eficaz na época cínica de hoje?

Howse não poderia ter sido mais clara sobre o tema e sobre o poder potencial da abordagem arquetípica. Depois da apresentação e discussão, ela advertiu o grupo: "Este é um material poderoso, não pode ser manejado com leviandade. Se queremos seguir esta abordagem, se queremos adotar o arquétipo do 'Herói', temos de fazer isso com toda a cautela e responsabilidade possíveis. Precisamos ter certeza de que esse arquétipo é o correto para nós, correto para a causa que servimos, correto para o público." E assim nos lançamos à luta, para enfrentar o desafio lançado por Jennifer Howse.

Como tornar-se heróico

O primeiro grande teste dessa premissa acabou sendo o mais importante evento anual da March of Dimes: o "WalkAmerica 2000". Sua agência de publicidade, Lord Group, desenvolvera diversas abordagens para estimular o público a sair de casa e tomar parte na versão 2000 da caminhada original. Algumas abordagens enfocavam a pura diversão e sociabilidade do evento — por exemplo, uma peça para televisão usou a velha canção de Fred Astaire, "Stepping Out with My Baby" e mostrou caminhantes batendo palma de mão contra palma de mão (como no basquete), desfrutando um dia alegre, em prol de uma boa causa, no ar puro da primavera. Outra abordagem apresentava uma idéia desafiadora aos telespectadores: "Você já falou o que tinha de falar, agora caminhe o que tem de caminhar" — com a silhueta de um bebê dando seu primeiro passo.

Finalmente, desenvolveu-se uma abordagem para expressar diretamente a idéia da March of Dimes como um "Herói" — e para convidar os indivíduos em geral a se tornarem Heróis eles próprios.

A pesquisa que realizamos sobre essas idéias foi extremamente esclarecedora. Embora muitas pessoas falassem de "passar um dia alegre, com gente boa, num dia de primavera", as idéias simples que capturavam essa experiência de bem-estar não chegavam a representar a verdadeira gratificação emocional do evento. Em vez disso, os participantes da caminhada revelavam um desejo profundo e duradouro de proteger os bebês. Para algumas pessoas, esse sentimento era acionado pela experiência de ter perdido ou quase perdido um bebê; para outras, era a experiência da luta árdua para conceber; e para outras, ainda, era a simples gratidão pela saúde dos próprios filhos. Mas, além disso, pessoas que nunca tiveram filhos nem pensavam em tê-los eram profundamente estimuladas a tomar parte no evento pelo conceito arquetípico do Inocente — bebês ainda por nascer, que certamente não mereciam as sérias ameaças ao seu bem-estar futuro, bebês que são os veículos para os nossos sonhos e ideais coletivos, bebês que nos fazem recordar o que há de bom na vida e o que ainda há de bom em *nós mesmos*; o Inocente vulnerável e totalmente dependente do nosso altruísmo e da nossa boa vontade. Nas entrevistas com Margaret, a maioria das pessoas dizia coisas como:

> *"Nós tivemos nossa chance. Agora precisamos garantir que eles [os bebês] tenham suas chances."*
>
> *"Existem bebês passando necessidade. Poderia ser o bebê de qualquer um de nós."*
>
> *"Esses bebês não conseguem ajudar a si mesmos e, por isso, precisam da nossa ajuda."*
>
> *"Esta causa não é como as outras com as quais minha empresa sempre se envolveu. Com esta causa, você não pode culpar a vítima pelo que aconteceu..."*

Não causa surpresa, em termos dos padrões narrativos arquetípicos que vêm inspirando as pessoas desde os tempos antigos, que a situação difícil do Inocente vulnerável tenha despertado o espírito heróico adormecido dentro das pessoas. Embora de início se sentissem desconfortáveis pensando em si mesmas como Heróis, as pessoas eram instintivamente atraídas para os nobres atos heróicos pela necessidade de proteger os bebês Inocentes. Além disso, o conceito geral da March of Dimes era interpretado como heróico. Refletindo sobre o assunto, as pessoas viam a March of Dimes como a incorporação da essência do Herói e da causa heróica:

"Pronta a enfrentar os maiores desafios."

"Se eles curaram a pólio, então eles conseguem fazer isto!"

"Capaz de imaginar possibilidades que as outras [organizações] nem conseguem ver."

"A March of Dimes visualiza o dia em que nenhum bebê nascerá com defeitos de nascença... Uau!!!"

"Altruísta, pronta para se sacrificar."

"Os médicos, os pais, os sobreviventes que vão além do exigido pelo dever."

"Pessoas que fazem isso para ajudar os bebês dos outros."

"Pessoas que participam de uma caminhada em favor de estranhos."

"Inspirando os outros a deixar para trás a vidinha estreita e se unir ao movimento, à força."

"Quanto mais pessoas na caminhada, mais dinheiro levantaremos e mais bebês salvaremos."

"Eu faço a minha pequena parte, mas nós somos muitos."

"Somos parte de algo grande, algo importante."

"Participar me dá uma sensação de plenitude, de propósito."

Aprendemos, contudo, a evitar as mensagens do Herói que eram demasiadamente explícitas. As pessoas que são heróicas, descobrimos, geralmente não se identificam com os Heróis. Elas se vêem como criaturas que apenas fazem o que precisa ser feito. De imediato ficou clara a necessidade de uma abordagem um pouco mais sutil, que reconhecesse a relutância do Herói em se identificar com um arquétipo tão grandioso.

A agência de propaganda traduziu essas percepções em uma maravilhosa campanha publicitária que desenvolvia a idéia de que, mesmo se os doadores e participantes da caminhada tinham a humildade de não se considerarem Heróis, as milhares de crianças salvas por eles estavam mais do que ansiosas para imaginar seus benfeitores como figuras heróicas; e a causa servida por eles é realmente heróica.

Crianças e mais crianças são mostradas em pôsteres, anúncios impressos e brochuras que mostram as situações reais em que bebês com a vida em perigo foram salvos por terapia surfactante, suplementos de ácido fólico ou algum equipamento neonatal específico disponibilizado pela March of Dimes. E, em cada caso, a legenda proclama que, mesmo se você não se considerar um Herói, "Jennifer considera você um herói".

O caso mais dramático talvez seja o do comercial de televisão inspirado nas percepções adquiridas pela March of Dimes. O comercial começava com o som cadenciado dos passos de dezenas, depois centenas e então milhares de pessoas caminhando — o "exército" heróico, lutando em prol das crianças. Quando os caminhantes passam por certo prédio, a câmera sobe lentamente pela parede e focaliza uma janela; vemos então um bebê minúsculo, ligado a um equipamento neonatal salva-vidas, e ouvimos outro som cadenciado: as batidas do coração do bebê. A idéia é clara e muito poderosa: sem saber, os caminhantes que passam por baixo daquela janela estão salvando a vida daquele bebê.

A jornada do Herói

Os elementos críticos da campanha publicitária da March of Dimes refletem naturalmente a história clássica da Jornada do Herói, que Joseph Campbell tão eloqüentemente identificou como sendo o padrão recorrente nas grandes épocas e narrativas religiosas de todos os tempos e, na verdade, como a trajetória que descreverá a vida de cada um de nós se seguirmos o curso heróico. Campbell, mais tarde interpretado por Chris Vogler, identificou os elementos-chave da Jornada do Herói, espelhados na comunicação da WalkAmerica:

O HERÓI COMEÇA EM UM MUNDO COMUM
Durante o resto do ano, os possíveis participantes da caminhada cuidam de seus negócios cotidianos, dificilmente sentindo-se heróicos.

O HERÓI É CHAMADO PARA A AVENTURA, MAS QUASE RECUSA O CHAMADO
A campanha publicitária reconhece claramente o fato de que o participante potencial não esteja especialmente ansioso por fazer algo heróico e até mesmo relute em ser chamado de Herói.

MAS UM CONSELHO SÁBIO ENCORAJA O HERÓI A PRESTAR ATENÇÃO AO CHAMADO
A criança ou bebê passando necessidade — a sabedoria do Inocente — é incontestável. "Você acha que não é um herói? Pois ele [o bebê] acha."

O HERÓI ENTRA EM UM MUNDO ESPECIAL, ONDE É TESTADO E ENCONTRA NOVOS ALIADOS E INIMIGOS

A caminhada em si, conforme mostrada no comercial, é fisicamente desafiadora. Pessoas de todas as raças, posições e ocupações, que normalmente nunca se misturariam, ali se agrupam, encontram pontos em comum e uma causa comum, enquanto protegem, sem saber, o bebê de uma ameaça fatal.

O HERÓI ENFRENTA O INIMIGO, APODERA-SE DA ESPADA E RETORNA COM O ELIXIR

Vendo e sentindo essa comunicação, os veteranos das caminhadas recordam a sensação de "elevação espiritual" e transformação que se experimenta ao participar; os novatos recebem um vislumbre do que será a experiência transformacional.

Evocando a Jornada do Herói em todos os pontos de contato

Não foi só sua propaganda que mudou. A March of Dimes, que depende de milhares de "trabalhadores de campo" para levar sua mensagem às comunidades locais de todo o país, criou o *kit* "Uma voz", estimulando esses "embaixadores da causa" a adotarem eles próprios uma postura heróica, para demonstrar como a organização poderia usar um vocabulário heróico, em termos visuais e verbais, no nível altamente crítico do cidadão comum.

E se você telefonar para a sede nacional e tiver que esperar na linha por alguns segundos, você ouvirá uma gravação que transmite uma mensagem dramática e urgente sobre a vida "em situação crítica" de bebês — bebês que esperam que o heroísmo simples do cidadão comum aja em seu favor.

O pacote total de comunicação é tão diferente na forma como na substância. As palavras e imagens que cercam o Prestativo são suaves, elas nutrem, acalmam e renovam nossa confiança. O vocabulário visual e verbal do Herói é enérgico, dramático, inspirador e pleno de propósito.

Como resultado dessa "voz" mais urgente, a adoção do arquétipo do Herói não foi um processo isento de desafios, tanto dentro como fora da organização. Por exemplo, a campanha de conscientização sobre o uso do ácido fólico utilizou um comercial chamado "Bebê no trânsito", no qual vemos uma criancinha engatinhar até uma esquina caótica, com caminhões e táxis passando em alta velocidade. O conceito (cuja alta eficácia foi demonstrada por uma pesquisa) transmite a seguinte idéia: se você não tomar ácido fólico mesmo antes de engravidar, seu futuro bebê estará sujeito a esse tipo de risco. Mas muitos membros da organização ficaram nervosos diante dessa metáfora tão dramática e alguns diretores de serviço público em estações de todo o país acharam que o comercial poderia ser "demasiadamente perturbador" para seus telespectadores. Essas reações não chegam a ser surpreendentes, porque parece que, sempre que uma empresa ou organização decide bancar realmente uma idéia nova e estabelecer um significado, alguém, em algum lugar, irá discordar.

Mas o processo vai em frente. Hoje, os milhares de brochuras, vídeos, comerciais e outros tipos de mensagens de serviço público criados pela March of Dimes são passados pelo filtro do "Herói", garantindo que realmente refletem "uma voz". Muito em breve, à medida que a cultura da organização aceitar plenamente sua origem e destino heróicos, a voz do Herói será sua voz automática e natural.

Por outro lado, esta é uma época difícil para abraçar uma identidade heróica e chamar atenção para as pequenas vidas "em situação crítica". A economia está forte, a maioria dos norte-americanos sente que está de algum modo participando do crescimento e, no geral, vivendo em paz. Os especialistas em tendência nos dizem que somos um povo cínico e que, já tendo sido desapontados tantas vezes, deixamos de acreditar em Heróis. É isso o que predizem as pessoas que apenas arranham a superfície. Mas a lente arquetípica nos diz que a necessidade de ter Heróis e o desejo de nos sentirmos heróicos é tão antigo quanto a espécie humana e que, seja como for, encontraremos alguma válvula de escape para satisfazer essa necessidade. Ao reconhecer essa profunda verdade humana e fazer uso dela, a March of Dimes conseguiu ressuscitar sua identidade heróica, revigorar sua organização e realizar seu serviço valioso com mais eficácia.

Águas mais profundas

As SEIS PRIMEIRAS PARTES DESTE LIVRO, *O herói e o fora-da-lei*, focalizaram o aproveitamento dos arquétipos para você maximizar o poder da sua marca no mercado e administrar com sucesso seu significado ao longo do tempo. A Parte 7 aprofunda a fonte do significado da qual você se servirá.

O Capítulo 19, "Que a Força esteja com você: Capturando a essência da categoria", descreve como as categorias de produtos têm em si mesmas uma identidade ou essência arquetípica única e afirma que esse significado essencial, além de possível de ser descoberto, é o segredo do sucesso de muitos ícones de marcas. Nesse capítulo, descrevemos como o primeiro encontro do consumidor com um produto ou serviço pode ser um tipo de "experiência marcante", que influencia para sempre seu relacionamento com a marca; explicamos também como o papel desempenhado por um produto ou serviço dentro de uma cultura pode assumir um significado importante. Também descrevemos maneiras inovadoras de compreender a essência da categoria e de capitalizá-la como uma espécie de "vento a favor" que dará novo impulso a uma marca. O Capítulo 20, "O verdadeiro Real McCoy: Congruência de marca e organizacional", nos leva mais adiante na exploração dos meios pelos quais os arquétipos nos ajudam a definir a alma de uma organização, oferecendo um ponto focal para organizar todas as suas atividades. O Capítulo 21, "Deixando um legado: A ética do marketing arquetípico", investiga profundamente o domínio ético, oferecendo assistência técnica aos profissionais que estão às voltas com as questões espinhosas levantadas pelo marketing do significado.

Em última análise, a Parte 7 explora questões ligadas ao sentido de se estar no ramo da administração do significado, especialmente em um mundo tão fundamentalmente sedento de substância.

Entre outras coisas, esta Parte leva o leitor a uma reflexão: como o significado arquetípico profundo da sua marca e do seu ramo de negócios embasará decisões de longo alcance, como o marketing filantrópico ou a causa mais apropriada.

"Que a Força esteja com você"

Capturando a essência da categoria

Todas as categorias contemporâneas que passaram no teste do tempo têm um antecedente da era pré-industrial que revela seu profundo e verdadeiro significado ou propósito. Antes dos automóveis, tínhamos cavalos e burros; antes das máquinas de lavar roupa, tínhamos a barranca do rio e os banhos rituais.

Compreender o *propósito original* de um produto — na vida de um indivíduo ou de uma civilização — nos aproxima de seu significado primitivo. "Marcar" o significado primitivo e declarar-se seu dono aproxima você da dominação do mercado. Isso ocorre porque o significado da categoria é como um forte vento ou corrente; ele não é o "motor" da marca, ao contrário da diferenciação relevante, mas talvez seja a força que acelera o poder da marca e aumenta seu ímpeto.

Essa idéia vai muito além do velho conceito de ter o "benefício da categoria", que geralmente era percebido em termos objetivos e funcionais. As marcas arquetípicas, em vez disso, passaram a representar o significado que está por trás do benefício. Ivory não quer dizer apenas limpeza corporal; esse sabonete está associado ao significado profundo da limpeza: renovação, pureza e inocência. (Foi essa a causa do escândalo quando se descobriu que a atriz cujo rosto servira de modelo para a embalagem do sabonete Ivory Snow tinha antes trabalhado em filmes pornográficos. A Procter & Gamble imediatamente substituiu a modelo e a embalagem.) A Eastern Airlines não apenas levava você de um lugar para outro; ela era "As asas do homem". A Nike não afirmava que era um tênis melhor para atletismo; ela dizia "Just Do It" (simplesmente faça), convocando a disciplina e a determinação exigidas para finalmente "ir e fazer" — para ficar em forma e vencer. E mesmo o seu nome — o nome da deusa alada da vitória, Atenéia Niké, como já comentamos — inspira-se em um profundo significado arquetípico que está associado a ter asas nos pés. O simples fato de usar tênis Nike estimula o atleta a correr mais depressa, ir mais longe, apenas porque o tênis carrega a associação do esforço heróico. Já que possuir o significado da categoria pode impelir uma marca à posição de liderança, estamos realizando estudos sobre os arquétipos em toda uma gama de categorias. Empregamos abordagens qualitativas e também abordagens quantitativas incomuns. No processo, estamos descobrindo novas maneiras de chegar ao *significado e experiência essenciais de uma categoria*. Grande parte da pesquisa mostrada nesta seção do livro foi realizada por Margaret Mark, tanto em seu cargo na Young & Rubicam quanto como consultora privada.

Como identificar a essência da categoria a partir da memória do consumidor

Num importante estudo que realizamos para a indústria automobilística, estávamos determinadas a evitar as usuais racionalizações e os clichês comuns de perguntar aos motoristas o que eles queriam de uma marca de automóvel. Em vez disso, começamos com uma estrutura de necessidades psicológicas fundamentais: realização, agressão, pertença, independência, sexualidade, status, etc. Para cada necessidade, geramos adjetivos, frases, imagens e descrições de situações (resumidas na Figura 7.1) que foram então incorporados em um questionário.

Exemplos de palavras e frases derivadas	
Necessidade psicológica	**Palavras e imagens derivadas**
Realização: fazer melhor do que os outros, ter sucesso, fazer bem uma tarefa difícil	Bem-sucedido Competente Dirigir com sucesso sob circunstâncias muito desafiadoras Dirigir melhor do que a maioria das pessoas Vencer, superar os desafios, estar à altura da ocasião, sentir-me competente e no topo da minha área
Independência: fazer as coisas sem ligar para o que os outros pensam, tomar decisões independentes, evitar obrigações, ser anticonvencional, não-conformista	Independente Livre Ser eu mesmo Dirigir para onde eu quiser A estrada aberta estendendo-se à minha frente O vento soprando em meus cabelos Sentir-me realmente um espírito livre Vaguear, buscar a aventura ou procurar, e talvez encontrar, algo novo A sensação de que tudo pode acontecer Uma estrada aberta, sem limites
Segurança: estar seguro em termos sociais ou psicológicos, manter o comportamento correto, não cometer erros ou dar margem a ser criticado pelos outros	Seguro Dirijo o mesmo tipo de carro que todos os meus amigos e vizinhos dirigem A sensação segura, aconchegante, de estar em um carro com as pessoas que eu amo, à noite ou no meio da tempestade Sentimentos de segurança, paz e "estar-juntismo" Sentir que estou rodeado por pessoas que eu amo, com um carro potente, e sabendo que posso protegê-las e garantir sua segurança

Figura 7.1

Nas entrevistas, começamos pedindo aos consultados que fizessem associações livres, recordando suas primeiras lembranças de estar atrás da direção do carro, pondo na ignição a chave do primeiro carro que tiveram na vida e coisas do gênero. Depois desse exercício, eles responderam a uma bateria de perguntas derivadas da estrutura de necessidades psicológicas, indicando em que grau cada palavra, frase ou imagem descrevia seu relacionamento com a experiência de dirigir. Finalmente, pedimos a eles que indicassem qual empresa automobilística ou qual marca de carro eles associavam a essas situações, imagens e sentimentos.

Os resultados foram espantosos. Motoristas que, em abordagens mais convencionais, teriam falado de quilometragem por litro de gasolina e descontos na compra do carro, ofereceram lembranças de suas primeiras experiências na direção que eram muito mais ricas e autênticas do que aquelas geralmente mostradas pelas pesquisas sobre as preferências do consumidor. Um homem simplesmente recordou "noites quentes de verão, loiras, policiais e a cor vermelha".

Ao responder às palavras e frases, muitas pessoas se relacionaram com carros e com o ato de dirigir a partir de uma perspectiva do Prestativo. Os homens tendiam a ver a escolha e a manutenção adequada de seus carros como uma oportunidade de proteger a própria família. As mulheres tendiam a adotar uma perspectiva do Prestativo ligeiramente diferente; muitas delas revelaram que, na frenética vida familiar, o carro tinha se tornado o único lugar onde as pessoas eram realmente forçadas a estar juntas, ao mesmo tempo, e acompanhar o dia-a-dia umas das outras. As mulheres tinham uma sensação de intimidade quando dirigiam com a família: mais tarde batizamos essa descoberta de "carcooning" [algo como "reunir-se no carro"].

Mas a resposta que se mostrou mais avassaladora e intensa com respeito ao significado profundo dos carros e do ato de dirigir estava ligada ao Herói e ao Explorador. Reagindo às palavras e frases, muitos motoristas indicaram que, para eles, a experiência de dirigir tinha a ver com testar a si mesmos, enfrentar o mau tempo, estar à altura dos desafios e superar os obstáculos. Para eles, não tem valor a experiência do tipo salão-sobre-rodas — muito embora esse tipo de experiência apareça bastante na publicidade de automóveis e seja enfatizado no *show-room* das revendedoras. Suas primeiras lembranças de carros e direção estavam em linha com essa descoberta e ajudaram a explicar a importância fundamental do automóvel na nossa cultura.

Estava claro que para muitos norte-americanos — especialmente, mas não exclusivamente, os homens — os carros e o ato de dirigir eram o primeiro "verdadeiro amor". Também ficou claro que obter a carteira de motorista é um dos poucos verdadeiros ritos de passagem na nossa cultura, marcando a entrada na vida adulta.

Muito antes de trocar os pais pelos amigos e companheiros, o jovem já os trocou pelo seu carro. Isso acontece porque o significado essencial do carro é totalmente compatível com nossas necessidades de desenvolvimento naquele estágio da vida. O carro acompanha e acelera o ato de se separar dos pais, fortalece e apóia o individualismo e o desenvolvimento do ego e alimenta a crença natural do jovem nas possibilidades ilimitadas. Mesmo que seja uma caranguejola ou a maior lata-velha, nosso primeiro carro torna-se uma evidência concreta da nossa autonomia e independência — a expressão dos nossos anseios ligados ao Herói e ao Explorador.

Em muitos aspectos, o carro também é o primeiro "lugar só meu". Muitos jovens passam horas sentados no carro, saboreando a sensação de estar no espaço que lhes pertence. Para ajudar a lançar mais luz sobre o significado profundo dos carros e do ato de dirigir, enquanto estava na Young & Rubicam Margaret beneficiou-se da experiência do antropólogo cultural Grant McCracken, que escreveu:

> Os norte-americanos marcam sua entrada na maturidade pela posse de uma carteira de habilitação. Na verdade, em nossa cultura não existe nenhum outro rito de passagem. Algumas culturas fazem seus jovens passarem uma semana de privações no deserto. Outras culturas realizam uma cerimônia na qual o jovem é coberto de tintas e penas. Na nossa cultura, não temos rituais desse tipo. Na nossa cultura, temos carros.
>
> A lógica do ritual do carro é bastante clara. Somos testados pelas autoridades. Se "passamos", ganhamos o direito de ter o "eu" dramaticamente ampliado. Recebemos nossa licença para dirigir e, com ela, ganhamos acesso a um carro e, com isso, adquirimos uma nova liberdade ante nossos pais bem como poderes de controle novos, quase adultos. Se formos reprovados no teste, nada acontecerá. Permaneceremos imaturos, simples "garotos".
>
> Mas, o que é pior nesse último caso, o "eu" precisará permanecer tal como é, sem ser ampliado pelos poderes da máquina.

McCracken prossegue:

> Esse rito de passagem tem a ver com a mestria. O teste, aqui, é ver se conseguimos dominar o carro, a medida da nossa maturidade. A questão é: "Ganhamos mestria suficiente para recebermos mais mestria?" Nosso rito de passagem trata de avaliar se crescemos o suficiente para receber o único instrumento da nossa cultura que expandirá dramaticamente nossa mestria. A questão não é apenas "Você é capaz de dirigir o carro?", mas "Você está pronto para um 'eu' adulto? Você tem mestria suficiente para merecer mais mestria?"

À medida que amadurecemos e assumimos responsabilidades — particularmente a de criar os filhos —, nosso relacionamento com os carros sofre mudanças profundas. A sensação de pura liberdade e independência que o ato de dirigir antes despertava em nós fica comprometida pelas restrições e responsabilidades do casamento e, especialmente, da paternidade/maternidade. Nossa pesquisa mostrou que o ato de dirigir se associa com o respeito pelos outros, que se opõe à pura auto-indulgência: dirigir para o trabalho, levar os filhos para todo canto e enfrentar o trânsito.

Contudo, também vimos que por baixo da superfície existe nosso anseio de meia-idade pelo significado essencial do carro — e pelo Explorador jovem e mais livre que vive dentro de nós. Nossa pesquisa revelou que elementos simples do desenho, como um teto solar, um CD-player, a cor vermelha ou características esportivas radicais adquirem um grau desproporcionado de importância para a mãe atarefada que ainda precisa sentir que não perdeu seu *eu*, muito embora carregue quatro filhos no carro. Conseguir fazer um cavalo-de-pau no asfalto molhado (ou observar profissionais fazê-lo em velocidades estonteantes) oferece uma emoção heróica que é difícil de ser obtida nos dias de hoje. Tais percepções profundas foram usadas por nosso cliente para ajudar a estimular o crescimento fenomenal dos utilitários esportivos na indústria — veículos cujas características "radicais" dificilmente são necessárias nas cidades e subúrbios, mas que *preservam* uma parte importante da nossa vida interior.

Os carros, claro, têm outros significados que podem ser usados para diferenciar as marcas: status, luxo, rebeldia e sofisticação, por exemplo. Mas cada um desses significados deve ser entendido dentro do contexto mais amplo do significado essencial da categoria e o ideal é que se unam a ele. Nesta categoria, o espírito do Herói e do Explorador é o "vento de popa" que oferece uma fonte inesperada de energia e velocidade no mercado.

O fenômeno do *carcooning*, além disso, sugere que existe uma forte essência alternativa para os carros. O antecedente histórico da essência da categoria do carro é, muito provavelmente, o confiável cavalo do Explorador — como o Silver, do Zorro. Mas para um número considerável, embora menor, de pessoas, o antepassado alternativo da essência dos carros talvez seja a carruagem, fechada, segura, comunitária. Embora esta última identidade carregue menos vigor que a essência primária da categoria, ela ainda oferece um ponto forte de diferenciação e uma oportunidade para aprimorar o desenho do produto. Como poderia a minivan, por exemplo, facilitar os sentimentos de intimidade ou aconchego das famílias cuja melhor oportunidade de estar juntas em um lugar, ao mesmo tempo, é quando estão dentro do carro?

Cervejas e bancos

Outras técnicas para descobrir a essência da categoria mostraram-se úteis em ramos industriais tão diversos como cervejaria e serviços bancários. Por exemplo, demos a jovens bebedores de cerveja algumas "dicas iniciais" e depois lhes pedimos para "escrever suas próprias histórias" sobre uma "noite perfeita" envolvendo o consumo de cerveja. Analisar a estrutura dessas histórias e conectar seus padrões com os padrões recorrentes encontrados na literatura e na mitologia lança ainda mais luz sobre aquilo que a categoria faz por esses indivíduos e o que significa para eles.

Num desses estudos, diante de uma gama de histórias geradas pelos consultados, os rapazes quase universalmente escolheram a história que mais bem capturava suas sensações a respeito da cerveja:

Um lugar onde a vida é fácil, sem grilos nem chateação.
Todo mundo é tratado igual e se dá bem.

Em termos arquetípicos, esse "terceiro lugar" (que não está ligado nem ao lar nem ao trabalho) é o ambiente livre de pressões onde você é aceito incondicionalmente pelo que você é, onde todos são iguais e onde a cerveja é o grande nivelador — o ambiente ideal para o Bobo da Corte que tanto ama se divertir.

Quando esse conceito foi incorporado por um programa de televisão, *Cheers*, o seriado foi um dos que ficou mais temporadas no ar na história da tevê ("Onde todo mundo sabe o teu nome, onde todo mundo tem os mesmos problemas"). O fato de ser altamente improvável que um psiquiatra e um carteiro freqüentem o mesmo bar todas as noites é irrelevante; na verdade, é parte da magia do conceito. Embora o mundo exterior trace linhas bem claras a respeito da posição social e do status dos indivíduos, naquele lugar perfeito, suspenso no tempo por alguns minutos, todos são comuns e todos são iguais.

O mesmo conceito mítico do "melhor lugar" do Bobo da Corte foi evocado em uma das primeiras e bem-sucedidas campanhas da Miller Lite: a Miller Lite "All Stars". No começo da década de 1990, a Young & Rubicam quis ajudar seu cliente Philip Morris a compreender como aquele exemplo histórico de publicidade conseguiu tirar o produto da esfera da "cerveja diet" sucedânea e posicioná-lo como uma cerveja de verdade para homens divertidos. Nossa pesquisa mostrou que aquela peça publicitária tinha utilizado o fluxo poderoso da essência da categoria. Grant McCracken engenhosamente rotulou o personagem desse "melhor lugar" como "O mundo de Riggins", descrevendo a natureza essencial da cerveja e um certo tipo de homem norte-americano Bobo da Corte.

O "mundo de Riggins" segundo Grant McCracken

Aqui está a imagem para se ter em mente. Ela é um momento quintessencial na cultura americana. E contém o segredo da campanha da

Miller Lite "All-Star". A imagem é simples. Há um homem dormindo debaixo de uma mesa. Mr. Riggins vai a Washington. É no começo da década de 1980. Estamos sentados num salão em Washington. Todo mundo está aqui.

Baker está em uma mesa. Kissinger, em outra. Estrelas de Hollywood salpicam o salão. Estamos aqui para uma das grandiosas festas que marcam o cerimonial de Washington e a presidência imperial. Estamos aqui para reverenciar a nova Era Reagan.

O lugar está lotado de sumidades locais, todos esplêndidos em seus finos trajes de noite. As mesas gemem ao peso dos cristais e porcelanas. Candelabros cintilam acima da nossa cabeça. Esta é Washington no que a cidade tem de mais suntuoso. O presidente já vai discursar. A multidão, ruidosa até agora, começa a ficar quieta. O presidente abre caminho até o estrado. A multidão faz silêncio.

Bem, quase silêncio. De um canto distante do salão vem um som rascante. Parece um pouco com um ronco. Santas graças, é um ronco! Alguém pegou no sono bem no ponto alto do evento social mais importante da estação. Alguém "capotou" diante do presidente dos Estados Unidos. A ordem do grande cerimonial de Washington foi quebrada. A nova presidência imperial foi ofendida.

As pessoas estão zangadas, muito zangadas. Quem ousa insultar o presidente? Olhos varrem o salão buscando o autor do ultraje. Procurando algum pobre coitado que exagerou no gim tônica e caiu dormindo em cima da salada. E estão buscando vingança. Esperem só até botarem as mãos nesse cara! Vão acabar com a carreira dele, expulsá-lo de Washington, obrigá-lo a viver na mais abjeta humilhação pelo resto da vida.

O que as pessoas encontram são duas pernas despontando por debaixo das ricas dobras de uma toalha de mesa. De lá vem um ronco violento. Alguém conseguiu pegar no sono debaixo da mesa. Consternação geral. Quem diabos é este cara? Alguém levanta as dobras da toalha e dá uma espiada. E então sorri. Quando a notícia se espalha, todo mundo sorri. O roncador, descobriu-se, é John Riggins, que joga no Washington Redskins e é o jogador mais valioso do Super Bowl.

Importante aqui é o que aconteceu a seguir. Tudo o que deveria ter acontecido não aconteceu. A segurança não apareceu para expulsar aquele burro vulgar. Ninguém franziu o nariz em reprovação. O mundo não recuou horrorizado. Ninguém, naquela cidade tão consciente do status, demonstrou seu desprezo. Ninguém saltou para restaurar a honra do presidente.

A verdade é que todo mundo apenas sorriu. Todo mundo simplesmente balançou a cabeça, sorriu e disse: "Bem, aí está o John Riggins." E esse foi o fim da história. Riggins não foi ridicularizado nem censurado por seu gesto: foi celebrado. Descobriu-se que todo mundo adorou. Ficaram encantados. Riggins caiu no sono ouvindo o presidente. Um barato!

Riggins, bem, Riggins não tinha feito nada de que se envergonhar. Roncar durante um discurso do presidente parecia ser algo glorioso, totalmente de acordo com a personalidade de Riggins e absolutamente adorável. Por quê? Em parte porque fez todos pensarem na velha piada sobre "o elefante, onde é que ele dorme?"

No caso de Mr. Riggins, claro que era "em qualquer lugar onde ele quiser". Havia também a idéia de que o cara que trouxe para Washington a taça do Super Bowl tinha as chaves da cidade. Se ele queria dormir enquanto o presidente discursava, ora, que dormisse! Afinal de contas, sem ser pelo Super Bowl, Washington não realizava nada importante há anos.

Mas o que foi que realmente salvou Riggins de passar ridículo? O que realmente tornou seu gesto tão absolutamente adorável foi o fato de ter se inspirado tão profundamente nos próprios alicerces culturais da masculinidade norte-americana. Aquela soneca debaixo da toalha foi vista imediatamente como uma representação dos significados mais fundamentais de virilidade. Era a quintessência daquilo que faz um certo tipo de machão. Era a quintessência daquilo que um certo tipo de machão norte-americano pode e deve fazer. A soneca de Riggins talvez não estivesse de acordo com a etiqueta. Mas era a imagem que definia o machão norte-americano. Era o que se esperava que fizesse o machão norte-americano, em sua versão mais elementar, diante dos cerimoniais, das formalidades, dos refinamentos civilizados, do protocolo. Diante disso tudo, "espera-se que" esse machão entre debaixo de uma mesa e ferre no sono.

Afinal de contas, jogadores de futebol americano são produtos da natureza. São homens que ficaram relativamente intocados pela civilização. São homens que não conhecem os formalismos da sociedade educada... e não ligam a mínima para essas coisas. Eles são caras que se alimentam das forças fundamentais. São caras que constituem uma presença elementar no mundo moderno. Ora, o futebol americano é a prática da violência com um mínimo de mediação. É uma atividade física e emocional do tipo mais primitivo. Afaste esses caras do campo, afaste-os da violenta companhia dos machões, introduza-os na sociedade polida... e eles se chateiam, se tornam uns ignorantes. Afaste o homem elementar de seus elementos... e tudo que ele quer é encontrar um cantinho debaixo da mesa mais próxima para dormir e matar o tédio.

Do ponto de vista técnico do marketing, o desenvolvimento provável desta campanha parece bastante claro. Tomou-se a decisão de fortalecer a masculinidade da marca, a fim de neutralizar toda e qualquer associação de cerveja "light". Escolheram-se jogadores de futebol americano grandalhões e malvados, para posicionar o significado da marca e torná-la mais aceitável ao bebedor de cerveja tradicional.

Mas o que torna esses anúncios tão eficazes é que eles se direcionam para um tipo muito específico de virilidade norte-americana. Esses anúncios não falam apenas da masculinidade do valentão. Falam do tipo de masculinidade de Riggins. E são ainda mais específicos: falam da maneira pela qual um machão tipo Riggins não dá a mínima para a sociedade polida e o mundo civilizado. Falam de um tipo de masculinidade norte-americana que se aparta do mundo civilizado.

Os anúncios da cerveja Miller Lite captaram uma versão particularmente virulenta, potente e elementar da masculinidade norte-americana. E acontece que é exatamente esse tipo de masculinidade que mais interessa aos homens quando se reúnem. É esse o tipo de masculinidade que os homens constroem e demonstram quando estão na companhia uns dos outros. E é esse o tipo de masculinidade que os homens cultivam quando estão bebendo cerveja.

Em outras palavras, a campanha da Miller Lite direcionou-se exatamente para o tipo de masculinidade que interessa aos homens quando estão bebendo cerveja. A campanha dizia que essa marca contém exatamente os significados que você está buscando quando sai para beber cerveja. A campanha afirmava: "Nós sabemos que você está procurando pela masculinidade do tipo Riggins. É na Miller Lite que você a encontra."

Mr. Riggins com você: Como a campanha da Miller Lite liga o consumidor a Riggins

Quero agora ampliar meu tema. A campanha da Miller Lite evocou a masculinidade de Riggins. Mas o que torna a campanha realmente eficaz, enquanto peça publicitária, é a excelente maneira pela qual ela consegue ligar esse mundo com o mundo do consumidor. Acho que esse é, na verdade, o verdadeiro rasgo de gênio do anúncio. Ele não só mostra a masculinidade de Riggins como também consegue realmente colocar essa masculinidade ao alcance do consumidor. A campanha consegue, com sucesso, trazer a masculinidade de Riggins do campo de futebol para o bar.

Vejamos: qual é o grande problema com o marketing que lida com os esportes e o endosso de atletas? O grande problema é que os atletas escolhidos para endossar algum produto geralmente são "maiores que a vida". Seu heroísmo os torna inacessíveis. É como se eles ocupassem uma posição mítica. É como se habitassem outro universo. Esse é exatamente o problema com os anúncios protagonizados por Bo Jackson. Às vezes você diz: "Uau, esse cara é o meu herói." E às vezes você diz: "Sabe, eu não me reconheço nesse homem." Idolatria é uma coisa. Identificação é outra coisa bem diferente. Se o objetivo é estabelecer a identificação, é preciso dar ao herói esportivo uma escala humana.

E veja como a campanha da Miller Lite dá uma escala humana aos seus heróis. Em primeiro lugar, a campanha utilizou ex-atletas. Essa manobra talvez tenha sido induzida pela legislação sobre a associação de atletas em atividade com bebidas alcoólicas. Mas veja o que essa manobra faz pela mensagem passada pelo anúncio. De repente, os atletas se tornam pessoas mais fáceis de reconhecer.

Em segundo lugar, veja onde se situam todos esses anúncios. Os atletas estão bem ali no bar da esquina. Você não vê nenhuma das façanhas de Bo correndo de bicicleta pelo asfalto molhado de chuva. Eles estão bem ali, num mundo que você conhece. Rodeados de caras parecidos com você e comigo.

Em terceiro lugar, veja o que eles estão fazendo. Eles não estão realizando proezas heróicas — enterrando na cesta, correndo uma maratona ou rebatendo a bola para fora do estádio. O anúncio não documenta quão pouco eles têm em comum com o cidadão médio. Em vez disso, mostra-os fazendo todas as coisas que os cidadãos médios fazem: competindo (o anúncio com Ben Davidson), contando vantagem (o anúncio com as "histórias exageradas" de Brian Anderson e o anúncio com Brits Gresham), tirando sarro uns dos outros (o anúncio com Deford e Billy Martin). Tudo isso faz parte da vida dos homens comuns. E o fato de tudo isso estar sendo feito por atletas permite que a campanha deposite os significados de Riggins diretamente na vida dos homens comuns. Isso tudo constrói uma conexão.

Em quarto lugar, veja o papel desempenhado por alguns dos atletas. Na verdade, Butkus, Smith, Davidson e Deacon Jones estão ali para garantir que o anúncio capta a masculinidade de Riggins. Mas John Madden, Rodney Dangerfield e Bob Uecker estão ali por outra razão. Cada um desses homens aparece no anúncio porque isso ajuda o anúncio a duplicar o mundo do consumidor médio.

Cada grupo de homens tem um indivíduo como John Madden (pelo menos do jeito que ele aparece nos anúncios da Miller Lite). Madden sempre aparece no final do anúncio, agitado, dizendo: "Hei, a gente pode desempatar. Nós damos conta desses caras." Em todo grupo há um indivíduo tipo John Madden, aquele homem que nunca sabe quando desistir. É ele que você admira, é a vontade dele que você faz, porque ele leva ao limite a tal "força da natureza". Ele nunca pára. Esse tipo de homem é benquisto pelos outros homens porque captura a qualidade de Riggins.

E isso é parte do papel de Rodney Dangerfield e Bob Uecker. Todo grupo de homens tem às suas margens um desajeitado e um tapeador. Esses dois gostariam de estar mais perto do centro do grupo, mas o fato é que os machões tipo Riggins não lhes permitem isso porque os dois não conseguem ter sucesso. Os dois permanecem à margem, ensinando uma lição: como não ser um homem tipo Riggins.

Em outras palavras, essa campanha faz mais do que apenas mostrar o mundo do super-herói; ela também mostra o mundo do consumidor de cerveja médio. Ela mostra o universo conhecido, com suas atividades, pessoas e lugares característicos. E em tudo isso, algo admirável se realiza: A campanha consegue persuadir o espectador de que aquilo que é a verdade do machão Riggins também poderá ser a verdade do mundo do bebedor de Miller Lite. É sempre assim que acontece a melhor "transferência de significado" na propaganda. Para dar ao mundo do consumidor as propriedades do mundo do herói esportivo, uma campanha deve, em primeiro lugar, dar ao herói esportivo as propriedades do consumidor. Foi assim que a campanha "All Star" conseguiu fazer a Miller Lite representar o "mundo de Riggins".

Os serviços bancários parecem ser — e são — uma categoria radicalmente diferente da cervejaria, mas o conceito de essência da categoria é igualmente relevante e poderoso. Na pesquisa realizada para entender o significado profundo que têm os bancos para os consumidores da classe média e os mais abonados, preparamos uma técnica potente chamada "laddering" (de *ladder*, escada). Adaptada da psicologia clínica, a *laddering* utiliza uma série de sondagens sistemáticas para mover os consultados: partindo de articulações de atributos que lhes são relevantes, os consultados se movem para benefícios objetivos, daí para benefícios mais subjetivos e, finalmente, para os significados ou valores profundos que os ligam à categoria. Queremos "subir a escada", de atributos para benefícios, de benefícios para valores.

As entrevistas são feitas individualmente por profissionais altamente treinados, mas a idéia de "subir a escada" é tão básica quanto o comportamento de uma criança de três anos. Todos os pais e mães conhecem bem esta rotina:

Pai/mãe: Está na hora de ir para a cama.
Menino de três anos: Por quê?
Pai/mãe: Porque já são oito horas e você precisa de sono.
Menino de três anos: Por quê?
Pai/mãe: Para crescer e ficar um garotão grande e forte.
Menino de três anos: Por quê?
Pai/mãe: Para poder jogar nos Yankees e ficar milionário!

O menino de três anos acabou de fazer os pais "subirem a escada": de atributos para benefícios e de benefícios para a revelação de seus valores do Governante!

Quando fizemos nossa pesquisa sobre os negócios bancários, ficou claro que os valores que as classes trabalhadoras associam ao ato de investir são bem diferentes daqueles encontrados entre a classe alta. Os consumidores mais ricos rapidamente "subiram a escada" até os valores do Governante (controle) e, às vezes, até os valores do Explorador (liberdade). O benefício último de poupar e investir, para eles, é a autodeterminação e a liberdade que o dinheiro proporciona — a capacidade de fazer o que se quer, quando se quer. Todos os benefícios últimos desejados pelas classes mais baixas, por outro lado, estavam centrados em necessidades de conexão e segurança — manter a família unida e segura e preservar sua estabilidade.

Também investigamos as experiências das "memórias" de infância, as lembranças de acompanhar os pais na visita aos bancos. Os consumidores mais ricos a recordavam como uma divertida experiência de "adulto", especialmente quando lembravam do dia em que tiraram o primeiro extrato de sua caderneta de poupança. O pessoal da classe média, por outro lado, lembrava dos bancos como locais frios e ameaçadores, onde não podiam jogar bola nem chupar sorvete.

Esses achados sobre a essência da categoria forçou-nos, a nós e ao nosso cliente, a enfrentar os diferentes significados da área bancária encontrados entre os diferentes segmentos da população, decidir algumas prioridades em termos de público-alvo e, finalmente, posicionar o banco de maneira eficaz.

Masculinidade, feminilidade e essência da categoria

Em alguns idiomas, pronomes masculinos ou femininos são usados para descrever objetos inanimados, como se houvesse um reconhecimento tácito de que mesmo as coisas sem vida têm um espírito ou "energia" que é inerentemente macho ou fêmea. Do mesmo modo, algumas (mas não todas) categorias de produto têm uma energia de "gênero" que influencia sua identidade arquetípica. Ao identificar o gênero de seu produto, é importante você lembrar que "masculino" e "feminino", conforme usados neste contexto, não implicam que um produto masculino é somente, ou mesmo basicamente, para os homens e que um produto feminino é para as mulheres. Estamos usando a sensibilidade ou as qualidades de consciência masculina e feminina, não as prescrições ou descrições dos respectivos papéis sexuais.

Claro que gênero é um conceito complicado. Em suas distinções, tanto masculino como feminino carregam uma ampla variedade de atributos. Embora o Virginia Slims tenha definido uma identidade de cigarro para mulheres, o gênero do ato de fumar é decididamente masculino e, por isso, uma postura durona e agressiva apropriadamente abriu caminho em suas comunicações. O Marlboro começou a fazer sucesso e acabou tornando-se um ícone quando mudou seu posicionamento: de cigarro da mulher passou para o cigarro do caubói, capturando a qualidade durona e estóica do fumar. A imagem de masculinidade da Marlboro mantém-se em agudo contraste com o mundo de Riggins, carregando mais do arquétipo do Herói que do Bobo da Corte de Riggins.

Carla Gambescia, talentosa e criativa consultora de marketing, freqüentemente encontra categorias de alimentos nas quais é importante reconhecer uma identidade de gênero. Por exemplo, em seu trabalho com as categorias sobremesas e petiscos, ela descobriu que os salgadinhos, como batatas fritas, têm uma natureza inerentemente masculina, enquanto o sorvete tem uma natureza inerentemente feminina. Como foi que ela descobriu essas coisas?

Começando com um exercício baseado no consumidor ou com um exercício de *laddering* mental, Gambescia examinou os atributos físicos dos salgadinhos e os do sorvete. Descobriu que os salgadinhos são angulosos ou irregulares, quebradiços, secos, sólidos e pontudos. São duros, fazem barulho ao ser mastigados e costumam ter sabores fortes e aromatizados, até mesmo apimentados ou condimentados. Em termos de seus benefícios (o degrau seguinte da escada), os salgadinhos dão o tom de uma festa, estimulam os sentidos, apimentam as coisas, dão gosto e proporcionam certa "emoção". Exigem ser comidos com as mãos, requerem mastigação ativa e induzem a certo tipo de comer-sem-parar até que a embalagem fique vazia.

No nível do significado (o degrau mais alto da escada), os salgadinhos oferecem um antídoto ao tédio por quebrarem a rotina. Estão associados a coisas como testar os próprios limites, sentir-se meio irresponsável, despir as próprias inibições e se sentir livre. Eles oferecem uma espécie de permissão para "deixar rolar", uma libertação.

Como é que a "escada" dos salgadinhos difere da "escada" do sorvete? De todas as maneiras possíveis. Começando no nível do atributo, vamos analisar o contraste. (Ver Figura 7.2.)

Contraste	
Salgadinho	**Sorvete**
Salgado	Doce
À base de amido/cereais	À base de creme/leite
Quebradiço, seco	Úmido
Sólido	Macio
Anguloso ou irregular	Redondo ou ondeado
Crocante, barulhento	Silencioso, derrete na boca
Áspero	Suave
Sabores fortes, condimentados	Sabores delicados, açucarados
Disponíveis a qualquer momento	Uma regalia especial
Condimentado, temperado	Rico, cremoso

Figura 7.2

Subindo mais ainda a escada, Gambescia continua a esboçar o contraste. Os benefícios são mostrados na Figura 7.3.

Benefícios	
Salgadinho	**Sorvete**
Dá o tom de uma festa	Dá o tom de uma festa
Estimula os sentidos	Agrada aos sentidos
Apimenta as coisas, dá gosto	Suaviza e refresca o paladar
Oferece excitação, certa "emoção"	Oferece satisfação e bem-estar
Exige o uso das mãos	Envolve a língua
Induz a um comer-sem-parar até esvaziar a embalagem	Envolve uma experiência exuberante que a pessoa quer prolongar
Exige a mastigação ativa	Permite o comer "passivo" porque derrete

Figura 7.3

No nível do significado, o contraste continua, conforme vemos na Figura 7.4.

Significado	
Salgadinho	**Sorvete**
Felicidade	Felicidade
Antídoto para o tédio, quebra a rotina	Amplifica e transforma a ocasião
Testar os limites	Recolher-se em um casulo
Divertido, aumenta a velocidade	Exuberante, a ser prolongado
Sentir-se meio irresponsável	Sentir a segurança da criança
Abandonar a seriedade, sentir-se livre	Suspensão temporária do tempo e da realidade
Permissão para "deixar rolar"	Mimar a si mesmo (ou aos outros)
Uma libertação	Uma doce rendição

Figura 7.4

Essas diferenças entre a energia masculina e a energia feminina talvez nos levem a preferir automaticamente alguns arquétipos, e não outros, para marcas em qualquer das categorias. O Fora-da-lei, o Explorador e o Bobo da Corte permitem boas considerações reflexivas para um salgadinho, enquanto o Amante, o Inocente e o Prestativo fazem sentido intuitivamente para um sorvete. A escolha do arquétipo dentro de cada moldura examinada se basearia, conforme descrevemos na Parte 6, em muitas considerações que têm a ver com o valor da marca, o público-alvo, a fonte da alavancagem competitiva e assim por diante. Mas, independentemente da identidade arquetípica específica, seria inteligente considerar a "sensibilidade" feminina ou masculina da própria categoria na hora de desenvolver a comunicação da marca.

Gambescia ajuda a analisar esse processo contrastando as associações feitas pelos consumidores com as duas categorias. (Ver Figura 7.5.)

Salgadinho	Sorvete
Staccato	Melodioso
Percussão	Cordas
Enérgico	Lânguido
A qualquer hora	Especial
Mudança de ritmo	Recompensa
Estimulante	Reconfortante
Revigorante	Relaxante
Um chuveiro	Uma banheira
Transgressão infantilizada	Regressão a um estado infantil
Avanço rápido	Pausa
Afirma	Envolve
Liberdade	Serenidade
Agressivo	Calmante
Independente	Nutridor

Figura 7.5

Embora homens e mulheres gostem igualmente de salgadinhos e de sorvete, em algumas categorias alimentícias as qualidades de feminilidade e masculinidade atraem para o produto um sexo mais do que o outro, mas mesmo assim isso não exige que a marca exclua o outro sexo. Por exemplo, há muitos anos, em sua publicidade, a General Foods International Coffees apresentou basicamente mulheres fazendo uma pausa para pensarem em si mesmas ou para aquele papo íntimo com a melhor amiga. Os ambientes eram sempre belos e tranqüilos, com uma pitada de elegância. Os cafés aromatizados eram sempre servidos em xícaras delicadas, nunca em canecas. A sensação era decididamente feminina. Os homens também consumiam aqueles cafés, mas estavam em minoria. Claro que o cliente, querendo expandir o consumo, pediu à agência para incluir mais homens nos comerciais. O desafio, porém, estava em incluir situações homem-e-mulher sem perder a sensibilidade extraordinariamente delicada da categoria. (Na época, os cafés aromatizados eram produtos especiais, mais caros e distanciados do consumo "negligente" dos cafés comuns.) Na verdade, quando entrevistados sobre as razões que os faziam apreciar os cafés internacionais, os usuários do sexo masculino falavam de seu sabor "especial" ou delicado, repetindo as palavras das mulheres. Se nós, em vez de simplesmente incluir homens nos anúncios, incluíssemos neles uma energia ou sensibilidade masculina, teríamos violado a essência da categoria.

Às vezes o gênero da categoria atrapalha aquilo que uma marca individual está tentando realizar, e isso deve ser compreendido e levado na devida conta. Por exemplo, dentro do Madison Square Garden de Nova York, um dos mais famosos ginásios de esporte do mundo, existe um teatrinho encantador e pouco conhecido chamado Teatro do Madison Square Garden. Ali são representadas produções delicadas e sentimentais, como *O mágico de Oz* e *Uma história de Natal*, e as pessoas que assistem a essas peças ficam espantadas ao ver que um teatrinho tão simpático possa existir no prédio do Garden.

Já as pessoas que não sabem de sua existência mal conseguem imaginar um teatro lá dentro, mesmo quando os outros lhes falam a respeito. Elas vêem o Garden como um local excitante, turbulento, materialista e cheio de arruaceiros. Elas o associam com o que há de melhor nas competições esportivas: os mais ferozes e potentes lutadores do mundo. O Cara Comum vai ao Madison Square Garden para ver a troca de socos dos mais reverenciados Heróis e Guerreiros do planeta.

Homens e mulheres comparecem ao Garden, e ali competem atletas de ambos os sexos, mas o espírito e a energia do local são decididamente masculinos. Como ajudar os consumidores a reconciliar essa energia masculina com a sensibilidade muito feminina de um teatro?

A compreensão desse conflito ajudou-nos a encontrar os primeiros passos de uma solução. Nossa pesquisa mostrou o seguinte: as famílias que lá estiveram apreciam especialmente a singular cordialidade do Teatro do Madison Square Garden para com as crianças e seus pais. É permitido ter comida e refrigerantes nas poltronas, toleram-se correrias nos corredores e as peças não têm intervalos (a quebra da ação geralmente força as crianças a se desligarem da história, ficarem irrequietas e quererem ir embora).

As próprias produções geralmente têm um tipo especial de apelo para as crianças: em *Uma história de Natal*, a "neve" realmente cai sobre a platéia no edificante final da peça. Essa atmosfera relaxada e mais pé-no-chão do Teatro, além de ajudar os pais e as crianças a apreciarem a peça, começa a intermediar a dissonância cognitiva entre o Garden e o Teatro. É como se um bocadinho da exuberância do Garden tivesse se infiltrado — não o suficiente para solapar a natureza especial de uma representação teatral ao vivo, mas o suficiente para começar a ajudar as pessoas a "entenderem" a relação entre o ginásio de esportes e o teatro.

Essa é uma área na qual as abordagens "projetivas" ajudam você a ter sensibilidade (e compreender) aos matizes do gênero da essência da categoria. "Se este salgadinho fosse uma estrela de cinema, quem ele seria? Se este sorvete fosse um personagem de um livro, quem ele seria? Qual figura histórica representaria o 'espírito' de um teatro? Qual figura história representaria o 'espírito' de um ginásio esportivo?" Perguntas deste tipo, freqüentemente apresentadas na pesquisa qualitativa, ajudam a revelar a natureza inerente da categoria a partir da perspectiva de um gênero.

A essência da categoria, portanto, em todas as suas formas, nos faz dar o salto inicial ao revelar as forças arquetípicas que impulsionam a categoria, não apenas a marca. Se ignorarmos essa força poderosa, o risco será nosso.

A Young & Rubicam certa vez fez a campanha publicitária de um novo sabão lava-roupas da Colgate chamado Fresh Start. Era um dos primeiros sabões líquidos e vinha em uma embalagem jeitosa e fácil de usar. A agência e o cliente decidiram ligar a natureza moderna da marca e do produto à recusa absoluta da mulher moderna de se definir em termos de trabalho doméstico. Desenvolveu-se um comercial, "Vestido vermelho", em que o marido telefona para casa convidando a mulher para um jantar inesperado; ela dá uma lavada no vestido vermelho e está pronta num instante. A idéia do anúncio é que a vida é curta demais para você se preocupar em lavar roupa — temos coisas melhores para fazer — e esta marca compreende isso e facilita sua vida. O anúncio era vigoroso, cheio de energia e muito moderno.

Mas o negócio não deu certo. Em pesquisa subseqüente, entrevistamos nosso moderno e inteligente público-alvo sobre suas atitudes em relação aos afazeres domésticos. Conforme esperávamos, todas aquelas mulheres os viam como algo tedioso e pouco gratificante e afirmavam que sua satisfação e sua identidade derivavam de outras coisas.

Mas o ponto interessante é que a natureza da entrevista mudava quando falávamos especificamente sobre a tarefa de lavar roupa. As mulheres descreviam como adoravam a sensação de tirar da secadora as toalhas e as roupas recém-lavadas; como sempre as punham perto do rosto para sentir aquele cheirinho limpo e maravilhoso; e como adoravam dobrar a roupa lavada enquanto ainda estava quentinha. Disseram que completar a tarefa de lavar a roupa lhes dava uma sensação semelhante à do caderno novo no primeiro dia de aula — um novo começo: um *fresh start*.

Fresh start! Nós tínhamos um produto *chamado* Fresh Start! Mas, em vez de adotarmos a essência Inocente da categoria para a nossa marca — o espírito de pureza e renovação, a gratificação sensorial de se sentir "limpa" e renovada —, havíamos desperdiçado uma incrível associação arquetípica, tentando conectar nosso produto com uma "tendência" válida, mas essencialmente irrelevante.

Pesquisando os usos míticos ou originais de um produto

A essência da categoria também pode ser descoberta por meio de uma pesquisa do uso original de um produto e da mitologia a ele associada, tanto nos tempos antigos como nos tempos modernos. Por exemplo, ao fazer o marketing de uma linha de flocos de cereais, você poderia pesquisar as origens da agricultura e a natureza dos deuses e deusas dos cereais. Na Grécia, o culto dos Mistérios de Elêusis ensinava os segredos da agricultura e oferecia educação sexual e espiritual. As divindades básicas associadas a esse culto são a mãe nutridora (Deméter) e sua filha virgem (Perséfone). A partir dessa informação, você concluiria que a essência da categoria flocos de cereais seria o Prestativo ou o Inocente, que são os arquétipos que hoje sustentam a publicidade da maioria dos flocos de cereais integrais.

Se você quisesse diferenciar sua marca das outras que têm uma identificação com o Prestativo ou o Inocente, você poderia se aprofundar na lenda de Deméter e Perséfone e nos ensinamentos do culto eleusino. Ali, a garota púbere era iniciada na condição de mulher e sua mãe se preparava para deixá-la partir. (O casamento ocorria cedo para as mulheres da antiga Grécia.)

Resumindo, como já contamos em capítulo anterior, Perséfone é raptada por Hades, senhor do mundo subterrâneo, e vive debaixo da terra até que sua mãe, cheia de dor, se recusa a permitir o crescimento das colheitas e com isso causa fome generalizada. Vendo a fome dos humanos, Zeus, principal deus do Olimpo, envia Mercúrio para trazer Perséfone de volta aos braços da mãe. Quando Perséfone retorna, a primavera chega e as colheitas crescem. Nesse mito agrícola, Perséfone é como uma semente que é plantada e que desabrocha na primavera. No culto eleusino, esse padrão era interpretado como uma explicação para o milagre da agricultura e do nascimento (a semente é plantada no útero, se desenvolve e finalmente nasce no mundo), bem como para o milagre da imortalidade (o corpo é enterrado, mas a alma ressuscita ou reencarna).

Se você estiver familiarizado com os antigos mitos neste nível, os flocos de cereais poderão sustentar uma identidade do Mago — focalizando o milagre das sementes que se transformam em plantas que produzem os grãos, os quais, por sua vez, se transformam nos flocos de cereais que promovem a saúde da mente e do corpo. O produto também poderia se posicionar em torno da fé — quando as coisas parecem desanimadoras, a nova vida sempre prevalecerá. Do mesmo modo, o fato de que o touro da Merrill Lynch é tão memorável pode estar ligado à essência da categoria serviços bancários. Encontraram-se em cavernas pinturas dos tempos pré-históricos. É possível que, de início, os touros tenham sido escolhidos como tema daquelas pinturas por serem presas caçadas pelos pintores. Mas se você pensar em algumas das nossas impressões modernas de touros — animais poderosos, um tanto ameaçadores, bons para criação e, portanto, muito sexuais — talvez imagine que esses fatores inspiraram os homens das cavernas a pintar touros. Nos tempos antigos, o touro era um símbolo comumente utilizado para representar os comportamentos associados com a fertilidade. Nos dias de hoje, interpretaríamos o simbolismo do touro como o poder que faz as coisas acontecerem.

A arqueóloga Marija Gimbutas diz que as esculturas e pinturas de touros "estão consistentemente aliadas aos símbolos de energia — serpentes enroladas, círculos concêntricos, ovos, medalhas, espirais antitéticas, colunas e totens". Gimbutas continua: "De acordo com o folclore lituano, os lagos seguem os touros; onde quer que um touro se detenha, um lago aparece." O poder regenerador do touro também se "manifesta em plantas e flores que desabrocham do corpo do touro. Esta crença ainda era registrada no século XVI da nossa era. Ela aparece na Antiga Crônica Prussiana 2.4.1, de Simon Grunau, compilada entre 1517 e 1521. O autor fala de um touro fabuloso, cujo corpo é parcialmente vegetal e que, quando morto, faz nascer as plantas."[1]

Já a partir de 16.000 a.C., os primitivos caçadores-artistas (tais como os que criaram os desenhos da caverna de Lascaux, que inspirou a obra acima) transmitiam a força e virilidade do touro, da mesma maneira que faz hoje a Merrill Lynch em seu logotipo. A sensação de poder associada ao touro desde os tempos antigos está ligada ao poder que resulta do sucesso financeiro — um exemplo eficaz de "marcar" a essência de uma categoria.

---

1. Marija Gimbutas, *The Language of the Goddess* (Nova York: Harper & Row, 1989), pp. 270-273.

Um dos principais mitos da ilha de Creta conta a história da mulher do rei Minos. Pasífae apaixonou-se tão perdidamente por um touro branco, que se uniu a ele, produzindo o Minotauro. Dédalo, o Mago, criou um labirinto para encerrar o Minotauro, de modo que ele não destruísse o reino.[2] Se você pensar nessa história em termos simbólicos, o Minotauro — metade humano, metade touro — personifica a energia, mas está encerrado nas entranhas do castelo, em total segurança, talvez mesmo proporcionando a energia que deu proeminência à ilha.

Que bela imagem para um banco — encerrar o assombroso poder do dinheiro, em total segurança, pronto para ser usado! A questão, aqui, é que as pessoas não precisam conhecer essas histórias para que o poder arquetípico da imagem seja eficaz. Esse é o poder de um arquétipo!

A busca da essência da categoria é, na verdade, a busca dos meios pelos quais animais, plantas, locais e coisas físicas contêm um significado intrínseco para as pessoas. Em seu aclamado livro *Care of the Soul*, Thomas Moore reflete sobre o significado que a natureza tem para a maioria de nós, falando da tristeza que sentiríamos se a rua onde moramos fosse alargada, num processo que provocaria a derrubada dos belos castanheiros que hoje a orlam. A maioria de nós consegue pensar em algum local da natureza que nos é importante e que, de algum modo, alimenta nossa alma. Quanto à disposição humana para destruir os cenários naturais, Moore a identifica com uma desastrosa cegueira da alma ao mundo. A atual crise ecológica, conclui Moore, é sentida por todos nós mesmo enquanto vamos levando a vida de cada dia, cegos ao problema, mas na verdade experimentando em conjunto uma tristeza subjacente. E se o progresso da civilização desaguar naquilo que é sugerido pela canção de Joni Mitchell, "Eles asfaltaram o paraíso e construíram um estacionamento"?

Mais na linha de interesse do marketing, Moore continua: "As coisas produzidas também têm alma. Apegamo-nos a elas e nelas encontramos significado, bem como valores profundamente arraigados e cálidas lembranças."[3] A preferência moderna por separar o sagrado do material faz o mundo parecer morto e sem sentido. Essas atitudes são responsáveis pelos problemas gêmeos do materialismo e da revolta contra o consumismo.

Moore nos recorda que os negócios e os produtos costumavam ser sagrados. "No mundo medieval", carpinteiros, secretários e jardineiros não se viam como criaturas que executavam tarefas servis, porque "cada um deles tinha um deus-padroeiro — Saturno, Mercúrio e Vênus, respectivamente —,

2. Pierre Grimal, org., *Larousse World Mythology* (Nova York: Gallery Books, 1965), p. 171.
3. Thomas Moore, *Cure of the Soul: A Guide to Cultivating Depth and Sacredness in Everyday Life* (Nova York: HarperCollins Publishers, 1992), p. 270.

indicando que, em cada caso, temas de profunda importância para a alma são encontrados na labuta cotidiana." Moore conclui que o problema da produção moderna não é a falta de eficiência; em vez disso, é a perda da alma.[4]

Ao buscar o significado que as atividades e os objetos tinham no mundo antigo, desvendamos poderosos motivadores humanos e, ao mesmo tempo, voltamos a dar alma ao mundo.

Quando a expressão arquetípica está em fluxo

Há momentos em que a essência fundamental de um produto está em plena força, mas sua *expressão* está mudando de maneira significativa e importante. Tomemos, por exemplo, o trabalho que Margaret Mark, Gambescia e o inspirado pesquisador Bill McCaffrey realizaram na categoria pão em 1995.

Denise Larson, na época gerente de pesquisas da importante panificadora Entenmann's, estava preocupada com o declínio nas vendas do pão de fôrma embalado em fatias, pois a empresa tinha investido pesadamente na categoria. Embora outros executivos da organização estivessem dispostos a deixar de lado aquele segmento, Larson contratou nossa equipe para fazer uma sondagem profunda na dinâmica do declínio junto ao consumidor, partindo do seguinte princípio: se o declínio não fosse plenamente compreendido, qualquer correção de curso seria feita numa espécie de vácuo estratégico.

O que a equipe descobriu foi que o declínio do pão de fôrma fatiado estava distorcendo uma realidade muito mais importante: a "experiência pão" tinha mudado profundamente. Antes, comia-se pão (e bebia-se café) de maneira funcional e habitual; agora, comia-se pão (e também se bebia café) de maneira vivencial e experimental. As pessoas agora estavam provando o pão cozido na chapa de ferro, o "pão judeu", os bolinhos tipo muffin, biscoitos e coisas do gênero. Enquanto as escolhas anteriores eram limitadas (pão branco ou pão de centeio), havia agora uma explosão de variedade. Antes, as pessoas preferiam as marcas produzidas em massa; agora, elas davam preferência às fontes autênticas. A categoria pão não estava declinando, concluímos, ela estava "se metamorfoseando" em uma diferente expressão de sua essência (mais uma vez, tal como o café).

Mas o que tornou esse caso tão fascinante, e tão único, foi que o pão, em muitos aspectos, estava se metamorfoseando *de volta* à sua essência mais verdadeira, mais autêntica. Nesse papel em evolução, o pão oferecia um "prazer permissível". A preocupação dos norte-americanos com o peso, a

---

4. Thomas Moore, p. 182.

saúde e certos ingredientes desaconselhados privava-os do prazer de comer sem culpa, seja porque evitavam alimentos mais substanciais e satisfatórios, seja porque sentiam culpa quando se entregavam ao prazer de comer. Em resultado, a textura e a densidade dos pães "metamorfoseados" (especialmente o "pão judeu" e o muffin) estavam oferecendo um dos últimos prazeres sensoriais que as pessoas ainda podiam desfrutar livremente.

A vida frenética e as refeições ligeiras também deram ao pão nova importância, fazendo dele o "prato principal" de muitas ocasiões (por exemplo, comer somente um "pão judeu" no desjejum). Compare-se com seu papel anterior de simples coadjuvante ou complemento (por exemplo, comer torrada como mero acompanhamento do presunto com ovos). Essa mudança ocorreu em paralelo com a anterior e exigiu que o pão oferecesse uma experiência alimentar mais satisfatória, substantiva e sensorial.

Como resultado, o pão evoluiu de "tapa-buraco" para "alimento verdadeiro". Após décadas relegado ao papel de simples coadjuvante, o pão voltava a assumir seu honroso e consagrado papel de "substância da vida" — uma expressão física do Prestativo. Os consumidores não estavam rejeitando o pão; o que eles rejeitavam era o "desvio" ocorrido na segunda metade do século XX, quando o verdadeiro papel do pão tornou-se "clandestino". Os consumidores norte-americanos estavam demonstrando sua receptividade àquilo que o pão poderia ser — na verdade, àquilo que o pão costumava ser nos tempos anteriores e que ainda é em muitas partes da Europa. As pessoas estavam mostrando que o pão poderia representar um papel maior nas suas experiências alimentares cotidianas.

Contudo, pouca coisa no marketing de "massa" ou no ambiente retalhista dava apoio e orientava o emergente entusiasmo natural dos consumidores pela verdadeira essência da categoria. A seção de pães no supermercado era ao mesmo tempo tediosa e esmagadora. Ao contrário das novas seções de queijo, que davam água na boca, ou mesmo daquilo que começava a acontecer na seção de cafés, na seção de pães os consumidores tinham de escolher entre um batalhão de produtos sem graça e relativamente indiferenciados. A pouca publicidade existente tratava os pães como meras mercadorias e não como fontes de prazer. A equipe concluiu que, em vez de abandonar a categoria pão, a Entenmann's estava na posição ideal para aproveitar uma significativa oportunidade latente.

E foi isso que a empresa fez. A Entenmann's estimulou nossa equipe a passar para um segundo estágio de trabalho, no qual examinamos sistematicamente as combinações de atributos que melhor transmitiam a "experiência pão" aos consumidores. A empresa começou agressivamente a desenvolver novos produtos e a dar apoio aos produtos já em linha que estavam "na mira". A Entenmann's ajustou para níveis mais realistas suas expectativas relativas ao segmento pão fatiado e focalizou suas energias nas oportunidades de crescimento. Os primeiros sinais de sucesso no mercado e o renovado vigor estratégico fizeram da empresa um atraente alvo para fusões e aquisições. Feliz da vida, a Entenmann's foi adquirida pela gigantesca CPC/Best Foods, que era capaz de dar força significativa na produção e distribuição desse "renascimento" da categoria pão.

Ignorar a essência da categoria é o mesmo que sair nadando no alto-mar sem lembrar das correntes marítimas. Você pensa que sabe aonde está indo e, por pura força de vontade, talvez chegue lá; mas, seja como for, trata-se de um perigoso dispêndio de energia. Por outro lado, reconhecer, compreender e *utilizar* proveitosamente a essência da categoria é como o vento impelindo as velas do barco.

Com alguns produtos, ignorar a essência da categoria pode ser fatal. Por exemplo, colégios e universidades estabelecem identidades distintas para se diferenciarem uns dos outros. As escolas de ciências humanas liberais geralmente têm um matiz do Prestativo. As escolas de elite freqüentemente têm uma atmosfera do Governante, pois elas sabem que estão recrutando e educando a próxima geração de líderes. É típico das escolas progressistas enfatizar o Explorador, apelando para estudantes não-tradicionais que querem construir a própria grade curricular. As escolas comunitárias geralmente enfatizam sua abertura, na linha do Cara Comum, ou sua capacidade, na linha do Mago, de transformar a vida dos alunos.

Mas a essência da categoria colégios e universidades é indiscutivelmente do Sábio. Todas essas instituições educacionais de alto nível estão vendendo conhecimento e sabedoria. Violar o decoro do Sábio significaria desacreditar a escola. Isso quer dizer: qualquer que seja a estratégia de marketing usada por um colégio, ela precisa levar em conta os valores e as sensibilidades do Sábio.

A posição mais competitiva, na maioria dos casos, é possuir a essência da categoria de uma marca. Isso, porém, nem sempre é possível. Quando um outro chega lá antes de você e faz as coisas direito, existem boas razões para você escolher uma identidade arquetípica diferente (a menos que você seja capaz de compreender o arquétipo em um nível mais profundo e relevante do que seu concorrente). Mesmo nesse caso, é prudente você lembrar a importância da essência da categoria, de modo que o estilo e o tom da sua comunicação de marketing não violem os atributos mais evidentes dessa essência. A Yahoo!, por exemplo, apresenta uma identidade do Bobo da Corte dentro de uma categoria do Sábio. É ótimo fazer o cliente sentir que é divertido navegar na internet, desde que a diversão não atrapalhe o encontro das informações que ele está procurando. Se isso acontecer, o consumidor provavelmente vai atrás de outro portal.

A essência da categoria é a alma da sua linha de produtos ou campo de atividade. Conectar-se com essa alma acrescenta significado especial a todo o universo onde você opera. Talvez você já conheça a história dos três operários da construção civil: perguntou-se a cada um deles o que estava fazendo — o primeiro disse que estava quebrando pedras; o segundo disse que estava fazendo o que o chefe mandou; o terceiro disse que estava construindo uma catedral!

> **Ferramentas para compreender a essência da categoria**
>
> • Necessidades psicológicas
> • Explorar as "experiências gravadas na matriz psíquica"
> • Histórias do consumidor
> • Laddering ("subir a escada")
> • Técnicas projetivas
> • Perspectivas e pesquisas antropológicas e míticas

Qual desses operários mais provavelmente sentirá satisfação no trabalho? Qual deles mais provavelmente faltará menos ao trabalho? Qual deles mais provavelmente será leal à empresa? A descoberta da alma do nosso produto ou atividade não só atrai os clientes, como também acrescenta significado e valor à vida dos executivos e empregados. Quando o produto ou serviço tem alma, o trabalho de cada pessoa envolvida com ele se enobrece.

O "verdadeiro McCoy"

Congruência de marca e organizacional

JAMES C. COLLINS E JERRY I. PORRAS, descrevendo na *Harvard Business Review* seu estudo de longo prazo sobre as empresas muito bem-sucedidas, afirmam: "As empresas que desfrutam um sucesso duradouro possuem valores centrais e um propósito central que permanecem fixos enquanto suas estratégias e práticas empresariais se adaptam constantemente a um mundo em mutação." Estudando empresas eficazes, Collins e Porras descobriram que aquelas que têm valores centrais fortes e positivos vinham superando em doze vezes as demais no mercado acionário desde 1925. Dentre os exemplos citados por eles estão a Hewlett-Packard, a 3M, a Johnson & Johnson, a Procter & Gamble, a Merck, a Sony, a Motorola e a Nordstrom.

Os autores argumentam que a ideologia central de qualquer organização define seu caráter duradouro, proporcionando uma "identidade consistente que transcende os ciclos de vida do produto ou do mercado, os avanços tecnológicos, os modismos gerenciais e os líderes individuais". Os valores centrais são, portanto, "a cola que mantém unida uma organização ao longo dos tempos".[1]

Não basta os sócios se reunirem e botarem por escrito seus valores, guardando-os então na gaveta ou mesmo pendurando-os na parede. Você precisa *viver* esses valores, senti-los na pele. Eles têm de ser a força motriz da organização; caso contrário, serão inúteis. Por trás de qualquer conjunto de valores repousa um arquétipo. Quando esse arquétipo e os valores que você declarou dão alma ao seu comportamento verdadeiro, as pessoas reconhecem que você é o "verdadeiro McCoy". Você não é daqueles que declama palavras vazias; você é o que você diz.

Foi isso que aconteceu com a Johnson & Johnson Corporation durante a crise do Tylenol. Durante anos, o credo Prestativo da Johnson & Johnson foi admirado na indústria como sendo uma das "declarações de missão" mais inspiradoras e altruístas do mundo empresarial. Esse credo era uma expressão do compromisso da empresa em "prestar cuidados" a médicos, enfermeiras, mães, bebês e todas as pessoas do mundo. Os produtos da empresa, no geral, refletiam esse compromisso, e sua publicidade — cobrindo desde xampu infantil até analgésicos como o Tylenol — era uma expressão lírica da preocupação evidente da empresa com o bem-estar de seus clientes. A Johnson & Johnson, tal como outras empresas de imenso sucesso, tinha adotado intuitiva e eficazmente uma identidade arquetípica e a administrava de modo consistente.

Contudo, o melhor teste da Johnson & Johnson enquanto Prestativo genuíno resultou de uma tragédia da vida real. Quando a adulteração criminosa do Tylenol provocou mortes em todo os país, Jim Burke, CEO da Johnson & Johnson, passou noites em claro analisando as provas concretas, mas também repassando um número incontável de histórias de pessoas que tinham confiado na marca além da medida normal da confiabilidade do produto — pessoas que acreditaram no amigo Prestativo.

Foram essas histórias, ao lado de um elevado padrão ético, que fizeram Burke ordenar o maior *recall* da história para proteger, ou atender, os leais

---

1. James C. Collins and Jerry I. Porras, "Building your Company's Vision", *Harvard Business Review* (setembro/outubro de 1996), p. 65. Ver também, dos mesmos autores, *Built to Last: Successful Habits of Visionary Companies* (Nova York: Harper Business, 1994).

consumidores do Tylenol. Os cínicos na indústria afirmaram que o *recall* equivalia a uma confissão de culpa e destruiria a credibilidade do Tylenol. Os consumidores foram mais sábios. Reconheceram intuitivamente uma história que expressava o auto-sacrifício do Prestativo a serviço do bem maior. Jim Burke, a Johnson & Johnson e o Tylenol estavam à altura de uma autêntica história do Prestativo e a maneira pela qual a Johnson & Johnson respondeu à crise foi a comprovação. Depois do *recall*, os negócios subiram a níveis ainda mais altos que os de antes do episódio da adulteração.

Conte sua história na internet

Os viajantes que seguem a rodovia interestadual em Dakota do Sul pouco têm para distrair os olhos. A paisagem é uma desolação. O tédio só é quebrado por cartazes, a pouca distância uns dos outros, anunciando a Wall Drug. Sentindo curiosidade, os motoristas param ali e descobrem que é um restaurante e não uma drugstore [farmácia & lanchonete]. As toalhas de papel que forram as bandejas contam a história da família Wall: mudaram-se para Dakota do Sul e abriram a drugstore. Pouca gente aparecia e eles já pensavam em fechar o negócio. Foi então que Mrs. Wall percebeu que os viajantes certamente sentiam sede naquele clima tão quente. E começaram a anunciar água gelada grátis. O negócio floresceu. Logo eles passaram ao sorvete e uma coisa levou à outra. As pessoas leram a história e gostaram dela. É uma velha história do Inocente, que nos aquece o coração.

Se um negócio pequeno em Dakota do Sul consegue contar sua história de um modo que o faz prosperar, por que as corporações internacionais não contam suas histórias de criação nas páginas da internet, deleitando a alma sedenta dos consumidores que ali navegam? As pessoas geralmente vão a uma webpage para obter informações sobre um produto ou uma empresa. Por que não usar essa mídia para compartilhar a alma de sua empresa?

As empresas e seus líderes não poderão apoiar seus valores em tempos difíceis se esses valores forem superficiais. Como é que um líder instila valores que "pegam"? Ele conta a história de sua empresa, ele a reconta. Conta-a para o público, para a diretoria, para os investidores, para os empregados e os chefes de equipe, e assegura que alguém a contará a todos os novos empregados durante o período de treinamento. E certamente também a conta em seu website!

Claro que essas histórias devem transmitir os valores organizacionais e inspirar entusiasmo — até mesmo paixão. Onde você encontra tais histórias? A maioria das organizações tem sua própria mitologia sagrada: histórias de criação (dois hackers numa garagem, por exemplo), histórias de crises superadas, narrativas de desempenho excepcional, anedotas que captam e neutralizam as fraquezas humanas da organização, imagens visionárias de sonhadas conquistas futuras. Se a sua empresa — ou o seu cliente — ainda não está contando essas histórias, saiba que nunca é tarde demais para levar as pessoas pela ladeira da memória a fim de resgatar a herança perdida da empresa.

Ajude as pessoas que estiveram lá desde o início a lembrar o que capturou sua imaginação quando sonharam montar a empresa. Se elas não estiverem mais disponíveis, pesquise e descubra como eram as coisas para os fundadores da empresa. Faça as pessoas recordarem o dia em que foram contratadas e o que as atraiu para a organização. Convença-as a contar detalhadamente o que mais gostam na empresa — não só em termos abstratos, como também aquelas narrativas pitorescas que mostram a substância emocional das coisas que estão dando certo.

É fácil pensar que todos os acionistas ou sócios da sua organização conhecem os valores mais profundos e honrosos que embasam suas ações. Contudo, na correria alucinada da vida diária, é natural que eles esqueçam por que se interessam pelo que fazem. As histórias sagradas — de uma religião, de um país, de uma família e de uma empresa — podem ser contadas e recontadas. A repetição ajuda os valores a se aprofundar e inspirar continuamente a crença e a lealdade.

Coerência de marca e organizacional

A marca, quando bem-feita, ajuda as organizações grandes e complexas a manter a coerência durante as épocas de mudança rápida. O atual clima econômico, de alta pressão e ritmo veloz, exigiu das empresas um enxugamento da estrutura interna. As hierarquias se modificam: é freqüente que todas as pessoas necessárias para um projeto se envolvam de um modo que ultrapassa as linhas hierárquicas e departamentais. Além disso, com um nível próximo do pleno emprego, os trabalhadores esperam ser tratados com respeito e querem tomar decisões autônomas dentro de suas áreas de especialização. Hoje a prática-padrão do desenvolvimento organizacional estimula a flexibilidade, as equipes auto-organizadas e outras estratégias que trazem à tona toda a inteligência do grupo e aumentam a flexibilidade da empresa na solução de problemas.

É um mundo muito interessante. Mas, em diversas organizações, essa maior fluidez freqüentemente chega à beira do caos, especialmente se ninguém sabe o que cada um dos outros está fazendo. Com freqüência, os planos de marketing são feitos para produtos ainda em estágio de projeto. Diferentes equipes trabalham em pesquisa e desenvolvimento, desenho, produção, vendas e marketing — com pouquíssima interação.

Uma identidade arquetípica clara não só para o produto, mas para a empresa, age como o "atrator estranho" que permite o surgimento de um padrão ordenado mesmo em condições caóticas. Margaret Wheatley, em *Leadership and the New Science*, explica: "Como mostra a teoria do caos (...) se observarmos tal sistema por tempo suficiente e com a perspectiva do tempo, ele sempre demonstra sua ordem inerente. O mais caótico dos sistemas nunca ultrapassa certas fronteiras; ele permanece contido dentro de uma forma que conseguimos reconhecer como sendo o atrator estranho do sistema."[2]

Eis o consenso crescente na literatura organizacional de hoje: o equivalente do "atrator estranho" em uma empresa são seus valores — não necessariamente os valores declarados, mas seus verdadeiros valores. Nós acrescentaríamos a isso a idéia de que o alicerce desses valores é um arquétipo que os define. Portanto, é a estrutura arquetípica de uma organização que a impede de sair fora de controle.

Sem dúvida sabemos disso por experiência. Nos negócios baseados em valores, as pessoas têm uma bússola para orientar suas ações, mesmo quando o chefe não está por perto. Elas também têm um laço entre si. Não são apenas estranhos aleatoriamente trabalhando juntos, mas pessoas comprometidas com os mesmos fins. Além disso, as pessoas que compartilham tais convicções têm uma vantagem sobre as que não o fazem, no sentido de que são capazes de confiar umas nas outras e resolver os problemas quando estes aparecem. Claro que esse feliz resultado só ocorre se as pessoas souberem quais são aqueles valores e o que significa viver por eles.

É evidente que a boa comunicação e os sistemas de colaboração também são necessários nos ambientes fluidos de hoje. No entanto, o mais importante ainda é que as pessoas vivam a mesma história arquetípica. Assim, elas não serão "balas perdidas" disparadas em todas as direções e praticando atos incongruentes com a estrutura de significado geral da marca. Diferentes departamentos e equipes também têm arquétipos ativos relacionados com cada função. Por exemplo, o pessoal da área financeira muitas vezes assume inconscientemente valores do Governantes, enquanto as equipes de treinamento e as áreas de desenvolvimento organizacional provavelmente são Amantes ou Magos. Os membros desses diferentes grupos terão problemas de comunicação, a não ser que aprendam a ser arquetipicamente bilíngües, falando através das fronteiras grupais na língua do arquétipo unificador da organização e a partir da perspectiva desse arquétipo.

É claro que numa sociedade livre não se pode obrigar as pessoas a ter os mesmos valores e a sentir ressonância com um mesmo arquétipo. Porém, se a identidade de uma marca é clara, não será preciso obrigar ninguém a nada. Uma empresa atrairá empregados, investidores, fornecedores e clientes, tal como o ímã atrai a limalha de ferro.

Wheatley argumenta que o ritmo veloz do mundo de hoje significa que nosso desejo de controlar os processos organizacionais e montar estruturas

---

2. Margaret Wheatley, *Leadership and the New Science: Learning about Organization from an Orderly Universe* (San Francisco, Berrett-Koehler Publishers, 1992), p. 21.

permanentes será inevitavelmente frustrado. Quando adotamos o ponto de vista mais amplo, conseguimos ver a ordem implícita. Em vez de tentar impor a ordem por meio de um ato de vontade, reconhecemos que podemos "encomendá-la grátis". A questão, portanto, é trabalhar em harmonia com a ordem natural, que reconhecemos por suas qualidades arquetípicas.

Embora tudo esteja mudando muito depressa, os arquétipos são eternos. Eles evoluem no nível de sua expressão em nós, mas eles próprios nunca mudam. Se compartilhamos uma perspectiva arquetípica, ancoramo-nos na permanência, mesmo que as estruturas materiais de nossa vida mudem as formas que nos rodeiam.

Qual história você está vivendo?

Cada um dos capítulos precedentes descreveu organizações marcadas pela estrutura narrativa de um arquétipo. Em nosso trabalho com organizações, ficamos fascinadas ao perceber como cada uma delas é tão fundamentalmente diferente das outras. A "bottom line" muitas vezes parece ser o dinheiro, mas na verdade raramente o é. Claro que as pessoas querem viver bem, e algumas delas até querem ter um sucesso estrondoso. No entanto, a maioria de nós quer que nossa vida seja importante de um modo mais profundo. O exame da Figura 7.6 permite que você se familiarize com os valores inerentes que motivam as pessoas nas culturas organizacionais que possuem um matiz arquetípico definido. Olhando as categorias descritas na ilustração, você será capaz de identificar o tipo de organização que melhor combina com aquilo que lhe dá a motivação mais eficaz.

Às vezes, as pessoas dentro de uma organização nem sequer percebem a força dos valores subjacentes à história que estão vivendo, até que um desses valores é violado. Como exemplo, suponhamos que certa empresa fornecedora de gás encanado do Meio Oeste é privatizada. A nova gerência percebe que a empresa deteve o monopólio do gás na região durante tantos anos que isso prejudicou o serviço ao consumidor. Isso não quer dizer que os empregados não se interessavam pelo consumidor; preocupavam-se com ele, sim. Na verdade, os empregados viam a si mesmo como pessoas generosas que aqueciam o lar de seus vizinhos. Eles são, certamente, Prestativos. Mas, sabendo que o consumidor não tinha alternativa de suprimento, os técnicos da empresa ficavam tanto tempo batendo papo em uma casa, que tinham de deixar os outros chamados para o dia seguinte. Claro que isso não funciona em uma situação competitiva.

A nova gerência decide, corretamente, que tudo precisava ser aperfeiçoado para tornar-se mais eficiente em termos de custo. Mas ela não possui

Culturas organizacionais que valorizam a realização individual, o crescimento e o aprendizado			
Arquétipos	**Inocente**	**Explorador**	**Sábio**
Ponto forte	Segurança no emprego	Autonomia do empregado	Análise, planejamento
Ponto fraco	Dependência do empregado	Coordenação insuficiente	Lentidão no agir
Valores	Lealdade	Liberdade, independência	Aprendizado
Tabu	Sacudir o barco	Conformismo	Ingenuidade
Estilo de liderança	Parental	Pioneiro	Colegiado
Sombra	Comportamentos controladores	Manifestações anti-sociais	Fortalecimento do dogma
Culturas organizacionais que enfatizam o risco, a mestria e a realização			
Arquétipos	**Herói**	**Fora-da-lei**	**Mago**
Ponto forte	Coragem	Idéias divergentes	Visão
Ponto fraco	Arrogância	Ética	Ligar-se a pessoas medíocres
Valores	Alcançar as metas	Não tradicional	Evolução da consciência
Tabu	Fraqueza	Conformismo	Superficialidade
Estilo de liderança	Treinador	Revolucionário	Carismático
Sombra	Crueldade	Criminalidade	Manipulação
Culturas organizacionais que enfatizam a pertença, a alegria e a comunidade			
Arquétipos	**Cara Comum**	**Amante**	**Bobo da Corte**
Ponto forte	Sobrevivência	Comunidade	Jocosidade
Ponto fraco	Nivelamento	Evitar conflitos	Responsabilidade
Valores	Igualdade	Intimidade	Diversão
Tabu	Ser especial	Renúncia estóica	Aborrecer-se
Estilo de liderança	Autoritário	Facilitador	Eliminador de problemas
Sombra	Crueldade	Falta de comprometimento	Caloteiro
Culturas Organizacionais que enfatizam a estabilidade, o controle e a permanência			
Arquétipos	**Prestativo**	**Criador**	**Governante**
Ponto forte	Prestação de serviço	Inovação	Estrutura
Ponto fraco	Exige responsabilidade	Rotina	Flexibilidade
Valores	Zelo	Integridade	Poder
Tabu	Egoísmo	Mediocridade	Irresponsabilidade
Estilo de liderança	Espírito do cruzado	Visionário	Político
Sombra	Devorador, controlador	Perfeccionismo crítico	Tirania

Figura 7.6

aptidões na área de administração do significado. Ela não sabe que, para seus empregados, o valor "bottom-line" é a prestação de um serviço zeloso. A empresa até mesmo começa a cortar o fornecimento de gás para as pessoas que estão com a conta atrasada — incluindo velhinhas humildes. Naquela região, o inverno é rigoroso. Quem não tem aquecimento dentro de casa morre de frio. Os empregados Prestativos ficam horrorizados. O moral desaba. O resultado é menos eficácia.

Em uma associação voltada ao ensino superior, dirigida conforme os valores universitários do Sábio, esperava-se a mais alta competência e profissionalismo; o tratamento dado ao pessoal indicava que a gerência acreditava que os empregados sabiam o que estavam fazendo. A hierarquia foi minimizada e as interações dos vários níveis administrativos eram fáceis e tranquilas. As pessoas amavam o emprego e estavam sempre dispostas a trabalhar horas a fio. Aí chega um novo presidente: ele estabelece uma estrutura mais hierárquica, antagoniza alguns dos melhores empregados e mostra-se indiferente a algumas das idéias centrais que faziam as pessoas trabalharem com tanto empenho. Passado um ano, muitos dos melhores membros da equipe já deixaram a organização e os restantes largam o trabalho às cinco horas em ponto. E então, em vez da cultura do comprometimento, a organização tem agora a cultura do "eu só trabalho aqui".

A estrutura arquetípica da cultura geralmente é invisível e não articulada. Muitas vezes os novos membros fracassam — mesmo no topo — porque não fazem uma leitura adequada da cultura. Em uma organização do Bobo da Corte, você poderá cair no ostracismo se não tiver senso de humor. Em algumas organizações do Amante, a regra não escrita é que todos saibam tudo a respeito de todo mundo. Eles compartilham suas histórias de vida, as de seus filhos e mesmo seus medos e sonhos. Nesse ambiente, você terá dificuldade em guardar sua vida para si mesmo. Em uma cultura do Herói, você não vai querer ser visto como um covarde. Em uma cultura do Fora-da-lei, não é interessante você parecer muito "certinho".

Nesses casos todos, muitos dos empregados (e certamente os mais bem adaptados) encontram sua auto-estima por meio de uma mesma história. Os Prestativos se sentem bem consigo mesmos quando prestam serviços aos outros; os Criadores, quando produzem algo belo, imaginativo e inovador; e os Governantes, quando estabelecem e mantêm sistemas que tornam a vida mais ordenada e previsível.

E então, o que você faz quando existe uma necessidade real de mudar a cultura de sua empresa — tal como ocorreu com a fornecedora de gás que mencionamos acima? O ideal é que você introduza uma nova história, ao mesmo tempo em que valoriza e honra a antiga história. É mais ou menos como ter uma identidade novinha em folha, ao mesmo tempo em que se reconhece o poder da essência da categoria. A história fundamental de uma organização geralmente deriva de sua linha de produtos, de seu fundador e das primeiras decisões que foram tomadas e codificadas em uma história oral que se torna "sua história". Com o passar do tempo, a empresa contrata pessoas que têm a "química correta" — ou seja, pessoas que vivem pela mesma história, que "vestem a camisa" da empresa. Você pode introduzir novas histórias, mas elas são como novo software. Nesse ponto, o que funciona melhor é ver a identidade histórica da marca como um sistema operacional, que ainda é definido, inevitavelmente, pela antiga história. Todo novo software precisa ser compatível com o já existente. Você pode atualizar o sistema operacional; substituí-lo, porém, exige que você reinicialize, perdendo o valor de mercado da sua marca.

No entanto, você *pode* passar de um nível mais baixo para um nível mais elevado do arquétipo com relativa facilidade, especialmente se essa mudança for exigida pelas circunstâncias ou apoiada pela mudança cultural. Por exemplo, o local de trabalho atual é mais democrático e igualitário do que era há duas décadas. Isso influencia o nível de muitos arquétipos. Existe uma pressão para que os autocratas se tornem flexíveis, por exemplo. É provável que os Prestativos comecem a esperar que os outros façam mais em benefício de si mesmos. O Herói solitário está sendo substituído pela equipe heróica. Além disso, para que a identidade de uma marca permaneça viva, sua expressão deve manter-se à altura da consciência da época. Se a expressão do arquétipo está evoluindo em seus clientes, o nível do arquétipo em suas mensagens comerciais e na sua cultura organizacional deve acompanhar essa evolução.

O mais importante: mesmo quando novas qualidades e hábitos mentais precisam ser introduzidos em uma cultura, sua identidade de marca deve permanecer clara — não só para conservar a fé dos consumidores, mas também para conservar a congruência e a eficácia internas.

Evite aborrecimentos

Se você compreender os alicerces arquetípicos de uma cultura organizacional, também poderá reconhecer a sombra de sua empresa. Quando indivíduos e grupos identificam as qualidades positivas do arquétipo típico, é possível que eles estejam reprimindo outros arquétipos que viriam à tona de muitas maneiras desagradáveis e inconscientes. Por exemplo: em uma cultura do Prestativo, todos querem parecer gentis e compassivos. Os impulsos agressivos são relegados ao inconsciente e talvez venham à tona sob a forma de políticas mesquinhas e manipuladoras. Ninguém admite que deseja o poder, mas as lutas pelo poder continuam o tempo todo. Já que a dinâmica do poder não é um tema a ser discutido abertamente, tais competições não precisam seguir as regras do jogo limpo.

É assim que a sombra opera. Em um banco do Governante, todos pareciam muito respeitáveis e responsáveis. O Amante, relegado ao inconsciente, veio à tona sob a forma de Eros desenfreado. Todo mundo dormia com todo mundo e o assédio sexual era lugar-comum; na superfície, porém, as pessoas eram um modelo de compostura (mais ou menos como na Inglaterra vitoriana).

Como vimos nos capítulos precedentes, cada arquétipo também tem sua tentação negativa. Ou seja, o próprio arquétipo também tem uma sombra. Conforme ficou evidente no caso da Nike e da Microsoft, os pesadelos de relações públicas muitas vezes germinam na sombra de um arquétipo. É prudente manter-se vigilante, observar quando o arquétipo começa a passar para suas potencialidades mais negativas e tomar medidas preventivas para redirecioná-lo à sua forma positiva antes que o problema venha à tona.

O antídoto para a possessão sombria em uma organização é trazer os comportamentos à luz do dia, onde eles poderão ser observados e analisados. Isso dá à organização uma oportunidade de expressar o arquétipo reprimido de modo mais apropriado e integrado.

Tornando consciente o inconsciente

O processo de administrar a marca lhe oferece uma maravilhosa oportunidade de analisar sua cultura organizacional e esclarecer seus valores, sua missão, sua visão do futuro e seu arquétipo fundamental. Esse processo torna consciente o inconsciente, ajudando você a tomar melhores decisões sobre o quadro de pessoal, a orientar mais eficazmente os novos empregados e a conservar os talentosos. Sua análise ajudará as diferentes unidades da organização a falar a mesma língua e aumentará as probabilidades de que as informações passadas informalmente pelos empregados aos clientes (em ocasiões sociais, nas salas de bate-papo da internet e nas interações comerciais propriamente ditas) sejam coerentes com a identidade de marca que você pretende.

Temos uma série de instrumentos que ajudam: (1) as organizações a avaliar as raízes arquetípicas de sua cultura; (2) as equipes a colaborar mais eficazmente; e (3) os indivíduos a compreender como ter sucesso dentro de determinada cultura organizacional.[3] Mas você também poderá diagnosticar

---

3. Para informações sobre o uso desses instrumentos, entre em contato com Carol Pearson no The Center for Archetypal Studies and Applications (CASA), tel: 301-277-8042 ou e-mail cspearson@herowithin.com.

uma cultura caminhando pela empresa, ouvindo, observando e fazendo algumas perguntas.

Comece coletando exemplos das histórias sagradas da organização. Observe qual narrativa arquetípica elas representam. E então faça a si mesmo as seguintes perguntas:

- Qual é o nome da empresa e o que ele significa?
- Qual é o logotipo e o lema da empresa? O que eles simbolizam ou sugerem?
- Como as pessoas se vestem e interagem na organização?
- Às vezes a arquitetura do estabelecimento ou a decoração do escritório é informativa. Use sua imaginação para responder a esta pergunta: "Se este fosse o cenário de uma peça ou de um filme, qual seria seu nome?"
- Analise o material promocional que é popular na empresa. Pergunte às pessoas o que elas mais valorizam na organização. E o que elas têm dificuldade em aceitar.
- Se você é o dono da organização, medite profundamente sobre a função dela em sua vida. Ela lhe dá estabilidade e respeitabilidade (sugerindo talvez o Governante ou o Inocente)? Ela faz você se sentir amparado ou lhe dá uma oportunidade de cuidar dos outros (sugerindo talvez o Prestativo)? Faça perguntas semelhantes relativas aos outros arquétipos. Se a organização for sua cliente, faça essas perguntas a pessoas nos diferentes níveis.
- Realize ou reveja as pesquisas sobre o consumidor. Como é que os clientes vêem a organização?

Compreender a dimensão arquetípica de uma cultura organizacional dá a você maior poder de reconhecer as forças invisíveis que estão agindo dentro dela. Quando uma empresa alinha sua identidade de marca com seus verdadeiros valores culturais, é mais fácil que ela seja um "verdadeiro McCoy" (e seja assim percebida). Isso lhe dá uma vencedora identidade de marca, suficientemente poderosa para resistir às maiores dificuldades — como ocorreu com a Johnson & Johnson na crise do Tylenol. O mais importante: o exercício da administração da marca permite que a empresa conheça a si mesma e às suas lealdades, em um novo nível, por meio da decodificação de seu arquétipo básico.

Se você está começando (ou ajudando a começar) um novo empreendimento, olhe para dentro de si mesmo e esclareça seus valores. Observe a estrutura dos seus devaneios e decida como você quer que o enredo se desenvolva. Monitore seus sonhos, botando-os no papel. Acima de tudo, fique atento para ver qual arquétipo responde ao verdadeiro anseio de sua alma — e que fará o mesmo por seus futuros clientes.

Os antigos gregos e romanos iam freqüentemente ao templo de certos deuses ou deusas para ganhar determinadas virtudes. Visitavam o templo de Ártemis se esperavam trabalho fácil; o templo de Zeus, se queriam poder político; ou o templo de Afrodite, se desejavam amor. No mundo de hoje, não mais visitamos os arquétipos em seus templos; nós os visitamos de uma maneira muito real, precisamos reconhecer qual "templo" estamos metaforicamente habitando. Isso nos ajuda a assumir uma responsabilidade consciente pelo impacto das nossas mensagens sobre nossos clientes, nossa cultura e nós mesmos.

Deixando um legado

A ética do marketing arquetípico

O IMPACTO DO MARKETING DE MARCA, especialmente a propaganda, é inco-
mensurável. Em grande medida, a atenção determina a história. Ou seja,
aquilo que focalizamos e pelo qual sentimos ressonância vem reforçar padrões de consciência que, por sua vez, direcionam a ação. A publicidade na
tevê captura a atenção por causa de todo o talento, energia e inteligência que
entram nos comerciais para que eles sejam mais atraentes do que os programas em cujos intervalos são veiculados. Como disse David Ignatius, colu-
nista do *Washington Post*: "Não se trata apenas de dizer que os anúncios vendem produtos. A mídia tem um efeito mágico sobre a consciência cultural,

pois, em geral, a melhor coisa na televisão (...) são os comerciais. Eles são 'legais', são engraçados, são belamente produzidos e não têm maiores pretensões. Quem vai querer mudar de canal só para ver outro programa idiota?" A publicidade, observa Ignatius, é a forma de arte dos nossos tempos; e ele até mesmo afirma que se "Michelangelo vivesse hoje, provavelmente estaria trabalhando na Madison Avenue".[1]

Para quem trabalha na Madison Avenue ou seu equivalente, o conceito de Ignatius talvez seja atraente, mas também intimida. Já há muito tempo chamados de "capitães da consciência", os profissionais da comunicação de marketing têm sido simultaneamente glorificados e difamados. Mas o que poderiam eles fazer? Sua tarefa é vender o produto e muitas vezes o máximo que se pode esperar é que eles o façam de maneira atraente ou pelo menos inócua.

O estudo dos arquétipos, porém, convida-nos a contemplar outro caminho: pensar mais profundamente nos consumidores individuais, na cultura como um todo e nas nossas próprias empresas permite-nos considerar possibilidades que talvez fossem estratégias vencedoras para a gerência ou para os clientes e, ao mesmo tempo, nos oferece uma teoria que nos ajuda a resolver, ou mesmo prever e neutralizar, os problemas éticos que surgem na publicidade.

Quando você pede que os céus lhe atendam um desejo

O campo do marketing habita o mundo dos sonhos. Quando entramos no mundo daquilo que queremos que se realize, em vez de pisar no mundo real, estamos nos permitindo sentir anseios humanos que revelam nossas vulnerabilidades. Pense por um minuto nas histórias infantis que continuam a ganhar os corações, por mais que sejam repetidas. Gepeto deseja um filho e a Fada Azul desce das nuvens para dar vida ao boneco de madeira, Pinóquio. Cinderela deseja ir ao baile e a Fada Madrinha aparece para transformar a abóbora em carruagem, os ratinhos em cavalos, seus trapos em um lindo vestido. O sapo Kermit canta seus desejos à Estrela da Manhã ("The Rainbow Connection", no Muppet Movie) e um agente aparece no pântano chamando Kermit a Hollywood, à aventura, com a promessa de que conseguirá tornar felizes milhões de pessoas.

Como profissionais de marketing, trabalhamos na esfera dos sonhos e aspirações humanas. Os executivos querem criar ícones de marcas que tragam o mais extraordinário sucesso para suas empresas. As forças ocultas por

1. David Ignatius, "And Viewing Pleasure", *The Washington Post* (7 de julho de 1999).

trás dessas motivações vão muito além da simples necessidade de fazer um bom trabalho ou obter lucro para os acionistas. Esses desejos não envolvem apenas ganhar dinheiro. Eles evocam uma paixão pelo sucesso que tem origem nos temas da auto-estima, nas necessidades profundas de se afirmar diante dos pais e dos outros, no desejo de evitar a experiência da incapacidade por meio de uma grande vitória, e assim por diante.

Estas questões não são triviais. Pois também os consumidores compram produtos que apelam aos seus sonhos e esperanças mais profundamente acalentados. Inconscientemente, o consumidor espera que os profissionais da área de marketing sejam verdadeiras fadas-madrinhas, transformando produtos que são sabugos de milho em bolsinhas de seda ou realizando sonhos de consumo que nenhum produto real conseguirá realizar.

Todos nós temos sonhos e anseios. Se nos concedessem três desejos, quase todos nós começaríamos pedindo que nossos sonhos pessoais se realizassem; mas, parando para pensar antes de fazer os três desejos, é bem provável que pelo menos um deles expressasse alguma esperança para o mundo. Pediríamos, talvez, a paz mundial, a proteção do meio ambiente ou um senso renovado de comunidade no planeta. Praticamente todos nós temos algum desejo altruísta de mudar o mundo para melhor. Por mais que possamos perceber o enorme impacto das mensagens comerciais sobre a cultura da nossa época, percebemos que nem sequer conseguimos realizar nossos próprios sonhos por meio do trabalho que fazemos dia após dia.

A verdade, porém, é que existimos no *mundo real*, onde nem sempre conseguimos controlar o resultado das nossas próprias ações e muito menos o destino da cultura. Não conseguimos transformar um produto inferior em um produto campeão nem conseguimos oferecer o tipo de significado pelo qual as pessoas realmente anseiam na vida. Se olharmos as categorias básicas das motivações humanas, concluiremos com certo grau de segurança que a realização legítima dos consumidores virá da fé espiritual, do amor verdadeiro, da experiência genuína de comprometimento com a família e a comunidade, das conquistas autênticas, da autopercepção e auto-aceitação, da sensação de ajudar a tornar o mundo melhor e de algum senso de enraizamento genuíno no lugar, no tempo e no espaço.

Pela primeira vez na história da humanidade, quebraram-se os mitos compartilhados e agora as mensagens comerciais tomam o lugar das histórias sagradas compartilhadas. Sabemos, no fundo do coração, que uma profissão voltada a vender produtos nunca preencherá esse vazio. Se pararmos para pensar em quantas pessoas estão encontrando no consumo o único significado que têm na vida, não nos sentimos orgulhosos; sentimo-nos tristes ou mesmo ultrajados.

A área da publicidade nunca poderá ser a fada-madrinha da cultura. Nós não temos realmente varinhas mágicas e, no frigir dos ovos, a questão básica é que somos pagos para vender produtos.

O que podemos fazer? Fora do nosso trabalho remunerado, muitos de nós fazemos trabalho voluntário para ajudar a ampliar o alcance de igrejas, templos, organizações de caridade, projetos comunitários ou candidatos políticos, a fim de que façam na vida das pessoas uma diferença bem mais profunda do que o faz a maioria dos produtos.

Se somos líderes empresariais ou organizacionais, talvez tenhamos também orientado nossa empresa para contribuir para boas causas — não importa se fazemos isso para reforçar, na mente do público, associações positivas com nossa marca, ou se o fazemos por generosidade e pelo desejo de retribuir ao mundo o que ele nos deu. É bem provável que sejamos movidos por ambas as razões.

Sabemos, claro, que ligar tal filantropia a uma identidade de marca reforça essa identidade. Talvez também reconheçamos que contribuir para causas que cumprem a promessa do significado de uma marca, de maneira mais potente e direta do que o faz a própria marca, será sempre um modo de preencher essa brecha e demonstrar verdadeira integridade. Por exemplo, se sua marca é uma marca do Explorador e você explora o prazer do Explorador de estar junto à natureza, talvez você queira se envolver com as causas ambientais, doando seu tempo e dinheiro para garantir que a natureza ainda exista para ser apreciada pelas futuras gerações. Se sua marca é uma marca do Prestativo, você talvez queira se envolver com algum projeto de alimentar, vestir e abrigar os sem-teto. Se sua marca é uma marca do Sábio, é possível que você queira investir em pesquisas de base para ampliar o conhecimento da população em geral, não simplesmente para desenvolver novas linhas de produto em sua empresa. Se você é um profissional do marketing, trabalhando em uma firma de publicidade, talvez pudesse aplicar suas habilidades mercadológicas em atividades voluntárias de ajuda a organizações que promovem boas causas.

Muitas questões de ética e política social estão além do escopo deste livro, dentre elas: produtos perniciosos e perigosos; produtos que poluem o meio ambiente; políticas empresariais e trabalhistas desumanas; e a questão dos direitos previstos na Primeira Emenda da Constituição norte-americana *versus* a necessidade de proteger as crianças contra material violento e pornográfico. Tais questões, é claro, podem ser discutidas mediante o envolvimento cívico e político e, no nível pessoal, cada profissional toma suas próprias decisões quanto a com quem e para quem quer trabalhar.

Também desistimos, na última hora, de realizar quaisquer análises sistemáticas do impacto da estimulação artificial da atividade comercial sobre os valores e prioridades da nossa época; não oferecemos especulações sobre o papel real e potencial da defesa do consumidor nem efetuamos qualquer estudo do impacto real das imagens atuais sobre qualquer grupo social específico. As oportunidades e preocupações que levantamos neste capítulo se limitam a questões éticas e situações que são imediatamente relevantes à prática cotidiana do marketing. As reflexões a seguir destinam-se a ajudar os profissionais a administrar o significado, de maneira tal que:

• evitem causar danos e impeçam os pesadelos na área de relações-públicas;
• aumentem as opções, em vez de enquadrar as pessoas em categorias rígidas; e
• promovam resultados sociais e psicológicos positivos.

Não cause danos

De todas as questões enfrentadas pelos consumidores e pelos profissionais de marketing, a que geralmente é sentida como mais forte diz respeito ao impacto dos anúncios sobre as crianças. As crianças são muito impressionáveis e o poder da imagem as afeta profundamente; foi por isso que houve tanta revolta contra a Calvin Klein e os cigarros Camel. As ofensas mais notórias são claras e evidentes, mas no nível cotidiano há muitas áreas cinzentas. Trabalhar com os arquétipos dá uma perspectiva positiva à tarefa de avaliar a conveniência dos anúncios; em vez de focalizar aquilo que devemos evitar, lembremo-nos de que as crianças precisam ter todos os arquétipos despertados dentro de si mesmas. Quando direcionamos conscientemente os anúncios para o pólo positivo de cada arquétipo, é possível influenciar positivamente as crianças, ao mesmo tempo em que se deixa amplo espaço para o posicionamento da marca e a expressão criativa.

Muitos livros influentes levantam preocupações sobre o destino dos meninos e meninas de hoje. *Raising Cain* sugere que, apesar dos nossos melhores esforços, os meninos ainda estão sendo "sistematicamente desviados da própria vida emocional e induzidos ao silêncio, à solidão e à desconfiança".[2] E quem está cuidando dos impulsos heróicos das meninas? O argumento apresentado em *Reviving Ophelia* afirma que as pressões sociais levam as meninas a perder o "verdadeiro eu" quando entram na adolescência.[3] Em nossos papéis de mães, pais, tias ou tios, a maioria de nós se preocupa com

---

2. Dan Kindlon e Michael Thompson, *Raising Cain: Protecting the Emotional Life of Boys* (Nova York, Ballantine Books, 1999).
3. Mary Pipher, *Reviving Ophelia: Saving the Selves of Adolescent Girls* (Nova York: N.Y. Ballantine Books, 1995).

o bem-estar das crianças. Será que poderíamos tentar lidar com essas questões no trabalho que fazemos e ainda sentir que estamos dando tudo de nós ao nosso negócio ou aos nossos clientes? Todo conhecimento exige responsabilidade. Será que entendemos os apuros dos nossos jovens e reconhecemos nosso papel de árbitros da consciência, mas ainda não apresentamos os tipos de imagens que ajudariam nossos jovens a canalizar suas energias em uma direção positiva?

Uma estratégia que ajuda a concretizar essa intenção positiva é analisar sistematicamente, durante o processo de desenvolvimento de um produto, o impacto desse produto sobre a consciência das crianças. Entre outras coisas, esse procedimento fará você ganhar uma compreensão plena do arquétipo evocado pelo produto e de seu impacto sobre a consciência, do mesmo modo que as empresas hoje avaliam os possíveis riscos de segurança de qualquer novo produto.

Por exemplo, muitos pais e mães, bem como os psicólogos, se preocupam com o impacto potencial da boneca Barbie sobre as meninas. Essa boneca, tremendamente popular, tem pernas longas, cintura e quadris bem estreitos e o corpo muito mais alongado do que seria possível a qualquer mulher de carne e osso. Muitas pessoas acham que a Barbie reforça as tendências sociais que influenciam as garotas a viver em perpétuo regime, experimentar baixa auto-estima e até mesmo desenvolver perigosos distúrbios alimentares. A ilustração abaixo mostra a extraordinária semelhança entre a Barbie e uma deusa celeste egípcia, que está ligada à criação, à destruição e ao processo de metamorfose. Suas pernas são longas porque ela se estende na direção dos céus ao mesmo tempo em que envolve amorosamente o mundo. Será que essa forma arquetípica é uma das razões de seu apelo?

Os arquétipos exercem um potente atrativo ao qual as crianças provavelmente não terão a percepção de se opor. Por isso é especialmente importante que a potencial "chuva ácida" do significado dos produtos, bem como sua função, sejam estudadas antes do lançamento dos produtos. Fazendo isso, evitam-se os pesadelos na área de relações-públicas e impede-se que as marcas causem danos às pessoas.

A colaboração Pearson-Mark teve como ponto de partida a preocupação de Margaret com o impacto da publicidade sobre as crianças, em primeiro lugar, e, em segundo lugar, sobre indivíduos de todas as idades. Nós duas começamos analisando os anúncios da Calvin Klein, que naquela época mostravam adolescentes em poses sedutoras. Claro que não fomos as únicas a nos preocupar. Aquela campanha publicitária foi amplamente denunciada como "pornô juvenil". Observando os anúncios da Gap naquela mesma época, Carol reconheceu que eles apelavam para o mesmo tipo de alienação adolescente que estava na mira da Calvin Klein, mas a Gap mos-

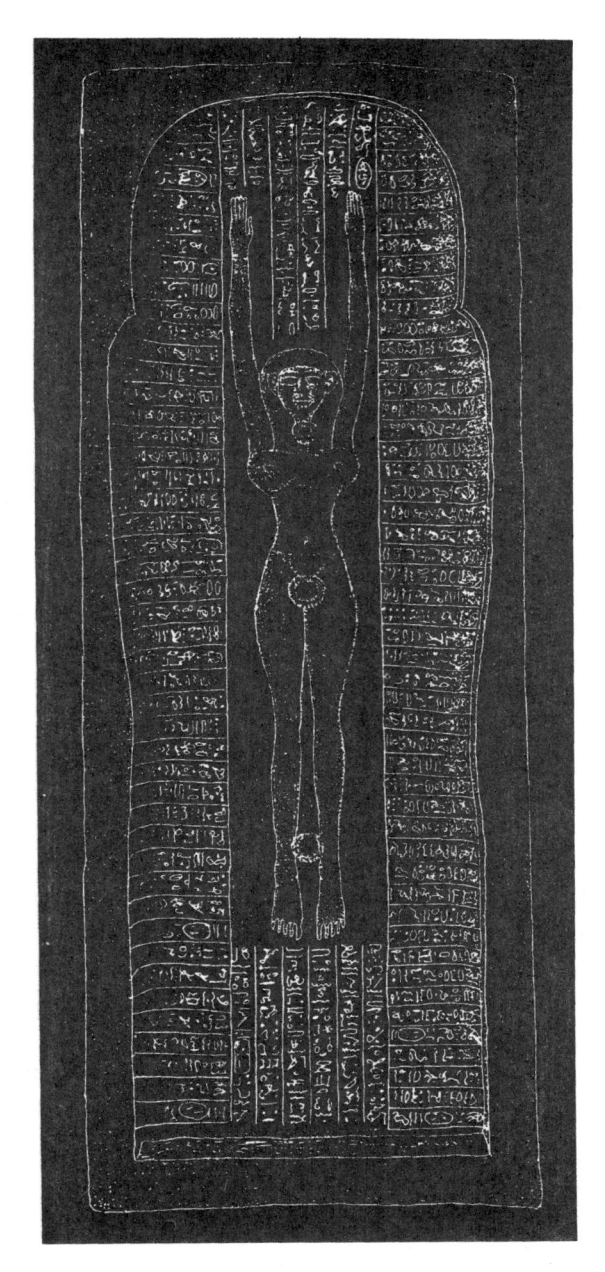

A forma incomumente alongada da boneca Barbie, na qual predominam cabeça e cabelos, faz lembrar Nut, a deusa celeste egípcia aqui mostrada. A forma reflete a imagem encontrada no interior do sarcófago da princesa Ankhnesneferibre (cerca de 525 a.C.). Será que os criadores da Barbie espelharam conscientemente uma forma arquetípica?

trava adolescentes em grupos etários e com atitudes realmente amistosas e apropriadas à idade. Gostamos de ver que os anúncios da Gap tratavam das mesmas questões subjacentes, mas sugeriam uma resolução mais positiva. Quando você se sentir solitário, não vá correndo seduzir alguém (como sugeriam implicitamente os anúncios da Calvin Klein); em vez disso, reúna-se aos seus amigos e se sinta compreendido.

À medida que examinávamos inúmeros outros comerciais, percebemos que os anúncios arquetípicos que apelam a uma necessidade real tendem a ser bem-sucedidos. Para capturar a atenção do consumidor, simplesmente não é preciso recorrer a anúncios que talvez tenham conseqüências negativas para a consciência dos indivíduos e/ou resultem em uma revolta contra a marca. E então, por que se arriscar? Os profissionais da área de marketing poderão usar este sistema para encontrar meios coerentes de chegar ao caminho mais nobre, enquanto continuam vendendo produtos com sucesso.

Acentue o positivo, elimine o negativo

Existem anúncios maravilhosos que reforçam o potencial inovador dos arquétipos. No entanto, muitas mensagens medíocres atualmente reforçam os aspectos negativos ou de baixo nível dos arquétipos. Por exemplo, muitas mensagens comerciais apelam para o desejo de poder e status do Governante. Mas o arquétipo do Governante, em seu nível mais alto, está pronto a assumir responsabilidades imensas, não só por dinheiro e status, mas para melhorar o mundo. As pessoas que têm um alto grau de tendências do Governante também possuem aptidão para unificar a infra-estrutura de políticas, procedimentos, regras, regulamentos e leis que fazem o mundo funcionar. Você imagina tais pessoas como grandes cidadãos que ajudam as fazer as coisas funcionarem para todos nós. Será que é realmente necessário que tantos anúncios apelem simplesmente ao desejo mais grosseiro do Governante a fim de incitar inveja ou situações de domínio? Você vende produtos usando ambas as abordagens — no primeiro caso, com o potencial de reforçar tendências superficiais nas pessoas; no segundo caso, para reforçar algo maior e mais nobre dentro delas. Se é possível vender o produto de ambos os modos, por que não seguir o melhor caminho?

Especialmente quando os profissionais de marketing são pressionados a criar mensagens comerciais destinadas basicamente a chamar atenção, sem pensar nos outros fatores, é importante reconhecer que existe um grande risco de que esses anúncios estereotipados reforcem o potencial negativo de um arquétipo.

No campo da medicina, médicos e companhias farmacêuticas estão incumbidos da tarefa de manter as pessoas saudáveis. Mas eles serão responsabilizados se, nesse processo, induzirem efeitos colaterais maléficos. Os recentes processos de governos e órgãos de classe contra as fábricas de cigarros talvez sejam apenas o primeiro passo do crescente consenso social de que as empresas são responsáveis pelo impacto de seus produtos sobre os consumidores.

O marketing também produz conseqüências inesperadas sobre a consciência dos indivíduos e da época, por mais bem-intencionados que sejam os profissionais de marketing. É útil, portanto, ao desenvolver uma campanha de marketing ou elaborar uma campanha publicitária, monitorar o nível do arquétipo que você está reforçando e tirar a ênfase de sua sombra ou aspectos negativos. Relembrando o que dissemos na Parte 1 sobre a ação do efeito placebo, é evidente que um produto pode ficar associado às atitudes e comportamentos negativos promovidos por seu uso. A Figura 7.7 contém um sumário das informações sobre os aspectos da sombra dos 12 arquétipos, que poderá ser complementado pela releitura das Partes 2 a 5 deste livro. Essas informações se destinam a oferecer um meio de avaliar rotineiramente o domínio ético, que tende a ser nebuloso e de difícil compreensão.

Padrões de qualidade no marketing: Não cause danos		
Arquétipo	**Virtude**	**Vício**
Inocente	Fé	Negação
Prestativo	Compaixão	Martírio
Governante	Responsabilidade	Ditadura
Bobo da Corte	Diversão	Brincadeiras cruéis
Cara Comum	Igualdade	Bando de linchadores
Amante	Amor	Promiscuidade
Herói	Coragem	Arrogância
Fora-da-lei	Revolução	Destrutividade
Mago	Transformação	Manipulação
Criador	Inovação	"Cientista louco"
Explorador	Autenticidade	Autocomplacência
Sábio	Sabedoria	Dogmatismo

Figura 7.7

Padrões de qualidade no marketing

Existem também outros caminhos, nos quais a ética do trabalho com arquétipos torna-se incerta. Às vezes um aspecto positivo entra em conflito com outro. Por exemplo, alguém argumenta que a imagem de charmosos veículos utilitários atravessando um terreno selvagem contém importantes valores do Explorador que são ameaçados pela vida moderna. Uma parte de nós está cansada de cidades e quer retornar à natureza, mas nunca o fazemos. Tais imagens nos dão uma espécie de substituto da experiência pela qual ansiamos. Contudo, outro alguém argumenta que esse tipo de comercial estimula um comportamento que causa danos ao meio ambiente. Como resolver essa questão exige, sem dúvida, uma reflexão séria sobre a ética nela envolvida.

Os arquétipos têm seus lados positivo e negativo. No lado positivo, eles amplificam nossa vida. Os arquétipos, por sua própria natureza, são amorais. Assim como a energia nuclear, ou mesmo a energia hidráulica, eles podem ser utilizados para o bem e para o mal. Parte daquilo que significa ser responsável é não deixar que tais energias se apoderem de você e simplesmente o obriguem a fazer o que elas querem que você faça. Por exemplo, deixando-se dominar pelo Fora-da-lei (especialmente em sua forma negativa), você vai acabar na cadeia! O Prestativo levará você ao martírio, o Herói o levará à morte e o Inocente fará você ser logrado. Os arquétipos precisam ser aproveitados por meio de um potente senso moral. Mas esse refreamento não é simples: ele exige inteligência e atenção plena.

Essa responsabilidade também significa que não devemos ver a administração do significado como um simples "acrescente um arquétipo e mexa bem". Quando revisamos os capítulos sobre os vários arquétipos, ficamos surpresas ao ver a imensa quantidade de propaganda que tende a enxertar um significado modernoso em um produto cuja função não carrega aquele significado. Os produtos mais eficazes ancoram o significado em algo que é genuíno e traz benefício real. Em teoria, é possível enxertar um significado em uma função dele desvinculada — como enxertar o Amante em um cortador de grama ou o Governante em uma lata de talco; mas, quando alguém tenta fazer tais associações, geralmente o resultado não é convincente, no melhor dos casos, ou é ridículo, no pior dos casos.

Quando o significado diferencia produtos muito semelhantes, deve haver alguma diferença funcional entre eles para que a mensagem tenha credibilidade. Para funcionar, essa diferença entre os produtos não precisa ser imensa. Por exemplo, embora Coca-Cola e Pepsi sejam ambas refrigerantes de cola, a ligeira diferença de sabor está hoje inextricavelmente ligada a diferentes significados. Ivory e Dove são ambos sabonetes, mas a adição de hidratantes no Dove ajuda o produto a sustentar honestamente o significado de nutrição da pele, em vez da pureza.

Quando não existe qualquer base para o significado arquetípico associado aos produtos, os consumidores inteligentes não só não se deixam convencer pela mensagem, mas sua incredulidade também reforça o cinismo da nossa época e acaba solapando a reputação de todo o campo da publicidade. Tais anúncios alimentam a idéia equivocada do público de que o pessoal da área de marketing tenta manipular o consumidor.

Respeite a religião e a espiritualidade

Na propaganda, é sempre tentador subir em qualquer bonde que esteja na moda. Mas é melhor você não fazer isso inconscientemente. Por exemplo, a consciência emergente da atualidade é mais abertamente espiritualizada do que em épocas mais seculares como as décadas de 1970, 80 e começo de 90. Movimentos pluri-religiosos; um novo ecumenicalismo; pessoas de todas as idades que já vivenciaram, conhecem e respeitam as diversas tradições espirituais. Por exemplo, um presbiteriano tem aulas de meditação zen, freqüenta um ritual indígena ou participa de um workshop Nova Era.

Como a espiritualidade "está na moda", há uma tendência de simplesmente jogar símbolos religiosos nos anúncios. Essa prática, claro, gerou a revolta de pessoas que sentem que suas tradições religiosas não deveriam ser exploradas para vender produtos. Os índios norte-americanos são particularmente sensíveis a essa tendência, porque muitas de suas tradições já foram comercializadas. A maioria de nós trata suas próprias histórias e símbolos religiosos com a sensibilidade apropriada, mas talvez não tenha uma percepção consciente tão imediata das outras tradições e daquilo que elas verão como explorador ou desrespeitoso.

Todd Stein, em um artigo publicado no *Shambala Sun* ("O zen vende"), levanta sérias questões sobre a leviandade com que símbolos religiosos são inseridos em anúncios, citando o hidratante Hydra Zen, da Lancôme, a Apple mostrando a imagem do Dalai Lama em sua campanha "Pense diferente" e, o que ele pessoalmente menos aprecia: o xampu Abba. Stein observa que o zen é hoje onipresente nos anúncios — mesmo em anúncios que nada têm a ver com as idéias budistas. Ele também observa que *Abba* ("pai" em aramaico) foi a palavra usada por Jesus para designar o Deus Pai e era também o nome dado aos primeiros monges cristãos. Todd Stein cita o anúncio do xampu Abba que mostra uma mulher vestida como um monge e com as mãos erguidas aos céus. Stein argumenta que o "poder de cura" do *Abba*, no sentido religioso, envolve bem mais do que fios de cabelo com pontas bifurcadas![4]

A questão, aqui, é que as imagens espirituais *podem* ser usadas em anúncios. Provavelmente pouquíssimas pessoas se ofenderam quando a Xerox mostrou um monge em êxtase diante do milagre de fotocopiar um manuscrito, pois não precisaria mais copiá-lo laboriosamente à mão. Estava clara a intenção de não desrespeitar — e o anúncio era engraçado. Qualquer pessoa se identificava com a situação e a conveniência oferecida pelo produto. Do mesmo modo, quando a Apple mostra um retrato do Dalai Lama, a legenda "Pense diferente" limita a associação da imagem à independência

---

4. *Shambala Sun* (edição da primavera de 2000).

do Dalai Lama, tanto dos chineses como das maneiras convencionais de pensar. A maioria de nós não sai pensando que os computadores Apple têm o segredo da iluminação.

Contudo, os símbolos religiosos carregam imensa força. Encorajamos você a usar os arquétipos de maneira apropriada e sempre alertando contra o uso de imagens religiosas, mesmo que arquetípicas, que sejam vistas como realmente sagradas pelos membros de alguma religião.

Além disso, o perigo de mensagens comerciais substituindo o verdadeiro significado espiritual é minimizado na medida em que as pessoas tenham algum tipo de fé genuína. Usar símbolos religiosos em mensagens comerciais vulgariza esses símbolos e, desse modo, destrói as próprias instituições e ensinamentos que genuinamente satisfariam a sede espiritual mais profunda do mundo de hoje.

Marketing consciente: Seja real, seja atual, expanda as opções

Tanto antropólogos como psicólogos concordam que existe um senso profundo de fragmentação, isolamento e perda de significado na vida contemporânea. Como diz o antropólogo cultural Grant McCracken,

> *A primeira conclusão a que se chega quando os antropólogos estudam a sociedade contemporânea é que não se está vendo ali nada que se pareça com uma sociedade. Em uma sociedade tradicional, cada indivíduo nasce nesse maravilhoso casulo de significados culturais. Os mitos e lendas que eles ouvem sentados nos joelhos dos pais, enquanto vão sendo socializados, formam uma espécie de domo geodésico (isto é, uma estrutura com segmentos idênticos que se ajustam perfeitamente e se apóiam uns aos outros) para si mesmos e para sua cultura, de modo que sempre se encontram vivendo em um mundo coerente.*
>
> *Aquele maravilhoso domo geodésico feito de mitos, lendas e significado cultural não existe na nossa cultura. Nossa cultura contemporânea insiste que cada indivíduo é livre, mas também forçado a construir seu próprio domo geodésico. Nossa cultura diz que você pode e deve escolher os significados do seu mundo. Em vez de um domo geodésico, o que fazemos é estender uma salada de possibilidades e aí você escolhe entre essas possibilidades e constrói um mundo para si mesmo.[5]*

Acompanhando essa enorme necessidade está uma enorme oportunidade. Podemos fazer o bem sem comprometer a eficácia; na verdade, somos muito aptos a *aumentar* a eficácia explorando alguma necessidade insatisfeita ou latente.

---

5. Extraído de uma entrevista realizada por Margaret Mark para a Young & Rubicam e citada com permissão da empresa e do autor.

Por exemplo, no auge da onda dos refrigerantes Nova Era, Margaret Mark realizou entrevistas com grupos de jovens consumidores urbanos — garotos de rua de Nova York, na maioria negros e hispânicos, vestidos à moda grunge, em couro preto folgadão, que compreensivelmente suspeitavam de um ambiente focado e de uma moderadora branca não identificada. Mas depois de verem alguns anúncios, aqueles mesmos garotos estavam falando entusiasticamente de Wendy, a porta-voz dos comerciais da Snapple. Muitos deles, brincando, disseram que ela lembrava suas avós e tias, sentadas na cozinha e mandando-os fazer isso e aquilo. Quase todos os garotos relembraram espontaneamente seu comercial favorito, que era especialmente tolo, mas soava verdadeiro. O fato de Wendy ser uma recepcionista branca de meia-idade parecia irrelevante para sua conexão com aqueles garotos — todos eles fãs de Snapple, por falar nisso. Os arquétipos tornaram aqueles meninos temporariamente "daltônicos".

Por outro lado, os anúncios de outra marca que mostravam garotos parecidos com eles próprios, "frios" e bebendo o refrigerante, não tiveram qualquer impacto sobre o grupo; e a campanha de uma outra marca, que usava grafites psicodélicos, foi considerada ridícula pelos garotos. Parece que Wendy, ao evocar com autenticidade o arquétipo da Mulher Comum, fez mais do que apenas pôr Snapple no mapa e evitar os transparentes lugares-comuns do "marketing para público-alvo". De maneira sutil, porém significativa, a Snapple também deu um passo para construir uma ponte entre um imenso abismo racial e cultural quando mostrou, com honestidade, a exata semelhança entre uma recepcionista de Queens e uma vovó do Harlem.

As pessoas que trabalham com marketing são freqüentemente criticadas por apresentarem imagens limitadas ou estereotipadas das mulheres e das minorias raciais. Num mundo onde os papéis sociais estão mudando rapidamente, parece difícil encontrar o equilíbrio entre mostrar respeito pela história de um grupo e respeitar a proposta desse grupo. Por exemplo, as mulheres querem continuar aumentando seu acesso aos domínios do trabalho e da política, que tradicionalmente eram masculinos, mas elas não querem que seus compromissos históricos e atuais com o lar e a família sejam banalizadas.

Trabalhar com os arquétipos não faz esse problema desaparecer; contudo, oferece um meio de manter algum equilíbrio. De modo geral, é improvável que qualquer grupo que seja mostrado como um reflexo dos níveis mais elevados de um arquétipo se sinta diminuído ou aviltado. Muitos produtos têm um toque masculino ou feminino que pode ser deduzido pelo uso da técnica de *laddering* descrita no Capítulo 19. Esse toque, bem como outras preferências e comportamentos, está associado explicitamente aos papéis sexuais históricos. O caráter masculino ou feminino pode ser respeitado no estilo da mensagem e das imagens, sem se criar uma mensagem exclusiva para um gênero. Na verdade, é bem possível que seja o outro gênero quem acha a marca mais atraente, porque a quebra dos papéis limitadores tende a ser libertadora e a criar um tipo especial de vínculo com o sexo oposto.

A maioria dos produtos não está associada a uma raça ou grupo étnico; mas alguns estão. Por exemplo, a identidade de marca das massas Barilla enfatiza sua herança italiana — no entanto, todos nós somos convidados a compartilhar a experiência italiana ao comer o macarrão. Essa mesma estratégia pode ser usada mesmo com produtos ou experiências que vêm da herança de grupos com sensibilidades especiais, devido a uma história de opressão, conforme demonstra este clássico do rock: "Play that funky music, white boy" (toca aquela musiquinha negra, menino branco).[6] Com consumidores surgindo em todas as cores, é claro que hoje as grandes campanhas publicitárias geralmente incluem pessoas de diferentes raças.

Os estereótipos limitam as pessoas, por "colocá-las em caixinhas". As qualidades e virtudes que tornam especiais os gêneros e os grupos étnicos representam tais grupos de maneira positiva e ainda ajudam os outros a imitar seus dons — desse modo expandindo as opções para todos. Isso não quer dizer que se espera que os profissionais de marketing se tornem catequizadores — da diversidade sexual ou racial nem de qualquer outra meta social. Na verdade, a situação é exatamente o oposto: ninguém quer que a área do marketing se torne a ama-seca da cultura, pregando o que as pessoas devem ou não fazer. Isso seria ofensivo — e chatíssimo. Mas se as mensagens sociais negativas são sutis, o mesmo ocorre com as mensagens positivas. Quanto mais reais e eficazes forem as mensagens comerciais, tanto maior será sua tendência de potencializar e unir as pessoas.

A mídia em todas as suas formas, incluindo a propaganda, tem um efeito poderoso sobre a contínua socialização de cada um de nós. Tendemos a ver o processo de socialização como algo que nos acontece na infância; na verdade, trata-se de um processo contínuo e interativo, que ocorre ao longo de toda a vida. Em todos os níveis, as pessoas mais bem-sucedidas estão sintonizadas com as sinalizações sociais ao seu redor. Neste mundo onde se espera um alto grau de inteligência emocional, as pessoas que não tiverem essa sensibilidade não alcançarão o sucesso. No entanto, às vezes a atenção ao contexto vai longe demais. Em nosso trabalho com organizações, nós duas observamos um fenômeno perturbador. Na sala de espera, antes de uma reunião, tivemos uma conversa profunda e fascinante com alguns executivos da empresa. Foi engraçado. Eles nos disseram onde "os esqueletos estavam enterrados" e quais eram os problemas reais, aqueles que ninguém mencionava. Eles compartilhavam idéias de todos os tipos de contextos, desde as noções Nova Era ou dos retiros religiosos que freqüentaram até al-

---

6. *Play That Funky Music*, executada por Wild Cherry, 1976, para a CBS/Epic.

gumas hipóteses das "novas ciências" que pareciam relevantes ao funcionamento da empresa.

E então entramos para a reunião formal; a conversa foi tão ponderada e cautelosa que sentimos a ausência da "vida real" no pensamento daqueles executivos. Durante a maior parte do tempo, parecia estar na sala o fantasma de algumas velhas noções sobre "conversa aceitável", aquele tipo de troca de idéias que pouco ou nada tem a ver com a verdadeira vitalidade da mente e do coração de cada indivíduo. O resultado? Os problemas não são resolvidos e as novas oportunidades definham, porque as verdades vivas e inspiradas (tão facilmente compartilhadas na conversa informal) nunca entram na sala onde se tomam as decisões empresariais.

No nível mais profundo, nosso discurso social coletivo funciona do mesmo modo. As pessoas freqüentemente buscam na mídia as sinalizações sobre o que "está na moda" e o que "está fora de moda", aquilo que elas podem ou não mencionar nas conversas. Esse fenômeno, claro, é ainda mais evidente nas pessoas que não tiveram fortes modelos de conduta para lhes ensinar a ancorar seu comportamento em um senso do possível. Nos dias de hoje, temos a oportunidade de criar mais mensagens comerciais capazes de conectar as pessoas com a inteligência e a consciência que estão emergindo. Tais anúncios prendem a atenção; portanto, são um bom negócio. Assim como os anúncios da Snapple, eles têm um toque real.

Não estamos sugerindo, neste livro, que os anúncios "provocantes" sejam necessariamente maléficos. Um efeito colateral positivo dos anúncios provocantes é que eles abrem as portas para que o diálogo franco sobre esses temas entre no discurso público. Por exemplo, o Grupo Benetton ganhou notoriedade por veicular anúncios politicamente provocantes. Um deles mostrava um paciente de Aids no leito de morte. Uma campanha mais recente mostra fotos de prisioneiros no corredor da morte, acompanhadas de seus nomes e das datas marcadas para a execução. Será que esses anúncios parecem ofensivos a muitas pessoas? Certamente que sim. Mas, ao mesmo tempo, eles provocam um diálogo saudável sobre os temas da vida e da morte.

A lista de possibilidades prossegue e nunca acaba, porque para nós, uma vez que nos libertemos das restrições do "pensamento empresarial" típico, as chances de encontrar a combinação perfeita entre as necessidades humanas fundamentais e os objetivos mercadológicos tornam-se infinitas.

O marketing das "causas nobres":
Onde os mitos e as lendas ainda vivem

Quando a dimensão arquetípica e mítica é utilizada no marketing das "causas nobres", ela tem o potencial para nos arrancar das idéias intolerantes, narcisistas, do tipo "primeiro eu", e nos conduzir para a preocupação pelo bem-estar de toda a família humana. Nosso trabalho com a March of Dimes revelou que quando o Inocente — um bebê desamparado — é mostrado em anúncios e em outras peças promocionais, a raça ou o sexo desse bebê tornam-se irrelevantes; o lado heróico das pessoas é chamado para a ação e elas simplesmente querem ajudar.

Na verdade, os arquétipos encontraram um lar natural no campo da publicidade de serviços públicos. Livres da necessidade da "venda concreta", as pessoas criativas parecem explorar intuitivamente seus instintos e sentimentos mais profundos, gravitando para histórias e personagens arquetípicos. Nesse processo, elas freqüentemente desenvolvem campanhas publicitárias muito mais eficazes que as do mundo comercial, peças promocionais que exploram as ricas minas da energia arquetípica e que convocam para a ação o lado melhor e mais elevado das pessoas.

Alguns dos anúncios mais eficazes — de todos os tempos — foram criados nesse ambiente "espontâneo": a rebitadora Rosie, o urso Smokey e o índio norte-americano em lágrimas. O arquétipo do Bobo da Corte tornou aceitável a obrigatoriedade do cinto de segurança ao apresentar bonecos engraçados usando esse equipamento, em vez das horríveis imagens de acidentes e desastres.

As pesquisas revelaram que os consumidores de bebidas alcoólicas não se preocupavam com o fato de algum farrista dirigir embriagado; este, de certo modo, "merecia" o que lhe acontecesse. E então o Conselho de Propaganda percebeu que a evocação do Inocente — todas as crianças e famílias inocentes mortas por motoristas embriagados — era capaz de acionar uma tremenda resposta "heróica". As pessoas decidiram impedir os amigos de dirigir embriagados — não pela preocupação com a vida deles, mas pelo que eles poderiam fazer aos Inocentes. A campanha publicitária resultante dessa percepção foi tão eficaz quanto dolorosa: em cada anúncio, vemos uma seqüência de fotos reais (batidas por fotógrafos amadores com a imperfeição característica) de corpos expostos de bebês, mães e pais, com legendas indicando as circunstâncias de cada morte — em cada caso, mortos por um motorista embriagado.

Também explorando o desejo de ser heróico temos a campanha do Conselho de Propaganda para a coalizão que buscava encorajar pais e outros cidadãos a se envolverem na reforma escolar. Descobrimos que muitas pessoas se sentiam ambivalentes quanto às suas experiências escolares e relutavam em se envolver com assuntos ligados à mudança das escolas no presente. Encontramos a solução quando percebemos que não estávamos realmente apelando ao desejo de salvar as escolas de hoje; em vez disso, apelávamos ao desejo natural de proteger as crianças. O anúncio ressusci-

tou a saga do bebê Jessica, que manteve o país em suspenso até ser resgata-
da do fundo de um poço em Midland, Texas. Como é possível, perguntamos,
que Jessica tenha sido capaz de parar a vida de toda uma cidade e fazer um
país inteiro acompanhar sua tragédia pessoal, enquanto milhões de outras
crianças eram negligenciadas e esquecidas nas escolas de todo o país? Depois da veiculação dos filmes de telenoticiários sobre o drama de Jessica (ligando o assunto à reforma escolar), entrevistas mostraram que mesmo os
mais endurecidos homens e mulheres da classe trabalhadora choraram e decidiram participar das reuniões nas escolas locais para encontrar uma maneira de melhorá-las.

Como contar as histórias que você quer contar

Se você é fiel à identidade arquetípica da sua marca, há muitas histórias, imagens e símbolos que manterão o interesse de suas campanhas promocionais e também o ajudarão a atualizar sua mensagem para ajustá-la aos
tempos — sem reforçar as possibilidades negativas do arquétipo nem rebai-
xar o arquétipo a um estereótipo superficial. As mais ricas fontes de inspiração para o seu trabalho talvez não sejam os compêndios modernos da Escola de Administração de Harvard; mas sim recordar seu romance favorito
e as razões que o fizeram tocar seu coração, examinar o padrão dos programas mais populares na tevê de hoje e analisar por que têm tamanha audiência, visitar um museu de arte, ler a crítica de uma brilhante peça teatral. Seu
conhecimento dos arquétipos lhe permitirá ver os padrões existentes nessas
expressões de temas atemporais — padrões que você poderá utilizar em seu
próprio trabalho. Em vez de tratar as atividades cotidianas como coisas irrelevantes para o trabalho que produzimos ou de tratar as artes e as ciências
sociais como coisas apartadas dos negócios, nossa abordagem sugere que devemos "absorver tudo". Nenhum campo de estudo seria mais importante do
que a simples observação da realidade humana. Quanto mais amplas forem
sua visão e sua experiência, tanto melhor você se sairá na administração do
significado.

De súbito, na década passada, tornou-se norma que os líderes empresariais investissem boa parte de seu tempo para esclarecer que os valores de
suas empresas são a âncora de tudo o que eles fazem. É realmente assustador para o pessoal de marketing, como nós, enfrentar o impacto imenso que
as mensagens comerciais têm sobre a consciência da nossa época. Precisamos então considerar não apenas nossos valores pessoais, mas também a
questão mais nebulosa de como certas imagens carregadas de valores afeta-
rão os consumidores individuais e também a época em que vivemos.

A atual geração de profissionais de marketing poderá ser a primeira a mostrar preocupação com o *impacto* do *significado* transmitido por seus produtos. Não é assim tão complexo considerar o domínio moral se existir uma ferramenta simples que possamos utilizar, pois a maioria de nós não voltará à faculdade para fazer doutorados em filosofia ou teologia. Este livro, *O herói e o fora-da-lei*, oferece um vocabulário e um modo de pensar que possibilitam a análise abalizada do efeito exercido pelas mensagens comerciais sobre as pessoas.

Dizem alguns que esta é a nossa realidade social: os profissionais de marketing se tornaram os sacerdotes e sacerdotisas contemporâneos, que cuidam dos fogos sagrados do significado cultural. Essa idéia, na nossa opinião, não é totalmente verdadeira; ainda damos muito valor aos líderes religiosos, aos artistas e filósofos, bem como aos psicólogos junguianos e de outras linhas transpessoais, todos eles capacitados a exercer legitimamente o papel "sacerdotal".

Nesse meio tempo, é importante compreender que os talentos criativos que perpetuam mensagens comerciais artísticas e belamente desenhadas são mais ou menos como os antigos curandeiros que sentavam com os membros da tribo em volta da fogueira e contavam histórias cheias de significado prático. Aquelas histórias instruíam a tribo sobre o mundo que a rodeava e a ensinava a viver.

A pesquisa de Margaret para o Sesame Workshop nos informa o seguinte: quando se pede a pessoas comuns para baterem uma foto do "coração de seu lar", elas enviam um instantâneo de seu aparelho de televisão ou home teather — esse equipamento, em nossa era tecnológica, parece ter assumido o antigo papel da fogueira tribal ou o papel mais recente da cozinha familiar. Embora haja um renascimento do interesse pela esfera espiritual da vida, ainda não possuímos uma ortodoxia sagrada que nos mantenha unidos. As histórias apresentadas pela televisão, pela música popular, pelo cinema — e, sim, pelas mensagens comerciais — moldam grande parte da nossa cultura. Gostemos ou não, as mensagens que criamos ou encomendamos afetam a qualidade da consciência nos nossos tempos.

Você poderá utilizar este sistema para administrar o significado da marca e não só para vender produtos, mas também para deixar um legado significativo. Você sempre tem muitas escolhas quanto às imagens que evoca e as histórias que conta ao vender qualquer produto ou serviço. Se você tornar sistemática a administração do significado, isso lhe permitirá exercer seu ofício de modo a não causar danos, no mínimo, e, no melhor dos casos, a dignificar os clientes a quem você serve. Não estamos pedindo, aqui, padrões para a indústria nem censura. Estamos simplesmente pedindo aos nossos leitores que enfrentem algumas perguntas muito profundas, como estas: Qual legado você deseja deixar ao mundo? Quais histórias você quer contar?